일의 가격은 어떻게 결정되는가 I
한국의 임금결정 기제 연구

이 도서의 국립중앙도서관 출판시도서목록(CIP)은 e-CIP홈페이지(http://www.nl.go.kr/ecip)에서 이용하실 수 있습니다. (CIP제어번호: CIP2010000663)

중앙대 사회학 연구총서 2

일의 가격은 어떻게 결정되는가 I
한국의 임금결정 기제 연구

신광영·이병훈 외 지음

한울
아카데미

서문
암흑상자를 여는 일

신광영

한국에서 자영업자와 고용주를 제외한 성인 대부분은 피고용자로 일하면서 일의 대가인 임금을 받아서 본인이나 가족의 생활을 유지한다. 그렇다면 이들 피고용자의 임금은 어떻게 결정되는가? 이러한 질문에 대한 상투적인 답은 임금이 시장에서 결정된다는 것이다. 그렇다면, 시장에서 어떻게 결정되는가? 다시 말해서, 구체적으로 어떤 과정을 거쳐서 어떤 기준에 따라서 임금이 결정되는가? 시장에서 임금이 결정된다는 답변은 과학적인 답변이 아니라 막연한 주장이나 믿음에 가깝다. 임금이 결정되는 기제(mechanism)에 대한 논의가 구체적으로 제시되지 않는 한, 시장에서 임금이 결정된다는 주장은 임기응변적인 답변에 불과하다.

시장의 의미는 두 가지이다. 하나는 교환이 이루어지는 공간으로서의 시장(market place)이다. 남대문 시장, 용산전자상가, 벼룩시장, K-마트 등은 가시적으로 구매자와 판매자 사이의 거래가 이루어지는 장소라는 의미를 지닌다. 보통 사람들은 이러한 의미로 시장을 생각하는 경우가 많다.

자신들이 눈으로 확인할 수 있는 공간으로서의 시장은 아주 익숙하기 때문이다.

시장의 또 다른 의미는 제도로서의 시장이다. 이러한 시장은 상품과 서비스가 필요한 사람(수요자)과 제공하는 사람(공급자) 사이에 교환이 이루어지는 사회제도로서 재산권, 화폐, 신용제도, 특허제도 등을 포함하며, 다수 판매자와 구매자 간 경쟁을 통해서 교환이 이루어지는 것을 기본원리로 한다. 이러한 시장은 개인들에게 물리적으로 보이지는 않지만 실제로 희소한 자원을 효율적으로 배분하는 효과를 가지고 있다고 여겨져 스미스(Adam Smith)는 이것을 '보이지 않는 손(invisible hand)'이라고 불렀다. 그는 '보이지 않는 손'이라는 수사적인 표현을 통해서 시장에서 다수의 개인이 경제적으로 자신들의 이익을 극대화하기 위해서 행동하지만, 그들 자신도 모르게 집합적인 결과로서 국가 전체의 이익을 드높이고 공공의 이익을 증진시킨다고 주장했다. 다시 말해서, 개별 경제주체들의 이기적인 의도와는 무관하게 의도하지 않은 결과로서 집합적 이익을 증진시키는 제도가 시장이라는 것이다(Aldridge, 2005: 14~15).

그렇다면 보이지 않는 손이 어떻게 작동하기에 임금의 형태로 나타나는가? 임금의 종류는 매우 다양하다. 동일한 노동에 서로 다른 임금이 주어지는 경우가 있는가 하면, 서로 다른 노동임에도 임금수준은 같은 경우도 있다. 도대체 누구에 의해서, 어떻게, 그리고 어떤 근거에서 특정한 노동에 대한 대가가 결정되는가?

국민경제가 단일한 시장으로 구성되어 있고, 시장을 구성하는 분석 단위는 국가라는 가정이 오랫동안 연구자들의 사고를 지배했다. '국민국가 = 국민경제 = 단일시장'이라는 등식이 암묵적으로 받아들여졌다. 이것은 이동이 용이한 상품시장뿐만 아니라 노동시장에 대한 인식도 마찬가지였다. 노동력 상품의 특성이 고려되지 않은 상태에서 임금에 대한 논의가 이루어졌던 것이다.

한 사회 내에서도 노동시장이 단일하지 않고, 분절되어 있다는 인식은 1970년대에 들어서 비로소 이루어졌다. 1971년 도린저와 피오리(Peter B. Doeringer and Michael J. Piore)의 내부노동시장 논의가 분절노동시장에 대한 최초의 논의였다는 점은 그전까지의 노동시장에 대한 학자들의 인식이 현실과는 괴리되어 있는 대단히 관념적인 수준이었다는 것을 잘 보여준다. 이후 도린저와 피오리의 비교연구를 통해서 분절노동시장이 미국이라는 특수한 환경에서 형성된 산물이라는 인식이 확산되면서 노동시장에 대한 이해는 크게 진전되었다. 북구와 같이 임금교섭이 산업이나 전국적인 수준에서 이루어지는 경우에는 노동시장분절이 크게 진전되지 않는다는 사실에서, 노동시장은 노사관계 제도와 국가의 정책에 의해서도 영향을 받는다는 것을 알 수 있게 되었다(Kenworthy, 2004; Hall and Sockice, 2001).

보이지 않는 손이라는 수사적인 표현은 아직도 시장이 분석의 대상이 아니라 관념적인 사유의 대상으로 남아 있다는 사실을 보여준다. 역설적으로 시장을 이미 주어진 것으로 간주해 분석하지 않거나 혹은 시장을 보이지 않는 그러나 신비한 힘을 지닌 신과 같은 사변적인 존재로 인식하는 경향은 아직도 존재하고 있다. 실제로 보이지 않은 손이 어떻게 작동하는가? 시장의 작동 과정에 대한 경험적인 연구는 거의 없다. 시장이 어떻게 움직이는지에 대한 구체적인 연구보다는 어떤 방식으로 움직일 것이라는 가정하에 연구와 논의가 이루어지는 경우가 대부분이었다. 그러므로 시장은 분석의 대상이 아니라 이미 주어진 가상적인 실체(virtual reality)로서 다루어졌다.

『일의 가격은 어떻게 결정되는가』는 가상적인 실체가 아니라 현실적인 실체로서의 노동시장에서 임금과 노동력 교환이 어떻게 이루어지는지를 경험적으로 연구한 결과물이다. 현실에서 피고용자들의 임금은 노동력의 수요와 공급에 의해서도 영향을 받지만, 고용주의 지급능력, 피고용자의 업무능력, 노동조합과 단체교섭제도, 최저임금제도와 같은 제도적인 요소들뿐만 아니라 물가 등 다양한 요소들에 의해서도 영향을 받는다. 산업에 따라서나 기업에 따라서도 임금수준이나 결정방식이 다르다. 그리고 사회적, 문화적 요인들이 임금결정에 영향을 미친다. 외국인 노동자들의 임금과 간병 같은 여성들의 노동에 대한 보상은 단순히 수요와 공급이라는 경제적 요인만으로 설명될 수는 없다. 이 책은 임금과 노동력 교환이 이루어지는 노동시장이라는 실체가 불분명한 '암흑상자'를 여는 작업의 결과물이다.

이 작업은 다양한 사회과학 분야의 연구자들이 공동으로 작업에 참여하는 도전적인 연구 과제이다. 이 연구를 위해서 사회학자들과 경제학자들이 공동 연구팀을 구성하여 1년 동안 공동연구를 수행했다. 이 연구팀에 의해서 제시된 공동 작업의 산물이 바로 『일의 가격은 어떻게 결정되는가』이다.

이 책은 임금결정이 산업부문이나 업종에 따라서 다르다는 것에서 출발하여 부문별 혹은 업종별 사례연구의 형태로 일에 대한 보상이 어떻게 결정되는지를 분석했다. 개별 사례연구는 질적인 연구방법이나 양적인 연구방법을 동원하여 이루어졌다. 연구방법과 관계없이 이 책에 실린 연구들은 한국에서 일에 대한 보상이 왜 그리고 어떻게 이루어지고 있는가를 분석하고자 했다. 구체적으로 개인들의 임금 차이가 어디에 근거하고 있으며 또한 어느 정도 차이가 있는가? 한국의 임금체계는 어떤 특징을 지니고 있고, 어떻게 진화했는가? 사람들이 생각하는 일에 대한 '적정한' 보상은 어떤 기준과 어떤 규범적 가치에 근거하고 있는가? 공공부문에서 이루어지는 일에 대한 보상은 사적부문과 왜 그리고 어떻게 차이가 나는가? 자동차 산업에서 임금은 어떠한 방식으로 결정되는가? 여성들이 지배적인 돌봄노동의 가격은 어떻게 매겨지고 있는가? 건설업에서 무엇이 숙련의 기준이며, 숙련에 대한 보상은 어떻게 이루어지고 있는가? 이 책의 각 장은 이러한 다양한 질문에 대한 답을 제시하고 있다.

이 책은 노동시장이 작동하는 방식과 과정에 대한 본격적인 연구의 출발이라고 볼 수 있다. 이 책에는 기존의 임금에 관한 연구에서 찾아볼 수 없는 새로운 논의가 많이 있다. 이 논의들은 한국적 현실에 대한 새로운 이해를 제공하고 있을 뿐만 아니라, 일에 대한 보상과 관련된 기존의 논의들에 대해서 다시 생각해볼 수 있는 계기를 제공한다는 점에서 의의가 크다고 볼 수 있다. 한국의 사회과학자들이 좀 더 한국의 구체적인 현실에 뿌리를 내리고, 새로운 현실 이해와 창의적·이론적인 논의를 만들어낼 때, 한국의 사회과학이 더욱 발전할 수 있을 것이다. 여기에서 제시된 논의들이 일에 대한 보상과 관련된 사회과학적 이해를 제고시킬 수 있는 새로운 논의를 촉발시킬 수 있기를 기대한다.

참고문헌

Aldridge, Alan. 2005. *The Market*, London: Polity Press.
Doeringer, Peter B. and Michael J. Piore. 1971. *Internal Labor Markets and Manpower Analysis*, New York: M. E. Sharpe, Inc.
Kenworthy, Lane. 2004. Egalitarian Capitalism, London: Russell Sage Foundation.
Hall, Richard and David Sockince. 2001. *Variety of Capitalism: The Institutional Foundation of Competitive Advantages*. Oxford: Oxford University Press.
Smith, Adam. 1976. *The Wealth of Nations*. Chicago: Chicago University Press.

■ 차례

서문_암흑상자를 여는 일 | 신광영 _ 5

1장 **한국의 임금체계** | 윤진호 _ 15
   1. 머리말 15
   2. 이론적 배경 17
   3. 한국의 임금체계 실태 33
   4. 직업별 숙련수준과 임금결정에 미치는 효과 51
   5. 요약과 정책적 시사점 94

2장 **한국 노동시장의 임금결정 요인** | 김유선 _ 109
   1. 머리말 109
   2. 선행연구 112
   3. 분석모형과 자료, 변수 114
   4. OLS 회귀분석 결과 117
   5. 분위회귀분석 결과 127
   6. 맺음말 140

3장 **임금결정 원칙에 대한 노동자 의식** | 정이환 _ 155
   1. 머리말 155
   2. 이론적 논의 157
   3. 연구 관점과 국내 연구 검토 161
   4. 자료와 분석방법 165
   5. 임금분배 원칙에 대한 의식 분석 170
   6. 토론 179
   7. 맺음말 184

4장 한국 공공부문 임금결정에 대한 연구 | 신광영 _ 189

1. 머리말 189
2. 공공부문과 임금에 관한 기존 연구 191
3. 자료 및 분석방법 204
4. 분석 결과 209
5. 맺음말 230

5장 자동차산업의 임금결정 메커니즘 | 이병훈 _ 239

1. 머리말: 문제제기와 연구방법 239
2. 연구분석 틀 243
3. 자동차산업 사례업체의 임금 현황 246
4. 자동차산업의 임금결정 메커니즘 249
5. 맺음말: 요약과 시사점 263

6장 돌봄노동의 가격은 어떻게 결정되는가 | 김경희 _ 269

1. 머리말: 돌봄노동의 가격 형성을 둘러싼 쟁점들 269
2. 연구방법 277
3. 공공부문과 비공식부문 돌봄노동 임금의 유사성 278
4. 비공식부문 돌봄노동 임금형성의 특징 283
5. 돌봄페널티의 재생산 기제 290
6. 요약 및 맺음말 301

7장 직종노동시장의 숙련과 보상 | 우명숙 _ 307

1. 머리말 307
2. 선행연구 검토와 연구의 관점 310
3. 자료수집 방법과 자료의 성격 320
4. 직종노동시장의 숙련과 보상 323
5. 맺음말 341

결문_ 일의 가격은 어떻게 결정되는가 | 이병훈 _ 349

그림·표 차례

<표 1-1> 업종, 기업규모, 노조 유무별 임금의 구성 34
<표 1-2> 기본급 임금테이블 유무 36
<표 1-3> 기본급 결정 시 가장 중요한 요인 37
<표 1-4> 임금테이블이 있는 경우 임금제도 유형별 구성비 38
<표 1-5> 기본급 각 유형의 구성 비중 39
<표 1-6> 직종별 호봉급 적용 실태 41
<표 1-7> 호봉급 적용 시 임금인상의 가장 중요한 기준 43
<표 1-8> 직종별 직능급 적용 실태) 44
<표 1-9> 직능급 적용 시 임금인상의 가장 중요한 기준 45
<표 1-10> 직종별 직무급 적용 실태 47
<표 1-11> 직무급 적용 시 임금인상의 가장 중요한 기준 48
<표 1-12> 기본급 결정 시 요소들의 반영 비중에 대한 노사 견해 50
<표 1-13> 업무수행능력설문 항목 및 정의 55
<표 1-14> 업무수행능력 수준 기술통계 57
<표 1-15> 숙련요인과 요인적재치 추정결과 60
<표 1-16> 신체적 능력요인과 요인적재치 추정결과 61
<표 1-17> 인적 속성별 직업숙련수준 현황 64
<표 1-18> 산업별 직업숙련수준 현황 66
<표 1-19> 직업별 직업숙련수준 현황 67
<표 1-20> 사업체 규모별 직업숙련수준 현황 69
<표 1-21> 직업숙련수준과 임금과의 상관관계 70
<표 1-22> 연령별 직업숙련수준과 임금과의 상관관계 71
<표 1-23> 학력별 직업숙련수준과 임금과의 상관관계 72
<표 1-24> 산업별 직업숙련수준과 임금과의 상관관계 74
<표 1-25> 직업별 직업숙련수준과 임금과의 상관관계 75
<표 1-26> 사업체 규모별 직업숙련수준과 임금과의 상관관계 76

<표 1-27> 직업숙련수준이 임금에 미치는 효과(연령 및 근속 포함) 78

<표 1-28> 직업숙련수준이 임금에 미치는 효과(연령 및 근속 포함하지 않음) 80

<표 1-29> 성별 직업숙련수준이 임금에 미치는 효과 82

<표 1-30> 직업별 직업숙련수준이 임금에 미치는 효과 83

<표 1-31> 사업체 규모별 직업숙련수준이 임금에 미치는 효과 85

<표 1-32> 성별 직무급 적용 예측 결과 87

<표 1-33> 연령별 직무급 적용 예측 결과 88

<표 1-34> 학력별 직무급 적용 예측 결과 89

<표 1-35> 산업별 직무급 적용 예측 결과 90

<표 1-36> 직업별 직무급 적용 예측 결과 92

<표 1-37> 사업체 규모별 직무급 적용 시 임금수준 예측 결과 93

<표 2-1> 임금 10분위별 노동자 구성 111

<표 2-2> OLS 회귀분석 결과 118

<그림 2-1> 남녀, 가구주·배우자 순임금격차 121

<표 2-3> 분위회귀분석 결과(모형 1, 사업체조사, 종속변수: 월평균 임금 로그값) 124

<표 2-4> 분위회귀분석 결과(모형 2, 경활조사, 종속변수: 월평균 임금 로그값) 128

<표 2-5> 분위회귀분석 결과(모형 3, 사업체조사, 종속변수: 시간당 임금 로그값) 130

<표 2-6> 분위회귀분석 결과(모형 4, 경활조사, 종속변수: 시간당 임금 로그값) 133

<그림 2-2> 교육·근속·연령수익률 135

<그림 2-3> 정규직 대비 비정규직 순임금격차 138

<그림 2-4> 노조-임금 프리미엄 139

<부표 1> 기술통계(사업체근로실태조사, 관측치 771,078) 149

<부표 2> 기술통계(경활부가조사, 관측치 25,975) 147

<부도 1> 산업별 임금격차(광공업 대비) 149

<부도 2> 직업별 임금격차 151

<부도 3> 규모별 임금격차 153

<표 3-1> 우리나라 전체 임금근로자의 구성과 이 연구에서 사용한 표본의 구성 비교 166

<표 3-2> 분배원칙의 조작적 정의를 위한 요인분석 결과 168

<표 3-3> 정치성향의 조작적 정의를 위한 요인분석 결과　169

<표 3-4> 임금분배 원리 지지 점수　171

<표 3-5> 범주별 독립변수군의 설명력　174

<표 3-6> 임금분배 원칙 선호도의 결정요인 분석　175

<표 3-7> 임금격차 지지 정도　181

<표 4-1> 2008년 일반직공무원과 일반직에 준하는 특정직 및 별정직공무원 등의 봉급표　198

<표 4-2> 변수의 정의와 사적부문과 공공부문의 변수값 비교　210

<표 4-3> 월임금 회귀분석 결과(N=3,547)　213

<표 4-4> 월임금 회귀분석 결과(N=3,554)　217

<그림 4-1> 분위별 단순분위회귀분석 공기업과 공공행정부문 회귀계수　220

<그림 4-2> 분위별 다중분위회귀분석 공기업과 공공행정부문 회귀계수　220

<표 4-5> 부문별 월임금 회귀분석 결과　223

<표 4-6> 오차 분산이 다르다고 가정한 경우의 회귀계수 동일성 검증 결과　226

<표 4-7> 부문별 상호작용을 고려한 회귀분석 결과　227

<그림 5-1> 노동시장부문별 임금결정방식의 유형화　241

<표 5-1> 사례업체들에 대한 면접조사 개요　242

<그림 5-2> 민간조직부문의 임금결정 메커니즘에 관한 분석 틀　245

<그림 5-3> 자동차산업의 위계적 하도급관계　246

<표 5-2> 사례업체들의 일반 현황 및 임금수준　247

<표 5-3> A사 정규직과 사내도급업체 노동자의 성과급 및 격려금·일시금 지급 현황　263

<표 6-1> 피면접자의 일반적 특성　278

<표 6-2> 보건복지가족부 돌봄 관련 바우처 사업의 급여 현황　280

<표 6-3> 비공식부문 돌봄노동자의 임금현황　282

<표 7-1> 피면접자의 구성과 특성　322

1장
한국의 임금체계*
어떻게 변화해야 할까?

윤진호

1. 머리말

한국에서는 그동안 대기업을 중심으로 연공급 임금체계가 지속되어왔다. 근속연수에 따라 임금(호봉)이 상승하는 연공급 임금체계는 연령 증가에 따른 생활비의 증가와 숙련의 향상에 대한 보상 차원에서 그 경제적 합리성을 인정받아왔다(황수경, 2004; 小越洋之助, 2006).

그러나 최근 연공급 임금체계를 서구에서 시행되고 있는 직무급 혹은 숙련급 임금체계로 전환해야 한다는 주장이 제기되고 있다. 이는 학계뿐만 아니라 정부, 노동계 일부, 사용자 등 노사관계 당사자 모두에서 제기되는 과제이다. 그 배경은 다음과 같다.

---

*이시균(한국고용정보원), 윤정향(한국고용정보원)과 공동으로 작성한 것으로『직무(능)급 임금체계 전환을 위한 직무가치 평가에 관한 연구』(고성과작업장혁신센터, 2009. 3)에 기초하여 새로 쓴 글이다.

우선 사용자는 연공급 임금체계가 일정한 합리성이 있지만, 성과와 보상 간의 격차 발생 때문에 근로자의 근로유인을 저해하고 기업경쟁력을 저해한다고 주장한다. 이에 따라 사용자 측에서는 오래전부터 성과와 보상이 연동하는 직무급 혹은 성과급 임금체계로의 전환을 주장해왔다.[1] 노동계 일부에서도 연공급 임금체계가 나이 증가에 따른 생계비의 증가를 보상해 줄 수 있다는 합리성이 있지만, 기업 간 임금격차를 고착화함으로써 기업을 넘어선 업종별·지역별 임금평준화를 저해하는 요인이라는 인식이 나타나고 있다. 특히 최근 일부 산업에서 산업별 노조·산업별 교섭이 이루어지면서 기업의 범위를 넘어선 산업 전체의 임금 통일기준으로서 근로자의 숙련능력에 따라 보상이 주어지는 숙련급 임금체계로의 전환을 노동계, 혹은 노동계와 가까운 일부 학자들이 주장하고 있다(강신준, 1997; 황덕순, 1997; 김영두, 1998; 정이환 외, 2007). 여성계에서는 현재의 연공급 임금체계가 연공이 긴 남성근로자에게 유리하게 작용함으로써 '동일노동 동일임금' 원칙에 위배된다는 인식하에 동일노동 동일임금 원칙의 실현을 위해서는 근로자의 속성(성별, 연공 등)이 아니라 직무가치 혹은 직능에 따라 임금이 주어지는 직무급 혹은 숙련급이 도입되어야 한다고 주장하고 있다(이승옥·김엘림, 2005; 김태홍 외, 2001). 한편 비정규근로자 관련 입법에서는 정규직과 비정규직 간의 차별금지를 규정하고 있는데, 이와 관련하여 정규직과 비정규직 간의 차별 기준을 확립하려면 이들이 수행하는 직무의 가치를 어떻게 객관

---

[1] 이런 주장은 경총, 전경련, 대한상공회의소 등 사용자단체와 일부 학자들을 중심으로 1990년대부터 수없이 제기되어왔는데, 그 논리는 대동소이하다. 전국경제인연합회(1991), 양병무·박준성(1991), 김환일(2005), 유규창(2004) 등의 예를 들 수 있다. 제목마저 거의 비슷한 이 글들은 임금이 단지 이윤극대화를 위한 수단으로서만이 아니라, 노동자들의 적정생계비 보장 및 인적 자본 축적을 위한 유인동기 역할도 해야 한다는 점을 소홀히 하고 있다.

적으로 평가할 것인가 하는 것이 과제로 제기되고 있으며, 이에 따라 기존의 연공별 임금체계를 직무급 임금체계로 전환하는 방안이 노사정위원회 등에서 검토되어왔다(경제사회발전노사정위원회, 2008).

이처럼 노사정 모두 연공급 임금체계의 단점을 인정하고 직무급·직능급으로의 전환을 주장하고 있지만, 아직 '어떠한 임금체계가 바람직한 임금체계이며 그 기준은 무엇인가?', '임금체계의 전환이 얼마만큼 임금구조의 변환을 가져올 것이며 전환을 위해 필요한 조건들은 무엇인가?' 등에 대한 본격적 논의는 전혀 이루어지지 않고 있다. 따라서 현재의 임금체계의 현황 및 문제점을 실증적으로 밝히고 임금체계의 전환 시 나타날 수 있는 임금구조의 변화와 전환에 필요한 조건들을 논의하는 것은 매우 중요하다.

이 글은 이를 위해 다음과 같은 연구를 수행했다. 먼저 2절에서는 임금체계와 관련한 이론적 배경, 특히 연공급 임금체계와 직무급 임금체계에 대한 이론적 논의를 소개한다. 3절에서는 한국의 실증자료를 이용해 현재 임금체계의 구성요소를 평가하고 그 연공급적 성격을 밝힌다. 4절에서는 직업별 직무가치 실증자료를 이용하여 직업별 직무가치 및 숙련수준을 분석하며 이를 임금자료와 연결함으로써 순수한 형태의 직무급이 도입될 경우 얼마만 한 임금변화가 나타날지를 계측한다. 마지막으로 5절에서는 지금까지의 논의를 요약하면서 정책적 시사점을 살펴본다.

2. 이론적 배경

1) 임금체계의 개요

노동자 대부분은 임금으로 생활을 영위해간다. 이때 임금수준의 결정문제(생계비, 지급능력 등), 임금의 결정기준(노동자 속성, 직무의 가치), 그리고 상이한 그룹 간의 임금격차 문제(성별·학력별·직업별 임금격차 등) 등 임금을 둘러싼 다양한 문제가 발생한다. 이 각각은 노동경제학에서 임금수준론, 임금체계론, 임금구조론(임금격차론)의 대상이 된다(정진호, 2006; Gerhart and Rynes, 2003).

이 연구에서 다루고자 하는 주제는 임금의 결정기준과 관련한 임금체계론이다. 즉, 임금이 어떠한 기준에 의해 결정되며 이는 어떠한 장점과 단점을 가지고 있고 노동시장에서 어떠한 성과를 가져왔는가 하는 문제이다.

임금을 어떠한 기준에 의해 결정하는가의 문제는 왜 중요한가? 이는 적어도 다음 세 가지 측면에서 중요한 의의를 가진다. 첫째, 사용자의 입장에서 볼 때 이윤극대화를 위해서는 동일한 임금수준을 지급하면서 노동자들로부터 최대의 노력을 이끌어낼 필요가 있다. 이때 어떤 형태로 임금을 지급하는가에 따라 노동자의 노력 정도는 달라진다. 따라서 사용자의 입장에서는 어떠한 임금지급형태가 노동자의 노력을 최대한 끌어냄으로써 최대한의 성과를 가져올 것인가가 주된 관심사가 된다(Gerhart and Rynes, 2003). 둘째, 노동자의 입장에서는 자신의 노력 정도에 상응하는, 혹은 다른 노동자와 비교한 정당한 임금지급이 이루어지고 있는가가 최대한의 관심사가 된다. 즉 임금의 공정성, 혹은 형평성이 가장 문제가 된다. 이때 임금의 공정성 혹은 형평성을 어떻게 정의하고 측정할 것인가의 문제는 논란을 불러일으키는 매우 복잡한 주제이지만, 여기서는 일단 '각 개인 간 노동투입의 차이에 대응하는 보수 차이'(이는 자본투입의 경우에도 마찬가지이다)를 공정한 보수 차이라고 정의해두기로 하자(Bryson and Forth, 2006). 셋째, 국민경제의 입장에서는 효율성과 공정성을 함께 보장해줄 수 있는 임금체계가 무엇인가가 주된 관심사가 된다. 즉, 한편으로는 자원배분의 효율화를 통해 국민경제의 최대한 성장을 촉진하면서 다른 한편으로는 각 계층에게 가장 공정한 분배가 이루어질 수 있도록 하는 임금체계가 국민경제의 입장에서는 가장 바람직한 임금체계가 할 수 있다.

그렇다면 이처럼 효율성과 공정성을 모두 보장해줄 수 있는 임금체계는 어떠한 것이 되어야 할 것인가? 자본주의 초기에는 개수임금제(piece-rate wage)나 시급제 등의 간단한 임금체계를 사용했지만, 노동조직이 복잡해짐에 따라 차츰 더욱 복잡한 임금체계를 도입했는데, 이것이 현재 우리가 관찰하는 다양한 임금체계들이다.

임금체계(기본급)는 크게 인적 속성에 따라 임금이 결정되는 속인급형과 일의 속성에 따라 임금이 결정되는 직무급형으로 나뉜다. 속인급형은 다시 연령이나 근속연수 등에 따라 임금이 결정되는 연공급과 노동자가 지닌 숙련이나 직능에 따라 임금이 결정되는 직능급(숙련급)으로 나뉘며, 직무급형은 다시 직무의 내용에 따라 임금이 결정되는 직무급과 일의 성과에 따라 임금이 결정되는 성과급으로 나뉜다. 이때 직능급을 직무급으로 분류하는 사람도 있으나 이는 '사람에 대해 지급하는 임금'(속인급)과 '일에 대해 지급하는 임금'(직무급)을 혼동한 결과라 하겠다(中村弘明, 1995; 木下武男, 1999).

다음에서는 이러한 다양한 임금체계 가운데 특히 우리의 관심의 대상이 되고 있는 연공급 임금체계와 직무급 임금체계의 내용 및 장단점을 비교해 보기로 한다.

2) 연공급 임금체계

(1) 연공급 임금체계의 개괄

한국의 임금체계를 흔히 '연공급' 체계라고 명명하는데, 이는 임금결정의 가장 중요한 요소인 '기본급'의 결정방식이 근속연수에 따라 자동승급[2]되는 정기호봉제를 골간으로 하기 때문이다. 그렇지만 모든 기업이 연공급

체계를 적용하는 것은 아니다. 내부노동시장이 발달하지 않은 중소기업, 비정규직 등 주변부 시장의 임금제도는 연공급의 이러한 역할과 의미를 담보하기 어렵다. 또한 연공급 체계라 하더라도 산업과 기업, 직무 및 직급 형태에 따라 엄격히 구분되어 있다. 실제로 업종과 기업조직을 논외로 하더라도 대체로 한 기업 내에서 생산·기능직과 관리·사무직의 기본급 기준은 서로 구분되는 것이 보통이다. 그뿐만 아니라 그동안 생산·기능직은 관리·사무직의 하위직급과 동급으로 취급되거나 더 낮은 서열로 인식되었고, 승진 가능성은 극히 희박했으며, 무엇보다도 양 직군에는 별도의 호봉제(전사 단일호봉제도 있지만 대부분 직종·직급별로 이원적·차등적으로 구성되는 호봉제를 적용)가 적용되어 연공급 체계가 적어도 한 조직에서도 단일한 기준으로 일관되게 적용되는 경우는 드물다는 점을 염두에 둘 필요가 있다. 즉, 한국의 임금체계는 '불완전한 연공급 임금체계'라 할 수 있다.

연공임금의 존재 이유에 대한 이론으로는 인적자본이론, 이연임금가설, 연공적 승진가설, 생활임금가설, 일자리 합치이론, OJT(on-the-job training) 이론 등이 있는데, 이들 이론은 연공임금의 경제적 합리성, 즉 연공 증가에 따른 인적 자본 축적효과를 인정하고 있다(황수경, 2004). 인적자본이론은 연공이 증가함에 따라 숙련수준이 축적되므로 그에 부합하는 대가를 지급하는 것으로 설명한다. 이연임금가설은 생애임금을 고려했을 때, 기업들은 노동자가 젊었을 때는 생산성보다 낮은 임금을 지급하고 나이가 들어가면서 생산성보다 높은 임금을 지급함으로써 균형을 맞춘다고 설명한다. 어찌 되었든 연공급은 경쟁적 시장보다는 기업단위에서 형

---

2) 이 글에서 '승급'은 동일직급 내에서의 호봉의 상승을, '승진'은 직급(혹은 직무등급)의 상승을 의미한다. 예컨대 조교수 직급 내에서의 호봉의 상승은 '승급'이며, 조교수에서 부교수로의 상승은 '승진'이다.

성되고 관리되는 임금체계라 할 수 있다.

　연공제 임금에 대한 논의는 일찍부터 연공제가 발달했던 일본에서 많은 진전을 보았는데, 그 가운데 가장 유력한 설로서 생활임금가설과 기업특수적 인적자본이론이 있다. 생활급설(金子美雄, 1976)에 의하면 연공임금은 연령별 생계비와 관련된 것으로서 생활급적 연령급을 그 임금결정기준으로 하는 임금제도라고 한다. 이는 2차대전 이전에는 농촌으로부터 무한공급되는 팽대한 노동력을 극단적으로 낮은 초임으로 고용하고 그 이후 근속증가에 따라 임금을 조금씩 증가시켜가는 형태를 취했지만(이를 저임금설이라 한다), 2차대전 이후에는 활발해진 노동운동의 영향을 받아 노동조합의 요구에 의해 연령 증가에 따른 생활비의 상승에 응하여 임금도 상승하는 방식(생활급)으로 전환했다고 한다. 따라서 이들은 연공급 임금체계를 단순한 저임금 유지를 위한 수단으로 보는 저임금설을 비판하는 동시에, 이를 기업특수적 숙련향상에 대한 보수로 보는 숙련설도 비판하면서 '연공'이란 어디까지나 생활급적 연령서열이라는 점을 강조한다. 반면, 기업특수적 숙련설에 입각한 논자(氏原正治郎, 1961; 津田眞澂, 1968)들은 연공제 임금이 "연공(근속연수) 상승에 따라 누적되어가는 기능 향상에 대한 보수"라고 주장하면서, 단 이러한 숙련은 개별기업 내에서만 평가되는 기업특수적 숙련이며 따라서 이는 일본 특유의 종신고용제와 관련되어 그 한 측면을 이루는 임금제도라고 한다. 따라서 이들은 2차대전 후 일본의 고도성장에 따른 기술혁신으로 노동자들의 숙련이 분해되면서 숙련과 근속이 일치하지 않게 됨에 따라, 기업별 노동시장은 산업별 노동시장으로 바뀌고, 임금도 기업을 넘어서 산업별로 표준화되므로 연공임금도 해체된다는 논리를 펴고 있다(小越洋之助, 2006).

　연공급 임금체계는 노동자의 연령에 따른 생활보장의 성격이 강하고 장기고용을 전제로 하기 때문에 임금이라고 하는 경제적 요인과 조직에

공헌하는 가치와의 사이에 장기적 균형을 유지하는 보상체계이다(김재원, 1992). 그래서 연공급은 노동자 개인으로 보면 생애적 임금으로서의 성격을 띤다. 즉, 개인의 생애과정을 돌아보았을 때, 노동자 자신과 후세대를 포함한 피부양자의 재생산 비용은 연령 증가와 함께 일정기간 지속적으로 상승하게 되는데, 연공급은 이러한 구조를 반영한 체계이기에 생애적 생활급여로서의 성격을 띠며 그만큼 사회·문화적 특수성이 깊게 반영된 제도이다. 연공급이 동아시아적 임금체계로 이해되는 이유는 남성 가장이 생계를 전담하는 가부장적 체제와 연장자 우대의 유교문화, 그리고 유럽이나 미국과 달리 개인보다 조직중심의 기업문화가 정착되어 있어 기업조직에 대한 헌신이나 애착이 높다는 사회·문화적 배경이 작용하기 때문이다(정이환·전병유, 2004). 이런 점에서 개인 중심의 서구사회에서는 직무 중심의 노동시장이 나타나고 직무에 따라 임금이 결정되지만, 조직 중심의 동아시아사회에서는 노동시장 역시 기업조직의 규모와 특성에 따라 분단되고 특히 대기업에서는 기업내부노동시장이 발달함으로써 연공급 임금이 나타난다는 것이다.

(2) 연공급 체계의 한계

가. 기업의 시장매개적 고용관계의 정착

그러나 이러한 연공급 체계에 일정한 경제적 합리성이 있음에도 이에 대한 비판이 꾸준히 제기되어왔는데, 특히 경영계는 오래전부터 연공급 임금체계의 변화를 주장하고 또 추구해왔다. 우리나라의 연공급 체계가 변화 대상으로 검토된 것은 1990년대 들어서면서부터이다(정이환, 전병유, 2001; 佐藤靜香, 2003). 이것은 노사관계의 중요한 역사적 전환점과 연결되어 있다. 즉, 1987년의 노동자 대투쟁 이후 노동조합 조직의 확대와 단체교섭에 의한 임금결정의 정착, 그리고 이에 따른 임금수준의 급격한 상승 등이 바로 그것이다. 이에 따라 경총(한국경영자총협회)을 위시한 경영자 측과 정부는 과거의 임금수준에만 중점을 두었던 임금억제 일변도의 임금정책을 지양하고 생산성의 관점에서 임금체계 중시의 임금정책을 제시하려 했다. 또 경제의 자유화·개방화의 진전으로 치열한 국제경쟁의 무대에서 한국기업이 살아남으려면 고임금·고인건비 구조를 극복하고 고임금→ 고효율→ 저인건비의 호순환을 실현하는 것이 필요하다는 인식도 작용했다. 이를 위해서는 초임수준의 상승에 의해 부담이 커진 연공주의 임금체계로부터 능력주의 임금체계로의 이행이 급선무라고 주장했다.

능력주의 임금체계란 종업원 개개인의 직무·능력·업적에 기초하여 임금이 차별적으로 결정되는 임금체계이다. 근속연수가 길어지면 생산성과 임금 간의 괴리가 커지는 현행의 연공급 임금체계에 비해 능력주의 임금체계에서는 양자가 일치될 가능성이 더욱 커진다. 능력주의 임금제도는 연공급 체계의 기본 구성요소인 연령, 학력, 근속연수보다 생산성 향상에 대한 노동자 기여도를 평가기준으로 삼아 임금을 지급하는 것이므로 어떤 형태로든 연공급 체계에 수정을 가하게 되었던 것이다. 실제 1990년대에 CJ, 유한킴벌리, 포항제철, 한국전자 등이 직능급 임금체계를 도입했다(박우성, 2006; 신영수, 2007).[3] 최근에는 미국형의 직무급 임금체계(더 정확히 말하자면 직무성과급 임금체계)를 도입하는 기업도 차츰 늘어나고 있다.

연공급 체계가 생애임금이 될 수 있는 것은 한 직장에서 정년을 맞을

---

[3] 외환위기를 전후하여 이미 직무·직능급이 적잖이 확대되었으므로 현재의 임금제도를 '연공급'으로 규정하는 데는 상당한 조심성이 따르는 것도 사실이다. 외환위기 직후의 한 조사에 따르면 대기업·공공부문 사무직과 같이 상대적으로 임금이 양호한 사업체에서는 연공급이 유지되고 있었지만, 비제조업·생산·기능직에서는 직무·직능급체계가 확산되어 있었다(주진우, 1998).

수 있는 장기고용 시스템이 안전판으로 작동하기 때문이다. 이는 역으로 이직한 노동자들이 전직 회사에서의 근속연수와 임금수준을 이직한 회사에서 제대로 보상받기 어렵다는 의미가 되기도 한다. 내부노동시장이 발달했을 때에는 자연스러웠던 연공급 체계가, 시장 중심적인 체계가 고도화된 시점에서는 그 기대를 지속하기가 어려워진다(Cappelli, 1999).

노동이동이 빈번해진 변화된 시장조건하에서 고용주들은 연공급이 자신들의 노동비용 부담을 증대시키므로 폐지해야 한다고 주장하지만, 이들의 요구에는 직접적인 노동비용 절감 외에도 노동자의 고용안정과 경력개발에 대한 책임을 줄이려는 전략도 들어 있음을 배제할 수 없다. 미국에서는 이미 시장매개적 고용관계가 기업의 고용 관행이 됨으로써 고용안정 및 경력개발이 개인의 능력으로 치환되고, 보수체계도 개인의 숙련수준에 따라 차별되는 관행이 정착되고 있다(Cappelli, 1999; Pfeffer, 2006).[4] 그래서 직무급과 성과급이 혼용된 형태로 상당한 변화를 겪고 있는 것도 사실이다(박호환, 2007a). 이처럼 개인의 책임으로 숙련과 능력을 개발하고 그것을 토대로 임금을 평가하는 흐름은 미국이나 영국과 같은 시장조절적 경제의 전형적인 양상이라 할 수 있는데, 우리나라는 외환위기를 겪으면서 그 흐름이 본격화되고 있다.

나. 정규직·비정규직 간 임금격차 지속으로 인한 사회 불평등 지속

그러나 최근 사용자 측의 인건비 절감 및 노동유연화 전략의 일환으로서뿐만 아니라 다른 요인들에 의해서도 연공급 임금체계의 변화가 필요하

---

[4] 카펠리는 일부 종업원들은 과거 모델로 회귀하기를 원하지만 신세대 종업원들은 장기고용 관행보다 장기 경력개발 기회를 선호하고, 기업의 외적 조건도 변했기 때문에 이제는 돌아갈 수 없는 강을 건너온 것으로 분석하고 있다(Cappelli, 1999).

다는 주장이 제기되는 것은 주목할 만하다.

특히 정규직과 비정규직 간의 임금격차 해소 면에서 연공제 임금의 개혁 필요성이 제기되고 있다. 노동시장의 절반을 구성하는 비정규직은 동일기업체 내에서 동일한 노동(equal labor), 나아가 동등가치의 노동(equal value labor)을 하더라도 '비정규직'이라는 이유로 정규직보다 적은 임금을 받는다. 연공급 임금체계는 대부분 조직 내 '정규직'을 대상으로 하기에 비정규직은 근속연수, 연령, 숙련에 대한 임금보상을 거의 받지 못하고 있다. 더구나 우리나라처럼 기본급 비중이 작고 수당과 성과급 비중이 높은 구조에서는 정규직과 비정규직의 임금격차가 증대될 수밖에 없다.

새로 입법된 비정규직 관련법에서는 이러한 정규직과 비정규직 간의 임금격차를 해소하기 위해 차별금지를 명문화하고 있다. 그러나 '차별'의 기준이 무엇인가를 둘러싸고 많은 논란이 벌어지고 있는 것이 사실이다. 현재까지 법원과 노동위원회 등의 일관된 입장은 동일한 사업체 내의 유사한 업무를 하고 있으면서 정규직과 비정규직 간에 차별이 있는 경우에만 이를 차별로 인정하고 있다. 그러나 이러한 경우는 전체 비정규직의 극히 일부에 불과하며 대부분의 비정규직은 정규직과 유사한 업무를 하면서도 직종이 분리되어 있거나 사업체가 다르다는 이유로 차별의 범주에서 제외되고 있는 것이 현실이다. 따라서 정규직과 비정규직의 차별을 근본적으로 해소하기 위해서는 사업체와 직종의 범주를 넘어서서 사회적으로 통용될 수 있는 직무의 가치를 정하고 이를 기준으로 직무급을 지급해야 할 것이다.

다. 성별 임금격차의 지속

연공급 체계의 중요한 특징 중 하나는 입사 초에 결정되는 임금이 미래의 임금수준을 좌우한다는 것인데, 초임이 어떤 수준에서 결정되느냐에 따라 연공급 체계로 인한 임금격차가 심각한 사회적 불평등을 지속하는 기제가 될 수 있다. 임금불평등의 대표적인 예가 성별 임금격차이다. 한 기업 내에서 동일직무를 수행하더라도 남성과 여성의 임금이 다른 기준에 따라 결정된다면, 입사 초기에 결정된 남녀 간 임금격차는 근속연수가 누적될수록 그 격차의 폭을 넓혀가게 될 것이다. 더욱이 여성은 일반적으로 남성에 비해 근속연수가 짧고 결혼, 육아, 가사 등으로 인한 경력단절이 발생하기 때문에 연공급 체계하에서 더욱 큰 불이익을 받을 수 있다. 그뿐만 아니라 성별로 전형화된 업종과 직무에 대한 고용주의 편향으로 인해 여성 지배적인 직무와 업종의 노동이 저평가되는 상황에서도 임금격차는 발생한다(Blau and Kahn, 2000; Bayard et al., 2003; Cohen and Huffman, 2003). 여성의 노동가치를 상대적으로 낮게 평가하고 그것이 임금산정의 기초가 되는 한, 연공급 체계에서 여성노동자의 생애임금은 불평등해질 수밖에 없다. 따라서 여성계에서는 성별 차이에 상관없이 동일한 직무를 맡는 사람에게 동일한 임금을 주는 직무급 임금체계로의 전환을 주장하고 있다.

라. 기업·업종 간 임금격차의 해소 곤란

기업 간·업종 간에 존재하는 임금격차의 해소 역시 한국 노동시장의 과제가 되고 있다. 동일하거나 유사한 노동을 하면서도 단지 중소기업에서 일한다는 이유만으로 대기업 노동자에 비해 적은 임금을 받거나 심지어 동일한 생산라인에서 같은 일을 하면서도 하청기업 소속이라는 이유로 원청기업 소속 노동자에 비해 임금을 적게 받는 등 노동시장의 분절성으로 인한 임금 및 근로조건의 격차는 심각한 수준에 있다. 최근 산별노조 및 산별 단체교섭의 진전과 더불어 이러한 기업규모나 업종, 직종 등의 차이를 넘어서서 산업통일적인 임금 및 근로조건을 추구하는 움직임이 나타나고 있다. 그러나 이 경우 연공급 임금체계는 산별 임금교섭의 제약이 된다.

산별단위에서 기본 교섭을 체결하려면 보편적 기준을 결정해야 하는데, 기업단위의 호봉 및 연공급에 적용되는 기준이 제각각이어서 산별단위에서 임금교섭의 기준을 결정하기 어렵다. 따라서 기업의 틀을 넘어선 새로운 노동력의 가치기준을 수립하고자 하는 움직임이 나타나고 있는데, 이는 필연적으로 직무급 내지 숙련급의 형태를 띠게 된다.

3) 직무급 임금체계

(1) 직무급 임금체계의 개괄

직무급이란 간단히 표현하면 직무를 매개로 하여 임금을 결정하는 제도이다. 개인의 임금은 개인이 담당하는 직무에 따라 정해지는 것이며 그 사람의 속인적 요소와는 직접 관계없이 결정되는 제도이다. 따라서 같은 직무에 종사하는 자에 대해서는 학력, 근속연수, 연령 등 조건의 상위와는 관계없이 같은 임금을 지급하는 제도이다.

직무급 임금체계는 광의로는 직무급을 위시한 자격급, 직종급, 직무수당을 포함한 것으로 해석되며, 협의로는 직무평가라는 절차를 거쳐 설정되는 직무급으로서 이해된다. 협의적 개념으로서 직무급은 직무평가의 기법에 의해 조직체 내의 제 직무의 상대적 가치를 평정하여 직급을 편성하고 이것을 기초로 하여 설정되는, 계층화된 직무의 기초임금률을 만드는 것을 의미한다(Armstrong and Baron, 2002).

직무급은 종류가 다른 여러 직무를 평가하여 그 상대적 가치를 결정하고 그 가치의 차이에 따라 임금률을 정하게 된다. 따라서 직무급에서는 직무의 상대적 가치의 결정이라는 것이 가장 중요한 문제이다. 이 직무가치를 구체적으로 결정하는 것이 직무평가이다.

(2) 직무평가

직무급제도가 합리적 근거를 가지려면 직무평가를 전제조건으로 하는 것이 불가결하다. 직무평가란 직무의 상대적 가치를 확정하기 위해 직무의 분석과 평가를 하는 과정이며 직무급 임금구조 설정을 위한 기초로 사용된다.

직무평가는 대체로 네 가지 과정을 거치게 된다. 즉, ① 직무에 관한 사실을 파악하고 분석하는 과정, ② 이들 사실을 직무기술서(職務記述書, job description)로 종합하는 과정, ③ 직무기술서에 기초하여 일정한 평가방법에 의해 직무를 평가하는 과정, ④ 이 평가를 기초로 하여 직무의 임금을 결정하는 과정이 그것이다.

구체적인 직무평가의 방법으로는 서열법, 분류법, 득점요소법, 요소비교법 등이 있는데, 그 자세한 내용은 여기서는 생략한다.

원칙적으로는 모든 직무에 상이한 임금률이 적용되어 직무마다 임금이 달라지겠지만 현실적으로는 몇 개의 등급, 즉 직무등급으로 편성되어 직무등급별로 임금률을 정하고 있다. 임금률이 적용되는 직급의 수는 기업에 따라 다양하지만 대체로 10~20개 정도이다.

(3) 한국의 직무급 임금체계 논의 현황

앞에서 보았듯이 연공급 임금체계의 대안으로 경영계와 노동계 일부에서 직무급 체계를 제시하고 있다. 경영 측은 1990년대 초반부터 신경영체제의 일환으로 직무급이나 직능급을 도입하여 노동자의 집합적 저항에 대응하는 새로운 인사관리 방식을 확대해왔기에 놀라운 일이 아니지만, 노동계 일부에서 '직무급'을 제시하는 것은 주목할 일이다. 그런데 노동계에서 주장하는 직무급과 경영계의 직무급은 맥락이나 방향이 사뭇 다르다. 이하에서는 경영계와 노동계가 주장하는 직무급의 배경과 내용이 어떻게 다른지를 살펴볼 것이다.

가. 경영계의 논리

현재 경영계에서 주장하는 직무급은 '기업단위'에서 이루어지는 것으로서 직무분석 및 직무가치를 결정하는 데 기업의 조직목표에 부합하는지의 여부가 중요한 기준이 된다. 즉, 경영 측에서는 동일노동 동일임금 원칙의 실현보다는 직무의 기준이 기업의 생산성 및 수익창출에 얼마나 기여하는가와 연결하여 임금을 결정하는 수단으로서 직무급제도를 도입하고자 하는 것이다. 더욱이 실제로 개별 기업단위에서 실행하고 있는 직무급은 '순수하게' 직무의 가치만을 기준으로 평가하기보다 개인의 업적과 성과가 직무급에 반영되도록 설계되어 있어 직무가치+성과가 혼합된 직무성과급적 성격을 띤 것이 대부분이다. 또 직무가치나 성과를 결정하는 절차 역시 철저하게 사용자 주도로 이루어짐으로써 평가가 진행되고 임금이 책정되는 일련의 과정에서 충분한 토론과 사회적 합의가 수반되지 않는다.

우리나라에서 직무급 도입은 1990년대 초반 경영계에서 적극적으로 제기한 것으로서 서유럽에서 정착된 직무급 체계의 역사·사회적 배경과는 출발부터 달랐다. 경영계가 내세우는 직무급은 '노동능력'이 필수 구성요소이므로 널리 알려진 직무 자체의 상대적 가치에 기초한 임금체계로서의 직무급이라기보다 직무수행능력(직능)이 핵심인 직능·직무급에 가깝다. 게다가 '동일노동 동일임금 원칙' 역시 경영계는 '동일한 노동능력' 내지 '동일한 생산성'에 대해 동일한 임금을 지급해야 한다는 뜻으로 해석하고 있다. 이는 외환위기 직후부터 최근까지 경영계에서 주장하고 있는 직무급에 관한 흐름에서 더욱 명료하게 드러나고 있다. 즉, 경영계의 입장에서 볼 때 직무급은 '고임금·고인건비·저생산성' 문제의 대안으로서, 또는 비정규직의 정규직화에 대한 보완책으로서 비정규직의 정규직 전환 시 직무(직군)별 임금구조를 적용하기 위한 방편으로 검토되고 있는 것이다(박호환, 2007b).

결국 경영계의 논리를 따라가 보면 직무급은 '기업단위'에서 이루어지는 임금결정 방식으로, 기업 내부 구성원 간의 격차와 차별을 정당화하는 방식을 지향한다. 구체적으로 살펴보면, 첫째, 경영계가 강조하는 직무급은 노동시장 유연화를 가속화하는 측면이 있다. 그 이유는 직무분석 및 직무가치를 결정하는 데 기업의 조직목표에 부합하는지 여부가 중요한 기준이 되는 것과 관련된다. 기업들이 판단하는 직무의 중요도는 기업의 생산성 및 수익창출에 얼마나 기여하는가에 좌우되며 이에 따라 임금이 결정된다. 따라서 기업의 핵심·주요 업무 외의 업무는 직무급 체계에서 높은 임금률을 적용받기 어렵다. 또한 직무급 체계하에서는 기업의 구조조정이 연공급보다 용이할 뿐만 아니라 구조조정 사유가 발생하면 비핵심·주변 업무는 외주화하기 쉽기 때문에, 전체 노동시장의 유연화를 가속화할 수 있다. 실제로 개별 기업단위에서 실행하는 직무급은 '순수하게' 직무의 가치만을 기준으로 평가하기보다 직무성과급이나 직능직무급의 형태로 개인의 업적과 능력이 직무급에 반영되도록 설계되어 있다. 한편, 2007년 비정규직법 시행을 전후하여 우리나라의 기업들이 서로 모방하는, 비정규직을 대상으로 하는 '직군제'·'직무급제'는 본래적 의미에서 '직무급'과는 전혀 다른 임금체계에 해당한다. 이는 평가절차의 객관성보다 동일노동을 수행하는 정규직과 비정규직 간의 임금차별 문제를 회피하면서 생산에 필요한 인력을 저렴한 비용으로 상시적으로 확보하기 위한 전략이기에 정규직을 대상으로 하는 '직무성과급'과 다르거나 변형된 형태의 임금체계이다.

둘째, 미국이나 우리나라에서 직무급을 시행하는 기업들은 해당 직무가격 결정의 토대로 시장임금률을 적용한다. 동종 산업과 직종에 통용되는 시장임금표를 작성하여 임금률 계산에 반영하기 때문에 해당 직무에 대한 시장의 평가가 낮아지면 직무 가치도 저평가된다. 특히 노동시장이 분절된 데다가 지난 10여 년간 비정규 고용이 노동시장의 절반을 차지하는 상황에서, 임금유연화는 상당한 수준으로 진행되었기에 이 시점에서 개인의 능력과 성과를 직접 반영한 직무급 체계의 확산은 직무별로 임금유연화를 확대할 것이며 그에 따라 직무 간 임금격차도 정당화될 것이다.

'직무급'은 직무에 대한 객관적인 평가지표를 활용하여 직무의 비교가치(comparable value)를 결정하는 것이다. 그렇지만 '객관적'이라는 설명의 이면에는 '객관성'을 담보하기 위한 절차가 있기에 가능하다. 이러한 절차를 누가 어떻게 만드느냐가 관건인 것이다. 만약 직무평가와 직무급 결정과정에서 충분한 토론과 사회적 합의가 수반되지 않는다면 그것은 기존의 내적 합리성을 정당화하는 것에 불과할 것이다(Armstrong and Baron, 2002). 실제로 캐나다와 미국에서 1970년대와 1980년대 전개되었던 성별 직무의 비교가치운동은 기존의 차별적인 규범과 편견을 정당화할 수 있을 뿐만 아니라 시장의 왜곡을 반영하는 결과를 낳았다는 비판도 만만치 않다(Steinberg, 1987; 김경희, 2007).

기업들이 직무급을 적극적으로 검토하는 데는 이 제도가 이처럼 유연화된 시장 경제시스템에서 경쟁을 강화하고 기존 노동비용을 절감하면서 생산성을 극대화할 수 있는 적절한 방안으로 판단하고 있기 때문이다.

나. 노동계의 논리

노동계는 임금체계 자체에 대해서 관심이 많지 않다가 1990년대 초반부터 성과주의 임금체계 도입에 반대해왔다. 성과주의 임금체계는 노동자 간의 경쟁을 심화시키고, 노동자를 원자화하여 궁극적으로 노동자 간의 연대를 저해할 것이라는 우려 때문이었다. 자신이 더 많이 받기 위해 동료의 대가를 빼앗아야 하는 방식은 노동조합의 임금교섭 구조를 부정하면서 노동자의 집합성을 기초부터 흔드는 것으로 노동계에서는 파악했다. 그런 가운데서도 외환위기 이후 연공서열 방식이 노동자 간의 평등 지향과 계급적 연대에 긍정적 기능을 하지 못한다는 자성적 비판도 계속되었다.

특히 최근 비정규직에 대한 차별의 해소나 산별교섭을 통한 기업규모 간 임금격차의 해소가 중요한 과제로 등장하면서 사업장이나 기업을 넘어서는 동일노동 동일임금 실현문제가 본격적으로 제기되기고 있다(강신준, 1998; 이민영·김영두, 1998; 김엘림, 2003; 김태현 외, 2003; 은수미, 2007). 동일노동 동일임금 원칙은 동등한 가치의 노동에 대해 동등한 임금을 지급할 것을 원칙으로 하는 것이다(ILO, 1951, 1958). 이 원칙이 구체적인 임금제도에서 적용되기 위해서는 현재처럼 연령과 근속연수에 입각한 연공급 임금제도가 아닌 '사회적으로 합의된' 직무가치에 따른 직무급 임금체계로 바뀌어야 가능하다. 그런 점에서 동일노동 동일임금 원리가 적용된 직무급은 노동자 간의 경쟁을 강화하고 고성과를 유도하기 위해 경영 측이 주장하는 시장임금률을 바탕으로 하는 '직무성과급'과는 다른 방식의 '직무급' 방식이다. 동일노동 동일임금 원칙은 여성에 대한 임금차별을 반대하는 운동적 논리에서 등장했으나 최근 고용형태, 인종 등에 대한 임금격차 반대로까지 확대되었다.

그러나 이러한 '사회적 수준으로 합의된 직무가치에 입각한 임금제도'가 구체적으로 어떤 형태가 될 것인가에 대해서는 노동계 내에서도 아직 어떠한 합의는커녕 구체적인 논의조차 진행되지 못한 것이 사실이다. 직무가치를 정하는 기준은 과연 무엇이 되어야 할 것인가? 직무가치 설정에서 객관성과 형평성(특히 성 형평성)을 담보할 수 있는 평가요소는 무엇이 되어야 하는가? 직무평가 및 직무급 결정 시의 사회적 참여와 합의는 어떤 방식으로 이루어져야 할 것인가? 그리고 무엇보다도 현재의 연공급 임금체계로부터 직무급 임금체계로 전환하는 과정에서 이익을 얻는 집단과 손해를 얻는 집단은 누구이며 얼마만큼의 조정이 필요한가? 특히 손해가 예상되는 대기업 장기근속 노동자들의 반발을 어떻게 순조롭게 해결할 수 있을 것인가? 이상과 같이 앞으로 해결해야 할 과제는 무수하게 남아 있다. 즉, 한국에서의 직무급 임금체계 전환에 대한 논의는 아직 갈 길이 먼 것이다.

3. 한국의 임금체계 실태

이 절에서는 한국의 임금체계의 실태를 분석하기로 한다. 임금체계의 실태를 세부적으로 분석하기 위해서는 기본급에 관한 세부정보를 알아야 한다. 그런데 현재 접근 가능한 공식통계 중에서 이러한 정보를 제공하는 자료가 없으므로, 그 대신 2007년도에 노동부의 용역을 받아 한국노동연구원이 조사·연구한 '임금제도 실태조사'의 원자료를 활용하여 임금체계의 구성과 특징을 자세히 살펴보고자 한다. 이 조사는 2005년 12월 말 기준으로 상용근로자 100인 이상인 6,170개 사업체에서 1,510개의 표본 사업체를 추출하여 설문을 배포하고 그중 1,334개 사업체로부터 회수한 설문조사이다. 조사대상은 사업체와 노동조합이며, 사업체에 대해서는 임금제도 실태를, 노동조합에 대해서는 임금제도 선호도를 조사했다. 조사대상이 상용근로자 100인 이상 기업으로 제한되어 있고 표본 수도 제한적이기 때문에 전체 노동시장, 특히 영세기업의 임금체계를 대표할 수 없다는 한계는 있지만, 현재로서는 임금체계의 실태를 파악하기 위해 이용 가능한 최선의 자료라 생각된다.

1) 임금의 구성 실태

<표 1-1>은 연간 총급여를 100%로 가정했을 때, 임금 총액이 어떤 비중으로 구성되어 있는지를 업종, 기업규모, 노조 유무별로 살펴본 결과이다. 전체적으로 기본급은 연간 총급여에서 53.1% 수준으로서 비교적 낮은 수준으로 나타났다.

〈표 1-1〉 업종, 기업규모, 노조 유무별 임금의 구성(단위: %)

		기본급	통상수당	기타수당	초과급여	고정상여	변동상여	연간총급여	사례수
업종	제조	52.7	6.4	3.0	15.8	19.0	3.1	100.0	2,915
	전기가스수도	53.9	5.6	6.9	5.9	19.1	8.6	100.0	38
	건설	57.5	11.6	3.4	11.3	13.5	2.7	100.0	164
	도소매	56.5	9.1	5.9	8.7	16.0	3.7	100.0	240
	음식숙박	53.7	11.4	6.4	9.5	17.1	1.9	100.0	98
	운수	49.4	12.0	5.0	15.9	16.7	1.1	100.0	845
	통신	66.2	12.1	3.1	3.9	10.3	4.4	100.0	27
	금융보험	43.6	15.2	8.0	2.6	22.2	8.4	100.0	247
	부동산임대	63.2	4.5	2.5	11.3	16.0	2.4	100.0	35
	사업서비스	63.3	9.2	4.3	8.4	9.9	4.9	100.0	524
	교육서비스	52.0	25.9	4.2	1.2	15.7	1.1	100.0	135
	보건사회복지	48.6	14.2	7.0	9.4	19.2	1.6	100.0	346
	오락문화운동	51.4	10.6	5.0	7.4	20.3	5.4	100.0	103
	기타	56.3	13.6	5.8	12.7	8.5	3.1	100.0	357
기업규모	100~199	54.5	9.7	3.8	13.3	16.2	2.4	100.0	3,226
	200~299	52.3	9.7	5.0	13.7	16.6	2.7	100.0	1,194
	300~999	51.6	9.1	4.2	12.5	18.4	4.3	100.0	1,249
	1,000 이상	49.1	9.3	5.3	9.5	20.3	6.4	100.0	404
노조유무	무노조	56.6	9.2	4.1	12.5	14.4	3.3	100.0	3,171
	유노조	49.3	9.9	4.4	13.5	19.9	3.0	100.0	2,904
합계		53.1	9.5	4.2	13.0	17.0	3.1	100.0	6,074

자료: 한국노동연구원, 임금제도실태조사 원자료(2005).

기본급 비중이 높은 업종은 통신(66.2%), 부동산임대(63.2%), 사업서비스(63.3%) 등으로 나타났고, 기본급 비중이 낮은 업종은 금융보험(43.6%), 보건사회복지(48.6%) 등으로 나타났다. 반면 부동산임대는 통상수당 구성 비중이 낮고, 금융보험업은 교육서비스업과 함께 통상수당 비중이 20% 가량으로 높아 기본급과 대조를 보이고 있다. 고정상여금 역시 금융보험, 오락문화운동산업 외에 제조업과 보건사회복지업에서 비교적 높은 구성을 보였다. 흥미로운 점은 초과급여가 높은 업종이 제조업, 운수업처럼 급여총액이 노동시간에 비례하여 결정되는 업종에 집중되어 있다는 결과이다. 같은 맥락에서 통신업(3.9%), 금융보험업(2.6%), 교육서비스업(1.2%)의 초과급여 비중은 매우 낮다. 대체로 기본급비중이 높으면 수당 비중이 작고, 기본급 비중이 작으면 수당 비중이 높은 것으로 나타났다.

기업규모로 보면 대규모 사업장에 가까울수록 기본급 비중이 작아지고 고정상여금 비중은 높아지고 있다. 1,000인 이상 사업장의 경우 기본급 비중이 49.1%로 절반이 채 못 되지만, 고정상여금은 20.3%로 높은 비중을 차지한다. 한편, 무노조 사업장은 유노조 사업장보다 기본급 비중이 더 높지만, 변동상여금을 제외한 모든 수당의 비중이 더 낮게 나타났다.

다음에서는 우리나라의 임금체계가 어떤 특성이 있는지 세부적으로 알아보기 위해 기본급이 어떻게 구성되어 있는지 살펴볼 것이다. 이를 위해 먼저 사업체들이 기본급을 규정하는 임금테이블을 가지고 있는지를 확인한 결과, 관리자급에서는 기본급 임금테이블이 있는 사업체가 63.1%로 없는 사업체 36.6%보다 월등히 높았다. 평사원급은 이보다 더 큰 차이를 보여 임금테이블이 있는 사업체가 70.8%, 없는 사업체가 28.6%로 나타났다(<표 1-2> 참조).

⟨표 1-2⟩ 기본급 임금테이블 유무(단위: 개, %)

	관리자급	평사원급
기본급 임금테이블 있다	3,893(63.1)	4,369(70.8)
기본급 임금테이블 없다	2,258(36.6)	1,765(28.6)
무응답	19(0.3)	36(0.6)
합계	6,170(100.0)	6,170(100.0)

자료: 한국노동연구원, 임금제도실태조사 원자료(2005).

2) 기본급 임금테이블 유무에 따른 임금체계 특성

(1) 기본급 임금테이블이 없는 사업체의 임금체계

<표 1-3>은 기본급 임금테이블이 없는 사업체가 기본급을 결정할 때 가장 중요하게 판단하는 기준이 무엇인지를 관리자와 평사원을 구분하여 업종, 기업규모, 노조 유무별로 살펴본 것이다. 먼저 관리자급을 보면, 전체 2,225개 사업체 중에서 29.6%가 '근속연수', 27.7%가 '업적·성과'를 주요 결정 요소라고 밝혔다. 이를 업종별로 보면 제조업에서는 33.1%가 '업적·성과'를 기본급 결정의 1순위로 꼽았다. 부동산임대업과 오락문화운동산업에서는 각각 9개 업체가 '담당 직무가치'를 우선순위로 언급했다. 그 외 산업은 '근속연수'를 가장 중요한 기본급 결정 요소로 들었다.

평사원급의 경우 조사업체 중 34.2%가 '근속연수'를 기본급 결정의 핵심 요소로 언급했다. 업종별로 보면, 제조업은 관리자급과 달리 '숙련도·역량'이 1순위로 언급되었고, 전기가스수도·건설·도소매·통신업은 '업적·성과'를, 부동산임대업과 오락문화운동산업은 관리자급과 동일하게 '담당 직무가치'가 1순위의 결정요소로 언급되었다. 그 외 산업들은 '근속연수'를 들었다.

기업규모별로 보면, 관리자급의 경우 200인 미만 사업장은 '근속연수'

<표 1-3> 기본급 결정 시 가장 중요한 요인(기본급 임금테이블이 없는 사업체)(단위: %, 개)

	관리자급					사원급				
	근속연수	숙련도·역량	담당직무가치	업적·성과	기타	근속년수	숙련도·역량	담당직무가치	업적·성과	기타
제조	24.3	26.0	16.5	33.1	0.1	25.2	35.6	20.4	18.7	0.1
전기가스수도	0.0	25.0	0.0	0.0	75.0	0.0	0.0	0.0	50.0	50.0
건설	40.5	13.5	0.0	45.9	0.0	64.7	0.0	0.0	35.3	0.0
도소매	10.5	9.2	23.7	56.6	0.0	24.6	7.7	16.9	50.8	0.0
음식숙박	22.2	19.4	33.3	25.0	0.0	33.3	33.3	11.1	22.2	0.0
운수	37.6	18.7	32.7	10.1	0.9	49.2	13.3	22.1	8.8	6.6
통신	0.0	0.0	0.0	100.0	0.0	0.0	0.0	0.0	100.0	0.0
금융보험	45.9	0.0	16.2	37.8	0.0	38.5	0.0	30.8	30.8	0.0
부동산임대	20.0	20.0	60.0	0.0	0.0	20.0	20.0	60.0	-	-
사업서비스	38.4	17.1	10.6	33.9	0.0	38.3	27.2	8.7	25.7	0.0
교육서비스	100.0	0.0	0.0	0.0	0.0	100.0	0.0	0.0	0.0	0.0
보건사회복지	32.1	32.1	5.4	30.4	0.0	63.0	15.2	10.9	10.9	0.0
오락문화운동	15.0	15.0	45.0	25.0	0.0	27.3	27.3	45.5	0.0	0.0
기타	25.8	22.7	25.0	23.5	3.0	32.1	21.1	22.0	21.1	3.7
100~199	31.6	25.5	23.1	19.6	0.2	38.0	26.6	19.5	14.2	1.7
200~299	28.0	17.4	20.8	31.5	2.2	25.0	28.0	17.6	25.0	4.4
300~999	31.1	16.9	14.9	37.1	0.0	33.0	23.9	18.2	24.8	0.0
1,000 이상	11.6	10.9	14.5	62.3	0.7	23.1	12.3	23.1	40.0	1.5
무노조	27.7	26.5	18.7	26.8	0.3	27.1	31.8	20.6	20.2	0.3
유노조	31.7	16.3	22.5	28.6	0.9	43.5	18.1	17.2	17.4	3.8
전체	29.7	21.5	20.6	27.7	0.6	34.3	25.8	19.1	19.0	1.8

자료: 한국노동연구원, 임금제도실태조사 원자료(2005).

로, 200인 이상 사업장은 '업적·성과'를 가장 중요한 결정기준으로 사용한 반면, 평사원급은 200인 미만과 300~999인 사업장의 경우 '근속연수'가 중요하지만, 200~299인 사업장은 '숙련도·역량', 1,000인 이상 사업장은 '업적·성과'로 나타났다. 한편, 노조 유무에 관계없이 관리자급은 '근속연수'로, 평사원급은 '숙련도·역량'(무노조)과 '근속연수'(유노조)로 나타나 무노조 사업장의 임금결정이 개인의 능력과 시장영향력에 좀 더 노출되어 있다는 추측을 해볼 수 있다. 이로부터 기본급 임금표가 없는 사업체들은 대체로 근속연수를 기본급 결정의 핵심 요소로 사용함으로써 연공급적 요소를 지니고 있다고 할 수 있다.

(2) 기본급 임금테이블이 있는 사업체의 임금체계

가. 기본급 결정기준별 구성비

기본급 임금테이블이 있는 사업체는 6,170개 조사 사업체 중 4,482개 업체로 72.6%로 나타났다. <표 1-4>에서 보는 바와 같이 이들 기업은 호봉급, 직능급 등 단일 체계의 기본급을 가지고 있는 사업체에서부터 몇 가지 방식을 혼용한 업체까지 다양하게 분포하고 있다. 호봉급(연공급)을 적용하고 있는 사업체는 전체 업체 중 50.5%로 절반 가까이 된다. 직능급은 17.4%, 직무급은 17.1%, 그리고 기타 9.6%로 나타났다.

<표 1-5>는 기본급 총액을 100으로 했을 때, 임금결정의 기준요소별 점유율의 평균값을 업종, 기업규모, 노조 유무별로 살펴본 것이다. 단,

〈표 1-4〉 임금테이블이 있는 경우 임금제도 유형별 구성비(단위: 개, %)

	호봉급	직능급	직무급	기타
있다	3,117(50.5)	1,071(17.4)	1,058(17.1)	592(9.6)
없다	650(10.5)	2,697(43.7)	2,710(43.9)	3,176(51.5)
무응답	714(11.6)	714(11.6)	714(11.6)	714(11.6)
합계	4,482(72.6)	4,482(72.6)	4,482(72.6)	4,482(72.6)
결측값	1,688(27.4)	1,688(27.4)	1,688(27.4)	1,688(27.4)
전체	6,170(100.0)	6,170(100.0)	6,170(100.0)	6,170(100.0)

자료: 한국노동연구원, 임금제도실태조사 원자료(2005).

<표 1-5> 기본급 각 유형의 구성 비중(전체=100%)(단위: %, 개)

	호봉급 평균(%)	직능급 평균(%)	직무급 평균(%)	기타 평균(%)
제조	84.0	43.7	36.3	57.0
전기가스수도	61.0	60.5	11.8	69.4
건설	96.1	29.4	30.2	94.9
도소매	75.4	71.3	46.0	72.9
음식숙박	83.0	55.7	42.1	87.5
운수	86.0	47.1	58.5	61.4
통신	58.0	53.4	46.5	83.9
금융보험	77.2	26.9	25.7	45.4
부동산임대	91.9	15.3	49.8	-
사업서비스	84.0	49.2	32.7	67.5
교육서비스	95.1	29.8	25.5	36.0
보건사회복지	81.8	23.7	25.1	41.1
오락문화운동	90.7	22.5	24.9	65.0
기타	84.2	53.1	49.4	84.0
100~199	86.1	41.7	34.8	66.5
200~299	84.8	44.0	43.4	50.2
300~999	80.0	42.2	38.9	53.7
1,000 이상	79.6	44.6	34.1	49.6
무노조	80.8	47.5	42.7	63.6
유노조	87.1	36.2	28.3	53.4
합계	83.9 (3,033)	42.4 (1,008)	37.1 (979)	59.4 (577)

주: 집단평균 분석을 하는 과정에서 각 사례수가 일부 불일치.
자료: 한국노동연구원, 임금제도실태조사 원자료(2005).

임금결정기준은 여러 가지가 복합되어 있을 수 있으므로 전체 합은 100%를 초과할 수 있다.

먼저 업종별로 보면, 제조업에서는 호봉급이 평균 84% 비율로 압도적으로 높은 것으로 나타났으며, 직능급이 43.7%, 직무급이 36.3% 등으로 나타났다. 건설업에서는 호봉급이 96.1%, 직능급이 29.4%, 직무급이 30.2% 등으로 구성되어 있다. 그 외 교육서비스, 부동산임대, 오락문화운동 사업 등도 호봉급이 90%를 넘고 있다.

기업규모별로 보면, 기업규모가 작을수록 호봉급 적용비율이 높지만 대체로 80% 수준이며, 직능급은 평균 40%, 직무급은 35% 전후로 나타나고 있다.

노조 유무별로 보면, 무노조 사업장은 호봉급이 80%이고 직능급과 직무급 적용비율이 40%를 넘는 반면, 유노조 사업장은 호봉급이 87%이고 직능급과 직무급의 비중은 30% 수준으로 확인된다. 이는 유노조 사업장일수록 상대적으로 동료 간의 경쟁이 완화되도록 설계된 호봉급을 지지하는 것으로 짐작된다.

이상에서 다음과 같은 점을 알 수 있다. 첫째, 대부분의 경우 임금결정기준 요소별 합계가 100을 초과하고 있어 단일 기준이 아니라 여러 가지 요소를 복합한 기준에 의해 기본급이 결정되고 있음을 알 수 있다. 둘째, 기본급을 여러 방식으로 혼용하고 있다고 해도 기본적인 결정기준은 '연공급'임을 알 수 있다. 대부분의 유형에서 호봉급의 비율이 80% 이상에 달하고 있으며, '기타'로 답변한 사업체 역시 호봉급과 다른 유형을 복합적으로 사용하는 것으로 판단된다. 셋째, 호봉급이 압도적으로 높은 비중을 나타내고 있기는 하나 직능급 및 직무급 등 다른 유형의 임금제도를 적용하는 사업체의 비중도 꽤 높은 것으로 나타났다. 호봉급을 제외한 다른 임금제도 가운데는 직능급의 비중이 직무급에 비해 더 높은 것으로 나타났다. 유형별로는 기업규모가 클수록, 무노조 사업장일수록 직능급의 비중이 높다.

나. 호봉급을 적용하고 있는 사업체의 실태

<표 1-6>은 직종별로 호봉급 적용 실태를 업종, 기업규모, 노조 유무로 나누어 살펴본 것이다. 전체적으로 보면, 관리직 84.8%, 연구·기술직 46.2%, 사무직 84.9%, 서비스·판매직 32.9%, 생산기능직 59.3%, 단순노

〈표 1-6〉 직종별 호봉급 적용 실태(단위: %, 개)

	관리직	연구·기술직	사무직	서비스·판매직	생산기능직	단순노무직	전체
제조	80.1	54.4	81.3	32.6	76.1	29.0	100.0(1,568)
전기가스수도	94.7	63.2	77.2	24.6	77.2	49.1	100.0(29)
건설	95.7	59.4	95.7	14.2	41.7	5.3	100.0(113)
도소매	86.2	5.6	83.0	62.8	17.7	17.7	100.0(124)
음식숙박	90.5	30.9	74.1	92.6	51.4	35.0	100.0(49)
운수	84.3	12.4	62.5	31.2	55.0	26.3	100.0(202)
통신	66.7	100.0	44.4	22.2	22.2	22.2	100.0(9)
금융보험	88.8	15.6	99.8	34.6	38.6	6.0	100.0(199)
부동산임대	100.0	-	100.0	18.8	81.3	-	100.0(16)
사업서비스	85.1	56.1	90.8	24.8	27.6	14.5	100.0(214)
교육서비스	88.3	58.3	95.2	5.1	34.3	21.4	100.0(117)
보건사회복지	95.0	50.8	99.4	32.5	59.5	47.9	100.0(274)
오락문화운동	88.3	56.2	97.7	70.9	42.8	30.8	100.0(75)
기타	92.6	36.3	81.8	21.6	32.4	36.3	100.0(130)
100~199	87.9	42.9	86.1	31.0	59.4	25.3	100.0(1,521)
200~299	82.1	50.3	83.3	28.9	59.6	28.0	100.0(622)
300~999	83.8	46.8	83.0	38.5	58.1	27.5	100.0(742)
1,000 이상	75.2	55.7	87.3	37.6	61.8	32.0	100.0(231)
무노조	87.0	44.6	85.3	28.5	53.7	23.5	100.0(1,567)
유노조	82.5	47.9	84.4	37.2	65.0	30.3	100.0(1,550)
전체	84.8 (2,643)	46.3 (1,442)	84.9 (2,645)	32.8 (1,023)	59.3 (1,849)	26.9 (837)	100.0 (3,117)

자료: 한국노동연구원, 임금제도실태조사 원자료(2005).

무직 26.9%로 관리직과 사무직에서 호봉급 적용비율이 매우 높게 나타났다. 반면 단순노무직과 서비스·판매직 등 저임금 직종에서는 호봉급 적용비율이 낮은 것으로 나타났다.

업종별로 주목할 만한 특징을 보면 제조업은 생산기능직에서 76.1%, 전기가스수도업은 연구·기술직에서 63.2%, 생산기능직에서 77.2%, 단순노무직에서 49.1%, 도소매업과 음식숙박업은 서비스·판매직에서 각각 62.8%, 92.6%, 통신은 연구·기술직에서 100%, 부동산임대업은 생산기능직에서 81.3%, 보건사회복지는 단순노무직에서 47.9%, 오락문화운동은 서비스·판매직에서 70.9%로 다른 업종에 비해 해당 직종의 호봉급 적용 사업장이 많은 것으로 나타났다.

그렇다면 호봉급을 적용할 경우 조사 사업체들은 임금인상의 가장 중요한 기준을 무엇으로 사용하고 있는가. 호봉급이라는 개념정의는 연령과 근속연수를 기준으로 만들어진 호봉표에 입각하여 기본급이 상승되는 방식을 일컫는다. 실제 조사사업체들이 그러는지 알아본 결과가 <표 1-7>에 제시되어 있다. 예상대로 호봉급을 적용하는 사업체의 75.8%가 '근속연수'를 가장 중요한 기준으로 사용하고 있다. 그렇지만 '업적·성과' 10.6%, '숙련도·역량' 8.1%로 호봉급을 적용하더라도 20% 정도는 개인의 능력과 숙련을 평가하여 임금산정에 반영하는 것으로 나타났다.

이를 그룹별로 세분해서 보면 업종별로는 전기가스수도업, 운수업, 통신업, 금융보험부동산업, 오락문화운동업 등 비교적 고임금산업에서 근속연수를 가장 중요한 기준으로 삼는다는 비율이 90%를 상회한 반면, 제조업, 음식숙박업, 사업서비스업 등에서는 근속연수를 가장 중요한 기준으로 삼는다는 비율이 상대적으로 낮았다. 기업규모별로는 대기업일수록 근속연수를 가장 중요한 기준으로 삼는다는 비율이 높았다. 노조 유무별로는 유노조 사업장에서 근속연수를 가장 중요한 기준으로 삼는다는 비율이 높았다.

〈표 1-7〉 호봉급 적용 시 임금인상의 가장 중요한 기준(단위: %, 개)

	근속연수	숙련도·역량	담당 직무가치	업적·성과	기타	전체
제조	67.0	13.2	5.9	13.4	0.5	100.0(1,554)
전기가스수도	96.4	3.6	0.0	0.0	0.0	100.0(28)
건설	73.2	5.4	0.0	21.4	0.0	100.0(112)
도소매	86.4	4.0	4.8	4.8	0.0	100.0(125)
음식숙박	64.6	14.6	0.0	12.5	8.3	100.0(48)
운수	86.6	0.0	0.0	8.9	4.5	100.0(202)
통신	100.0	0.0	0.0	0.0	0.0	100.0(9)
금융보험	90.9	0.0	0.0	4.0	5.1	100.0(198)
부동산임대	75.0	25.0	0.0	0.0	0.0	100.0(16)
사업서비스	69.2	3.4	10.1	16.8	0.5	100.0(208)
교육서비스	88.8	0.0	2.6	6.0	2.6	100.0(116)
보건사회복지	90.1	1.8	3.7	2.9	1.5	100.0(273)
오락문화운동	97.3	0.0	0.0	2.7	0.0	100.0(75)
기타	88.5	8.5	0.0	3.1	0.0	100.0(130)
100~199	71.2	13.1	3.2	11.8	0.7	100.0(1,515)
200~299	76.8	2.9	7.7	11.4	1.1	100.0(622)
300~999	80.9	3.7	4.5	8.8	2.1	100.0(729)
1,000 이상	87.4	3.5	0.4	6.1	2.6	100.0(230)
무노조	70.6	10.3	6.7	11.9	0.6	100.0(1,560)
유노조	81.1	6.1	1.7	9.3	1.9	100.0(1,535)
전체	75.8 (2,346)	8.2 (253)	4.2 (131)	10.6 (327)	1.2 (38)	100.0 (3,095)

자료: 한국노동연구원, 임금제도실태조사 원자료(2005).

다. 직능급을 적용하고 있는 사업체의 실태

<표 1-8>은 직능급을 적용하는 사업체를 대상으로 직종별 적용 분포를 나타낸 것이다. 전체적으로 보면, 관리직 76.9%, 연구·기술직 45.8%, 사무직 68.6%, 서비스·판매직 24.7%, 생산기능직 47.7%, 단순노무직

<표 1-8> 직종별 직능급 적용 실태(단위: %, 개)

	관리직	연구·기술직	사무직	서비스·판매직	생산기능직	단순노무직	전체
제조	75.8	58.5	66.1	26.7	63.0	17.6	100.0(323)
전기가스수도	100.0	100.0	84.1	56.1	44.9	16.8	100.0(18)
건설	61.9	61.9	40.1	21.9	54.6	0.0	100.0(27)
도소매	82.5	41.2	67.0	77.3	12.9	18.0	100.0(39)
음식숙박	65.7	11.9	83.6	83.6	11.9	11.9	100.0(17)
운수	46.8	24.0	46.8	1.1	50.3	33.1	100.0(88)
통신	63.2	100.0	100.0	63.2	0.0	0.0	100.0(5)
금융보험	92.8	7.2	98.6	21.7	33.3	0.0	100.0(69)
부동산임대	100.0	46.2	46.2	0.0	46.2	0.0	100.0(9)
사업서비스	95.6	43.6	70.5	18.5	21.8	1.7	100.0(60)
교육서비스	100.0	44.6	82.8	0.0	31.8	0.0	100.0(16)
보건사회복지	69.6	45.8	80.6	16.9	44.8	27.9	100.0(101)
오락문화운동	75.9	17.5	64.2	23.3	17.5	0.0	100.0(17)
기타	93.0	15.5	71.6	16.7	17.9	11.9	100.0(84)
100~199	74.4	45.7	68.0	21.2	54.5	18.4	100.0(565)
200~299	81.0	43.2	57.7	25.0	47.7	11.6	100.0(180)
300~999	78.1	36.1	75.7	29.6	33.5	12.6	100.0(254)
1,000 이상	81.5	54.4	75.9	35.9	42.8	19.3	100.0(72)
무노조	79.1	46.9	72.1	30.3	54.3	17.0	100.0(578)
유노조	74.4	44.4	64.5	18.3	40.0	14.6	100.0(493)
전체	76.9 (824)	45.8 (490)	68.6 (735)	24.7 (265)	47.7 (511)	15.9 (170)	100.0 (1,071)

자료: 한국노동연구원, 임금제도실태조사 원자료(2005).

15.9%로 관리직과 사무직에서 직능급을 적용하는 사업체가 많은 것으로 나타났다. 호봉급과 비교했을 때, 관리직과 사무직의 적용 비중은 다소 낮지만 업종 간의 편차는 상대적으로 큰 것으로 확인되었다.

관리직과 사무직을 제외하고 업종별 특성을 보면 제조업은 생산기능직에서 63%, 전기가스수도업과 건설업은 연구·기술직에서 각각 100%, 61.9%, 도소매업과 음식숙박업은 서비스·판매직에서 각각 77.3%, 83.6%, 통신업은 연구·기술직에서 100%, 서비스·판매직에서 63.2%로, 다른 산업보다 해당 직종에 대해 직능급을 적용하는 사업체가 많은 것으로 나타났다.

기업규모별로 보면 300인 미만 사업체에서는, 관리직과 사무직을 제외

〈표 1-9〉 직능급 적용 시 임금인상의 가장 중요한 기준(단위: %, 개)

	근속연수	숙련도·역량	담당 직무가치	업적·성과	기타	전체
제조	15.9	34.6	18.9	27.4	3.1	100.0(508)
전기가스수도	27.8	72.2	0.0	0.0	0.0	100.0(18)
건설	20.7	37.9	34.5	6.9	0.0	100.0(29)
도소매	5.1	17.9	30.8	46.2	0.0	100.0(39)
음식숙박	17.6	29.4	0.0	52.9	0.0	100.0(17)
운수	42.7	15.7	0.0	32.6	9.0	100.0(89)
통신	40.0	60.0	0.0	0.0	0.0	100.0(5)
금융보험	47.1	12.9	24.3	8.6	7.1	100.0(70)
부동산임대	0.0	50.0	50.0	0.0	0.0	100.0(8)
사업서비스	12.1	50.0	8.6	29.3	0.0	100.0(58)
교육서비스	53.3	33.3	0.0	13.3	0.0	100.0(15)
보건사회복지	45.0	14.0	24.0	16.0	1.0	100.0(100)
오락문화운동	37.5	0.0	37.5	25.0	0.0	100.0(16)
기타	25.3	21.7	27.7	24.1	1.2	100.0(83)
100~199	28.1	23.7	22.8	22.1	3.2	100.0(556)
200~299	25.4	35.4	8.8	30.4	0.0	100.0(181)
300~999	14.2	36.2	20.7	25.6	3.3	100.0(246)
1,000 이상	27.8	31.9	4.2	29.2	6.9	100.0(72)
무노조	24.0	27.4	19.9	27.2	1.4	100.0(562)
유노조	24.5	31.2	17.2	22.3	4.7	100.0(493)
전체	24.3 (256)	29.2 (308)	18.7 (197)	24.9 (263)	2.9 (31)	100.0 (1,055)

자료: 한국노동연구원, 임금제도실태조사 원자료(2005).

했을 때 생산기능직에 직능급을 적용하는 사업체가 54.5%(100~199인), 47.7%(200~299인)로 비교적 높았지만, 300인 이상 사업체는 연구·기술직에 54.4%(300~999인), 58%(1,000인 이상)로 나타났다. 노조 유무로 보았을 때, 직능급은 모든 직종에서 무노조 사업장이 유노조 사업장보다 높았다.

<표 1-9>는 직능급을 적용하는 경우, 임금인상의 가장 중요한 기준이 업종, 기업규모, 노조 유무에 따라 어떻게 다른지 살펴본 것이다. 직능급은 개인의 직무수행 능력과 역량을 임금결정의 주요 기준으로 채택하는 방식이다. 조사대상 사업체들의 경우, 전체적으로 직능급 적용 시 가장 중요한 기준을 '숙련도·역량'(29.2%)으로 들고 있지만, '업적·성과'도 24.8%로 비슷한 비중을 보이고 있다. '숙련도·역량'에 절반이 넘는 업체가 응답한 업종을 보면 전기가스수도업(72.2%), 통신업(60%), 부동산임대업(50%), 사업서비스업(50%)으로 나타났다. 그렇지만 음식숙박업은 직능급이 적용된다 하더라도 '업적·성과'가 임금인상의 주요 기준이 된다는 업체가 52.9%로 나타났다. 한편, 기업규모가 클수록, 그리고 유노조 사업장에서 '숙련도·역량'이 핵심 기준이라는 사업체 비율이 높았다.

라. 직무급을 적용하고 있는 사업체의 실태

<표 1-10>은 직무급을 적용하는 사업체를 대상으로 직종별로 직무급 적용 실태를 업종, 기업규모, 노조 유무에 따라 살펴본 것이다. 전체적으로 보면, 관리직 79.4%, 연구·기술직 31.3%, 사무직 65.4%, 서비스·판매직 21.9%, 생산기능직 42.4%, 단순노무직 21.3%로 앞의 두 유형과 마찬가지로 관리직과 사무직에서 직무급을 적용하는 사업체가 많았다. 두 직종을 제외하고 업체별 특성을 보면, 제조업은 생산기능직에서 50.1%, 건설업은 연구·기술직에서 85.4%, 음식숙박업은 서비스·판매직에서 70.6%, 통신업은 연구·기술직에서 100%로, 업종마다 특정 직종에 직무급을 적용

〈표 1-10〉 직종별 직무급 적용 실태(단위: %, 개)

	관리직	연구·기술직	사무직	서비스·판매직	생산기능직	단순노무직	전체
제조	78.0	42.5	64.4	20.7	50.1	18.3	100.0(449)
전기가스수도	48.0	0.0	16.0	0.0	48.0	64.0	100.0(6)
건설	85.4	85.4	46.6	0.0	0.0	0.0	100.0(13)
도소매	69.1	28.2	53.8	58.9	28.2	41.0	100.0(39)
음식숙박	27.1	38.0	43.4	70.6	16.3	27.1	100.0(18)
운수	64.5	3.7	53.3	9.3	49.5	33.7	100.0(107)
통신	100.0	100.0	35.3	35.3	0.0	0.0	100.0(9)
금융보험	98.9	6.2	92.7	19.6	46.3	0.0	100.0(97)
부동산임대	100.0	46.2	100.0	0.0	46.2	0.0	100.0(9)
사업서비스	82.3	45.1	58.6	19.2	32.7	11.3	100.0(89)
교육서비스	69.6	0.0	58.0	0.0	23.2	23.2	100.0(9)
보건사회복지	97.0	36.0	81.5	24.9	52.4	38.7	100.0(117)
오락문화운동	46.9	0.0	80.4	6.7	20.1	0.0	100.0(15)
기타	75.6	6.1	52.4	28.0	12.2	31.7	100.0(82)
100~199	85.9	37.2	72.7	21.9	42.2	19.8	100.0(581)
200~299	73.6	9.7	62.1	10.3	60.2	20.7	100.0(164)
300~999	69.3	32.5	54.6	29.2	34.6	25.8	100.0(240)
1,000 이상	73.0	28.9	51.0	26.2	28.9	19.3	100.0(73)
무노조	86.0	32.3	64.0	23.4	44.3	21.2	100.0(628)
유노조	69.8	29.8	67.5	19.8	39.6	21.4	100.0(430)
전체	79.4 (840)	31.3 (331)	65.4 (692)	21.9 (232)	42.4 (448)	21.3 (225)	100.0 (1,058)

자료: 한국노동연구원, 임금제도실태조사 원자료(2005).

하는 사업체가 다양하게 분포되어 있다. 기업규모로 보았을 때, 200~299인 사업체 중에서 생산기능직에 직무급을 적용하는 비율은 60.2%로 비교적 높게 나타났다. 노조 유무로 보면 무노조 사업장이 유노조 사업장보다 전 직종에서 직무급을 더 많이 적용하고 있다.

<표 1-11>은 직무급을 적용하는 사업체들이 임금인상 시 가장 중요

한 기준으로 삼는 요소가 무엇인지를 조사한 것이다. 응답 업체 중 37.2%가 '담당 직무가치'를 가장 중요한 기준으로 꼽았지만 '근속연수'도 34.4%나 되었다. '담당 직무가치'가 아닌 다른 기준이 더 우위로 조사된 경우는 도소매업이 '업적·성과(46.2%)', 음식숙박업(47.4%), 운수업(65.7%), 통신업(66.7%), 금융보험업(57.3%), 그리고 보건사회복지업(55.2%)이 모두

〈표 1-11〉 직무급 적용 시 임금인상의 가장 중요한 기준(단위: %, 개)

	근속연수	숙련도·역량	담당 직무가치	업적·성과	기타	전체
제조	19.7	17.6	42.0	19.0	1.6	100.0(426)
전기가스수도	16.7	0.0	83.3	0.0	0.0	100.0(6)
건설	0.0	0.0	100.0	0.0	0.0	100.0(11)
도소매	25.6	0.0	28.2	46.2	0.0	100.0(39)
음식숙박	47.4	10.5	21.1	15.8	5.3	100.0(19)
운수	65.7	4.6	21.3	8.3	0.0	100.0(108)
통신	66.7	0.0	0.0	33.3	0.0	100.0(9)
금융보험	57.3	3.1	28.1	6.3	5.2	100.0(96)
부동산임대	0.0	50.0	50.0	0.0	0.0	100.0(8)
사업서비스	24.1	18.4	34.5	23.0	0.0	100.0(87)
교육서비스	0.0	0.0	100.0	0.0	0.0	100.0(9)
보건사회복지	55.2	2.6	25.0	16.4	0.9	100.0(116)
오락문화운동	45.5	0.0	54.5	0.0	0.0	100.0(11)
기타	34.1	11.0	53.7	1.2	0.0	100.0(82)
100~199	33.6	12.4	36.4	15.6	2.0	100.0(563)
200~299	47.6	20.1	23.2	9.1	0.0	100.0(164)
300~999	32.3	5.6	43.5	18.5	0.0	100.0(232)
1,000 이상	17.1	2.9	54.3	20.0	5.7	100.0(70)
무노조	33.9	12.8	36.6	16.7	0.0	100.0(610)
유노조	35.0	9.5	38.1	14.0	3.3	100.0(420)
전체	34.4 (354)	11.5 (118)	37.2 (383)	15.6 (161)	1.4 (14)	100.0 (1,030)

자료: 한국노동연구원, 임금제도실태조사 원자료(2005).

'근속연수'로 나타났다. 이는 앞서 직능급과 마찬가지로 우리나라 기업체들은 직무급을 적용하더라도 임금인상의 기본 결정기준으로 '근속연수'를 매우 중요한 요소로 채택하고 있기 때문인 것으로 보인다. 기업규모로 보면, 200~299인 사업체를 제외한 전 규모에서 '담당 직무가치'를 가장 중요한 임금인상 요인으로 선택했고, 특히 1,000인 이상 대기업 중에서는 54.3%나 되었다. 노조 유무별로 보면 무노조 사업장이 직무급을 더 많이 적용하고 있다.

3) 임금제도의 개혁방향에 대한 노사 의견

<표 1-12>는 향후 임금제도를 개혁하고자 할 때, 기본급 결정에 어떤 요소들이 얼마나 반영되어야 하는지를 관리자와 노조에 질문한 결과이다. 노사 모두 기준별로 비슷한 분포를 보였는데, '연공'기준의 비중은 관리자의 23.4%, 노조의 16.1%가 20%를 적당하다고 보았고, '능력'기준은 관리자의 37.1%가 30%를 적당하다고 한 반면, 노조는 28.2%가 20%를 적정비율로 밝혀 차이를 보였다. '직무'기준에 대해서는 노사 모두 20%를 적정 비율로 응답했는데 반해, '성과'기준에 대해서 관리자의 29.4%는 30%를 적당하다고 했지만 노조의 34.5%는 20%를 적당하다고 응답했다. 임금제도 개혁의 기준으로 노동자 간의 경쟁을 심화시킬 가능성이 큰 능력과 업적을 반영하는 방식에 대해, 관리자들은 이것이 생산성을 향상시킨다고 생각하기에 그 비중을 높일 것을 요구하지만, 노조는 그것이 노동자 간의 위화감을 조성하고 결국 노동자 통제 및 근로조건 악화를 유발한다는 점에서 그 비중을 낮추려고 하는 것으로 판단된다.

〈표 1-12〉 기본급 결정 시 요소들의 반영 비중에 대한 노사 견해(단위: %, 개)

반영비중 (%)	연공 (근속·연령·경력·학력)		능력 (직무수행능력·역량)		직무 (난이도, 중요도, 책임 등)		성과 (업무성과)	
	관리자	노조	관리자	노조	관리자	노조	관리자	노조
0%	6.8	6.0	5.9	12.4	10.4	16.7	13.6	20.4
10%	19.3	14.2	9.8	13.6	19.3	20.9	25.7	34.5
20%	23.4	16.1	26.6	28.2	35.2	34.9	29.4	21.9
30%	14.9	12.6	37.1	26.9	25.6	20.2	21.1	15.3
40%	8.4	11.4	10.0	9.2	4.4	3.7	5.6	2.9
50%	13.3	14.6	7.2	7.1	3.4	1.5	3.2	2.4
60%	4.6	5.5	1.5	0.9	0.6	0.9	0.1	0.8
70%	4.5	7.1	0.6	0.6	0.3	0.2	0.7	0.2
80%	1.4	5.3	0.7	0.2	0.3	0.2	0.1	0.7
90%	0.4	0.6	0.3	0.2	0.1	0.8	0.2	0.2
100%	3.1	6.5	0.2	0.6	0.4	100.0	0.2	0.7
합계	5,426 (100.0)	2,105 (100.0)	5,426 (100.0)	2,105 (100.0)	5,426 (100.0)	4,065	5,426 (100.0)	2,105 (100.0)

자료: 한국노동연구원, 임금제도실태조사 원자료(2005).

4) 임금체계 실태분석에서 얻는 시사점

지금까지 임금제도실태조사 자료를 활용하여 100인 이상 사업체의 임금체계를 업종, 기업규모, 노조 유무별로 살펴보았다. 그 결과 몇 가지 특징들에 주목할 필요가 있다. 첫째, 조사 사업체들의 기본급 비중은 50~60% 수준으로 나타났으며, 대기업이나 월 급여수준이 높은 업종(예를 들면, 금융보험업이나 교육서비스업)의 경우 기본급 비중이 상대적으로 낮고 수당 비중이 높게 나타났다.

둘째, 우리나라의 기본급 체계는 근속연수가 여전히 핵심요소라는 점이다. 기본급 임금테이블이 있든 없든 간에 '근속연수'가 임금결정 및 인상의 가장 중요한 요인으로 활용되고 있는 것으로 나타났다. 기본급 테이블이 있는 경우 '근속연수'를 결정요인으로 하는 '호봉급'을 가장 많이 적용하는 것으로 나타났다.

셋째, 기본급 테이블이 있는 경우, 직능급과 직무급의 적용비율이 각각 17% 정도로 나타났다. 그렇지만 대다수 사업체는 호봉급, 직능급, 직무급, 그리고 그 외 임금테이블을 혼용하는 것으로 나타나 근속연수 외의 기준들이 임금결정에 주요 변수로 작용하고 있음을 알 수 있다.

넷째, 개인의 능력과 역량을 중시하는 직능급이나 업적과 성과를 중시하는 연봉급과 달리, 직무의 가치를 평가하는 직무급에 대해서는 노사가 모두 호봉급보다 더 높은 비율로 필요성을 강조하고 있어 주목된다.

다섯째, 임금유형에 관계없이, 관리직과 사무직이 대부분 가장 많은 비중으로 임금테이블을 적용받는 것으로 나타나, 직종 간 임금결정 체계의 편차와 불균형을 확인할 수 있다.

4. 직업별 숙련수준과 임금결정에 미치는 효과

1) 직업숙련의 측정 방법

이 절에서는 직무급의 기초가 되는 직무가치를 직업별로 측정하고 이것이 임금결정에 미치는 효과를 실증적으로 분석하고자 한다. 한국에서는 아직 직무가치 측정 및 직무급 등이 광범하게 적용되지 않고 있고 일부 기업에서 자사에 특유한 직무가치 측정방법 및 직무급 체계를 사용하고 있을 뿐이다. 그뿐만 아니라 기업을 넘어선 산업이나 직업 차원에서도 독일에서 볼 수 있는 바와 같은 산업별 숙련에 관한 정의 및 이를 기초로 한 직무가치등급 설정 및 직무급 설정 등이 이루어지지 않고 있다. 이러한 현실은 한국에서 연공급 임금체계를 직무급 내지 직능급(숙련급) 임금체계로 전환하는 데 가장 큰 걸림돌 중 하나로 작용하고 있다. 따라서 객관적이고 투명한 직무가치를 산업별, 직업별로 측정하는 것은 직무급 혹은 숙련급 전환을 위한 첫걸음이 된다는 의의를 갖는다.

이 연구에서는 그러한 작업의 일환으로 우선 직업별로 숙련수준을 측정하고 이러한 숙련으로 측정된 직무가치가 적용될 경우 기존의 연공급과 직무급 사이에 얼마만 한 괴리가 발생할 수 있는지를 실증적으로 추정해보고자 한다.

이 연구에서 직업숙련을 측정하는 데 사용한 자료는 한국고용정보원에서 생산하는 한국직업정보시스템(KNOW)이다. 한국직업정보시스템은 『한국직업사전』에서 다루는 직업정보에 한계가 있다는 지적을 반영하여 직업정보를 더욱 체계적으로 담아내기 위해서 2003년에 한국고용정보원에서 개발한 시스템이다. 『한국직업사전』에 있는 직업정보는 직업에 관한 객관적인 정보를 포함하고 있는데, 전문가들이 직접 현장에서 직업의 명칭과 수행 직무 등을 분석한 내용이다. 특히 직업의 숙련을 측정하는 데 필요한 교육수준, 숙련기간, 자료·사람·사물과 관련된 직무기능, 육체적 작업강도 등의 직업정보를 담고 있다. 그러나 한국직업사전에서 담고 있는 직업의 숙련수준은 엄밀한 숙련수준이라고 판단하기는 어렵다. 이는 해당 직업에서 필요한 직업숙련수준을 객관적인 계량지표로 측정한 것이 아니라 해당 직종의 재직자가 수행하는 직무수행에 대해 전문가(직무분석가)가 관찰하여 작성되었는데, 조사과정에서의 제한성으로 인해 직업정보에 대한 일반화에 한계가 있고 직업정보가 직무특수적인 내용이므로 직업 간 비교가 용이하지 않다는 문제점이 있다(한국고용정보원, 2002).

그렇지만 한국직업정보시스템은 『한국직업사전』의 제한성을 극복하는 과정에서 개발되어 비교적 객관적이고 체계적인 직업정보를 담고 있다. 특히 이 연구에서 활용하게 되는 직업숙련수준과 신체적 능력에 관한 계량화된 직업정보를 가지고 있다.

한국직업정보시스템은 미국의 O*NET의 모형5)을 토대로 설계되었다. O*NET은 종합적인 직업정보를 제공하는 것을 목적으로 하고 있기 때문에 이를 원용한 한국직업정보시스템도 비교적 종합적이고 체계적인 직업정보를 담고 있다. 한국직업정보시스템은 직업정보의 내용을 기준으로 세 가지 항목으로 구성되어 있는데, 첫째, 근로자 관련 정보로는 업무수행능력, 지식, 성격, 흥미, 경험(교육, 자격, 훈련)이 있고, 둘째, 노동시장 관련 정보로는 임금 및 직업전망 등에 관한 정보가 있으며, 셋째, 업무 관련 정보로는 직업 특수 정보, 일반 근로환경, 근로환경 등에 관한 정보가 있다. 이 중 업무수행능력은 읽고 이해하기, 듣고 이해하기, 글쓰기 등 44개 업무수행과 관련된 항목이 직업숙련수준을 측정하는 데 활용된다.

업무수행능력은 다양한 업무를 수행할 수 있는 수준을 의미하며, 구성요소의 문항을 개발하기 위해, O*NET에서 사용된 숙련(skill) 요소의 문항과 능력(ability) 요소의 문항을 44개 문항으로 통합하여 측정했다. 업무수행능력의 44개 항목 중 O*NET에서 사용하는 숙련 항목은 모두 포함하고

---

5) O*NET은 미국 노동부가 개발한 직업사전이다. 1990년대 초 탈산업화, 글로벌화, 기술진보 등으로 직무 및 직업에 큰 변화가 발생함에 따라 기존의 DOT(Dictionary of Occupational Titles)를 대폭 개선한 O*NET을 개발했는데, 이는 온라인을 통한 직업정보 제공 시스템으로서 여기서 종래 직업사전의 내용을 대폭 개선하여, 사용자들이 사용하기 쉽게 만들었다. O*NET은 DOT를 세 가지 점에서 크게 수정했다. ① 직업을 더욱 광범하게 정의함으로써 직업의 수를 대폭 축소하여 종래의 1만 2,000개에서 900개로 줄였다. ② 직업의 분류 및 정의를 과학적인 직업분석에 토대를 두고 행했다. ③ 과거에는 전문가에 의해 직업별 직무가치 점수를 주었지만 O*NET에서는 직접 근로자 상황을 조사하고 변수를 측정하여 보완했고

있으며, 능력 항목은 신체적 요건에 해당하는 항목만을 포함하여 측정하고 있다.

능력에 관한 항목은 O*NET에서 사용된 능력 관련 문항 중 선천적인 특성에 가까운 항목만을 포함했다. O*NET은 숙련과 능력을 나누어 직업정보를 상세하게 조사하는 데 반해 한국직업정보시스템은 업무수행능력이라는 큰 틀에서 직업의 업무수행능력을 파악하고자 했고, 이 과정에서 능력 항목에 대한 조사가 많이 축소되었다. 결과적으로 능력항목에서 신체적인 능력만 포함하고 있기 때문에 업무와 관련하여 능력에 관한 분석이 제한되고 있다는 문제점이 발생하게 되었다. 이러한 조사방식은 직업에 관한 능력효과를 비교적 과소평가한 것에 기인한 것으로 판단된다. 이 연구에서는 이러한 제한성으로 인해 능력에 대한 분석은 신체적 능력에 한해서 분석하게 되었다.

<표 1-13>은 업무수행능력의 항목 및 정의를 보여주고 있다. 업무수행능력 항목은 크게 숙련과 신체적 능력으로 나누어진다. 숙련부문은 기본숙련과 교차기능숙련으로 나누어진다. 기본적 숙련 항목은 읽고 이해하기, 듣고 이해하기, 글쓰기, 말하기, 수리력, 논리적 분석, 추리력, 학습전략 등이며, 교차기능숙련은 문제해결, 설득, 서비스 지향, 사람파악, 협상, 행동조정, 판단과 의사결정, 시간관리, 재정관리, 인적 자원 관리, 고장의 발견·수리, 작동점검, 장비의 유지, 조작 및 통제, 설치, 장비선정, 기술설계, 품질관리 분석, 작동기술 분석, 물적 자원 관리, 조직체계의 분석 및 평가 등이 이에 해당한다. 신체적 능력 항목은 정교한 동작, 움직임 통제, 시력, 청력 등이다.

다음으로 이상의 숙련수준 정의에 따라 직업별로 업무수행능력을 측정하기 위해서 2001~2007년에 626개 직업에 종사하는 1만 8,705명을 대상으로 설문조사를 시행했다. 업무수행능력 항목별로 그 중요성과 수준을 5점 척도와 7점 척도로 응답하도록 했다. 그 결과가 <표 1-14>에 표시되

〈표 1-13〉 업무수행능력설문 항목 및 정의

항목	정의
1. 읽고 이해하기	업무와 관련된 문서를 읽고 이해한다.
2. 듣고 이해하기	다른 사람들이 말하는 것을 집중해서 듣고 말하려는 요점을 이해하거나 적절한 질문을 한다.
3. 글쓰기	글을 통해서 다른 사람과 효과적으로 의사소통한다.
4. 말하기	자기가 아는 것을 다른 사람들에게 조리 있게 말한다.
5. 수리력	어떤 문제를 해결하기 위해 수학을 사용한다.
6. 논리적 분석	문제를 해결하기 위해(혹은 의사결정을 하기 위해) 체계적으로 이치에 맞는 생각을 한다.
7. 창의력	주어진 주제나 상황에 대하여 독특하고 기발한 아이디어를 산출한다.
8. 범주화	기준이나 법칙을 정하고 그에 따라 사물과 행위를 분류한다.
9. 기억력	단어, 수, 그림 그리고 절차와 같은 정보를 기억한다.
10. 공간지각력	자신의 위치를 파악하거나 다른 대상들이 자신을 중심으로 어디에 있는지 안다.
11. 추리력	문제해결 및 의사결정을 위해 새로운 정보가 가지는 의미를 파악한다.
12. 학습전략	새로운 것을 배우거나 가르칠 때 적절한 방법을 활용한다.
13. 선택적 집중력	주의를 산만하게 하는 자극에도 원하는 일에 집중한다.
14. 모니터링	타인 혹은 조직의 성과를 점검하고 평가한다.
15. 사람파악	타인의 반응을 파악하고 왜 그렇게 행동하는지 이해한다.
16. 행동조정	다른 사람들의 행동에 맞추어 적절히 대응한다.
17. 설득	다른 사람들의 마음이나 행동을 변화시키기 위해 설득한다.
18. 협상	사람들과의 의견 차이를 좁혀 합의점을 찾는다.
19. 가르치기	다른 사람들에게 일하는 방법에 대해 가르친다.
20. 서비스 지향	다른 사람들을 돕기 위해 적극적으로 노력한다.
21. 문제해결	문제의 본질을 파악하여 해결방법을 찾고 이를 실행한다.
22. 판단과 의사결정	이득과 손실을 평가해서 결정을 내린다.
23. 시간관리	자신의 시간과 다른 사람의 시간을 관리한다.
24. 재정관리	업무를 완료하기 위해 필요한 비용을 파악하고 구체적 소요내역을 산출한다.
25. 물적 자원 관리	업무를 수행하는 데 필요한 장비, 시설, 자재 등을 구매하고 관리한다.
26. 인적 자원 관리	직원의 근로의욕을 높이고 능력을 개발하여 적재적소에 인재를 배치한다.

27. 작동분석	원활한 회사(조직) 운용을 위해 필요한 도구, 새로운 기술을 확인한다.
28. 기술설계	사용자의 요구에 맞도록 장비와 기술을 개발하여 적용한다.
29. 장비선정	업무를 수행하는 데 필요한 도구나 장비를 결정한다.
30. 설치	작업지시서에 따라 장비, 도구, 배선, 프로그램을 설치한다.
31. 프로그래밍	다양한 목적을 위해 컴퓨터 프로그램을 작성한다.
32. 품질관리분석	품질 또는 성과를 평가하기 위해 제품, 서비스, 공정을 검사하거나 조사한다.
33. 조작 및 통제	장비 혹은 시스템을 조작하고 통제한다.
34. 장비의 유지	장비에 대한 일상적인 유지보수를 하고 장비를 유지하기 위해 언제 어떤 종류의 조치를 취해야 하는지를 안다.
35. 고장의 발견·수리	오작동의 원인이 무엇인가를 확인하고 이를 어떻게 처리할 것인지 결정한다.
36. 작동점검	기계가 제대로 작동하는지 확인하기 위해 표지판이나 계기판 등을 살펴본다.
37. 조직체계의 분석 및 평가	환경이나 조건의 변화가 조직의 체계, 구성, 방식에 어떤 영향을 미칠지 분석하고, 시스템의 효율성을 평가한다.
38. 정교한 동작	손이나 손가락을 이용하여 복잡한 부품을 조립하거나 정교한 작업을 한다.
39. 움직임 통제	신체를 사용하여 기계나 기구를 정확한 위치로 빠르게 움직인다.
40. 반응시간과 속도	신호에 빠르게 반응하거나 신체를 신속히 움직인다.
41. 신체적 강인성	물건을 들어 올리고, 밀고, 당기고, 운반하기 위해 힘을 사용한다.
42. 유연성 및 균형	신체의 균형을 유지하거나 각 부위를 구부리고 편다.
43. 시력	먼 곳이나 가까운 것을 보기 위해 눈을 사용한다.
44. 청력	음의 고저와 크기의 차이를 구분한다.

자료: 한국고용정보원(2002).

어 있다.

<표 1-14>는 업무수행능력 수준의 44개 항목에 대한 기술통계량을 보여주고 있다. 업무수행능력 항목별 수준은 1점에서 7점 척도로 조사된 결과이지만 중요성 항목에서 중요하지 않다고 응답한 경우는 0점으로 처리했다. 설문조사 결과 현재 업무에 필요한 숙련수준 중 '읽고 이해하기'(4.54) '듣고 이해하기'(4.69) 등 인지적 숙련수준이 비교적 높게 나타났

〈표 1-14〉 업무수행능력 수준 기술통계

	응답 수	평균	표준편차
읽고 이해하기	18,593	4.54	1.71
듣고 이해하기	18,613	4.69	1.53
글쓰기	18,636	4.05	1.95
말하기	18,637	4.50	1.61
수리력	18,644	3.84	1.86
논리적 분석	18,640	4.44	1.76
창의력	18,632	4.35	1.87
범주화	18,619	4.00	1.80
기억력	18,634	4.25	1.51
공간지각력	18,636	3.84	1.88
추리력	18,629	3.98	1.91
학습전략	18,637	4.18	1.80
선택적 집중력	18,637	4.51	1.57
모니터링	18,634	4.14	1.88
사람파악	18,705	4.28	1.71
행동조정	18,705	4.29	1.70
설득	18,705	4.33	1.82
협상	18,705	4.17	1.86
가르치기	18,636	4.08	1.82
서비스 지향	18,705	4.34	1.83
문제해결	18,647	4.66	1.59
판단과 의사결정	18,705	4.45	1.72
시간관리	18,705	4.31	1.70
재정관리	18,705	3.45	2.06
물적 자원 관리	18,624	3.26	2.06
인적 자원 관리	18,705	3.77	2.17
기술분석	18,626	3.59	2.17
기술설계	18,630	2.83	2.32
장비선정	18,625	3.11	2.22
설치	18,624	2.71	2.23

전산	18,634	3.58	2.07
품질관리분석	18,630	2.94	2.23
조작 및 통제	18,638	2.91	2.17
장비의 유지	18,629	2.87	2.17
고장의 발견, 수리	18,625	2.80	2.20
작동점검	18,630	2.82	2.19
조직체계의 분석 및 평가	18,624	3.10	2.14
정교한 동작	18,630	2.82	2.26
움직임 통제	18,627	2.76	2.21
반응시간과 속도	18,630	2.95	2.19
신체적 강인성	18,639	3.23	2.25
유연성 및 균형	18,626	2.77	2.16
시력	18,644	3.37	1.84
청력	18,640	3.33	1.93

자료: 한국고용정보원(2002).

으며, 다음으로 '문제해결'(4.66) '판단과 의사결정'(4.45) 등 관리적 숙련 항목, 그리고 '기술분석'(3.59) '전산'(3.58) 등 기술적 숙련 항목 순이었다. '정교한 동작'(2.82) '신체적 강인성'(3.23) 등 신체적 능력 항목은 기술적 숙련 항목보다는 낮게 나타났다.

현 업무를 수행하는 데 가장 높게 요구되는 숙련수준 항목들은 '듣고 이해하기'였고(평균=4.69, 표준편차=1.53), '읽고 이해하기'(평균=4.54, 표준편차=1.71), '말하기'(평균=4.50, 표준편차=1.61)와 같은 기초적 숙련(basic skills) 항목들도 높게 나타났다. 이들 숙련 항목들은 일반적으로 다른 사람으로부터 정보를 습득하고 정보를 전달하는 항목에 해당한다. 다음으로, 비교적 높게 요구되는 숙련수준 항목으로 '문제해결'(평균=4.66, 표준편차=1.59), '서비스 지향'(평균=4.34, 표준편차=1.83), '설득'(평균=4.33, 표준편차=1.86) 같은 사회적 숙련(social skills) 항목들이 있다. 사회적 숙련 항목은 다른 사람들과의 관계에 관한 숙련 항목들로 조직차원에서 필수적으로 요구되는 숙련 항목이다. 다음으로, 일하거나 배우는 과정에서 필요한 숙련 항목에 해당하는 '선택적 집중력'(평균=4.51, 표준편차=1.57), '학습전략'(평균=4.18, 표준편차=1.80)과 같은 항목도 비교적 높게 나타났다.

조직적 체계의 유지·관리에 필요한 숙련 항목인 '시간관리'(평균=4.31, 표준편차=1.70), '인적 자원 관리'(평균=3.77, 표준편차=2.17), '재정관리'(평균=3.45, 표준편차=2.06)도 비교적 높게 요구되었다. 한편 기술적 숙련수준 항목인 '전산'(평균=3.58, 표준편차=2.23), '품질관리분석'(평균=2.94, 표준편차=2.23) 등은 비교적 적게 요구되는 것으로 나타났다. 신체적 능력 항목은 '시력'(평균=3.37, 표준편차=1.84), '청력'(평균=3.33, 표준편차=1.93), '신체적 강인성'(평균=3.23, 표준편차=2.25) 등으로 비교적 낮은 정도의 요구수준을 보였다.

지금까지 살펴본 직업숙련수준 항목과 신체적 능력 항목은 독립적인 숙련의 차원이 아니다. '읽고 이해하기' 항목과 '듣고 이해하기'나 '말하기' 항목들은 상호 간에 강한 정(+)의 상관관계를 보인다. 반면 '서비스 지향'과 같은 조직적 숙련이나 '설치'와 같은 기술적 숙련과는 상관관계가 약하다. 또한 '서비스 지향'과 같은 조직적 숙련은 '설득'이나 '협상'과 같은 항목과의 상관관계는 높으나 기술적 숙련이나 인지적 숙련 항목과의 상관관계는 약하게 나타난다.

이러한 경우에 숙련수준 항목과의 상관관계를 요약하기 위해서 주성분 요인분해 방법을 이용하여 각각 상호독립적인 몇 가지 숙련으로 축약할 수 있다. <표 1-15>와 <표 1-16>은 주성분 요인분해 결과이다. 숙련 관련 요인분해 분석은 베리맥스 회전방식을 활용했다.

첫 번째 요인(F1)은 '읽고 이해하기'(r=0.65), '듣고 이해하기'(r=0.67), '말하기'(r=0.67) 등 기본적인 숙련 항목과 상관관계가 높게 나타났다. 이들 항목은 사람들을 대상으로 하는 작업에서 필수적으로 요구되는 숙련으

〈표 1-15〉 숙련요인과 요인적재치 추정결과

	요인			공통성
	F1	F2	F3	
읽고 이해하기	0.65	-0.31	0.36	0.64
듣고 이해하기	0.67	-0.32	0.28	0.63
글쓰기	0.62	-0.31	0.35	0.60
말하기	0.67	-0.34	0.08	0.57
수리력	0.63	-0.06	0.23	0.46
논리적 분석	0.73	-0.25	0.28	0.68
창의력	0.67	-0.18	0.21	0.52
범주화	0.69	-0.17	0.20	0.54
기억력	0.63	-0.23	0.03	0.45
공간지각력	0.58	0.06	0.02	0.34
추리력	0.70	-0.13	0.22	0.55
학습전략	0.73	-0.19	0.16	0.60
선택적 집중력	0.66	-0.19	0.07	0.47
모니터링	0.71	-0.16	-0.03	0.54
사람파악	0.66	-0.28	-0.33	0.62
행동조정	0.68	-0.20	-0.27	0.58
설득	0.73	-0.30	-0.23	0.68
협상	0.71	-0.22	-0.28	0.64
가르치기	0.71	-0.12	0.00	0.52
서비스 지향	0.62	-0.19	-0.29	0.50
문제해결	0.77	-0.19	-0.04	0.63
판단과 의사결정	0.75	-0.20	-0.12	0.62
시간관리	0.68	-0.18	-0.21	0.54
재정관리	0.63	-0.01	-0.38	0.55
물적 자원 관리	0.63	0.23	-0.35	0.58
인적 자원 관리	0.70	0.05	-0.30	0.58
기술분석	0.63	0.44	0.09	0.60
기술설계	0.55	0.57	0.10	0.63
장비선정	0.52	0.65	0.06	0.71

	0.51	0.68	0.05	0.72
설치	0.51	0.68	0.05	0.72
전산	0.66	-0.02	0.14	0.45
품질관리분석	0.53	0.54	0.00	0.57
조작 및 통제	0.53	0.65	0.06	0.71
장비의 유지	0.45	0.75	0.03	0.77
고장의 발견, 수리	0.41	0.76	0.03	0.74
작동점검	0.43	0.74	0.04	0.74
조직체계의 분석 및 평가	0.64	0.24	-0.13	0.48
분산	41.02	13.65	4.11	
고유치	15.18	5.05	1.52	

주: 요인추출 방법: 주성분 분석.

〈표 1-16〉 신체적 능력요인과 요인적재치 추정결과

	F4	공통성
유연성 및 균형	0.84	0.71
시력	0.71	0.50
반응시간과 속도	0.84	0.71
신체적 강인성	0.79	0.62
청력	0.71	0.50
움직임 통제	0.85	0.73
정교한 동작	0.77	0.60
분산	62.36	
고유치	4.37	

주: 요인추출 방법: 주성분 분석.

로서 이해력과 분석력과 같은 포괄적인 인지적 능력과 관련이 깊은 숙련으로 볼 수 있다. 이와 같은 첫 번째 숙련요인을 인지적 숙련(cognitive skills)을 측정하는 지표로 간주한다. 사회적 숙련에 해당하는 '문제해결'(r=0.77), '설득'(r=0.73), '협상'(r=0.71)과도 밀접한 관계를 갖는 것으로 나타났다. 인지적 숙련은 사회적 숙련과 같은 조직에 필수적인 숙련수준과도 밀접한 관계가 있다고 해석된다.

두 번째 요인(F2)은 장비의 유지(r=0.87), 작동점검(r=0.86), 조작 및 통제(r=0.82) 등 기술적 숙련과 관련성이 높게 나타났다. 이러한 두 번째 숙련요인을 기술적 숙련(technical skills)을 측정하는 지표로 해석한다.

세 번째 요인(F3)은 사람파악(r=0.70), 협상(r=0.69), 재정관리(r=0.67)와 같이 조직적 숙련과 관련이 높게 나타났으며, 이 숙련요인은 조직적 숙련 (organizational skills) 지표이다.

신체적 능력 요인(F4)을 살펴보면 유연성 및 균형(r=0.84), 반응시간과 속도(r=0.84), 신체적 강인성(r=0.79) 등으로 항목 대부분이 신체적 능력과 높은 상관관계를 보이고 있다.

마지막으로 숙련 항목 전체를 하나의 변수로 축약하여 직업숙련수준의 지표로 간주했다. 이 또한 주성분 요인분해 방법을 이용하여 하나의 숙련으로 축약했다.

2) 숙련수준의 측정

이제 앞에서 구성한 직업숙련수준에 관한 정의와 측정을 바탕으로 하여 전체 노동력의 직업숙련수준과 신체적 능력의 측정을 위해서「임금구조기본통계조사」(2006년 자료)와 한국직업정보시스템의 직업별 숙련수준 자료를 서로 연계하여 보기로 한다. 임금구조 기본통계조사는 표준직업분류상의 세분류까지 정보를 제공하고 있으며, 임금에 대한 상세한 자료를 제공해주고 있기 때문에 한국직업정보시스템에서 측정된 직업별 숙련수준을 연결하여 전체 노동력의 숙련수준을 측정할 수 있다. 또한 이렇게 측정된 숙련수준은 인적 속성별, 일자리 속성별로 집계할 수 있는데, 그 결과가 <표 1-17>에서 <표 1-19>까지에 제시되어 있다. 다만, 직업숙련수준이 측정되는 직업만을 대상으로 집계된 것이기 때문에 직업숙련수준이 측정되지 못한 경우는 제외하고 분석했다.

<표 1-17>은 인적 속성별로 직업숙련수준 현황을 보여주고 있다. 전체 직업숙련수준은 -0.23으로 나타났다. 주성분 요인분해에 의해서 축약된 직업숙련수준 변수는 평균을 0으로 가정하고 만들어진 것이므로 전체 노동력의 직업숙련수준이 -0.23이라는 것은 임금구조 기본통계조사에서 파악된 전체 노동력의 직업숙련수준이 한국직업정보시스템상에서 파악된 직업숙련수준의 평균보다 낮다는 것을 의미한다. 이러한 결과는 전체 임금근로자 중 평균 이하의 낮은 숙련수준을 가진 직업군이 많이 분포하고 있다는 것으로 해석된다. 한편 숙련요인별로 보면 인지적 숙련수준이 -0.26으로 가장 낮은 것으로 나타났고, 다음으로 기술적 숙련은 -0.15, 신체적 능력도 -0.16으로 평균 이하의 숙련수준을 보였다. 그러나 조직적 숙련은 0.02로 평균적인 숙련수준인 것으로 나타났다. 전체적으로 볼 때 전체 임금근로자의 숙련수준은 해당 근로자가 종사하는 직업에서 요구하는 숙련수준에 비해 낮은 편에 속한다.

성별로 직업숙련수준을 살펴보면 남성이 여성보다는 직업숙련수준이 높았다. 직업숙련수준은 남성이 -0.20, 여성이 -0.29로 남성이 다소 높았고, 인지적 숙련은 남성이 -0.27, 여성이 -0.24로 비슷한 수준이었지만 기술적 숙련은 남성이 -0.08, 여성이 -0.31로 큰 격차를 보였다. 조직적 숙련과 신체적 능력은 성별로 큰 차이를 보이지는 않았다.

다음으로 성별·연령별 직업숙련수준을 살펴보면 남성의 경우 대체로 중장년층에서 숙련수준이 높게 나타났다. 남성 중장년층의 직업숙련수준은 -0.16으로 청년층(-0.20)과 고령자층(-0.57)보다 높게 나타났고, 인지적 숙련도 남성 중장년층은 -0.22, 청년은 -0.28, 고령자층은 -0.66으로 중장년층의 숙련수준이 높았다. 이는 연령 증가에 따른 근속연수 및 경험연

〈표 1-17〉 인적 속성별 직업숙련수준 현황

		빈도	직업 숙련수준	인지적 숙련	기술적 숙련	조직적 숙련	신체적 능력
남성		4,247,989	-0.20	-0.27	-0.08	0.03	-0.14
여성		1,801,630	-0.29	-0.24	-0.31	0.01	-0.19
남성	청년	787,299	-0.20	-0.28	0.00	-0.01	-0.08
	중장년	3,131,408	-0.16	-0.22	-0.09	0.05	-0.16
	고령	329,282	-0.57	-0.66	-0.17	-0.08	-0.14
여성	청년	763,659	-0.10	-0.01	-0.38	0.12	-0.26
	중장년	955,246	-0.39	-0.35	-0.26	-0.06	-0.15
	고령	82,725	-0.95	-1.00	-0.17	-0.32	-0.06
남성	중졸 이하	287,274	-0.87	-0.98	0.06	-0.39	0.11
	고졸	1,755,229	-0.45	-0.57	0.07	-0.15	0.04
	전문대졸	638,547	-0.07	-0.15	-0.05	0.10	-0.18
	대졸	1,335,693	0.11	0.13	-0.29	0.27	-0.42
	대학원졸	231,246	0.35	0.36	-0.17	0.31	-0.14
여성	중졸 이하	188,863	-0.97	-1.03	-0.05	-0.43	0.05
	고졸	743,948	-0.51	-0.45	-0.32	-0.12	-0.21
	전문대졸	388,339	-0.01	0.04	-0.36	0.20	-0.21
	대졸	428,685	0.05	0.15	-0.37	0.20	-0.28
	대학원졸	51,795	0.38	0.44	-0.26	0.35	0.02
전체		6,049,619	-0.23	-0.26	-0.15	0.02	-0.16

자료: 임금구조 기본통계조사(2006), 한국직업정보시스템(KNOW).

수 증가가 숙련향상을 가져온 결과로 생각된다.

그러나 기술적 숙련수준은 연령이 높아질수록 낮아지는 것으로 나타났다. 청년층의 기술적 숙련수준은 0.00, 중장년층은 -0.09, 고령자층은 -0.17로 나타나 청년층의 기술적 숙련이 가장 높았다. 조직적 숙련은 중장년층이 0.05로 가장 높았고 청년층과 고령자층은 낮은 숙련수준을 기록했다. 신체적 능력은 청년층이 가장 높았고 중장년층과 고령자층은 비슷한 수준을 보였다.

남성의 경우 중장년층이 기술적 숙련을 제외한 다른 숙련요소에서 직업 숙련수준이 높은 것으로 나타나 적어도 청년층에서 중장년까지는 연령이 늘어날수록 숙련수준이 높아지는 것으로 판단된다. 그러나 여성의 경우는 대체로 연령이 늘어날수록 숙련수준이 떨어지는 것으로 나타났다. 여성 청년층의 직업숙련수준은 -0.10인 반면 중장년층은 -0.39, 고령자층은 -0.95로 큰 격차를 보였다. 인지적 숙련의 경우에도 여성 청년층이 가장 높은 숙련수준을 보여 중장년층 및 고령자층과는 격차가 크다는 것을 확인할 수 있다. 그러나 기술적 숙련은 중장년층이 청년층보다 다소 높은 숙련수준을 가진 것으로 나타났고 신체적 능력 역시 중장년층의 능력이 청년층보다 높았다. 조직적 숙련은 여성 청년층이 중장년층이나 고령자층보다 높은 수준으로 나타났다. 이러한 여성 숙련수준의 양상은 남성과는 대조적인 것으로 연령이 늘어날수록 숙련수준이 높아지는 것이 아님을 분명히 보여준다. 이러한 결과는 여성이 육아와 출산 등의 이유로 노동시장에서 빠져나옴으로써 경력의 중단이 일어날 가능성이 크기 때문에 나타나는 현상으로 해석된다.

다음으로, 성별·학력별 직업숙련수준을 살펴보면 남성과 여성 모두 학력수준이 높아질수록 직업숙련수준이 크게 높아지는 것으로 나타났다. 남성의 경우 중졸 이하 학력자의 직업숙련수준은 -0.87이지만 대졸 이상 학력자는 모두 평균 이상의 직업숙련수준을 갖는 것으로 나타났다. 여성의 경우에도 동일한 추이를 확인할 수 있다. 인지적 숙련이나 조직적 숙련의 경우에도 남녀 모두 학력수준이 높을수록 숙련수준이 높아지는 것을 확인할 수 있다. 그러나 기술적 숙련이나 신체적 능력은 학력수준이 높을수록 숙련수준이 낮아지는 경향이 있었다.

<표 1-18>은 산업별로 직업숙련수준의 현황을 보여주고 있다. 가장 낮은 숙련수준을 보인 산업은 제조업으로 -0.66이고 건설업이 가장 높은

〈표 1-18〉 산업별 직업숙련수준 현황

	빈도	직업 숙련수준	인지적 숙련	기술적 숙련	조직적 숙련	신체적 능력
농림어업	15,614	-0.27	-0.30	-0.14	-0.01	-0.21
제조업	12,450	-0.66	-0.70	0.17	-0.45	-0.15
전기가스수도업	2,233,393	-0.28	-0.34	0.01	-0.09	-0.11
건설업	39,431	0.04	-0.02	0.02	0.08	-0.02
유통서비스업	378,796	-0.07	-0.14	-0.01	0.04	-0.40
개인서비스업	1,059,580	-0.42	-0.40	-0.37	0.03	-0.29
생산자서비스업	449,997	-0.36	-0.42	-0.18	0.02	0.02
사회서비스업	1,198,855	-0.26	-0.19	-0.31	0.01	-0.38

자료: 임금구조 기본통계조사(2006), 한국직업정보시스템(KNOW).

숙련수준을 보였다. 또한 유통서비스업의 직업숙련수준은 -0.07로 상대적으로 높게 나타났다. 반면 생산자서비스업의 직업숙련수준은 -0.36으로 낮은 숙련수준을 보였다. 제조업에서 직업숙련수준이 낮은 것은 생산직에 종사하는 직업군의 비중이 크기 때문으로 판단된다. 유통서비스업이나 건설업에서 비교적 직업숙련수준이 높게 나타난 것은 현장에서 작업하는 비정규직이 많이 분포되어 있을 것으로 판단되는 이들 산업에서 비정규직 직업군이 제외되고 정규직에 해당하는 사무직 중심으로 조사되었기 때문으로 보인다.

세부적인 직업숙련수준별로 살펴보면 인지적 숙련은 건설업이 가장 높게 나타났고 유통서비스업이 다음으로 높은 수준을 기록했다. 기술적 숙련수준을 보면 제조업이 0.17로 가장 높았는데, 이는 기술적 숙련수준이 높은 생산직의 비중이 크기 때문이다. 전기가스수도업과 건설업에서도 기술적 숙련수준이 높게 나타났다. 반면 서비스업은 기술적 숙련이 비교적 낮게 나타났는데, 그 중 유통서비스업은 기술적 숙련수준이 상대적으로 높았다. 조직적 숙련수준을 살펴보면 기술적 숙련수준이 높게 나타났던 제조업은 조직적 숙련수준이 가장 낮게 나타난 반면, 서비스업에서 조직적 숙련수준이 높게 나타났다. 서비스업이 대부분 업무상 다른 작업자와의 관계가 필수적으로 중시되는 현상과 관련되어 보인다. 한편 신체적 능력을 보면 생산자서비스업이 가장 높게 나타났고 유통서비스업에서 가장 낮은 수치를 기록했다.

다음으로 <표 1-19>에서 직업별 직업숙련수준을 살펴보면 임원관리직과 전문가 직업에서 매우 높은 직업숙련수준을 가진 것으로 나타났다. 임원관리직은 0.44, 전문가는 0.40으로 높았다. 다음으로 기술공 및 준전문가 직업에서 0.14로 높았다. 반면 생산직의 직업숙련수준은 상당히 낮게 나타났다. 단순노무직은 -1.49로 매우 낮았고 조립공은 -0.66, 기능직은 -0.40으로 나타났다. 판매서비스직 역시 낮은 숙련수준을 보였는데, 판매직은 -0.96, 서비스직은 -0.24를 기록했다.

세부 숙련수준을 살펴보면 인지적 숙련은 전문가 직업에서 0.34로 가장

〈표 1-19〉 직업별 직업숙련수준 현황

	빈도	직업 숙련수준	인지적 숙련	기술적 숙련	조직적 숙련	신체적 능력
임원관리직	302,874	0.44	0.22	0.02	0.49	-0.95
전문가	621,363	0.40	0.34	0.26	0.10	0.25
기술공 및 준전문가	790,646	0.14	0.19	-0.19	0.16	-0.34
사무직	1,797,106	-0.01	0.13	-0.77	0.41	-0.65
서비스직	233,938	-0.24	-0.52	-0.07	0.25	0.47
판매직	148,407	-0.96	-1.08	-0.39	-0.10	-0.30
농림어업숙련직	8,808	-0.71	-1.06	0.28	-0.20	0.29
기능직	587,088	-0.40	-0.68	0.55	-0.32	0.46
조립공	1,099,922	-0.66	-0.85	0.32	-0.39	0.31
단순노무직	459,247	-1.49	-1.30	-0.31	-0.80	-0.14

자료: 임금구조 기본통계조사(2006), 한국직업정보시스템(KNOW).

높았고 임원관리직(0.22), 기술공 및 준전문가(0.19), 사무직(0.13)이 높게 나타났다. 반면 단순노무직은 -1.30으로 가장 낮았고 판매직은 -1.08, 농림어업숙련직은 -1.06으로 낮게 나타났다. 다른 서비스직과 생산직도 비교적 낮은 인지적 숙련수준을 보였다. 기술적 숙련수준은 생산직 직업군에서 비교적 높게 나타났다. 기능직 직업은 0.55, 조립공은 0.32로 나타났고 임원관리직이나 전문가, 농림어업숙련직도 비교적 높은 기술적 숙련수준을 보였다. 반면 단순노무직과 판매서비스직은 기술적 숙련수준도 낮았다. 조직적 숙련수준을 보면 관리직, 전문가, 사무직 직업에서 높게 나타났고 서비스직에서도 높은 숙련수준을 보였다. 반면 생산직 직업은 낮은 조직적 숙련수준을 보였다. 신체적 능력은 생산직과 서비스직에서 필요한 능력으로 나타났지만 화이트칼라와 판매직에서 낮은 수치를 보였다.

<표 1-20>은 사업체 규모별로 직업숙련수준 현황을 보여주는데, 500인 이상 대기업과 10인 미만 사업체 규모에서 직업숙련수준이 비교적 높았지만, 10인 이상 500인 미만 사업체 규모에서 숙련수준의 큰 차이는 발견되지 않았다. 500인 이상 사업체 규모에서 직업숙련수준은 -0.14로 비교적 높았고, 5~9인도 -0.13으로 낮았다. 10인 미만 소규모 사업체에서 숙련수준이 높은 이유는 현장에서 작업하는 비정규직이 조사대상에서 제외되었기 때문으로 판단된다.

세부 숙련수준별로 살펴보면 10인 미만 사업체 규모와 500인 이상 사업체 규모의 인지적 숙련은 비교적 높게 나타났고 다른 사업체 규모에서는 큰 차이가 없는 것으로 나타났다. 그러나 기술적 숙련은 사업체 규모가 커질수록 높아지는 것을 확인할 수 있다. 이러한 현상은 사업체 규모가 커질수록 기술적 숙련이 높은 직업군이 많은 비중을 차지하기 때문이다. 한편 조직적 숙련수준을 살펴보면 30인 미만 소규모 사업체에서 숙련수준이 높은 것으로 나타나는데, 이러한 현상은 이들 사업체에 사무직 종사자

〈표 1-20〉 사업체 규모별 직업숙련수준 현황

	빈도	직업 숙련수준	인지적 숙련	기술적 숙련	조직적 숙련	신체적 능력
5~9인	1,013,190	-0.13	-0.18	-0.22	0.15	-0.24
10~29인	1,581,934	-0.22	-0.24	-0.20	0.06	-0.24
30~99인	1,445,237	-0.26	-0.30	-0.12	-0.01	-0.11
100~299인	947,095	-0.36	-0.37	-0.12	-0.09	-0.09
300~499인	262,077	-0.29	-0.30	-0.13	-0.04	-0.10
500인 이상	800,086	-0.14	-0.18	-0.03	-0.01	-0.07

자료: 임금구조 기본통계조사(2006), 한국직업정보시스템(KNOW).

가 비교적 많이 조사되었기 때문이다. 100인 이상 사업체 규모를 보면 규모가 커질수록 조직적 숙련수준이 높아지는 경향을 보이는데, 그 차이는 크지 않았다. 신체적 능력도 30인 미만 사업체 규모에서 가장 높은 것으로 나타났는데, 이 또한 이들 사업체에서 화이트칼라 노동자가 많이 조사되었기 때문으로 판단된다. 30인 이상 사업체 규모에서 신체적 능력의 큰 차이는 발견되지 않았다.

3) 직업별 직무가치가 임금결정에 미치는 효과

(1) 직업숙련수준과 임금의 상관관계

여기서는 직업별 직무가치가 임금결정에 미치는 효과를 측정하고자 한다. 앞서 살펴본 바와 같이 한국직업정보시스템의 직업숙련정보를 이용하여 직업별로 숙련수준과 신체적 능력을 측정했다. 이제 직업별로 측정된 숙련수준 정보를 이용하여 직업숙련수준과 임금과의 관계를 살펴보고자 한다. 여기서 사용하는 임금자료는 임금구조 기본통계조사 자료로 임금에 관한 상세한 정보를 포함하고 있으며, 직업별로 세분류가 가능하여 직업별 숙련수준 정보와 연결하여 사용할 수 있다는 장점을 가지고 있다. 그러나 임금구조 기본통계조사 자료가 사업체에서 근무하는 상용근로자의 임금대장을 기초로 작성되었기 때문에 비정규직이 제외되어 있다는 제한이 있다.

<표 1-21>은 직업숙련수준과 임금과의 상관관계를 보여준다. 임금수준은 시간당 기본급에 로그를 취한 값을 사용했다. 기본급을 이용한 이유는 기본급이 직무의 가치를 가장 적절하게 반영한 임금항목이라고 판단했기 때문이다.

전체적으로 직업숙련수준은 임금과 비교적 밀접한 관련이 있는 것으로 나타났다. 직업숙련수준은 기본급과 0.41의 통계적으로 유의한 상관관계를 가진 것으로 나타났다. 남성은 0.42로 여성의 0.35보다 더 높은 상관관계가 있다. 인지적 숙련과 기본급과의 상관관계는 0.44로 나타났고 남성과 여성이 비슷한 수준에서 상관관계를 가진 것으로 나타났다. 또한 인지적 숙련은 기술적 숙련이나 조직적 숙련과 같은 다른 숙련요소에 비해 기본급 수준과 높은 상관관계를 가졌다. 세분화된 숙련수준 중 직무를 익히는 기본이 되는 기본적인 숙련이 임금에 큰 영향을 미치고 있음을 확인할 수 있다.

〈표 1-21〉 직업숙련수준과 임금과의 상관관계

	전체	남성	여성
직업숙련수준	0.41**	0.42**	0.35**
인지적 숙련	0.44**	0.46**	0.43**
기술적 숙련	-0.04**	-0.08**	-0.10**
조직적 숙련	0.26**	0.27**	0.21**
신체적 능력	-0.13**	-0.18**	-0.09**

주: * $p<0.05$ ** $p<0.01$
자료: 임금구조 기본통계조사(2006), 한국직업정보시스템(KNOW).

다음으로 기술적 숙련과 기본급과의 상관관계는 -0.04로 상관관계가 미약했다. 기술적 숙련과 마찬가지로 신체적 능력도 기본급과 음의 상관관계를 가진 것으로 나타났다. 이러한 현상은 기술적 숙련과 신체적 능력이 요구되는 직업이 주로 임금수준이 낮은 생산직에 해당하기 때문으로 판단된다. 한편 조직적 숙련수준과 기본급과의 상관관계는 0.26으로 나타나 비교적 높은 상관관계를 보였다. 성별로 보면 남성은 0.27로 여성의 0.21에 비해 상관관계가 높았다.

다음으로 <표 1-22>에서 연령별 직업숙련수준과 임금과의 관계를 살펴보면 직업숙련수준과 기본급과의 상관관계는 연령이 높을수록 높아지는 것으로 나타났다. 청년의 경우, 직업숙련수준과 기본급과의 상관관계는 0.20에 불과했지만 중장년은 0.43, 고령자는 0.66으로 높아졌다. 인지적 숙련수준의 경우에도 동일한 현상이 나타났는데, 청년의 경우 직업숙련수준과 기본급과의 상관관계는 0.25인 반면 중장년은 0.47, 고령자는 0.67로 높아졌다. 기술적 숙련수준과 기본급과의 상관관계는 청년과 중장년층은 음의 상관관계를 보인 반면, 고령자층의 상관관계는 0.11로 양의 관계를 보였다. 조직적 숙련수준은 전체 직업숙련수준과 비슷하게 연령이 높아질수록 임금과의 상관관계가 높아지는 것으로 나타났다. 청년

〈표 1-22〉 연령별 직업숙련수준과 임금과의 상관관계

	청년	중장년	고령
직업숙련수준	0.20**	0.43**	0.66**
인지적 숙련	0.25**	0.47**	0.67**
기술적 숙련	-0.02**	-0.09**	0.11**
조직적 숙련	0.10**	0.29**	0.47**
신체적 능력	-0.12**	-0.17**	-0.02**

주: * $p<0.05$ ** $p<0.01$
자료: 임금구조 기본통계조사(2006), 한국직업정보시스템(KNOW).

의 경우 0.10이었고 중장년은 0.29, 고령자는 0.47로 높아졌다.

<표 1-23>은 학력별 직업숙련수준과 임금과의 상관관계를 보여준다. 전체적으로 학력수준에서 직업숙련수준과 임금 간에는 통계적으로 유의한 양의 상관관계를 나타냈다. 단, 신체적 능력만은 고졸 이상에서 음의 상관관계를 보이고 있다.

그런데 학력수준별로 보면 일반적인 예상과는 달리 고졸 이하의 학력수준에서 직업숙련수준과 기본급과의 상관관계가 높은 반면, 학력이 높아질수록 상관관계가 낮아지는 것으로 나타났다. 가장 높은 상관관계를 보이는 학력수준은 고졸인 것으로 나타났다. 직업숙련수준과 기본급과의 상관관계는 중졸 이하의 경우 0.33, 고졸은 0.34, 전문대졸은 0.20, 대졸은 0.15, 대학원졸은 0.08로 나타났다. 이러한 현상은 저학력일수록 직무가치와 관련이 있는 기본급 비중이 높기 때문으로 파악된다.

인지적 숙련수준과 기본급과의 상관관계를 살펴보면, 중졸 이하의 경우 인지적 숙련수준과 기본급과의 상관관계는 0.32로 나타났고 고졸은 0.34로 비교적 높았다. 반면 전문대졸은 0.18, 대졸은 0.12, 대학원졸은 0.02로 비교적 낮은 수준이었다.

기술적 숙련의 경우에는 중졸 이하의 경우를 제외하고 기본급과의 상관

〈표 1-23〉 학력별 직업숙련수준과 임금과의 상관관계

	중졸 이하	고졸	전문대졸	대졸	대학원졸
직업숙련수준	0.33**	0.34**	0.20**	0.15**	0.08**
인지적 숙련	0.32**	0.34**	0.18**	0.12**	0.02**
기술적 숙련	0.41**	0.09**	0.05**	0.04**	0.06**
조직적 숙련	0.07**	0.20**	0.12**	0.07**	0.04**
신체적 능력	0.22**	-0.02**	-0.06**	-0.03**	0.02**

주: * $p<0.05$ ** $p<0.01$
자료: 임금구조 기본통계조사(2006), 한국직업정보시스템(KNOW).

관계가 미약한 것으로 나타났다. 중졸 이하의 경우에 기술적 숙련수준과 기본급과의 상관관계는 0.41로 높았으나 고졸은 0.09, 전문대졸은 0.05, 대졸은 0.04, 대학원졸은 0.06으로 낮았다.

조직적 숙련수준은 고졸의 경우 기본급과의 상관관계가 0.20으로 가장 높았고 전문대졸은 0.12로 다음으로 높았다. 그러나 다른 학력층에서는 조직적 숙련수준과 기본급과의 상관관계가 미약한 것으로 나타났다.

신체적 능력은 중졸 이하 학력자를 제외하고 기본급과의 상관관계가 약한 것으로 나타났다. 다만 중졸 이하의 경우 기본급과의 상관관계는 0.22로 비교적 높게 나타났다.

<표 1-24>는 산업별로 직업숙련수준과 임금과의 상관관계를 보여주고 있다. 직업숙련수준과 기본급과의 상관관계가 가장 큰 산업은 생산자서비스업으로 0.53을 기록했고, 농림어업(0.43), 제조업(0.38), 사회서비스업(0.36)도 높은 상관관계를 보였다. 또한 개인서비스업(0.22), 건설업(0.21), 전기가스수도업(0.19)은 유사한 상관관계를 보였다. 반면 광업은 -0.07로 미약하지만, 직업숙련수준과 기본급 간에 음의 상관관계를 보였다.

세분화된 숙련수준별로 살펴보면, 인지적 숙련수준과 기본급과의 관계는 생산자서비스업이 0.56으로 가장 높았고 유통서비스업도 0.51을 기록했다. 또한 농림어업(0.45), 사회서비스업(0.45), 제조업(0.40)도 비교적 높은 상관관계를 보였다.

기술적 숙련수준과 기본급과의 관계는 대부분 음의 상관관계를 보였으나 생산자서비스업과 광업은 상대적으로 높은 상관관계를 보였다. 반면 제조업(-0.13)과 전기가스수도업(-0.15)은 음의 상관관계를 보였다.

조직적 숙련수준과 기본급과의 상관관계는 광업을 제외하고 모두 양의 상관관계를 보였다. 특히 개인서비스업을 제외하고 유통서비스업에서 높은 상관관계를 보였고 다른 산업도 유사한 상관관계를 확인할 수 있다.

〈표 1-24〉 산업별 직업숙련수준과 임금과의 상관관계

	직업 숙련수준	인지적 숙련	기술적 숙련	조직적 숙련	신체적 능력
농림어업	0.43**	0.45**	-0.04**	0.26**	-0.28**
광업	-0.07**	-0.02	0.14**	-0.15**	-0.19**
제조업	0.38**	0.40**	-0.13**	0.27**	-0.18**
전기가스수도업	0.19**	0.26**	-0.15**	0.22**	-0.20**
건설업	0.21**	0.11**	-0.01	0.24**	0.01**
유통서비스업	0.51**	0.51**	-0.03**	0.38**	-0.18**
개인서비스업	0.22**	0.34**	-0.07**	0.04**	-0.18**
생산자서비스업	0.53**	0.56**	0.13**	0.23**	-0.11**
사회서비스업	0.36**	0.45**	-0.13**	0.26**	0.19**

주: * p<0.05 ** p<0.01
자료: 임금구조 기본통계조사(2006), 한국직업정보시스템(KNOW).

신체적 능력과 기본급과의 상관관계는 건설업을 제외하고 모두 음의 상관관계를 보였다.

이상과 같이 산업별 직업숙련수준과 임금과의 상관관계를 보면 서비스 부문에서 비교적 높은 상관관계를 보이는 것을 확인할 수 있다. 이러한 현상은 이들 부문에서 직무에 기초한 임금체계가 다른 부문에 비해 확산되어 있기 때문으로 추정된다.

다음으로 <표 1-25>에서 직업별로 직업숙련수준과 임금과의 상관관계를 살펴보면, 직업숙련수준이 높다고 해서 임금과의 상관관계가 높은 것은 아닌 것으로 나타났다. 직업숙련수준이 가장 높은 임원관리직의 경우, 직업숙련수준과 기본급과의 상관관계는 -0.02로 음의 값을 보였다. 비교적 고숙련직업에 속하는 기술공 및 준전문가 역시 -0.12로 음의 상관관계를 확인할 수 있다. 한편 숙련수준이 낮은 생산직의 경우, 조립공의 경우 직업숙련수준과 기본급과의 상관관계는 0.33으로 비교적 높은 양의 상관관계를 보였으나 기능직은 0.03, 단순노무직은 -0.08로 상관관계가

〈표 1-25〉 직업별 직업숙련수준과 임금과의 상관관계

	직업 숙련수준	인지적 숙련	기술적 숙련	조직적 숙련	신체적 능력
임원관리직	-0.02*	0.03**	-0.24**	0.14**	0.17**
전문가	0.09**	0.01	0.06**	0.06**	0.03**
기술공 및 준전문가	-0.12**	-0.06**	-0.08**	-0.04**	0.00
사무직	0.17**	0.23**	-0.16**	0.20**	-0.10**
서비스직	0.05**	0.07**	0.14**	-0.06**	0.05**
판매직	0.16**	0.09**	0.07**	0.17**	-0.03**
농림어업숙련직	-0.19**	-0.18**	-0.15**	-0.19**	-0.14**
기능직	0.03**	0.00	0.25**	-0.10**	0.20**
조립공	0.33**	0.37**	0.29**	0.08**	0.20**
단순노무직	-0.08**	0.12**	0.33**	-0.26**	-0.05**

주: * p<0.05 ** p<0.01
자료: 임금구조 기본통계조사(2006), 한국직업정보시스템(KNOW).

약한 것으로 나타났다.

세분화된 숙련수준별로 살펴보면, 인지적 숙련의 경우 전체 직업숙련수준과 임금과의 관계와 마찬가지로 숙련수준이 높은 직업이라고 해서 임금과의 상관관계가 높은 것은 아닌 것으로 확인되었다. 비교적 높은 인지적 숙련수준을 가진 임원관리직(0.03), 전문가(0.01), 기술공 및 준전문가(-0.06) 등은 인지적 숙련수준과 기본급 간의 상관관계가 약했다. 인지적 숙련수준과 기본급 간에 상관관계가 가장 높은 직업은 조립공으로 0.37의 상관관계를 보였다. 다음으로 사무직이 0.23으로 높은 상관관계를 보였다.

기술적 숙련수준과 기본급과의 관계를 보면 생산직에 종사하는 직업에서 높은 상관관계를 확인할 수 있다. 기능직(0.25), 조립공(0.29), 단순노무직(0.33)은 비교적 기본급이 기술적 숙련에 영향을 받는 것으로 확인되었다.

조직적 숙련의 경우 임원관리직과 사무직, 판매직에서 임금과의 상관관계가 높았다. 신체적 능력과 임금과의 상관관계는 생산직 중 기능직과

조립공에서 높은 상관관계를 보였다. 특이한 것은 임원관리직에서 신체적 능력과 임금 간에 높은 상관관계가 나타났다.

다음으로 <표 1-26>은 사업체 규모별로 직업숙련수준과 임금과의 상관관계를 보여준다. 직업숙련수준과 기본급과의 상관관계를 살펴보면 사업체 규모가 커질수록 상관관계가 커지는 것으로 나타났다. 5~9인 사업체 규모의 경우 직업숙련수준과 기본급과의 상관관계는 0.29였으나 300~499인 사업체 규모에서 0.45로 높아졌다. 다만 500인 이상 사업체 규모에서 직업숙련수준과 기본급과의 상관관계는 10~29인 사업체 규모에서의 상관관계와 비슷한 수준이었다.

인지적 숙련과 기본급 간의 상관관계도 사업체 규모가 커질수록 높아졌다. 5~9인 사업체 규모의 경우 인지적 숙련과 기본급 간 상관관계는 0.29인 반면, 300~499인 사업체 규모에서 0.50으로 크게 높아졌다. 인지적 숙련의 경우에도 500인 이상 사업체 규모에서 기본급과의 상관관계는 다소 낮게 나타났다. 기술적 숙련의 경우, 기본급과의 상관관계는 사업체 규모가 커질수록 낮았다. 5~9인 사업체 규모의 경우 기술적 숙련과 기본급과의 상관관계는 0.05로 양의 상관관계를 보였으나, 10인 이상 사업체

〈표 1-26〉 사업체 규모별 직업숙련수준과 임금과의 상관관계

	직업 숙련수준	인지적 숙련	기술적 숙련	조직적 숙련	신체적 능력
5~9인	0.29**	0.29**	0.05**	0.19**	-0.14**
10~29인	0.35**	0.37**	-0.03**	0.26**	-0.19**
30~99인	0.42**	0.43**	-0.02**	0.29**	-0.14**
100~299인	0.44**	0.47**	-0.07**	0.29**	-0.15**
300~499인	0.45**	0.50**	-0.12**	0.28**	-0.17**
500인 이상	0.38**	0.41**	-0.04**	0.23**	-0.12**

주: * p<0.05 ** p<0.01
자료: 임금구조 기본통계조사(2006), 한국직업정보시스템(KNOW).

규모에서 기술적 숙련과 기본급 간의 상관관계는 모두 음의 값을 보였다. 조직적 숙련의 경우 기본급과의 상관관계는 모두 양의 값을 갖는 것으로 나타났고 사업체 규모가 커짐에 따라 미약하지만 상관관계가 높아졌다. 신체적 능력과 기본급과의 상관관계는 모두 음의 값을 보였지만 사업체 규모 간 차이는 크지 않은 것으로 나타났다.

(2) 직업숙련수준이 임금결정에 미치는 효과

이상에서의 분석은 인적 변수나 직업 관련 변수 등 다른 요인들을 통제하지 않은 채 직업숙련수준과 임금과의 상관관계를 살펴본 것이므로 한계가 있다. 따라서 직업숙련수준이 임금에 미치는 효과를 더욱 정확하게 추정하기 위해서 임금회귀식을 이용하여 인적 속성과 일자리 속성을 통제하고 직업숙련수준과 신체적 능력의 임금효과를 분석했다.

<표 1-27>과 <표 1-28>은 로그 시간당 기본급을 종속변수로 하고 직업숙련수준과 세부적인 숙련수준, 신체적 능력을 독립변수로 포함하여 분석한 결과이다. <표 1-27>은 연령과 근속을 통제하고 직업숙련수준과 신체적 능력의 효과를 본 것이고, <표 1-28>은 연령과 근속을 통제하지 않고 직업숙련수준과 신체적 능력의 효과를 분석한 것이다.

<표 1-27>을 보면 독립변수에 직업숙련수준을 포함하지 않았을 경우(모델 I, 단 이 경우 직업변수는 제외한다), 전체 직업숙련수준을 포함했을 경우(모델 II), 세부 직업숙련요소들을 포함했을 경우(모델 III) 등 세 가지 모델이 나와 있다.

모델 II에서 직업숙련수준이 기본급에 미치는 효과는 통계적으로 유의한 양의 값으로 나타났는데, 그 크기는 로그임금 기준 13.8%인 것으로 나타났다. 모델 III에서 세부적인 숙련수준별로 보면 인지적 숙련은 11.2%, 기술적 숙련은 8.1%, 조직적 숙련은 7.0%의 효과가 있었다. 반면

〈표 1-27〉 직업숙련수준이 임금에 미치는 효과(연령 및 근속 포함)

	모델 I		모델 II		모델 III	
	추정계수	p-값	추정계수	p-값	추정계수	p-값
남자	0.135	0.000	0.107	0.000	0.116	0.000
연령	0.047	0.000	0.049	0.000	0.049	0.000
연령제곱	-0.001	0.000	-0.001	0.000	-0.001	0.000
근속	0.018	0.000	0.020	0.000	0.019	0.000
근속제곱	0.000	0.004	0.000	0.001	0.000	0.000
중졸 이하	-0.125	0.000	-0.172	0.000	-0.159	0.000
전문대졸	0.079	0.000	0.124	0.000	0.108	0.000
대졸	0.270	0.000	0.377	0.000	0.347	0.000
대학원졸	0.429	0.000	0.601	0.000	0.573	0.000
10~29인	0.049	0.000	0.047	0.000	0.049	0.000
30~99인	0.041	0.000	0.034	0.000	0.041	0.000
100~299인	0.063	0.000	0.043	0.000	0.053	0.000
300~499인	0.141	0.000	0.122	0.000	0.133	0.000
500인 이상	0.225	0.000	0.197	0.000	0.208	0.000
농림업	0.294	0.000	0.355	0.000	0.366	0.000
어업	0.209	0.000	0.263	0.000	0.275	0.000
광업	-0.119	0.000	-0.067	0.000	-0.073	0.000
전기가스수도업	0.377	0.000	0.341	0.000	0.373	0.000
건설업	0.138	0.000	0.251	0.000	0.248	0.000
도소매업	-0.075	0.000	0.042	0.008	0.020	0.210
숙박음식업	-0.311	0.000	-0.259	0.000	-0.258	0.000
운수업	-0.090	0.000	-0.104	0.000	-0.080	0.000
통신업	0.309	0.000	0.227	0.000	0.252	0.000
금융보험업	0.236	0.000	0.257	0.000	0.276	0.000
부동산임대업	-0.012	0.518	-0.114	0.000	-0.072	0.000
사업서비스업	0.424	0.000	0.421	0.000	0.442	0.000
교육서비스업	0.387	0.000	0.452	0.000	0.520	0.000
보건사회복지사업	0.319	0.000	0.371	0.000	0.414	0.000
오락문화서비스업	0.535	0.000	0.604	0.000	0.627	0.000
개인서비스업	0.509	0.000	0.522	0.000	0.551	0.000
관리전문직	0.691	0.000				

기술공 및 준전문가	0.454	0.000					
사무직	0.423	0.000					
서비스직	0.315	0.000					
판매직	0.187	0.000					
농림어업숙련직	0.274	0.000					
기능직	0.291	0.000					
조립공	0.203	0.000					
직업숙련수준			0.138	0.000			
인지적 숙련수준					0.112	0.000	
기술적 숙련수준					0.081	0.000	
조직적 숙련수준					0.070	0.000	
신체적 능력수준					-0.075	0.000	
상수항	0.089	0.001	0.349	0.000	0.324	0.000	
사례수		435,739		435,739		435,739	
결정계수		0.475		0.443		0.448	

자료: 임금구조 기본통계조사(2006), 한국직업정보시스템(KNOW).

신체적 능력은 -7.5%의 음의 효과가 발견되었다.

연령에 따른 효과는 4.7%에서 4.9%의 효과가 있었으며 근속효과는 1.8%에서 2.0%의 효과를 발견할 수 있었는데, 직업숙련수준 효과보다 계수 값이 작다.

한편 다른 변수들의 효과를 살펴보면 직업더미를 통제한 경우 남자가 여자보다 13.5% 더 임금수준이 높게 나타났는데, 직업숙련수준이나 신체적 능력 변수를 포함한 모형에서는 약 11% 임금수준이 더 높은 것으로 나타나 남자가 여자에 비해 직업숙련수준과 신체적 능력이 임금에 미치는 효과가 더 큰 것을 확인할 수 있다.

연령 및 근속은 직업숙련수준과 신체적 능력 변수를 추가한 결과와 직업더미를 포함하여 분석한 결과 간에 큰 차이가 없었다.

학력별로 살펴보면 학력이 높을수록 기본급 임금수준이 높아지는 것을

〈표 1-28〉 직업숙련수준이 임금에 미치는 효과(연령 및 근속 포함하지 않음)

	추정계수	p-값	추정계수	p-값
남자	0.204	0.000	0.213	0.000
중졸 이하	-0.098	0.000	-0.085	0.000
전문대졸	0.052	0.000	0.033	0.000
대졸	0.342	0.000	0.304	0.000
대학원졸	0.597	0.000	0.564	0.000
10~29인	0.049	0.000	0.052	0.000
30~99인	0.057	0.000	0.066	0.000
100~299인	0.105	0.000	0.115	0.000
300~499인	0.212	0.000	0.223	0.000
500인 이상	0.303	0.000	0.313	0.000
농림업	0.303	0.000	0.318	0.000
어업	0.056	0.001	0.078	0.000
광업	-0.175	0.000	-0.182	0.000
전기가스수도업	0.422	0.000	0.463	0.000
건설업	0.032	0.085	0.034	0.068
도소매업	-0.247	0.000	-0.270	0.000
숙박음식업	-0.573	0.000	-0.563	0.000
운수업	-0.066	0.000	-0.034	0.001
통신업	0.379	0.000	0.410	0.000
금융보험업	0.477	0.000	0.498	0.000
부동산임대업	-0.074	0.000	-0.022	0.277
사업서비스업	0.466	0.000	0.493	0.000
교육서비스업	0.619	0.000	0.705	0.000
보건사회복지사업	0.458	0.000	0.513	0.000
오락문화운동 서비스업	0.697	0.000	0.725	0.000
개인서비스업	0.635	0.000	0.670	0.000
직업숙련수준	0.168	0.000		
인지적 숙련수준			0.135	0.000
기술적 숙련수준			0.105	0.000
조직적 숙련수준			0.085	0.000

신체적 능력수준			-0.101	0.000
상수항	1.616	0.000	1.584	0.000
사례수		435,739		435,739
결정계수		0.354		0.362

자료: 임금구조 기본통계조사(2006), 한국직업정보시스템(KNOW).

알 수 있는데, 직업숙련수준과 신체적 능력 변수를 통제한 결과에선 학력별 차이가 더 크게 벌어지는 것으로 나타났다. 사업체 규모별 임금효과는 직업더미를 통제한 결과와 직업숙련수준과 신체적 능력을 통제한 결과 간에 차이가 없는 것으로 나타났고 산업별로도 큰 차이를 발견하기 어려웠다.

<표 1-28>은 연령과 근속을 통제하지 않고 직업숙련수준과 신체적 능력이 임금에 미치는 효과를 추정한 결과이다. 이 경우 직업숙련수준이 임금에 미치는 효과는 16.8%로 연령과 근속을 통제한 결과에 비해 계수값이 증가한 것으로 나타났다. 이러한 결과는 연령과 근속을 통제하지 않고 분석한 직업숙련수준의 임금효과 16.8% 중에서 3.6%(전체 효과의 21.7%)가 연공급의 효과로 추정될 수 있음을 의미한다.

인지적 숙련의 효과는 13.5%로 나타나 연령과 근속을 통제하고 얻은 결과에 비해 2.3%p 높아졌는데, 다시 말해 인지적 숙련의 임금효과 중 20.5%가 연공급의 효과로 보인다.

기술적 숙련의 임금효과는 10.5%, 조직적 숙련의 임금효과는 8.5%로 나타났고 신체적 능력의 효과는 -10.1%였다. 기술적 숙련의 경우 10.5%의 임금효과 중 29.6%가 연공급 효과로 보이며, 조직적 숙련의 경우 21.4%가, 신체적 능력의 경우 34.6%가 연공급의 효과로 추정된다.

<표 1-29>는 성별로 직업숙련수준의 임금효과를 인적 속성과 일자리 속성을 통제하고 추정한 결과이다. 연공급이 직업숙련수준과 신체적 능력에 미치는 효과를 파악하기 위해서 연령과 근속을 통제하고 얻은 결과와

〈표 1-29〉 성별 직업숙련수준이 임금에 미치는 효과

	남자				여자			
	연령, 근속효과 통제		연령, 근속효과 통제하지 않음		연령, 근속효과 통제		연령, 근속효과 통제하지 않음	
	추정계수	p-값	추정계수	p-값	추정계수	p-값	추정계수	p-값
직업 숙련수준	0.166	0.000	0.214	0.000	0.073	0.000	0.083	0.000
인지적 숙련수준	0.119	0.000	0.152	0.000	0.093	0.000	0.103	0.000
기술적 숙련수준	0.089	0.000	0.117	0.000	0.047	0.000	0.061	0.000
조직적 숙련수준	0.092	0.000	0.118	0.000	0.020	0.000	0.024	0.000
신체적 능력수준	-0.068	0.000	-0.098	0.000	-0.057	0.000	-0.074	0.000

자료: 임금구조 기본통계조사(2006), 한국직업정보시스템(KNOW).

연령과 근속을 통제하지 않고 얻은 결과를 보여주고 있다. 우선 남자의 경우 직업숙련수준의 임금효과는 연령, 근속을 통제하면 16.6%, 연령, 근속을 통제하지 않으면 21.4%로 나타났다. 반면 여자의 경우 직업숙련수준의 효과는 각각 7.3%, 8.3%로 나타났다. 남자가 여자에 비해 직업숙련수준의 임금효과가 훨씬 크게 나타났으며, 연공급 효과가 영향을 미치는 정도도 남자가 여자보다 큰 것으로 나타났다. 이러한 결과는 남자가 여자에 비해 연공급 임금체계의 혜택을 많이 받고 있다는 점을 시사한다.

인지적 숙련수준의 성별 임금효과를 살펴보면, 남자의 경우 연령과 근속을 통제하면 11.9%, 통제하지 않으면 15.2%의 효과가 있었으며, 여자의 경우 각각 9.3%, 10.3%로 나타났다. 전체 직업숙련수준의 효과와 마찬가지로 남자가 여자보다 숙련수준의 임금효과가 더 컸으며, 숙련수준 중 연공급의 효과도 남자가 더 크게 나타났다.

기술적 숙련수준의 경우 남자는 각각 11.9%, 15.2%인 반면 여자는 각각 4.7%, 6.1%로 나타났으며, 조직적 숙련의 경우 남자는 9.2%, 11.8%, 여자는 2.0%, 2.4%로 나타났다. 특히 조직적 숙련의 경우 남자와 여자의 격차가 큰 것으로 나타났고 연령과 근속 효과도 남자가 훨씬 크게 나타났다.

<표 1-30>은 직업별로 직업숙련수준이 임금에 미치는 효과를 살펴본 결과이다. 앞서 직업별로 숙련수준과 임금과의 상관관계를 본 결과와는

〈표 1-30〉 직업별 직업숙련수준이 임금에 미치는 효과

		직업 숙련수준	인지적 숙련	기술적 숙련	조직적 숙련	신체적 능력
연령, 근속효과 통제	관리전문직	0.119	0.036	-0.005	0.169	-0.072
	기술공 및 준전문가	0.034	-0.005	-0.057	0.069	0.122
	사무직	0.042	0.013	-0.135	0.019	0.059
	서비스직	0.006	-0.016	0.261	-0.102	-0.213
	판매직	0.014	0.380	0.464	-0.159	0.105
	농림어업숙련직	-0.258	-0.158	0.695	-0.440	-0.542
	기능직	-0.004	-0.045	-0.047	0.065	0.149
	조립공	0.112	0.124	0.202	0.016	-0.235
	단순노무직	-0.044	-0.222	4.162	1.020	-1.470
연령, 근속효과 통제하지 않음	관리전문직	0.116	0.011	-0.022	0.245	-0.160
	기술공 및 준전문가	-0.036	-0.020	-0.109	0.055	0.134
	사무직	0.100	-0.015	-0.165	0.059	0.081
	서비스직	0.035	0.028	0.364	-0.155	-0.305
	판매직	0.035	0.441	0.503	-0.169	0.307
	농림어업숙련직	-0.182	-0.145	0.826	-0.318	-0.852
	기능직	0.001	-0.042	-0.041	0.072	0.139
	조립공	0.147	0.166	0.199	0.044	-0.251
	단순노무직	-0.023	-0.207	3.274	0.595	-0.537

자료: 임금구조 기본통계조사(2006), 한국직업정보시스템(KNOW).

달리 다른 변수들을 통제할 경우 비교적 고숙련직업에 종사하는 경우에 직업숙련수준의 임금효과가 큰 것으로 나타났다. 관리전문직의 경우 직업숙련수준의 임금효과는 각각 11.9%, 11.6%였으며, 단순노무직은 -4.4%, -2.3%로 나타났다. 다만 조립공의 경우는 연령과 근속을 통제한 경우와 그렇지 않은 경우에 각각 11.2%, 14.7%로 나타나 다른 직업에 비해 직업숙련수준의 임금효과가 컸으며, 연공급의 효과도 큰 것으로 나타났다. 사무직의 경우 연령과 근속을 통제한 경우에 4.2%였으나 그렇지 않은 경우에 10.0%로 연령과 근속이 직업숙련수준의 임금효과에 미치는 효과가 큰 것으로 나타났다.

인지적 숙련수준의 임금효과를 보면 판매직이 각각 38.0%, 44.1%로 다른 직업에 비해 높게 나타났다. 고숙련 직업에 속하는 관리전문직, 기술공 및 준전문가, 사무직에서 인지적 숙련수준의 임금효과는 크지 않았고 연령과 근속을 통제하지 않은 경우에도 인시적 숙련수준이 높아지지 않아 연공급의 효과가 별로 없는 것으로 나타났다.

기술적 숙련은 단순노무직이나 서비스직, 판매직, 농림어업숙련직에서 상당히 높게 나타났지만 관리전문직이나 기술공 및 준전문가, 사무직, 기능직은 상당히 낮은 수준을 보였다. 조직적 숙련수준은 관리전문직에서 높게 나타나고 기술공 및 준전문가와 사무직도 다른 직업에 비해 상대적으로 높았다. 단순노무직에서 조직적 숙련수준의 임금효과가 큰 것으로 나타났는데, 이것은 비정규직이 제외되고 조사되었기 때문으로 판단된다.

신체적 능력수준의 임금효과는 기능직, 판매직, 기술공 및 준전문가 직업에서 큰 것으로 나타났다. 판매직과 기술공 및 준전문가 직업에서 연령, 근속효과를 통제한 경우와 그렇지 않은 경우에 임금효과가 증가하는 것으로 나타나 이들 직업에서 연공급 효과가 있는 것으로 판단된다.

<표 1-31>에서 사업체 규모별로 직업숙련수준과 임금과의 관계를

〈표 1-31〉 사업체 규모별 직업숙련수준이 임금에 미치는 효과

		직업 숙련수준	인지적 숙련	기술적 숙련	조직적 숙련	신체적 능력
연령, 근속효과 통제	5~9인	0.114	0.080	0.106	0.060	-0.095
	10~29인	0.136	0.078	0.101	0.094	-0.090
	30~99인	0.151	0.086	0.077	0.112	-0.073
	100~299인	0.152	0.111	0.100	0.091	-0.074
	300~499인	0.149	0.134	0.096	0.076	-0.091
	500인 이상	0.113	0.153	0.068	0.011	-0.055
연령, 근속효과 통제하지 않음	5~9인	0.145	0.081	0.154	0.092	-0.143
	10~29인	0.179	0.089	0.145	0.134	-0.137
	30~99인	0.180	0.102	0.100	0.132	-0.087
	100~299인	0.192	0.143	0.128	0.107	-0.076
	300~499인	0.212	0.194	0.146	0.090	-0.098
	500인 이상	0.174	0.192	0.087	0.047	-0.051

자료: 임금구조 기본통계조사(2006), 한국직업정보시스템(KNOW).

살펴보면, 500인 이상 사업체 규모를 제외하고는 사업체 규모가 커질수록 직업숙련수준의 임금효과가 커지는 것으로 나타났다. 또한 연령·근속효과를 통제하지 않은 경우에는 사업체 규모별로 직업숙련수준의 임금효과가 더욱 커지는 것으로 나타나 사업체 규모가 클수록 연공급의 효과가 크다는 것을 확인할 수 있다.

인지적 숙련수준의 임금효과를 보면 전체 직업숙련수준의 효과와 마찬가지로 사업체 규모가 클수록 임금효과가 크게 나타났다. 연령과 근속효과를 통제하지 않은 경우에는 사업체 규모에 따른 임금효과는 더욱 커졌다.

기술적 숙련의 경우에 사업체 규모가 커질수록 임금효과는 작아지는 경향을 보였다. 이러한 경향은 연령과 근속효과를 통제한 경우에도 비슷하게 관찰되었다.

조직적 숙련수준의 임금효과는 30인 이상 99인 이하 사업체 규모에서

가장 큰 것으로 나타났는데, 연령과 근속효과를 통제하지 않은 경우에 10인 이상 99인 사업체 규모에서 가장 컸다. 조직적 숙련은 500인 이상 사업체 규모에서 임금효과가 가장 작았고 5인 이상 9인 이하 사업체 규모에서도 조직적 숙련의 임금효과는 작았다.

신체적 능력은 사업체 규모가 커질수록 임금효과가 비교적 커지는 효과를 보이기는 했지만 모두 음의 효과를 갖는 것으로 나타났다. 연령과 근속을 통제하지 않았을 경우에 이러한 임금효과는 더욱 작게 나타났다.

(3) 순수한 직무급이 도입되었다고 가정한 경우 임금에 미치는 효과 분석

여기서는 현재의 노동력 구조하에서 순수한 직무급이 도입되어 직무가치에 따른 임금체계가 확립되면 현재의 임금수준은 얼마나 변화하게 되는지, 또 노동력 집단별로는 어떤 임금수준의 변화가 생기는지를 예측하여 분석했다. 이처럼 직무급 도입으로 인한 임금수준의 변화를 더욱 정확하게 예측함으로써 직무급 도입의 현실적 가능성을 가늠해보고자 한다.

직무급 도입의 효과를 예측하기 위해서 학력, 일자리 속성(산업, 사업체 규모) 변수와 직업숙련수준 변수만을 포함한 임금결정방정식을 이용했다. 순수한 직무급의 임금효과를 파악하기 위해서 연령, 근속변수를 제외했고 성별더미 변수도 제외하여 임금결정방정식을 구성했다. 이처럼 인적 속성 중 차별이나 연공급의 효과로 파악되는 변수를 제외하고 학력과 일자리 속성을 통제한 후 직업숙련수준 변수의 추정계수를 이용하여 직무급이 적용된 경우의 예측임금을 추정했다. 여기서 임금은 로그 시간당 기본급으로 했다.

<표 1-32>는 학력, 일자리 속성, 직업숙련수준 등의 요소만 반영한 순수한 형태의 직무급이 적용되었을 경우 현재의 노동력 구조하에서 임금수준이 얼마나 변화하는지를 보여준다. 전체적으로 직무급이 적용되면

〈표 1-32〉 성별 직무급 적용 예측 결과(단위: 원/시간, %)

		실제임금	예측임금	격차	증감률(%)
남자	평균	11,395	9,010	-2,385	-20.9
	중위값	9,440	8,792	-648	-6.9
여자	평균	7,669	8,275	607	7.9
	중위값	5,952	7,805	1,853	31.1
전체	평균	10,423	8,819	-1,605	-15.4
	중위값	8,438	8,477	40	0.5

주: 학력, 산업더미, 사업체규모더미, 직업숙련수준을 포함한 임금결정방정식을 통해 예측된 결과임.
자료: 임금구조 기본통계조사(2006), 한국직업정보시스템(KNOW).

평균 기본급 기준으로 임금수준이 15.4% 하락하는 것으로 나타났다. 그러나 중위값 기준으로는 0.5% 상승했다. 이러한 현상은 직무급 도입으로 임금불평등도가 개선되면서 연령 및 근속연수가 높은 고임금 근로자의 임금이 하락함으로써 나타나는 현상으로 해석된다.

성별로 살펴보면 남자의 경우 순수한 형태의 직무급이 적용되면 임금수준이 크게 하락하는 반면, 여자는 임금수준이 올라감으로써 남녀 간 임금격차가 많이 축소될 것으로 나타났다. 남자는 약 21%의 임금 하락이 예측되었는데, 이것은 남자의 경우 현재 임금체계의 성격이 여성에 비해 연공급적 성격이 강하기 때문으로 판단된다. 여성의 경우, 직무가치에 따라 임금을 받게 되면 약 8% 정도의 임금수준이 상승하는 것으로 나타났다. 한편 중위값을 기준으로 한 경우를 보면, 남자는 6.9%의 임금이 하락했지만 여성은 31.1% 상승함으로써 평균 임금 기준에 비해 더 높은 예측 상승률을 나타냈는데, 이는 여성의 임금이 상대적으로 하위 임금층에 집중되어 있기 때문으로 판단된다.

<표 1-33>은 연령별로 순수한 형태의 직무급이 적용된 경우에 임금수준의 변화를 보여준다. 청년층의 경우, 평균 기본급 수준은 현재보다

〈표 1-33〉 연령별 직무급 적용 예측 결과(단위: 원/시간, %)

		실제임금	예측임금	격차	증감률(%)
청년층	평균	7,387	8,822	1,435	19.4
	중위값	6,534	8,477	1,943	29.7
중장년층	평균	11,468	8,954	-2,513	-21.9
	중위값	9,585	8,701	-884	-9.2
고령층	평균	9,644	6,958	-2,686	-27.8
	중위값	5,087	6,249	1,162	22.8

주: 학력, 산업더미, 사업체규모더미, 직업숙련수준을 포함한 임금결정방정식을 통해 예측된 결과임.
자료: 임금구조 기본통계조사(2006), 한국직업정보시스템(KNOW).

19.4% 증가하는 것으로 예측되었다. 중위값 기준으로는 29.7%의 상승률을 보였다. 청년층의 경우 연령과 근속연수가 짧아 연공급 체계하에서는 손해를 보고 있으므로 순수한 직무급이 도입되면 청년층의 임금수준을 큰 폭으로 상승시키게 된다. 반면 연공급 효과가 클 것으로 예상되는 중장년층과 고령자층의 임금수준은 직무급이 도입되면 큰 폭으로 하락하는 것으로 나타났다. 중장년층은 평균 기본급 기준으로 21.9%가 하락하는 것으로 나타났으며, 중위값 기준으로는 9.2%가 하락했다. 고령자층은 더욱 큰 폭으로 하락했는데, 평균 기본급 기준으로 27.8%의 임금이 하락하는 것으로 나타났다. 그러나 중위값 기준으로는 22.8%가 상승하는 것으로 나타났는데, 이것은 고령자층의 고임금자와 저임금자 간의 격차가 매우 크기 때문으로 판단된다.

<표 1-34>는 학력별로 직무급이 적용되었을 경우의 예측결과이다. 중졸 이하에서 전문대졸까지의 학력자는 직무급이 적용되었을 경우에 임금수준이 상승하는 것으로 나타났다. 반면 대졸 이상 학력자는 임금수준이 하락했다. 중졸 이하의 학력자는 평균 기본급 기준으로 6.8% 임금수준이 상승하는 것으로 나타났고 중위값 기준으로 26.9% 상승했다. 고졸자는

〈표 1-34〉 학력별 직무급 적용 예측 결과(단위: 원/시간, %)

		실제임금	예측임금	격차	증감률(%)
중졸 이하	평균	6,277	6,704	427	6.8
	중위값	5,109	6,483	1,374	26.9
고졸	평균	7,723	7,793	71	0.9
	중위값	6,763	7,613	850	12.6
전문대졸	평균	8,546	8,609	64	0.7
	중위값	7,355	8,274	919	12.5
대졸	평균	13,458	9,950	-3,508	-26.1
	중위값	11,417	9,614	-1,803	-15.8
대학원졸	평균	18,306	11,535	-6,771	-37.0
	중위값	15,714	11,549	-4,165	-26.5

주: 학력, 산업더미, 사업체규모더미, 직업숙련수준을 포함한 임금결정방정식을 통해 예측된 결과임.
자료: 임금구조 기본통계조사(2006), 한국직업정보시스템(KNOW).

평균 기본급 기준으로 0.9%, 중위값 기준으로 12.6%, 전문대졸업자는 평균 기본급 기준으로 0.7%, 중위값 기준으로 12.5% 상승했다. 그러나 대졸자는 평균 기본급 기준으로 26.1% 임금이 하락했고 중위값 기준으로 15.8% 임금이 하락했다. 대학원졸업자는 더욱 하락폭이 커지는데, 평균 기본급 기준으로 37.0% 임금이 하락했고 중위값 기준으로 26.5%의 임금이 하락했다.

이러한 양상은 저학력자일수록 연공급적 성격이 강한 직업군에서 종사할 가능성이 작고, 고학력자의 경우에는 연공급적 성격이 강한 직업에 많이 종사하기 때문으로 판단된다. 또한 저학력자일수록 근속기간이 짧아 연공급에 의한 임금혜택을 덜 받기 때문으로도 추측된다.

<표 1-35>에서 산업별로 직무급이 적용되었을 경우 임금수준의 변화를 예측한 결과를 보면 평균 기본급 기준으로 모든 산업에서 임금 하락을 경험하는 것으로 나타났다. 특히 부동산임대업에서 31.9%의 임금이 하락

〈표 1-35〉 산업별 직무급 적용 예측 결과(단위: 원/시간, %)

산업		실제임금	예측임금	격차	증감률(%)
농림업	평균	12,094	9,712	-2,381	-19.7
	중위값	10,525	9,914	-612	-5.8
어업	평균	10,209	8,746	-1,463	-14.3
	중위값	7,847	8,760	914	11.6
광업	평균	8,393	7,379	-1,015	-12.1
	중위값	7,700	7,052	-648	-8.4
제조업	평균	9,544	8,285	-1,259	-13.2
	중위값	8,071	8,206	134	1.7
전기가스수도업	평균	12,698	11,379	-1,319	-10.4
	중위값	11,357	10,886	-471	-4.1
건설업	평균	11,955	9,271	-2,684	-22.4
	중위값	10,313	9,149	-1,164	-11.3
도매 및 소매업	평균	11,201	9,666	-1,535	-13.7
	중위값	8,294	9,618	1,325	16.0
숙박 및 음식업	평균	7,241	5,678	-1,564	-21.6
	중위값	6,232	5,585	-647	-10.4
운수업	평균	8,386	6,842	-1,544	-18.4
	중위값	7,075	6,451	-624	-8.8
통신업	평균	13,806	12,962	-844	-6.1
	중위값	13,000	12,567	-433	-3.3
금융보험업	평균	12,671	11,501	-1,170	-9.2
	중위값	10,000	11,194	1,194	11.9
부동산임대업	평균	7,282	4,959	-2,323	-31.9
	중위값	4,995	4,878	-116	-2.3
사업서비스업	평균	14,200	11,339	-2,861	-20.1
	중위값	12,094	11,645	-448	-3.7
교육서비스업	평균	13,786	10,954	-2,832	-20.5
	중위값	11,991	10,931	-1,060	-8.8
보건사회복지업	평균	8,171	7,090	-1,080	-13.2
	중위값	6,210	7,036	826	13.3
오락문화서비스	평균	10,654	9,349	-1,305	-12.2
	중위값	8,869	8,935	66	0.7

| 기타서비스업 | 평균 | 8,757 | 7,449 | -1,308 | -14.9 |
| | 중위값 | 7,744 | 7,184 | -560 | -7.2 |

주: 학력, 산업더미, 사업체규모더미, 직업숙련수준을 포함한 임금결정방정식을 통해 예측된 결과임.
자료: 임금구조 기본통계조사(2006), 한국직업정보시스템(KNOW).

하는 것으로 나타났고 건설업(-22.4%), 숙박 및 음식업(-21.6%), 교육서비스업(-20.5%), 농림업(-19.7%) 순으로 하락폭이 컸다. 그러나 중위값 기준으로 보면 도소매업은 16.0% 임금이 상승했고 보건사회복지업(13.3%), 금융보험업(11.9%), 어업(11.6%) 등에서 임금이 상승하는 것으로 나타났다. 반면 건설업은 여전히 중위값 기준으로도 11.3%의 임금 하락을 경험하며, 숙박 및 음식업도 10.4%의 임금이 하락하는 것으로 나타났다. 대체로 직무급이 적용되면 대부분의 산업에서 연공급 효과가 없어지면서 임금수준의 하락을 유도하는 것으로 나타나고 있다. 다만 임금불평등도가 높거나 고용이 불안정한 노동력이 많은 산업일수록 중위값 기준으로 임금상승 효과가 있는 것으로 판단된다.

<표 1-36>은 직업별로 직무급이 적용되었을 경우에 임금수준의 변화를 보여준다. 대체로 고숙련직업일수록 커다란 임금 하락을 경험하며, 저숙련 직업에서 임금이 상승하는 것으로 나타나고 있다. 임원직의 경우 평균 기본급 기준으로 무려 58.5%의 임금수준이 하락하며, 중위값 기준으로도 48.9%의 임금 하락을 경험한다. 이러한 현상은 관리직과 기술공·준전문가 직업에서도 관찰된다. 평균 기본급 기준으로 관리직은 29.7%, 기술공·준전문가는 14.7%의 임금이 하락했고 중위값 기준으로도 각각 21.3%, 1.7%의 임금 하락을 경험한다. 사무직은 평균 기본급 기준으로는 10.4% 임금이 하락하는 것으로 나타났으나 중위값 기준으로는 2.2% 임금이 상승했다. 한편 생산직 중 숙련수준이 높은 기능직은 임금수준이

〈표 1-36〉 직업별 직무급 적용 예측 결과(단위: 원/시간, %)

		실제임금	예측임금	격차	증감률(%)
임원	평균	24,346	10,097	-14,248	-58.5
	중위값	19,444	9,945	-9,499	-48.9
관리직	평균	15,736	11,057	-4,679	-29.7
	중위값	13,869	10,912	-2,957	-21.3
기술공·준전문가	평균	11,581	9,880	-1,701	-14.7
	중위값	10,104	9,929	-174	-1.7
사무직	평균	10,583	9,484	-1,099	-10.4
	중위값	9,065	9,261	196	2.2
서비스직	평균	6,776	7,516	740	10.9
	중위값	6,097	6,927	831	13.6
판매직	평균	6,825	7,100	275	4.0
	중위값	5,881	6,765	884	15.0
농림어업숙련직	평균	7,217	7,401	183	2.5
	중위값	6,352	7,545	1,193	18.8
기능직	평균	8,236	7,897	-340	-4.1
	중위값	7,578	7,512	-67	-0.9
조립공	평균	7,371	7,481	110	1.5
	중위값	6,779	7,426	647	9.5
단순노무직	평균	4,834	5,389	555	11.5
	중위값	4,228	4,943	715	16.9

주: 학력, 산업더미, 사업체규모더미, 직업숙련수준을 포함한 임금결정방정식을 통해 예측된 결과임.
자료: 임금구조 기본통계조사(2006), 한국직업정보시스템(KNOW).

하락했는데, 평균 기본급 기준으로 4.1% 임금이 하락했고 중위값 기준으로도 0.9% 임금수준이 하락했다.

반면 비교적 숙련수준이 낮은 판매서비스직과 생산직은 직무급이 도입되면 임금수준이 상승하는 것으로 나타나고 있다. 서비스직의 경우 평균 기본급 기준으로 10.9% 임금수준이 상승하고 중위값 기준으로 13.6%의 임금상승이 관찰된다. 판매직의 경우에도 각각 4.0%, 15.0%의 임금상승이 이루어질 것으로 예측되었다. 생산직의 경우 조립공은 평균 기본급 기준으로 1.5%, 중위값 기준으로 9.5% 임금수준이 상승하게 되고 단순노무직은 각각 11.5%, 16.9%의 임금이 상승했다.

<표 1-37>은 사업체 규모별로 직무급이 적용되는 경우에 임금수준의 변화를 보여준다. 평균 기본급 기준으로 중소기업 규모에서 비교적 큰 폭의 임금 하락이 예측되며, 소기업과 대기업 규모에서는 상대적으로 임금 하락폭이 작았다. 전체적으로 평균 기본급을 기준으로 했을 때 사업체 규모 간에 임금수준의 변화는 크지 않았고 모두 임금 하락이 예측되었다. 그 중 가장 큰 폭으로 임금이 하락하는 사업체 규모는 100~299인 사업체 규모로 평균 기본급 기준으로 19.0% 임금수준이 하락했다. 한편 중위값

〈표 1-37〉 사업체 규모별 직무급 적용 시 임금수준 예측 결과(단위: 원/시간, %)

		실제임금	예측임금	격차	증감률(%)
5~9인	평균	7,908	6,719	-1,188	-15.0
	중위값	6,354	6,575	222	3.5
10~29인	평균	8,370	7,190	-1,180	-14.1
	중위값	6,679	7,099	419	6.3
30~99인	평균	8,933	7,352	-1,581	-17.7
	중위값	6,853	7,315	461	6.7
100~299인	평균	9,682	7,847	-1,835	-19.0
	중위값	7,641	7,652	10	0.1
300~499인	평균	10,378	8,795	-1,583	-15.3
	중위값	8,280	8,631	351	4.2
500인 이상	평균	12,006	10,452	-1,554	-12.9
	중위값	9,958	10,397	439	4.4

주: 학력, 산업더미, 사업체규모더미, 직업숙련수준을 포함한 임금결정방정식을 통해 예측된 결과임.
자료: 임금구조 기본통계조사(2006), 한국직업정보시스템(KNOW).

기준으로 모든 사업체 규모에서 임금수준이 상승하는 것으로 나타나고 있다. 특히 평균 기본급 기준으로 임금 하락폭이 컸던 중소기업 규모에서 중위값 기준으로 임금수준이 상승했다. 이러한 현상은 직무급 도입으로 임금불평등도가 개선되면서 나타나는 현상으로 해석된다.

이상과 같은 예측결과를 살펴보면 순수한 형태의 직무급이 도입되면 평균 기본급 수준에서 임금 하락이 예측되었다. 이는 연령, 근속연수 등의 효과를 배제했기 때문에 나타난 현상으로 파악된다. 따라서 직무급 도입에 따른 기본급 하락을 막기 위해서는 직업숙련수준 외의 연령, 근속연수 등의 요소도 고려해야 한다는 것을 시사해주고 있다.

또한 순수한 형태의 직무급이 도입될 경우 연공급 임금체계에 따른 효과와 차별에 의한 효과가 제거되기 때문에 성별·연령별·학력별 임금격차가 줄어들 것이며, 그밖에 산업 간, 직업 간, 규모 간 등 거의 모든 부문 내 임금불평등도가 크게 개선되는 효과가 있는 것으로 나타났다.

5. 요약과 정책적 시사점

한국의 전통적 임금체계는 연공서열에 의한 연공급 임금체계를 바탕으로 해왔다. 그러한 한국형 연공임금체계는 연령 증가에 따른 생계비의 상승에 대응한다거나 혹은 근속연수 증가에 따른 숙련의 증가에 대응할 수 있다는 점에서 일정한 경제적 합리성을 갖고 있다고 해도 좋을 것이다.

그러나 최근 일련의 상황 변화에 따라 연공급 임금체계에 대한 비판이 제기되면서 직무급 혹은 직능급(숙련급)으로의 전환을 요구하는 주장도 강하게 제기되고 있다. 연공급에 대한 비판은 경영계뿐만 아니라 최근에는 노동계 일각에서도 나타나고 있는데, 이는 연공급 임금체계가 성별 임금격차의 해소, 정규직·비정규직 임금격차의 축소, 기업규모 간·업종 간 임금격차의 완화 등에 기여하지 못하고 있다는 인식 때문이다.

그러나 아직 연공급을 대신할 새로운 임금체계가 어떠한 내용의 것이 되어야 하며, 이는 어떠한 과정을 거쳐서 달성될 수 있을 것인가에 대해서는 아무런 사회적 공감대나 합의도 이루어지지 못하고 있으며 노사는 노사대로, 연구자들은 연구자들대로 제각기 다른 목소리를 내고 있다.

연공급 임금체계에 대한 유력한 대안으로 직무급 혹은 숙련급 임금체계 등이 제안되고 있지만, 새로운 임금체계 실현을 위한 기초작업들 – 새로운 임금체계의 방향 및 내용, 임금체계 전환을 위한 현실적 조건의 마련, 임금체계 전환에 따른 노사 간, 혹은 계층별 손익 계산 및 그 보완방안 마련 등 – 은 전혀 이루어지지 못하는 것이 현실이다.

특히 직무(능)급 임금체계 전환을 위해 반드시 필요한 전제조건의 하나는 직무가치의 설정이다. 서로 다른 직무에 대해 그 상대적 가치가 설정되어야 비로소 이를 기초로 하여 직무급 혹은 숙련급이 설정될 수 있기 때문이다. 그러나 아직 한국에서는 이러한 직무가치의 구체적 설정에 대해서는 거의 연구가 이루어지지 못하고 있는 것이 사실이다.

지금까지 살핀 대로 노사 간, 혹은 학자들 간에 임금체계의 개편을 둘러싸고 많은 이견이 있으며 따라서 한국에서 '사회적으로 합의된 기준'에 따른 임금체계의 개편이 이루어지기까지는 장기간의 논쟁과 합의과정이 필요할 것으로 생각한다. 이와 관련하여 연령이나 근속연수에 상관없이 근로자가 종사하는 직무나 직능에 따른 임금체계가 도입되기 위해서는 각 직무의 상대적 가치에 대한 평가가 이루어져야 한다는 것이 우선과제가 되고 있다.

이 글에서는 이러한 과제를 위한 첫걸음으로서 연공급 임금체계와 직무급 임금체계에 관한 이론적 접근, 한국의 현행 임금체계의 현황에 관한 실증적 고찰 및 직업숙련수준과 임금 간의 관계에 관한 실증분석 등을 수행했다. 이 글에서 밝힌 내용을 요약하면 다음과 같다.

먼저 2절에서는 임금체계에 관한 이론적 접근을 시도했다. 한국의 임금체계는 흔히 '연공급' 체계라고 명명되는데, 이는 임금결정의 가장 중요한 요소인 '기본급'의 결정방식이 근속연수에 따라 자동승급되는 정기호봉제를 골간으로 하고 있기 때문이다. 그러나 모든 기업이 연공급 체계를 가지고 있는 것은 아니며 중소기업, 비정규직 등 주변부 시장에서는 연공급 임금체계가 적용되지 않고 있으므로 한국의 임금제도는 '불완전한 연공제'라 할 수 있다. 연공급 임금체계는 근로자의 연령 증가에 따른 생활비의 상승에 대응할 수 있으며, 나아가 연공 증가에 따른 숙련수준의 향상에 대한 대가라는 점에서 일정한 경제적 합리성을 가지고 있다.

그러나 그동안 다양한 이유에서 연공급 임금체계에 대한 비판이 제기되어왔다. 우선 경영계에서는 근로자의 능력이나 성과와는 상관없이 근속연수 증가에 따라 임금이 상승하는 연공급 임금체계가 전체적인 임금비용의 상승 및 근로유인 동기의 취약성을 가져와 기업 경쟁력 향상에 걸림돌이 되고 있다고 주장하면서 생산성과 임금 간의 괴리를 메울 수 있는 직능급, 직무급 등 능력주의 임금체계로의 전환을 주장해왔다.

한편 여성계에서는 연공급 임금체계가 일반적으로 근속연수가 남성에 비해 짧고 경력단절이 흔히 발생하는 여성 근로자에게 불리한 제도라고 주장하면서, 성별 임금격차의 해소를 위해 성별 차이에 상관없이 동일한 직무를 맡는 사람에게 동일한 임금을 주는 직무급 임금체계로의 전환을 주장하고 있다.

노동계에서는 최근 산별노조·산별교섭이 확산되면서 기업 간·업종 간 임금격차를 해소하기 위한 산업수준에서의 보편적 임금결정기준에 대한 요구가 높아지고 있는데, 이는 연공급의 전환 없이는 불가능한 과제이다.

따라서 노동계 일각에서도 기업의 틀을 넘어선 산업 차원의 숙련에 바탕을 둔 숙련급 임금체계로의 전환을 모색 중이다. 또한 최근 도입된 정규직·비정규직 차별해소정책을 위해서도 고용형태의 차이에 상관없이 동일한 직무에 대해 동일한 임금을 주는 직무급 임금체계로의 전환이 노사정위원회 등에서 모색되고 있다.

한편 직무급 임금체계는 근로자의 학력, 근속연수, 연령 등의 조건과는 상관없이 그 근로자가 종사하는 직무에 의해 임금이 결정되는 제도로서 대부분의 선진국에서 시행하는 임금제도이다. 직무급은 종류가 다른 여러 직무를 평가하여 그 상대적 가치를 결정하고 그 가치의 차이에 상응하여 임금률을 정하게 된다. 따라서 직무급에서는 직무의 상대적 가치를 결정하는 것이 가장 중요한 과제인데, 이 직무가치를 구체적으로 결정하는 것이 직무평가이다.

직무평가는 직무의 상대적 가치를 확정하기 위해 직무의 분석과 평가를 행하는 과정으로서 대체로 직무분석 → 직무기술서 작성 → 직무가치 평가 → 직무급 결정이라는 단계를 거치게 된다.

직무급 제도의 일반원칙으로서 가장 중요한 것은 '동일노동 동일임금' 원칙이다. 이는 동일한 가치의 노동에 대해 동등한 임금을 지급한다는 원칙으로서 오늘날 성별, 인종별, 고용형태별 등 사회적 조건에 근거한 차별의 철폐를 목적으로 하는 각종 국제조약 및 국내법 등에서 기본원칙으로 채택되어 있다. 동일노동 동일임금 원칙이 구체적으로 실현되기 위해서는 상이한 종류의 직무에 대한 상대적 가치의 평가가 필수적이므로 결국 동일직무가치 동일임금 원칙으로 구체화되게 된다.

한국에서도 그동안 연공급 임금체계에 대한 대안으로 직무급 체계의 도입이 검토되어왔다. 그러나 동일한 직무급 체계라 하더라도 경영계와 노동계가 주장하는 직무급 체계는 매우 상이한 내용임을 유의해야 한다.

경영계에서 주장하는 직무급 임금체계는 능력주의적 혹은 성과주의적 임금체계이며 더 구체적으로는 직무급·성과급(연봉제)제를 주장하고 있다. 따라서 기업 측에서 주장하는 직무급 제도는 미국형 직무급 도입을 전제로 하여 임금을 성과에 연계시킴으로써 임금의 유연화를 통해 기업경쟁력을 강화시키는 데 중점이 놓여 있는 직무성과급의 성격이 강하다고 할 수 있다.

반면 노동조합 측은 연공급의 폐지에 따른 생계비 보장의 부실화 우려와 직무급, 직능급, 성과급 등이 가져올 수 있는 부작용 — 즉, 노동자 간 경쟁 격화와 노동강도 강화, 현장 노동통제 강화, 노동조합의 단결력 저해와 교섭력 약화 등 — 에 대한 우려로 인해 기업 측의 임금체계 개편 시도에 반대해왔다.

그러나 최근 일련의 환경변화에 따라 노동조합 측도 기존의 연공급을 그대로 주장하기 곤란한 딜레마에 처해 있다. 그러나 새로운 임금의 사회적 기준 및 그에 따른 임금체계가 과연 어떠한 것이 되어야 할 것인가에 대해서는 여전히 노조로서도 혼란스러운 상태에 있다. 즉, 일부에서는 기존의 연공급 임금체계가 근속연수 증가에 따른 주거비·사교육비 부담 증대 등 한국적 특수성에 비추어 생활급 보장을 위한 유효성을 여전히 가지고 있으며, 동시에 노동자 간의 경쟁을 막을 수 있는 유효한 수단이라고 주장하면서 연공급의 유지를 주장하고 있다. 다른 일부에서는 노동자의 숙련에 바탕을 둔 숙련급 임금제도를 주장한다. 이는 독일형 임금체계와 유사한 제도라 하겠다. 즉, 이들은 산별 교섭을 전제로 하여 산업 전체에 걸친 숙련등급을 설정하고 이와 연동하여 임금등급을 설정할 것을 주장한다. 그러나 이에 대해서 한국에서는 아직 기업의 범위를 넘어선 산업 전체의 숙련에 대한 정의나 숙련형성체계가 수립되어 있지 못하고 산별 교섭 역시 아직 일부에서 시행되는 것에 불과하기 때문에 숙련급 실시를 위한 현실적 조건이 제대로 갖추어져 있지 못하다는 비판을 받는다. 또 중소기업, 비정규직 등 생활수준 유지에 필요한 임금도 받지 못하고 있는 저임금 노동자가 다수 존재하는 점 역시 문제이다.

3절에서는 실증자료 분석을 통해 한국의 임금체계의 실태를 밝히고 그 성격을 명확히 했다. 그 결과 임금체계 면에서 다음과 같은 사실이 밝혀졌다. 첫째, 기본급 비중이 50~60% 수준으로서 다른 선진국에 비해 매우 낮은 것으로 나타났다. 둘째, 한국의 기본급 결정기준으로서 근속연수가 여전히 핵심요소로 자리 잡고 있다. 조사대상 사업체의 80% 이상이 근속연수를 가장 중요한 임금결정기준으로 들고 있다. 셋째, 이런 상황에서도 직능급과 직무급의 적용비율이 각각 17% 정도로 나타남으로써 근속연수 외의 기준들 역시 임금결정에 주요 변수로 작용하고 있음을 알 수 있다. 넷째, 직무의 가치를 평가하는 직무급에 대해서는 노사가 모두 호봉급보다 더 높은 비율로 향후 도입의 필요성을 강조하고 있다. 다섯째, 임금유형에 관계없이 관리직과 사무직에서 명시적인 임금테이블을 적용받는 것으로 나타나, 직종 간 임금결정 체계의 편차와 불균형을 확인할 수 있다.

4절에서는 직무급의 기초가 되는 직무가치(단, 이 연구에서는 직업별 숙련가치를 의미한다)를 직업별로 측정하고 이것이 임금결정에 미치는 효과를 실증적으로 분석했다. 이를 위해 먼저 직업별 숙련수준을 측정했다. 즉, 한국고용정보원에서 생산하는 한국직업정보시스템(KNOW) 자료를 이용하여 숙련수준을 정의하고 실태조사 자료를 이용하여 숙련수준에 관한 기술통계를 작성했다.

다음으로, 각 숙련 항목에 대한 요인분석을 통해 전체 숙련 항목을 인지적 숙련, 기술적 숙련, 관리적 숙련 및 신체적 능력 등 네 가지 요인으로 통합했다.

이어서 임금구조 기본통계조사자료와 한국직업정보시스템 자료를 서로 연계함으로써 전체 노동력의 직업숙련수준을 측정할 수 있었다. 그 결과 전체 노동력의 평균 직업숙련수준은 평균 이하의 낮은 수준을 보였으며 특히 인지적 숙련수준이 낮은 것으로 나타났다. 이어서 성별, 연령층별 등 인적 속성과 산업별, 직업별, 규모별 등 일자리 속성별로 숙련수준을 측정했다.

다음으로 이렇게 측정된 숙련수준을 직업별 직무가치로 상정하고 이것이 임금과 어떠한 관계를 맺는지를 분석했다. 그 결과 직업숙련수준과 임금 간에는 통계적으로 유의한 정(+)의 상관관계가 뚜렷이 나타났다. 이는 전체 노동력을 성별, 연령별, 학력별, 산업별, 직업별, 규모별 등으로 분해했을 때도 동일하게 나타났다.

직업숙련수준이 임금결정에 미치는 효과를 더욱 정확하게 측정하기 위해 임금회귀식을 이용하여 인적 속성과 일자리 속성을 통제한 뒤 직업숙련수준의 임금효과를 분석했다. 그 결과 인적 속성과 일자리 속성을 통제한 뒤에도 직업숙련수준이 기본급에 미치는 효과는 로그임금 기준 13.8%로서 매우 높은 계수값을 나타냈다. 특히 연령과 근속연수를 통제하지 않은 결과와 통제한 결과를 비교해본 결과, 직업숙련수준의 임금효과 가운데 약 5분의 1은 연공급 효과로 나타났으며 나머지 5분의 4는 순수한 숙련효과로 나타나 상당히 강력한 숙련효과가 존재하고 있음을 알 수 있다. 이어서 성별, 학력별, 직업별, 산업별, 규모별로 숙련수준이 임금에 미치는 효과를 측정했다.

마지막으로 오로지 직업숙련수준에 의해서만 임금이 결정되는 순수한 형태의 직무급이 도입될 경우 현행 임금이 얼마나 변화하는지를 실험해보았다. 그 결과 전체적으로 직무급이 도입되면 평균 기본급 기준으로 임금이 약 15% 하락하는 것으로 나타났는데, 이는 연공급 효과가 상실된 결과로 해석된다. 따라서 직무급 도입 시 순수한 형태의 직무급 도입보다는 연공급이 일부 가미된 형태가 더 현실성이 있다는 시사점을 얻을 수 있다. 한편 직무급 도입 시 연공급 효과가 사라짐에 따라 노동자 내부의 임금불평등은 크게 개선되는 것으로 나타났다.

즉, 성별로는 남자 -21%, 여자 +7.9%로 성별 임금격차가 축소되며, 연령별로는 중장년층 -22%, 청년층 +19%로 연령별 임금격차가 축소된다. 학력별로는 중졸 이하 +7%, 대졸 -26%로 학력별 임금격차가 축소되며, 산업별로는 대부분의 산업에서 임금이 하락하지만, 일부 저임금 산업에서 고임금 산업보다 임금 하락률이 낮아서 산업 간 임금격차는 축소된다. 이는 직업별, 규모별 분석에서도 비슷하게 나타난다.

결과적으로 순수한 형태의 직무급이 도입될 경우 인적 속성별로 또는 일자리 속성별로 상당히 큰 폭의 임금조정이 일어남으로써 이익을 보는 계층과 손해를 보는 계층이 발생하게 되므로, 이들 간의 이해관계를 조정할 수 있는 사회적 합의기제가 필요하다는 시사점을 얻을 수 있다.

지금까지의 고찰에서 임금체계 개편과 관련하여 다음과 같은 정책적 시사점을 얻을 수 있다.

첫째, 향후 전체적인 임금개편의 원칙은 '동일노동 동일임금 원칙'의 실현에 두어져야 한다. 이는 유엔 인권선언이나 국제노동기구 협약 등에서 규정하고 있을 뿐만 아니라 헌법, 근로기준법, 남녀고용평등법, 비정규 관련 법 등 국내법에서도 규정하고 있는 보편적 원칙이기 때문이다. 이는 단지 공정성의 실현이라는 측면에서뿐만 아니라 더 나아가 장기적이고 사회적인 효율성의 확보를 위해서도 필요한 원칙이다.

둘째, '동일노동 동일임금 원칙'이라는 추상적 원칙을 구체적인 임금체계 형태로 표현하면 '사회적 수준으로 합의된 직무가치에 입각한 직무중심형 임금체계 혹은 동일 숙련가치에 입각한 숙련중심형 임금체계'라 할 수 있다. 즉, 성별·고용형태별·규모별·직종별 차이를 묻지 않고 동일직무가치 혹은 동일 숙련가치에 대해 동일한 임금을 지급함으로써 동일노동 동일원칙을 실현할 수 있다는 것이다(단, 이때 동일 직무가치는 동일 직무요건을 요구하므로 사실상 일정한 형태로 숙련의 동일성을 포함하게 된다). 실증연구 결과 확인되었듯이 현재 한국의 임금체계는 강력한 연공급 임금체계를 유지하고 있는데, 이러한 기존의 연공형 임금체계로는 남녀 간·고용형태 간·산업 간·직종 간·기업규모 간 임금격차를 축소함으로써 동일노동 동일임금의 원칙을 실현한다는 것이 불가능하다.

셋째, 직무급이라 하더라도 그 구체적 내용은 나라에 따라, 산업에 따라, 기업에 따라 상당히 다를 수 있다. 따라서 직무급으로의 전환 자체가 중요한 것이 아니라 '어떠한 내용의 직무급인가'가 중요하다. 직무급 체계로의 개편을 위해서는 직무가치의 설정이 가장 중요한 전제조건이 된다. 그런데 그러한 직무가치의 설정에 두 가지 방법이 있을 수 있다. 즉, 미국형과 독일형이 그것이다. 미국형 직무가치는 직무에 대한 정보와 분석을 바탕으로 이른바 '과학적 분석'을 통해 직무가치가 결정되지만 이 과정은 사용자의 주도(물론 직무가치위원회를 구성하기는 하나)에 의해 이루어지며 그 범위도 기업 내에 머물기 때문에 기업횡단적인 사회적 가치는 형성되지 못한다. 따라서 직종 간·기업 간 임금격차는 축소되기는커녕 확대될 가능성이 크다(기업별 직무가치가 다르므로). 반면 독일형에서는 직무가치의 결정이 (산업별) 노사 간 교섭에 의해 결정되며 직무가치의 기준은 노사정의 공동참여로 이루어지는 근로자의 숙련형성에 토대를 두고 있다. 즉, 독일은 어떤 직무를 수행하는 데 필요한 숙련과 숙련양성이 개별 기업이나 노동자 개인의 능력에 일임되는 것이 아니라 국가의 법과 제도 및 노사 간 단체협약으로서 체계화시켜 놓고 있다. 이처럼 직무가치가 기업 내가 아니라 사회적 기준에 의해 결정되므로 직종 간·기업 간 임금격차가 작아진다. 따라서 한국에서도 협소한 기업 내에서 결정되는 불평등적 미국형 직무급보다는 기업횡단적이고 평등을 지향하는 독일형 직무급을 지향할 필요가 있다(윤진호, 2009).

넷째, 비록 독일형 직무급 체계가 동일노동 동일임금 원칙의 실현에 더 가까운 제도라 하더라도 문제가 없는 것은 아니다. 즉, 한편으로는 독일형 직무급 체계의 경직성으로 인한 기업 효율성과 국민경제 경쟁력의 저해에 대한 우려가 제기되고 있으며, 다른 한편으로는 숙련중시형 임금체계하에서 기혼여성, 비정규직 등 노동시장 취약계층의 숙련형성 기회가 제약됨으로써 발생하는 새로운 노동시장 분단의 우려가 있다. 전자는 이 글의 본격적 주제는 아니지만 기본급(직무급)을 보완하는 기업단위의 능률급, 성과급 등의 유연한 임금부분 설정과 생애 전체를 통한 숙련향상 시스템 설정을 통해 노동자의 경쟁력을 높이는 방식 등이 보완책으로 제시될 수 있다. 후자에 대해서는 기업횡단적 직무가치를 형성하기 위한 숙련기준 설정 및 공평한 접근기회가 보장되는 숙련양성체제, 국가 차원의 자격제도 등이 임금제도 개편의 전제가 되어야 한다.

다섯째, 직무급 설정의 토대가 되는 직무가치 설정 과정에서 공평성과 투명성이 최대한 보장되어야 한다. 특히 각 직무의 직무가치 결정 및 기업의 핵심직무 선정에서의 성별 편중성과 여성 과다 직무의 가치평가 절하 가능성이 발생하지 않도록, 또 성차별적인 가치관이 개입되지 않도록 직무평가 주체와 방법을 신중하게 고려할 필요가 있다. 통상적으로 남성이 수행하는 육체적 노동이나 기계작동 등의 업무를 과대평가하고 여성들이 수행하는 직무를 과소평가하여 결과적으로 성차별적 임금을 정당화하는 경우가 있는데, 이는 직무급에서 여성의 노동가치가 하락하는 결정적인 원인이 될 수 있다.

여섯째, 직무급 체계로의 전환에서 사회적 환경과의 적합성을 고려해야 한다. 임금체계는 그 합리성뿐만 아니라 역사성, 사회적 수용성을 고려해야 한다. 모든 면에서 이상적인 임금체계는 없다. 예컨대 독일형 직무급이 동일노동 동일임금 원칙 관철에 더 유리하다고 하지만 다른 유형과 다른 수준의 임금결정 방식은 다른 측면에서 유효할 수도 있는 것이다(Rubery and Fagan, 1994). 따라서 전면적, 동시적 임금체계 개편보다는 사회적 환경을 고려한 점진적, 부분적 개편이 바람직할 것이다. 특히 실증연구 결과에서 밝혀졌듯이 순수한 형태의 숙련급이 도입될 경우 연공효과의 상실로 인해 전반적인 명목임금의 하락이 나타날 가능성이 있으므로 이에 대한 보완책이 필요하다. 이는 직무급 혹은 숙련급과 연공급의 병행적용이 상당 기간 필요하다는 것을 시사한다. 따라서 특히 사회적 기준의 설정이 시급히 요구되는 정규직·비정규직 차별기준 설정, 남녀 간 차별기준 설정, 산별교섭에서의 산별 임금기준 통일 등의 분야부터 순차적으로 도입하는 것이 바람직할 것이다.

일곱째, 실증연구에서 밝혀졌듯이 순수한 형태의 숙련급이 도입되면 임금계층 간에 상당한 폭의 임금조정이 나타나게 되며 그 결과 승자와 패자집단이 발생함으로써 임금체계 전환을 어렵게 만들 수 있다. 특히 사회적 수준에서 합의된 직무가치를 만드는 과정에서, 대기업 노동자들의 '임금삭감 내지 현상유지'에 대한 우려와 불신이 높아 사회적 갈등을 유발할 가능성이 있다. 이를 단순히 '대기업 고임금 노동자의 이기심' 등 도덕적 잣대를 들이대어 무시해서는 안 된다. 직무급 제도가 사회 전체로서, 또 장기적으로 대기업 노동자를 포함한 노동자 전체에 이익이 될 수 있도록 제도를 설정하고 이에 대한 교육과 토론을 통해 인식을 높여나가야 한다. 예컨대 숙련중심의 직무급은 기존의 연공급에서의 근속기간이 긴 노동자의 이해관계를 저해하기는커녕 오히려 더 강화할 가능성도 있다. 연공이 긴 노동자가 더 많은 숙련획득기회를 얻을 수 있으며 이에 따라 임금은 물론 고용조정 시에도 더 유리하기 때문이다(Mericle and Kim, 1999).

여덟째, 임금제도의 개편과정에서 노사의 적극적 참여와 합의가 이루어져야 한다. 독일에서 보는 것처럼 사회적으로 합의된 숙련체계를 골간으로 하는 직무급은 대기업 노동조합의 교섭력을 전제로 하지 않으면 달성될 수 없다. 또한 사회적 교육 및 훈련시스템의 구축과 운용 역시 노사 혹은 노사정의 공동협력에 의해 최대의 성과를 올릴 수 있다는 것을 독일의 사례가 보여주고 있다. 대기업 노동자들의 일방적인 희생이 아니라 사회 성원 전체 노력의 산물로서 이러한 제도의 도입이 가능한 것이며, 제도를 개선하는 데 어느 한 편의 일방적인 양보를 통해 목적을 달성하는 것은 절대 바람직하지 않을 것이다. 따라서 임금체계의 개편은 노, 사, 정 어느 일방의 자의적 방향설정에 의해 이루어져서는 안 되며, 노사정을 포함한 이해관계자들의 적극적인 참여와 합의의 바탕 위에 이루어져야 한다. 이 과정은 시간이 걸리고 비용이 많이 들지만, 장기적으로는 사회적 갈등과 이에 따른 비용을 최소화하는 데 가장 적합한 방법이라 하겠다.

참고문헌

강신준. 1997. 「생산직 월급제 도입과 임금체계의 개편방향」. ≪산업노동연구≫, 3-1.
_____. 1998. 「독일의 임금체계: 독일 금속노조를 중심으로」. 강신준 외. 『노동조합과 임금체계』. 한국노동사회연구소.
경제사회발전노사정위원회. 2008. 『임금체계개선위원회 활동보고서』. 경제사회발전노사정위원회.
김경희. 2007. 「동일가치노동에 대한 동일임금 원칙 적용의 가능성과 한계: 미국과 캐나다 사례를 중심으로」. ≪산업노동연구≫, 13-2.
김엘림. 2003. 「동일가치노동 동일임금원칙에 관한 쟁점」. ≪노동법학≫, 17.
김영두. 1998. 「임금체계 변화와 노동조합의 대응방향」. ≪노동법률≫, 84.
김재원. 1992. 「남녀고용평등법상의 동일가치노동-동일임금의 실현을 위한 실천적 방안」. 『남녀 동일가치노동 동일임금 실현을 위한 직무평가 표준모델 개발』. 제7회 노사발전

세미나 보고서.
김태현·황종일·이명규·박종준. 2003. 『동일노동 동일임금의 적용방안: 비정규직 차별해소를 위한 한 방안』. 한국노동사회연구소.
김환일. 2005. 「연공서열형 임금체계의 비판적 고찰: 우리나라의 정기승급제를 중심으로」. ≪인적자원개발연구≫, 7-1.
노동부. (각년도판). 『임금구조 기본통계조사』.
박우성. 2006. 「유한킴벌리의 직능급 제도」. ≪경영교육연구≫, 9-2.
박호환. 2007a. 「직무급 임금제도의 활용 및 운영사례」. ≪임금연구≫, 여름호.
_____. 2007b. 「직무중심형 임금체계의 필요성」. 『정규직 전환과 직무중심형 임금체계 관련 토론회』. 한국노동연구원.
신영수. 2007. 「CJ 주식회사 '직무급운영' 사례」. ≪임금연구≫, 봄호.
양병무·박준성. 1991. 「임금제도의 문제점과 개선방안」. ≪경영계≫, 167호.
유규창. 2004. 「우리나라 임금체계의 문제점과 향후 개선방안」. 『고위지도자과정 HRM 11』. 한국노동연구원.
윤진호. 2009. 「미국형과 독일형 임금체계의 비교와 그 시사점」. 서울사회경제연구소 엮음. 『한국경제: 빈부격차 심화되는가?』. 도서출판 한울.
윤진호·이시균·윤정향. 2009. 『직무(직능)급 임금체계 전환을 위한 직무가치 평가에 관한 연구』. 뉴패러다임센터.
은수미. 2007. 「여성비정규직 노동시장 및 노사관계」. 『신자유주의와 여성비정규직 자료집』. 한국여성학회 2차 월례 심포지엄 자료집.
이민영·김영두. 1998. 「임금체계 변화와 노동조합의 대응방향」. 강신준 외. 『노동조합과 임금체계』. 한국노동사회연구소.
전국경제인연합회. 1991. 『임금제도의 문제점과 개선방향』.
정이환·안정화·이시균·정경은·김종진. 2007. 「대안적 임금의제」. 민주노총 정책실 기획. 『산별노조시대, 고용·임금 복지의 연대전략』. 전국민주노동조합총연맹.
정이환·전병유. 2001. 「1990년대 한국 임금구조의 변화: 내부노동시장은 약화되고 있는가」. ≪경제와 사회≫, 52, 겨울호.
_____. 2004. 「동아시아 고용체제의 특성과 변화: 한국, 일본, 대만의 고용안정성, 임금구조, 노동시장 분절성의 비교」. ≪산업노동연구≫, 10-2.
정진호. 2006. 「임금체계 실태와 과제」. 『고위지도자과정 HRM 6』. 한국노동연구원.
주진우. 1998. 「임금체계 설문조사 결과」. 강신준 외. 『노동조합과 임금체계』. 한국노동사회연구소.
한국고용정보원. 2002. 『한국직업정보시스템(KNOW) 개발 보고서』. 한국고용정보원.
황덕순. 1997. 「최근 임금체계의 동향과 숙련지향적 임금체계의 모색」. ≪동향과 전망≫, 35.

황수경. 2004. 「연공임금의 경제분석」. 『고위지도자과정 노동경제 8』. 한국노동연구원.
_____. 2005. 「연공임금을 다시 생각한다」. 『노동리뷰』. 한국노동연구원.

金子美雄. 1976. 『新賃金論ノート』. 勞動法令センター.
木下武男. 1999. 『日本人の賃金』. 平凡社.
小越洋之助. 2006. 『終身雇用と年功賃金の轉換』. ミネルヴァ書房.
氏原正治郎. 1961. 「大工業勞動者の性格」. 『日本勞動問題研究』. 東京大學出版會.
佐藤靜香. 2003. 「韓國財閥企業における大卒ホワイトカラーの賃金管理」. 『大原社會問題研究所雜誌』, No. 536.
中村弘明. 1995. 『賃金體系のつくり方』. 經林書房.
津田眞澂. 1968. 『年功的勞使關係論』. ミネルヴァ書房.

Armstrong, M. and A. Baron. 2002. *The Job Evaluation Handbook*. Chartered Institute of Personnel and Development.

Bayard, K., J. Hellerstein, D. Neumark, and K. Troske. 2003. "New Evidence on Sex Segregation and Sex Differences in Wages from Matched Employee-Employer Data." *Journal of Labor Economics* Vol. 21(4), pp. 887~922.

Blau, F. D., and L. M. Kahn. 2000. "Gender Differences in Pay." *Journal of Economic Perspectives* Vol. 14, No. 4, pp. 75~99.

Bryson, A. and J. Forth. 2006. "The Theory and Practice of Pay Setting." *NIESR Discussion Paper*, No. 285, December.

Cappelli, P. 1999. *The New Deal at Work*. Harvard Business School Press.

Cohen, N. P. and M. L. Huffman. 2003. "Individuals, Jobs, and Labor Markets: The Devaluation of Women's Work." *American Sociological Review* Vol. 68, June, pp. 443~463.

Gerhart, B. and S. L. Rynes. 2003. Compensation: *Theory, Evidence, and Strategic Implications*. Sage Publications.

ILO. 1951. Convention(C100): Equal Remuneration Convention.
_____. 1958. Convention(C111): Convention Concerning Discrimination in Respect of Employment and Occupation.

Mericle, K. and D. O. Kim. 1999. "From Job-Based Pay to Skill-Based Pay in Unionized Establishments: A Three-Plant Comparative Analysis." *Relations Industrielles*, 54-3, Summer.

Pfeffer, J. 2006. "Working Alone: Whatever Happened to the Idea of Organizations as Communities?" in Lawler, E. E. and J. O'toole(eds.). *America at Work: Choices and*

Challenges. Palgrave MacMillan.
Rubery, J. and C. Fagan. 2001. "Equal Pay Policy and Wage Regulation Systems in Europe." *Industrial Relations Journal*, 25-4.
Steinberg, R. 1987. "Radical Challenges in a Liberal World: The Mixed Success of Comparable Worth." *Gender and Society* Vol. 1~4, pp. 466~475.

2장
한국 노동시장의 임금결정요인*

김유선

1. 머리말

OECD의 「고용전망보고서」(2008)에서 한국은 저임금 노동자가 4명 중 1명꼴로 OECD 국가 가운데 저임금 노동자 비중이 가장 높다. 상위 10%와 하위 10% 노동자의 임금격차는 4.6배로 미국(4.8배) 다음인 두 번째다. 그러나 실제 임금격차는 한국이 미국보다 훨씬 크다. 미국은 전체 노동자를 대상으로 하는 「경제활동인구조사(CPS)」에서 계산한 4.8배를 OECD에 보고한 데 비해, 한국은 전체 노동자의 일부인 '5인 이상 사업체 상용직'이 조사대상인 「임금구조 기본통계조사」에서 계산한 4.6배를 보고했기 때문이다. 만약 미국처럼 「경제활동인구조사」에서 계산한 전체 노동자의 임금격차를 보고했다면 한국은 2006년에는 5.4배, 2008년에는 5.3배로, 다른 나라가 넘보기 어려운 부동의 1위가 된다(김유선, 2008).

---

* ≪산업관계연구≫, 제19권 제2호(2009), 1~25쪽에 게재된 글이다.

노동자 구성도 임금계층별로 뚜렷하게 차이가 난다. 기혼여성은 저임금계층에 많고, 기혼남성은 고임금계층에 많다. 고임금계층일수록 교육연수와 근속연수가 길다. 단순노무직과 판매서비스직은 저임금계층에 많고, 사무관리전문직은 고임금계층에 많다. 중소 영세업체 비정규직은 저임금계층, 대기업 정규직은 고임금계층에 편중되어 있다. 소속사업장에 노조가 있거나 조합원인 경우 저임금계층일 확률은 낮고 고임금계층일 확률이 높다(<표 2-1> 참조).

임금결정요인을 분석할 때는 대부분 통상최소자승법(OLS)을 이용한다. 그러나 OLS는 조건부 평균값을 기준으로 평균적인 집단의 행위를 분석하는 것이어서, 임금격차가 크고 노동자 구성이 이질적인 경우 집단에 따라 특정 변수가 미치는 영향을 과소평가하거나 과대평가할 수 있다. 저임금계층과 중간임금계층, 고임금계층의 임금결정요인이 다를 가능성도 배제할 수 없다.

최근에는 이런 한계를 벗어나기 위해 코엔커와 바셋(Koenker and Bassett, 1978), 부친스키(Buchinsky, 1998), 코엔커와 할록(Koenker and Hallock, 2001) 등이 제안한 분위회귀분석(Quantile Regression)을 이용하는 연구가 늘고 있다. 고전적인 OLS 모형은 종속변수의 조건부 평균(conditional mean)을 중심으로 하는 선형모형을 사용하는 데 비해, 분위회귀분석은 종속변수의 조건부 τ-분위(conditional τ-quantile)를 중심으로 하는 선형모형을 사용한다는 점에서 더 일반적이라 할 수 있다.

물론 특정 변수나 정책이 각 집단에 미치는 영향을 분석할 때, 집단에 따라 표본의 관측치를 분할하고 OLS 분석할 수는 있다. 그러나 이때는 외생적인 표본선택 기준을 임의로 부과하는 것이어서 표본선택 편의(sample selection bias) 문제가 발생하게 된다. 이에 비해 분위회귀분석은 임의로 표본을 분할하지 않고, 분위별로 가중치를 달리 주면서 모든 관측치를 사용하는 것이므로, 표본선택 편의 문제가 발생하지 않는다.

〈표 2-1〉 임금 10분위별 노동자 구성(2007. 8. 월평균 임금 기준, 단위: %)

		전체	월평균 임금 10분위 계층									
			1	2	3	4	5	6	7	8	9	10
성별 혼인	미혼남자	15.8	13.2	12.8	15.8	19.0	23.1	24.2	20.9	15.1	7.9	4.4
	기혼남자	42.3	14.8	18.8	23.3	25.8	36.6	41.6	52.5	63.1	74.8	83.8
	미혼여자	13.3	15.3	13.1	18.2	22.5	19.1	16.3	12.8	7.3	2.9	1.6
	기혼여자	28.5	56.7	55.2	42.7	32.7	21.3	17.9	13.8	14.6	14.4	10.2
학력 연령 근속	교육연수(년)	12.7	10.4	10.9	11.7	12.2	12.6	13.1	13.5	13.9	14.5	15.2
	연령(만)	39.5	43.7	42.9	39.6	37.3	36.7	35.7	36.6	37.6	40.2	43.9
	근속연수(년)	4.6	1.0	1.5	1.8	2.2	2.8	3.6	4.6	6.8	9.6	14.0
직종	관리전문직	13.2	2.1	2.5	4.1	7.8	7.6	11.7	15.3	19.5	27.6	39.7
	기술공준전문가	12.6	6.1	5.8	8.4	8.9	11.4	14.6	15.1	17.3	18.7	23.6
	사무직	19.4	8.8	11.9	14.7	19.3	20.8	23.5	23.2	28.6	28.1	19.9
	판매서비스직	17.1	32.6	28.1	25.6	21.7	15.2	13.3	10.9	6.5	6.6	5.5
	생산직	22.2	9.5	14.5	22.7	24.6	33.1	29.8	31.2	25.2	17.0	10.6
	단순노무직	15.6	41.0	37.2	24.5	17.7	12.0	7.0	4.4	2.9	2.0	0.7
규모	1~4인	20.0	49.1	33.3	29.9	24.1	19.0	13.2	10.8	6.0	3.7	2.4
	5~9인	17.0	20.6	22.9	22.7	20.8	21.2	18.5	15.6	11.4	7.2	4.5
	10~29인	22.2	16.8	22.7	23.5	23.6	24.9	26.5	23.8	23.1	20.7	17.4
	30~99인	19.6	8.7	13.7	14.6	18.4	19.0	20.6	24.9	26.1	28.3	25.1
	100~299인	9.7	2.6	4.9	6.8	7.9	9.1	12.9	12.0	13.3	15.9	15.1
	300인 이상	11.5	2.3	2.5	2.5	5.2	6.9	8.2	12.9	20.0	24.3	35.4
고용 형태	정규직	45.8	1.6	9.5	20.4	32.5	42.5	58.2	63.2	78.5	85.4	86.7
	비정규직	54.2	98.4	90.5	79.6	67.5	57.5	41.8	36.8	21.5	14.6	13.3
노조	노조 있다	24.8	7.9	9.8	10.7	14.6	17.4	23.5	29.5	38.1	48.3	58.4
	노조 가입	12.1	0.8	2.0	3.5	5.2	8.7	12.0	16.5	22.8	29.5	26.5

자료: 통계청, 경제활동인구조사 부가조사(2007. 8).

이 글은 전통적인 OLS 회귀분석과 분위회귀분석을 병행하여, 한국 노동시장의 임금결정요인을 분석하는 것을 목적으로 작성되었다. 2절에서는 분위회귀분석을 사용해서 임금결정요인을 분석한 선행연구들을 살펴보고, 3절에서는 분석모형과 자료, 변수를 살펴본다. 4절과 5절에서는 OLS 회귀분석과 분위회귀분석 결과를 살펴보고, 6절에서는 분석 결과를 요약하면서 그 함의를 살펴본다.

2. 선행연구

국내에서 선행연구들은 대부분 성과 고용형태, 노조 유무 등 특정 변수에 초점을 맞추어, Oaxaca-Blinder 모델과 전환회귀모형을 사용해서 임금결정요인을 분석하고 있다. 여기서는 분위회귀분석 방법을 적용해서 임금결정요인을 분석한 선행연구들을 살펴본다.

사켈라리우(Sakellariou, 2004)는 1998년 싱가포르 노동력조사(LFS) 자료에 Oaxaca-Blinder 모델과 분위회귀분석 방법을 적용해서, 임금분위별로 성별 임금격차를 추정했다. 분석 결과 성별 임금격차는 하위 10분위가 23.0%, 상위 10분위가 13.4%로 저임금계층일수록 크다. 성별 임금격차가 저임금계층에 집중되어 있으므로, 저임금계층 여성을 주요 대상으로 하는 특별 조치가 필요하다고 제안한다.

부친스키(Buchinsky, 1994)는 1964~1988년 미국 「경제활동인구조사(CPS)」 자료를 사용해서, 임금분위별로 교육수익률과 경력수익률을 추정했다. 분석 결과 평균적인 교육수익률은 1963년 6.65%에서 1987년 9.63%로 상승했다. 경력수익률은 경력연수가 5년인 사람은 3.68%에서 4.63%로 상승하고, 경력연수가 15년인 사람은 2.19%에서 2.82%로 상승했다. 교육수익률과 경력수익률은 분위별로 다양하지만 연도별로 변화 패턴은 비슷하다. 경력수익률은 저임금계층에서 높고, 교육수익률은 고임금계층에서 높다.

최강식·정진욱·정진화(2005)는 1998~2001년 한국노동패널(KLIPS) 자료를 사용해서, 자영업부문 소득분포와 소득결정요인을 임금근로자와 비교했다. 분석 결과 자영업주 소득이 임금근로자보다 높고, 소득분위가 높을수록 자영업주와 임금근로자의 소득격차가 확대된다. 교육의 한계효과는 자영업주와 임금근로자 모두 소득분위가 높을수록 증가해, 소득분위가 높은 집단일수록 교육에 대한 보상(가격)이 높다.

이에 비해 아게사와 모나코(Agesa and Monaco, 2006)는 1991~1996년 미국 「경제활동인구조사」 자료를 사용해서, "제품시장 경쟁이 인종별 임금격차에 미치는 영향은 소속 사업장 노조 유무와 임금계층에 따라 다르다"는 분석 결과를 제시한다. 노동조합은 임금 표준화를 통해 인종 등 노동자 속성이 임금에 미치는 영향을 제한한다. 제품시장구조가 독과점일 때 인종별 임금격차가 크다는 선행연구들은 노조가 없는 곳에서만 타당하다. 소속 사업장 노조 유무별로 표본을 분할하고 분위회귀분석을 한 결과, 노조가 있는 곳에서는 모든 분위에서 시장구조가 인종별 임금격차에 미치는 영향이 유의미하지 않고, 고임금계층에서는 인종별 임금격차가 감소한다. 그러나 노조가 없는 곳에서는 중하위 계층에서, 경쟁적인 시장구조와 낮은 인종별 임금격차 사이에 유의미한 상관관계가 발견된다.

이정현(2004)은 1987~1999년 노동부 임금구조 기본조사 자료를 사용해서, 임금분위별로 노조임금효과를 추정했다. 1987~94년에는 저임금 미숙련 노동자, 1990년대 중반에는 중간임금, 1996년 이후는 고임금 노동자의 노조임금효과가 가장 컸다. 한국의 노동조합은 1990년대 초반에는 저임금 노동자를 위한 조직이었으나, 1990년대 후반에는 고임금 노동자를 위한 조직으로 성격이 변모했다고 결론짓고 있다.

지금까지 살펴본 선행연구들이 성과, 학력, 경력, 노조 유무 등 특정 변수에 초점을 맞춘 데 비해, 리와 리(Lee and Lee, 2006)는 한국노동패널 1차년도(1998년) 자료를 사용하고 분위회귀분석 방법을 적용해서, 한국

노동시장에서 임금결정요인을 종합적으로 분석하고 있다. 분석 결과를 살펴보면 한국에서 교육수익률은 미국보다 크게 낮다. 이러한 차이가 학교 교육이 현장에 필요한 숙련을 제공하지 못해서인지, 학력 인플레(과잉교육) 때문인지, 두 요인이 맞물려서인지는 추후 연구가 필요하다. 한국의 노동시장에서 연령은 가장 중요한 임금결정요인이다. 이것은 생산성에 관계없이 나이가 많은 사람이 젊은 사람보다 임금을 더 받는 한국 노동시장의 비효율성을 반영한다. 그렇지만 연령별 임금 피크는 30~38세로 미국(46세)보다 낮다. 이것은 한국 노동자들의 노동 생애가 매우 짧다는 것을 말해준다. 이밖에 고임금계층일수록 경력수익률이 낮고 직업별 임금 격차가 크다. 성별 임금격차는 매우 크다. 노조 프리미엄은 고임금계층에서 높고, 저임금계층은 노조 프리미엄을 누리지 못하고 있다.

3. 분석모형과 자료, 변수

1) 분석모형

계량분석모형은 통상최소자승법(OLS)과 분위회귀분석(Quantile Regression)을 사용한다. OLS 모형은 $y = X\beta + \epsilon$로 표현되며, y는 종속변수, X는 임금결정에 영향을 미치는 설명변수, β는 회귀계수, ϵ는 오차항을 의미한다. 이에 비하여 분위회귀분석모형은 $y_i = \beta_\tau' X_i + u_{\tau i}$, $Q_\tau(y_i|X_i) = \beta_\tau' X_i$ ($i = 1, 2, ..., n$)로 표현된다. y_i는 종속변수, X_i는 설명변수, β_τ는 τ분위 계수값, $u_{\tau i}$는 오차항을 의미하며, $Q_\tau(y_i|X_i)$는 X가 주어진 상태에서 y의 τ번째 조건부 분위(conditional quantile)를 가리킨다. 물론, 모든 i에 대하여 $Q_\tau(u_{\tau i}|X_i) = 0$이 성립한다. 분위회귀계수 β_τ의 추정치는 주어진 분위(τ)에서

다음 최소화 문제의 해(解)가 된다.

$$Min \ \frac{1}{n}[\sum_{y_i \geq \beta'X_i} \tau|y_i - \beta'X_i| + \sum_{y_i < \beta'X_i} (1-\tau)\ |y_i - \beta'X_i|]$$

2) 자료

국내에서 임금결정요인을 분석할 때는 대부분 임금구조 기본통계조사 등 사업체조사를 사용한다. 그러나 앞서 살펴본 분위회귀분석을 이용한 선행연구들은 대부분 가구조사를 사용하고 있다. 부친스키(Buchinsky, 1994)와 아게사와 모나코(Agesa and Monaco, 2006)는 미국「경제활동인구조사」, 사켈라리우(Sakellariou, 2004)는 싱가포르 노동력조사를 사용하고, 최강식·정진욱·정진화(2005)와 Lee and Lee (2006)는 한국노동연구원의 노동패널을 사용하고 있다. 이정현(2004)만 사업체조사인 임금구조 기본통계조사를 이용하고 있다.

국내에서 이용 가능한 가구조사 가운데 가장 대표성 있는 자료로 통계청「경제활동인구조사 부가조사」이고, 사업체조사로는 노동부「사업체근로실태조사」가 있다. 이 글은「사업체근로실태조사」(2007. 6)와「경제활동인구조사 부가조사」(2007. 8)를 모두 분석한다.「경제활동인구조사」에서 모집단은 전체 노동자 1,588만 명이고 관측치는 2만 5,975명이다.「사업체근로실태조사」에서 모집단은 민간부문 사업체 소속 노동자 1,122만 명이고 관측치는 77만 1,078명이다.「경제활동인구조사」는 임금수준이 과소평가될 가능성이 있고,「사업체근로실태조사」는 전체 노동자의 70%만 모집단으로 하고 근로시간이 과소평가될 가능성이 있다는 점에서 둘 다 한계가 있다.

3) 변수

국내에서 임금결정요인을 분석할 때는 대부분 시간당 임금을 종속변수로 사용한다. 그러나 시간당 임금이 높다고 해서 반드시 월평균 임금이 높은 것은 아니며, 생활이 풍요로운 것도 아니다. 대학 시간강사는 시간당 임금 기준으로 고임금계층이지만 월평균 임금 기준으로 저임금계층이며, 그만큼 생활이 어렵다. 더구나 시급이나 일당으로 임금을 받는 사람은 18%밖에 안 되고, 월급이나 연봉으로 받는 사람이 76%에 이른다(김유선, 2008).

대다수 국내 연구가 시간당 임금을 종속변수로 사용하는 것은, 시간당 생산성과의 비교를 암묵적으로 전제하거나, 제조업 생산직을 주로 분석하던 관성에서 비롯된 것으로 보인다. 그러나 월급제나 연봉제가 일반적인 화이트칼라 노동자들의 임금을 시급으로 환산해서 비교하면 오히려 사실을 오도할 수 있다(Shin and Kong, 2008).

선행연구 가운데 부친스키(Buchinsky, 1994)는 주급, 아게사와 모나코(Agesa and Monaco, 2006), 이정현(2004)은 시간당 임금, 사켈라리우(Sakellariou, 2004), 최강식·정진욱·정진화(2005), 리와 리(Lee and Lee, 2006)는 월임금(또는 월소득)을 종속변수로 사용하고 있다. 이 글에서는 월평균 임금과 시간당 임금 로그값 모두 종속변수로 사용한다.

설명변수는 인적 속성(성, 혼인, 가구주 관계, 연령), 인적 자본(학력, 근속, 경력), 일자리 속성(산업, 직업, 사업체 규모), 고용조건(비정규직, 노동시간), 노사관계(소속사업장 노조 유무, 노조 가입)를 사용한다. 교육연수는 중졸 이하는 9년, 고졸은 12년, 전문대졸은 14년, 대졸은 16년, 대학원졸은 18년으로 환산했다. 산업은 광공업, 농림어업건설업(전기가스수도사업 포함), 생산자서비스업, 유통서비스업, 개인서비스업, 사회서비스업 더미를 사용하고, 직업은 관리전문직, 기술공 및 준전문가, 사무직, 판매서비스직, 생산직(기능직과 장치기계조작조립 운전원), 단순노무직 더미를 사용했다. 선행연구들은 대부분 소속사업장 노조 유무를 설명변수로 사용한다. 이 글에서는 소속사업장 노조 유무 이외에 노조 가입 여부를 설명변수로 사용한다.

4. OLS 회귀분석 결과

1) 모형

<표 2-2>는 분석대상 자료를 「사업체근로실태조사」(2007. 6)와 「경제활동인구조사」(2007. 8)로 하고, 종속변수를 월평균 임금과 시간당 임금 로그값으로 하여, 임금결정요인을 OLS(통상최소자승법) 분석한 결과다. 모형의 설명력은 0.578~0.676이다. <모형 1>에서 농림어업건설업, <모형 4>에서 사회서비스업이 광공업과 유의미한 차이가 없는 것을 제외하면 모든 변수가 5% 유의수준에서 통계적으로 유의미하다. 이것은 <모형 1> 내지 <모형 4>에서 사용한 설명변수가 모두 임금결정에 유의미한 영향을 미치고 있음을 말해준다.

2) 변수

(1) 인적 속성

다른 변수를 통제하더라도 여성은 남성보다 임금이 18.0~19.6% 낮고, 기혼자는 미혼자보다 임금이 2.0~8.3% 높다. 배우자는 가구주보다 임금이 9.8~14.0% 낮고, 기타 가구원은 가구주보다 4.9~5.3% 낮다. 즉, '가구주 > 기타가구원 > 배우자' 순이다(<그림 2-1> 참조).

〈표 2-2〉 OLS 회귀분석 결과

종속변수	In 월평균 임금						In 시간당 임금					
	사업체근로 〈모형 1〉			정형부가조사 〈모형 2〉			사업체근로 〈모형 3〉			정형부가조사 〈모형 4〉		
분석자료 모형	계수β	p값	exp(β)	계수β	p값	exp(β)	계수β	p값	exp(β)	계수β	p값	exp(β)
여성	-0.204	0.000	0.815	-0.205	0.000	0.815	-0.218	0.000	0.804	-0.198	0.000	0.820
기혼	0.020	0.000	1.020	0.064	0.000	1.066	0.041	0.000	1.042	0.080	0.000	1.083
배우자				-0.151	0.000	0.860				-0.103	0.000	0.902
기타가구원				-0.054	0.000	0.947				-0.050	0.000	0.951
연령	0.045	0.000	1.046	0.059	0.000	1.061	0.044	0.000	1.045	0.042	0.000	1.043
연령제곱	-0.001	0.000	0.999	-0.001	0.000	0.999	-0.001	0.000	0.999	-0.001	0.000	0.999
교육연수	0.054	0.000	1.055	0.040	0.000	1.041	0.061	0.000	1.063	0.042	0.000	1.043
근속연수	0.038	0.000	1.039	0.032	0.000	1.033	0.033	0.000	1.034	0.030	0.000	1.030
근속제곱	-0.000	0.000	1.000	-0.000	0.000	1.000	-0.000	0.000	1.000	-0.000	0.000	1.000
경력 1~2년 미만	0.093	0.000	1.097				0.044	0.000	1.045			
2~3년 미만	0.133	0.000	1.142				0.085	0.000	1.089			

	coef	p	exp(β)	coef	p	exp(β)	coef	p	exp(β)	coef	p	exp(β)
3~4년 미만	0.164	0.000	1.178				0.116	0.000	1.123			
4~5년 미만	0.173	0.000	1.189				0.133	0.000	1.142			
5~10년 미만	0.194	0.000	1.214				0.162	0.000	1.176			
10년 이상	0.296	0.000	1.344				0.264	0.000	1.302			
농림어업건설업	0.001	0.745	1.001	0.083	0.000	1.087	0.055	0.000	1.057	0.076	0.000	1.079
생산자서비스업	0.054	0.000	1.055	0.109	0.000	1.115	0.027	0.000	1.027	0.093	0.000	1.097
유통서비스업	-0.087	0.000	0.917	-0.021	0.014	0.979	-0.094	0.000	0.910	-0.035	0.000	0.966
개인서비스업	-0.177	0.000	0.838	-0.060	0.000	0.942	-0.145	0.000	0.865	-0.063	0.000	0.939
사회서비스업	-0.153	0.000	0.858	-0.057	0.000	0.945	-0.079	0.000	0.924	0.007	0.438	1.007
기술공학전문가	-0.157	0.000	0.855	-0.144	0.000	0.866	-0.211	0.000	0.810	-0.114	0.000	0.892
사무직	-0.141	0.000	0.868	-0.216	0.000	0.806	-0.190	0.000	0.827	-0.191	0.000	0.826
판매서비스직	-0.319	0.000	0.727	-0.282	0.000	0.754	-0.364	0.000	0.695	-0.298	0.000	0.742
생산직	-0.373	0.000	0.689	-0.320	0.000	0.726	-0.412	0.000	0.662	-0.337	0.000	0.714
단순노무직	-0.475	0.000	0.622	-0.528	0.000	0.590	-0.465	0.000	0.628	-0.510	0.000	0.600
1~4인	-0.464	0.000	0.629	-0.328	0.000	0.720	-0.502	0.000	0.605	-0.320	0.000	0.726
5~9인	-0.396	0.000	0.673	-0.214	0.000	0.807	-0.430	0.000	0.651	-0.238	0.000	0.788

	(1)			(2)			(3)			(4)		
10~29인	-0.297	0.000	0.743	-0.162	0.000	0.850	-0.334	0.000	0.716	-0.188	0.000	0.829
30~99인	-0.281	0.000	0.755	-0.118	0.000	0.889	-0.316	0.000	0.729	-0.144	0.000	0.866
100~299인	-0.209	0.000	0.811	-0.098	0.000	0.907	-0.237	0.000	0.789	-0.110	0.000	0.896
비정규직	-0.174	0.000	0.840	-0.206	0.000	0.814	0.042	0.000	1.043	-0.155	0.000	0.856
노동시간	0.005	0.000	1.005	0.012	0.000	1.012						
노조 유 비조합원	0.066	0.000	1.068	0.038	0.000	1.039	0.060	0.000	1.062	0.049	0.000	1.050
노조 유, 조합원	0.072	0.000	1.075	0.062	0.000	1.064	0.072	0.000	1.075	0.077	0.000	1.080
상수	5.532	0.000	253	3.366	0.000	29	1.193	0.000	3	8.111	0.000	3331
관측치	762,360			25,975			762,360			25,975		
모형의 설명력	0.629			0.676			0.578			0.622		

주: 성별은 남성, 혼인은 미혼, 가구원은 가구주, 경력은 경력 1년 미만, 산업은 광공업, 직업은 전문관리직, 규모는 300인 이상, 고용형태는 정규직, 노조 유무는 노조 없음을 기준으로 했음.
자료: 노동부, 사업체근로실태조사(2007. 6), 통계청, 경제활동인구조사 부가조사(2007. 8).

〈그림 2-1〉 남녀, 가구주 – 배우자 순임금격차

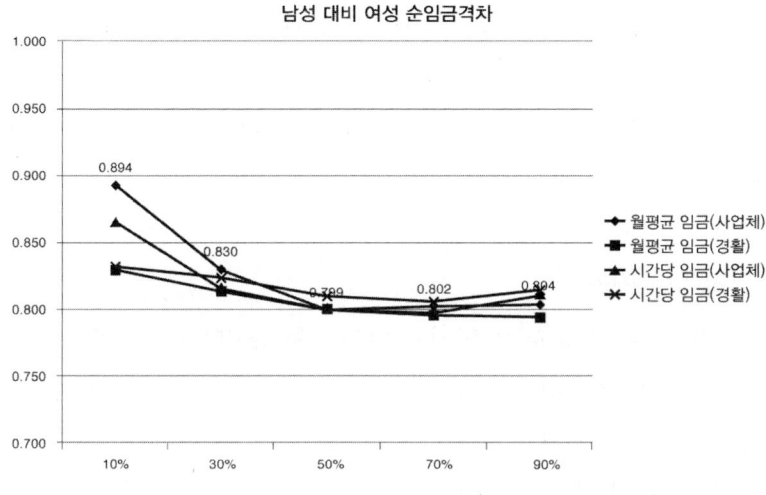

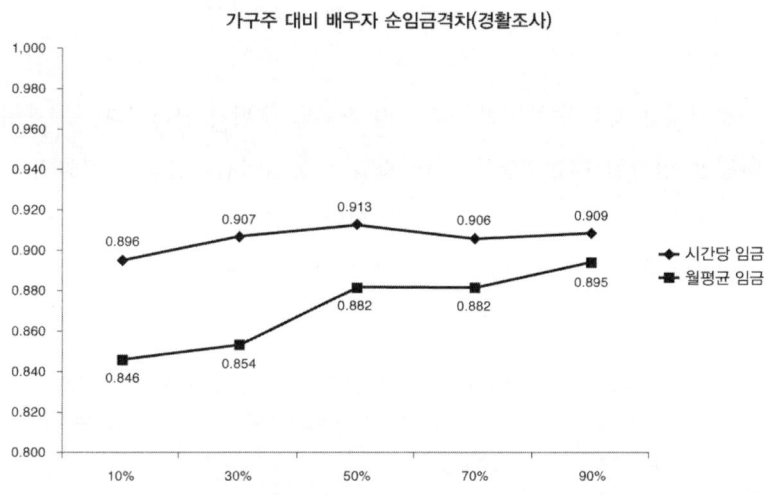

2장 한국 노동시장의 임금결정요인 | 121

<모형 1>과 <모형 3>에서 교육, 근속, 경력 등 인적 자본 변수를 통제하더라도, 나이가 한 살 많으면 임금이 0.3% 높다. <모형 2>와 <모형 4>는 자료의 제약으로 경력을 통제하지 못했지만, 나이가 한 살 많으면 임금이 0.2~0.3% 높다.[1] 즉 인적 자본, 일자리 속성 등 다른 조건이 같더라도 남녀, 혼인, 가구주관계, 연령 등 인적 속성이 다르면 임금은 유의미하게 차이가 난다.

(2) 인적 자본

교육, 근속, 경력 등 인적 자본 변수 모두 유의미하다. 교육연수가 1년 높아지면 임금이 4.1~6.3% 높아지고, 근속연수가 1년 높아지면 임금이 2.8~3.9% 높아진다.[2] 임금효과는 '학력 > 근속(또는 경력) > 연령' 순으로 학력효과가 가장 높고 연령효과가 가장 낮다. 이러한 결과는 분석대상 자료와 종속변수에 관계없이 일관된다.

(3) 일자리 속성

분석대상 자료와 종속변수에 따라 산업별 순위가 달라진다. 종속변수가 월평균 임금일 때는 '생산자서비스업 > 농림어업건설업 > 광공업 > 유통서비스업 > 사회서비스업 > 개인서비스업' 순이고, 시간당 임금일 때 사업체조사는 '농림어업건설업 > 생산자서비스업 > 광공업 > 사회서비

---

[1] 연령 계수값은 0.042~0.059***이고 연령제곱 계수값은 -0.0005~-0.0007***이다. 연령 임금효과는 (연령변수 계수값+2×연령제곱변수 계수값×평균연령)으로 0.002~0.003***가 된다.

[2] 근속 계수값은 0.030~0.038***이고 근속제곱 계수값은 -0.000003~-0.0003***이다. 근속 임금효과는 (근속변수 계수값 + 2×근속제곱변수 계수값×평균근속연수)로 0.028~0.038***이 된다.

스업 > 유통서비스업 > 개인서비스업', 경활조사는 '생산자서비스업 > 농림어업건설업 > 사회서비스업 = 광공업 > 유통서비스업 > 개인서비스업' 순이다.

직업별로 살펴보면 '관리전문직 > 기술공준전문가 > 사무직 > 판매서비스직 > 생산직 > 단순노무직' 순이다. 사업체조사에서 기술공준전문가와 사무직 순위가 바뀔 뿐이다. 관리전문직 임금을 100이라 할 때 판매서비스직 임금은 69.5~75.4%이고, 생산직은 66.2~72.6%, 단순노무직은 59.0~ 62.8%로 직업별 격차가 크다.

규모별로는 분석대상 자료와 종속변수에 관계없이 사업체 규모가 클수록 임금이 높고, 사업체 규모가 작을수록 낮다. 5인 미만 사업체는 300인 이상 사업체 임금의 60.5~72.6%밖에 안 된다.

(4) 고용조건

경활조사에서 비정규직은 정규직보다 월평균 임금이 18.6% 낮고, 시간당 임금은 14.4% 낮다. 사업체조사에서도 비정규직은 정규직보다 월평균 임금이 16.0% 낮다. 그렇지만 시간당 임금은 오히려 4.3% 높다. 노동시간은 월평균 임금에 유의미한 정(+)의 영향을 미치고 있다.

(5) 노사관계

노조가 있는 사업장에서 일하는 사람을 조합원과 비조합원으로 구분하여 노조 임금프리미엄을 계산하면, 노조가 있는 사업장에서 일하는 비조합원은 노조가 없는 사업장에서 일하는 사람보다 월평균 임금은 6.2~6.8%, 시간당 임금은 3.9~5.0% 높다. 노조에 가입한 조합원의 노조 임금프리미엄은 월평균 임금 7.5%, 시간당 임금 6.4~8.0%로 비조합원보다 높다.

〈표 2-3〉 분위회귀분석 결과(모형 1, 사업체조사, 종속변수: 월평균 임금 로그값)

	10%		30%		50%		70%		90%		계수값 차이		
	계수	p값	계수	p값	계수	p값	계수	p값	계수	p값	10~90%	10~50%	50~90%
여성	-0.113	0.000	-0.186	0.000	-0.224	0.000	-0.220	0.000	-0.218	0.000	0.000	0.000	0.008
기혼	0.041	0.014	0.035	0.000	0.036	0.000	0.046	0.000	0.056	0.000	0.002	0.226	0.000
연령	0.035	0.000	0.043	0.000	0.042	0.030	0.040	0.000	0.034	0.000	0.000	0.510	0.000
연령제곱	-0.001	0.000	-0.001	0.000	-0.001	0.000	-0.000	0.000	-0.000	0.000	0.018	0.000	0.138
교육연수	0.043	0.000	0.049	0.000	0.053	0.000	0.056	0.000	0.061	0.000	0.000	0.000	0.001
근속연수	0.038	0.000	0.036	0.000	0.031	0.000	0.029	0.000	0.027	0.000	0.000	0.000	0.000
근속제곱	-0.000	0.037	-0.000	0.000	-0.000	0.001	-0.000	0.035	-0.000	0.000	0.002	0.000	0.000
경력 1~2년 미만	0.121	0.000	0.095	0.000	0.091	0.000	0.077	0.000	0.054	0.001	0.209	0.206	0.598
2~3년 미만	0.167	0.000	0.145	0.000	0.151	0.000	0.135	0.000	0.117	0.000	0.957	0.069	0.011
3~4년 미만	0.154	0.000	0.147	0.000	0.163	0.000	0.165	0.000	0.141	0.000	0.799	0.823	0.819
4~5년 미만	0.176	0.000	0.184	0.000	0.187	0.000	0.174	0.000	0.193	0.000	0.082	0.660	0.067

5~10년 미만	0.189	0.000	0.224	0.000	0.251	0.000	0.242	0.000	0.236	0.000	0.000	0.184
10년 이상	0.266	0.000	0.304	0.000	0.318	0.000	0.307	0.000	0.299	0.000	0.008	0.037
농림어업건설업	-0.189	0.000	-0.055	0.000	0.013	0.068	0.042	0.001	0.102	0.000	0.090	0.877	0.000
생산자서비스업	-0.025	0.080	0.028	0.000	0.051	0.000	0.054	0.000	0.090	0.000	0.000	0.006	0.006
유통서비스업	-0.257	0.000	-0.096	0.000	-0.031	0.000	-0.007	0.506	0.002	0.834	0.000	0.006	0.000
개인서비스업	-0.219	0.000	-0.145	0.000	-0.146	0.000	-0.126	0.000	-0.139	0.000	0.059	0.000	0.000
사회서비스업	-0.207	0.000	-0.151	0.000	-0.113	0.000	-0.116	0.000	-0.167	0.000	0.008	0.000	0.006
기술공준전문가	-0.067	0.001	-0.128	0.000	-0.155	0.000	-0.172	0.000	-0.259	0.000	0.000	0.000	0.000
사무직	-0.051	0.011	-0.127	0.000	-0.156	0.000	-0.174	0.000	-0.266	0.000	0.000	0.000	0.000
판매서비스직	-0.149	0.000	-0.241	0.000	-0.266	0.000	-0.323	0.000	-0.411	0.000	0.000	0.000	0.000
생산직	-0.311	0.000	-0.334	0.000	-0.317	0.000	-0.335	0.000	-0.435	0.000	0.000	0.000	0.000
단순노무직	-0.418	0.000	-0.434	0.000	-0.425	0.000	-0.433	0.000	-0.576	0.000	0.000	0.686	0.000
5인 미만	-0.545	0.000	-0.503	0.000	-0.476	0.000	-0.427	0.000	-0.399	0.000	0.000	0.000	0.000

5~9인	-0.450	0.000	-0.436	0.000	-0.409	0.000	-0.355	0.000	-0.324	0.000	0.000	0.000	0.000
10~29인	-0.372	0.000	-0.337	0.000	-0.314	0.000	-0.283	0.000	-0.244	0.000	0.000	0.000	0.004
30~99인	-0.346	0.000	-0.306	0.000	-0.288	0.000	-0.271	0.000	-0.253	0.000	0.000	0.003	0.044
100~299인	-0.253	0.000	-0.206	0.000	-0.203	0.000	-0.194	0.000	-0.180	0.000	0.106	0.033	0.682
비정규직	-0.358	0.000	-0.229	0.000	-0.182	0.000	-0.132	0.000	-0.077	0.000	0.000	0.000	0.000
노동시간	0.005	0.000	0.004	0.000	0.003	0.000	0.003	0.000	0.002	0.000	0.000	0.000	0.000
노조 유, 비조합원	0.060	0.001	0.051	0.000	0.051	0.000	0.050	0.000	0.043	0.000	0.058	0.367	0.202
노조 유, 조합원	0.049	0.000	0.091	0.000	0.095	0.000	0.110	0.000	0.124	0.000	0.000	0.000	0.231
상수	5.298	0.000	5.544	0.000	5.823	0.000	6.070	0.000	6.541	0.000	0.000	0.000	0.000
관측치	76,548		76,548		76,548		76,548		76,548			76,548	
모형의 설명력	0.419		0.399		0.412		0.421		0.400				

자료: 노동부, 사업체근로실태조사(2007. 6.) 10% 샘플.

5. 분위회귀분석 결과

1) 모형

분위회귀분석 결과 <모형 1>은 설명력이 0.399~0.421이고, <모형 2>는 0.426~0.453, <모형 3>은 0.287~0.420, <모형 4>는 0.346~0.435이다(<표 2-3> 내지 <표 2-6> 참조). 산업, 규모, 노조 등 몇몇 변수가 부분적으로 유의미하지 않은 것을 제외하면, 모든 변수가 모든 분위에서 통계적으로 유의미하다. 이것은 OLS 분석에서 임금결정에 유의미한 영향을 미치는 것으로 확인된 설명변수들이 분위회귀분석에서도 유의미한 영향을 미치고 있음을 말해준다.

2) 변수

(1) 인적 속성

다른 조건이 같더라도 여성 임금은 남성 임금의 79.5~89.4%로, 모든 분위에서 성별 임금격차가 유의미하다. 하위 임금분위보다 중상위 분위에서 성별 임금격차가 큰데, 중상위 분위에서 여성은 남성보다 20% 낮은 임금을 받고 있다.

혼인 여부와 가구주 관계에 따른 순임금격차도 모든 분위에서 유의미하다. 기혼자는 미혼자보다 임금이 3.6~10.6% 높다. 배우자는 가구주보다 임금이 8.7~15.4% 낮고, 기타가구원은 4.4~7.7% 낮다. 즉, '가구주 > 기타가구원 > 배우자' 순이다.

〈표 2-4〉 분위회귀분석 결과(모형 2, 경활조사, 종속변수: 월평균 임금 로그값)

	10%		30%		50%		70%		90%		계수값 차이 p값		
	계수	p값	계수	p값	계수	p값	계수	p값	계수	p값	10~90%	10~50%	50~90%
여성	-0.185	0.000	-0.206	0.000	-0.224	0.000	-0.227	0.000	-0.230	0.000	0.002	0.007	0.434
기혼	0.073	0.000	0.061	0.000	0.036	0.000	0.043	0.000	0.073	0.000	0.499	0.086	0.150
배우자	-0.167	0.000	-0.158	0.000	-0.125	0.000	-0.126	0.000	-0.111	0.000	0.000	0.000	0.405
기타가구원	-0.053	0.002	-0.080	0.000	-0.062	0.000	-0.061	0.000	-0.045	0.007	0.653	0.241	0.736
연령	0.062	0.000	0.056	0.000	0.057	0.000	0.056	0.000	0.051	0.000	0.008	0.065	0.069
연령제곱	-0.001	0.000	-0.001	0.000	-0.001	0.000	-0.001	0.000	-0.001	0.000	0.000	0.002	0.002
교육연수	0.037	0.000	0.037	0.000	0.038	0.000	0.041	0.000	0.043	0.000	0.177	0.908	0.099
근속연수	0.032	0.000	0.031	0.000	0.032	0.000	0.031	0.000	0.031	0.000	0.899	0.794	0.955
근속제곱	-0.000	0.001	-0.000	0.000	-0.000	0.000	-0.000	0.000	-0.000	0.000	0.166	0.548	0.070
농림어업건설업	0.062	0.001	0.077	0.000	0.083	0.000	0.088	0.000	0.065	0.000	0.100	0.012	0.604
생산자서비스업	0.085	0.000	0.091	0.000	0.093	0.000	0.093	0.000	0.103	0.000	0.188	0.653	0.327
유통서비스업	-0.074	0.000	-0.029	0.014	-0.017	0.066	0.004	0.677	0.006	0.727	0.000	0.000	0.217
개인서비스업	-0.102	0.000	-0.057	0.000	-0.039	0.000	-0.025	0.024	-0.053	0.004	0.023	0.020	0.318
사회서비스업	-0.036	0.039	-0.037	0.002	-0.043	0.000	-0.053	0.000	-0.089	0.000	0.012	0.520	0.004
기술공준전문가	-0.146	0.000	-0.136	0.000	-0.136	0.000	-0.134	0.000	-0.153	0.000	0.681	0.982	0.456

변수	모형1 계수	p값	모형2 계수	p값	모형3 계수	p값	모형4 계수	p값	모형5 계수	p값			
사무직	-0.185	0.000	-0.181	0.000	-0.188	0.000	-0.208	0.000	-0.268	0.000	0.000	0.033	0.000
판매서비스직	-0.244	0.000	-0.265	0.000	-0.279	0.000	-0.278	0.000	-0.295	0.000	0.040	0.005	0.957
생산직	-0.297	0.000	-0.293	0.000	-0.299	0.000	-0.310	0.000	-0.358	0.000	0.027	0.519	0.047
단순노무직	-0.487	0.000	-0.468	0.000	-0.484	0.000	-0.500	0.000	-0.553	0.000	0.034	0.417	0.014
5인 미만	-0.385	0.000	-0.289	0.000	-0.283	0.000	-0.279	0.000	-0.255	0.000	0.021	0.000	0.796
5~9인	-0.202	0.000	-0.189	0.000	-0.198	0.000	-0.195	0.000	-0.200	0.000	0.169	0.650	0.154
10~29인	-0.157	0.000	-0.143	0.000	-0.152	0.000	-0.145	0.000	-0.152	0.000	0.267	0.689	0.204
30~99인	-0.119	0.000	-0.098	0.000	-0.106	0.000	-0.114	0.000	-0.115	0.000	0.121	0.977	0.048
100~299인	-0.119	0.000	-0.066	0.000	-0.096	0.000	-0.094	0.000	-0.103	0.000	0.355	0.789	0.125
비정규직	-0.269	0.000	-0.222	0.000	-0.194	0.000	-0.169	0.000	-0.148	0.000	0.000	0.000	0.001
노동시간	0.014	0.000	0.012	0.000	0.010	0.000	0.008	0.000	0.006	0.000	0.000	0.000	0.000
노조 유, 비조합원	0.028	0.088	0.036	0.002	0.050	0.000	0.047	0.000	0.033	0.033	0.431	0.684	0.238
노조 유, 조합원	0.050	0.002	0.071	0.000	0.075	0.000	0.073	0.000	0.077	0.000	0.550	0.370	0.762
상수	2.855	0.000	3.349	0.000	3.599	0.000	3.790	0.000	4.158	0.000	0.000	0.000	0.000
관측수	25,975		25,975		25,975		25,975		25,975				25,975
모형의 설명력	0.453		0.442		0.449		0.447		0.426				

자료: 통계청, 경제활동인구조사 부가조사(2007. 8).

〈표 2-5〉 분위회귀분석 결과(모형 3, 사업체조사, 종속변수: 시간당 임금 로그값)

	10%		30%		50%		70%		90%		계수값 차이		
	계수	p값	계수	p값	계수	p값	계수	p값	계수	p값	10~90%	10~50%	50~90%
여성	-0.143	0.000	-0.203	0.000	-0.222	0.000	-0.226	0.000	-0.209	0.000	0.022	0.000	0.000
기혼	0.061	0.000	0.049	0.000	0.060	0.000	0.063	0.000	0.050	0.001	0.016	0.313	0.000
연령	0.031	0.000	0.041	0.000	0.040	0.000	0.042	0.000	0.037	0.000	0.000	0.021	0.000
연령제곱	-0.000	0.000	-0.001	0.000	-0.000	0.000	-0.000	0.000	-0.000	0.000	0.584	0.002	0.098
교육연수	0.049	0.000	0.058	0.000	0.065	0.000	0.065	0.000	0.079	0.000	0.000	0.000	0.687
근속연수	0.034	0.000	0.031	0.000	0.027	0.000	0.025	0.000	0.030	0.000	0.000	0.000	0.000
근속제곱	-0.000	0.102	-0.000	0.087	-0.000	0.382	-0.000	0.703	-0.000	0.002	0.000	0.000	0.000
경력 1~2년 미만	0.053	0.000	0.061	0.000	0.070	0.000	0.059	0.000	0.092	0.000	0.527	0.713	0.691
2~3년 미만	0.072	0.000	0.109	0.000	0.128	0.000	0.100	0.000	0.115	0.000	0.425	0.258	0.878
3~4년 미만	0.121	0.000	0.125	0.000	0.118	0.000	0.128	0.000	0.126	0.000	0.242	0.105	0.712
4~5년 미만	0.114	0.000	0.159	0.000	0.166	0.000	0.179	0.000	0.154	0.000	0.003	0.001	0.547
5~10년 미만	0.146	0.000	0.213	0.000	0.229	0.000	0.221	0.000	0.230	0.000	0.000	0.000	0.327
10년 이상	0.210	0.000	0.302	0.000	0.310	0.000	0.285	0.000	0.287	0.000	0.000	0.000	0.603

농림어업건설업	-0.125	0.000	0.021	0.058	0.099	0.000	0.129	0.000	0.131	0.000	0.236	0.146	0.001
생산자서비스업	-0.084	0.000	0.005	0.513	0.047	0.000	0.062	0.000	0.114	0.000	0.000	0.000	0.000
유통서비스업	-0.272	0.000	-0.104	0.000	-0.039	0.000	-0.003	0.777	0.016	0.262	0.000	0.000	0.579
개인서비스업	-0.192	0.000	-0.131	0.000	-0.136	0.000	-0.155	0.000	-0.116	0.000	0.000	0.000	0.003
사회서비스업	-0.129	0.000	-0.089	0.000	-0.061	0.000	-0.068	0.000	-0.113	0.000	0.004	0.000	0.000
기술공학전문가	-0.162	0.000	-0.179	0.000	-0.192	0.000	-0.223	0.000	-0.262	0.000	0.000	0.116	0.000
사무직	-0.140	0.000	-0.176	0.000	-0.193	0.000	-0.205	0.000	-0.263	0.000	0.000	0.001	0.000
판매서비스직	-0.228	0.000	-0.304	0.000	-0.361	0.000	-0.433	0.000	-0.482	0.000	0.000	0.000	0.000
생산직	-0.360	0.000	-0.361	0.000	-0.369	0.000	-0.413	0.000	-0.471	0.000	0.000	0.000	0.000
단순노무직	-0.395	0.000	-0.418	0.000	-0.413	0.000	-0.475	0.000	-0.559	0.000	0.000	0.738	0.000
5인 미만	-0.562	0.000	-0.511	0.000	-0.478	0.000	-0.438	0.000	-0.410	0.000	0.000	0.000	0.000
5~9인	-0.492	0.000	-0.452	0.000	-0.405	0.000	-0.373	0.000	-0.348	0.000	0.004	0.002	0.039
10~29인	-0.406	0.000	-0.372	0.000	-0.341	0.000	-0.311	0.000	-0.281	0.000	0.000	0.010	0.023
30~99인	-0.356	0.000	-0.330	0.000	-0.320	0.000	-0.304	0.000	-0.267	0.000	0.223	0.201	0.009
100~299인	-0.255	0.000	-0.229	0.000	-0.222	0.000	-0.219	0.000	-0.210	0.000	0.041	0.011	0.539
비정규직	-0.094	0.000	-0.052	0.000	-0.010	0.091	0.029	0.007	0.144	0.000	0.000	0.001	0.000

	계수	p값	계수	p값	계수	p값	계수	p값	계수	p값	계수	p값
노조 유, 비조합원	0.031	0.007	0.051	0.000	0.060	0.000	0.072	0.000	0.043	0.000	0.000	0.962
노조 유, 조합원	0.025	0.005	0.076	0.000	0.103	0.000	0.124	0.000	0.132	0.000	0.000	0.054
상수	1.156	0.000	1.081	0.000	1.125	0.000	1.267	0.000	1.379	0.000	0.003	0.000
관측치	76,548		76,548		76,548		76,548		76,548		76,548	
모형의 설명력	0.287		0.368		0.404		0.420		0.399			

자료: 노동부, 사업체근로실태조사(2007. 6.) 10% 샘플.

〈표 2-6〉 분위회귀분석 결과(모형 4, 경활조사, 종속변수: 시간당 임금 로그값)

	10%		30%		50%		70%		90%		계수값 차이 p값		
	계수	p값	계수	p값	계수	p값	계수	p값	계수	p값	10~90%	10~50%	50~90%
여성	-0.183	0.000	-0.194	0.000	-0.210	0.000	-0.215	0.000	-0.205	0.000	0.382	0.024	0.632
기혼	0.073	0.000	0.060	0.000	0.059	0.000	0.068	0.000	0.101	0.000	0.448	0.378	0.018
배우자	-0.110	0.000	-0.097	0.000	-0.091	0.000	-0.099	0.000	-0.095	0.000	0.439	0.401	0.998
기타가구원	-0.063	0.000	-0.067	0.000	-0.046	0.000	-0.054	0.000	-0.045	0.011	0.818	0.556	0.824
연령	0.045	0.000	0.042	0.000	0.043	0.000	0.041	0.000	0.039	0.000	0.001	0.236	0.106
연령제곱	-0.001	0.000	-0.001	0.000	-0.001	0.000	-0.000	0.000	-0.000	0.000	0.000	0.013	0.002
교육연수	0.035	0.000	0.040	0.000	0.041	0.000	0.045	0.000	0.052	0.000	0.000	0.000	0.004
근속연수	0.031	0.000	0.031	0.000	0.031	0.000	0.032	0.000	0.030	0.000	0.926	0.670	0.788
근속제곱	-0.000	0.050	-0.000	0.000	-0.000	0.000	-0.000	0.000	-0.000	0.000	0.150	0.204	0.493
농림어업건설업	0.041	0.029	0.089	0.000	0.085	0.000	0.083	0.000	0.055	0.002	0.021	0.001	0.246
생산자서비스업	0.048	0.005	0.082	0.000	0.095	0.000	0.113	0.000	0.108	0.000	0.000	0.001	0.198
유통서비스업	-0.100	0.000	-0.044	0.000	-0.030	0.011	0.003	0.751	0.012	0.456	0.000	0.000	0.005
개인서비스업	-0.119	0.000	-0.058	0.000	-0.053	0.000	-0.028	0.015	-0.047	0.015	0.001	0.001	0.635
사회서비스업	0.006	0.730	0.017	0.142	0.008	0.515	0.001	0.882	-0.025	0.141	0.106	0.978	0.081

	모형1 coef	p	모형2 coef	p	모형3 coef	p	모형4 coef	p	모형5 coef	p			
기술공준전문가	-0.120	0.000	-0.128	0.000	-0.115	0.000	-0.102	0.000	-0.107	0.000	0.408	0.637	0.640
사무직	-0.154	0.000	-0.161	0.000	-0.172	0.000	-0.185	0.000	-0.254	0.000	0.000	0.098	0.000
판매서비스직	-0.240	0.000	-0.284	0.000	-0.304	0.000	-0.319	0.000	-0.334	0.000	0.004	0.002	0.592
생산직	-0.323	0.000	-0.308	0.000	-0.314	0.000	-0.318	0.000	-0.374	0.000	0.501	0.287	0.055
단순노무직	-0.482	0.000	-0.446	0.000	-0.476	0.000	-0.484	0.000	-0.539	0.000	0.038	0.596	0.002
5인 미만	-0.337	0.000	-0.306	0.000	-0.313	0.000	-0.299	0.000	-0.277	0.000	0.486	0.347	0.852
5~9인	-0.219	0.000	-0.233	0.000	-0.242	0.000	-0.238	0.000	-0.259	0.000	0.001	0.131	0.002
10~29인	-0.188	0.000	-0.194	0.000	-0.196	0.000	-0.182	0.000	-0.183	0.000	0.090	0.397	0.073
30~99인	-0.138	0.000	-0.135	0.000	-0.147	0.000	-0.146	0.000	-0.150	0.000	0.011	0.326	0.002
100~299인	-0.117	0.000	-0.107	0.000	-0.115	0.000	-0.104	0.000	-0.111	0.000	0.117	0.645	0.075
비정규직	-0.208	0.000	-0.187	0.000	-0.166	0.000	-0.145	0.000	-0.099	0.000	0.000	0.011	0.000
노조 유, 비조합원	0.042	0.014	0.045	0.000	0.054	0.000	0.057	0.000	0.037	0.024	0.984	0.071	0.170
노조 유, 조합원	0.058	0.000	0.087	0.000	0.093	0.000	0.089	0.000	0.091	0.000	0.230	0.009	0.982
상수	7.796	0.000	8.013	0.000	8.157	0.000	8.254	0.000	8.410	0.000	0.000	0.000	0.000
관측치	25,975		25,975		25,975		25,975		25,975				25,975
모형의 설명력	0.346		0.404		0.430		0.435		0.394				

자료: 통계청, 경제활동인구조사 부가조사(2007. 8).

(2) 인적 자본

<그림 2-2>에서 교육수익률과 근속수익률, 연령수익률을 살펴보면, 모든 분위에서 교육수익률(3.6~8.2%)이 가장 높고, 다음으로 근속수익률

〈그림 2-2〉 교육·근속·연령수익률(단위: %)

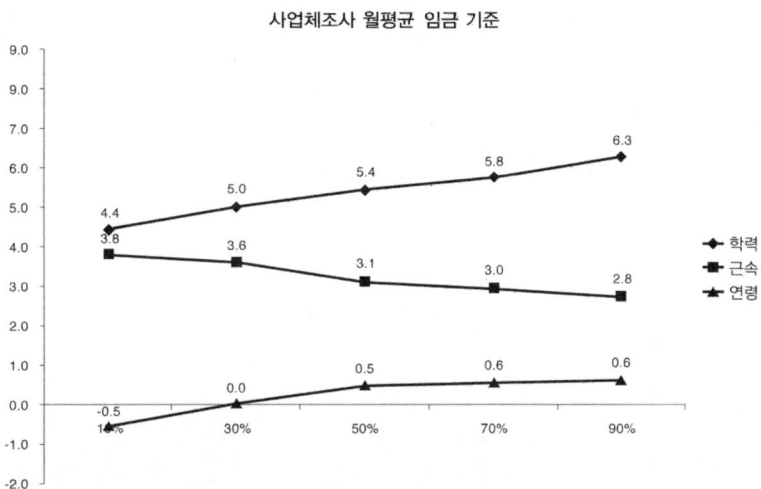

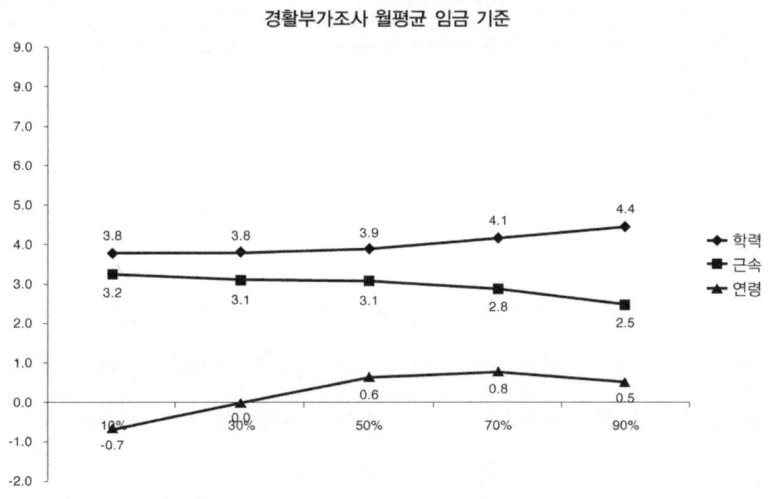

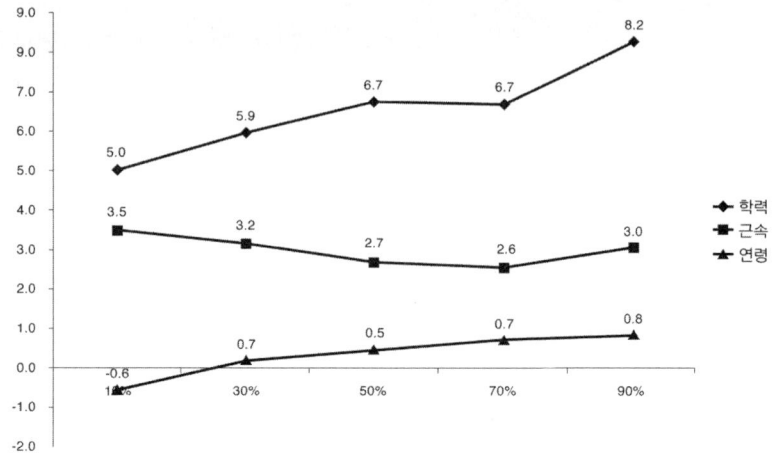

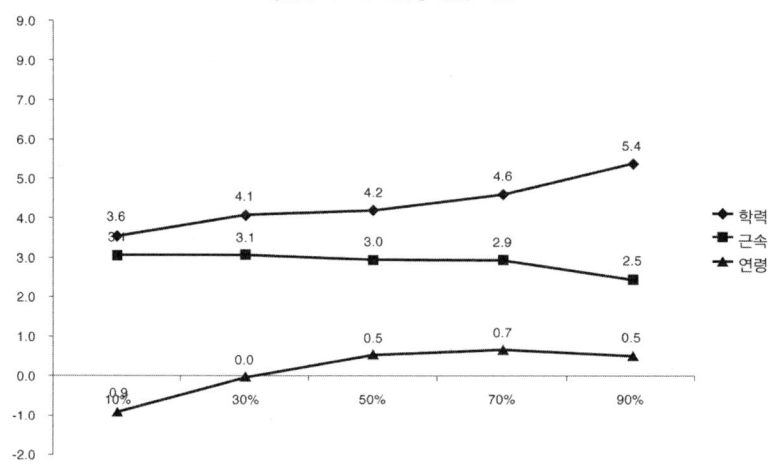

(2.5~3.8%), 연령수익률(-0.9~0.8%) 순이다. 교육수익률은 상위 분위일수록 높아지고 근속수익률은 낮아진다. 연령수익률은 중상위 분위는 0.5~0.8%로 양(+)이고 하위 분위는 -0.5~-0.9%로 음(-)이다. 하위 분위에서는 나이가 들수록 임금수준이 떨어짐을 말해준다.

(3) 일자리 속성

임금분위에 따라 산업별 순위가 달라진다. 상위 10분위는 생산자서비스업과 농림어업건설업이 가장 높고, 다음으로는 유통서비스업과 광공업, 개인서비스업과 사회서비스업 순이다. 하위 10분위는 분석대상 자료에 따라 순위가 달라진다. 사업체조사는 광공업과 생산자서비스업이 가장 높고 다음으로 농림어업건설업, 사회서비스업, 개인서비스업, 유통서비스업 순인데, 경활조사는 생산자서비스업과 농림어업건설업이 가장 높고 다음으로 광공업과 사회서비스업, 유통서비스업과 개인서비스업 순이다. 이처럼 분석대상 자료에 따라 산업별 순위가 달라지는 것은 경활조사는 전 산업을 조사한 데 비해, 사업체조사는 민간부문만 조사한 데서 비롯된 것으로 해석된다(<부도 1> 참조).

직업별 순위는 거의 모든 분야에 걸쳐 '관리전문직 > 기술공 및 준전문가 > 사무직 > 판매서비스직 > 생산직 > 단순노무직' 순으로 구조화되어 있다. 사업체조사는 상위 분위일수록 직업별 격차가 확대되지만, 경활조사는 중하위 분위에서 같은 수준을 유지하다가 상위 10분위에서 격차가 확대되고 있다(<부도 2> 참조).

사업체 규모가 작을수록 규모 간 임금격차가 크다. 사업체조사는 상위 분위일수록 규모 간 임금격차가 축소되는 데 비해, 경활조사는 하위 10분위를 제외한 모든 분위에서 규모 간 임금격차가 비슷한 수준을 유지하고 있다(<부도 3> 참조).

(4) 고용조건

정규직과 비정규직의 순임금격차는 하위 분위일수록 크고 상위 분위일수록 작다. 경활조사에서 비정규직은 정규직보다 월평균 임금은 13.8~23.6%, 시간당 임금은 9.4~18.8% 낮다. 사업체조사에서 비정규직은 정규직보다 월평

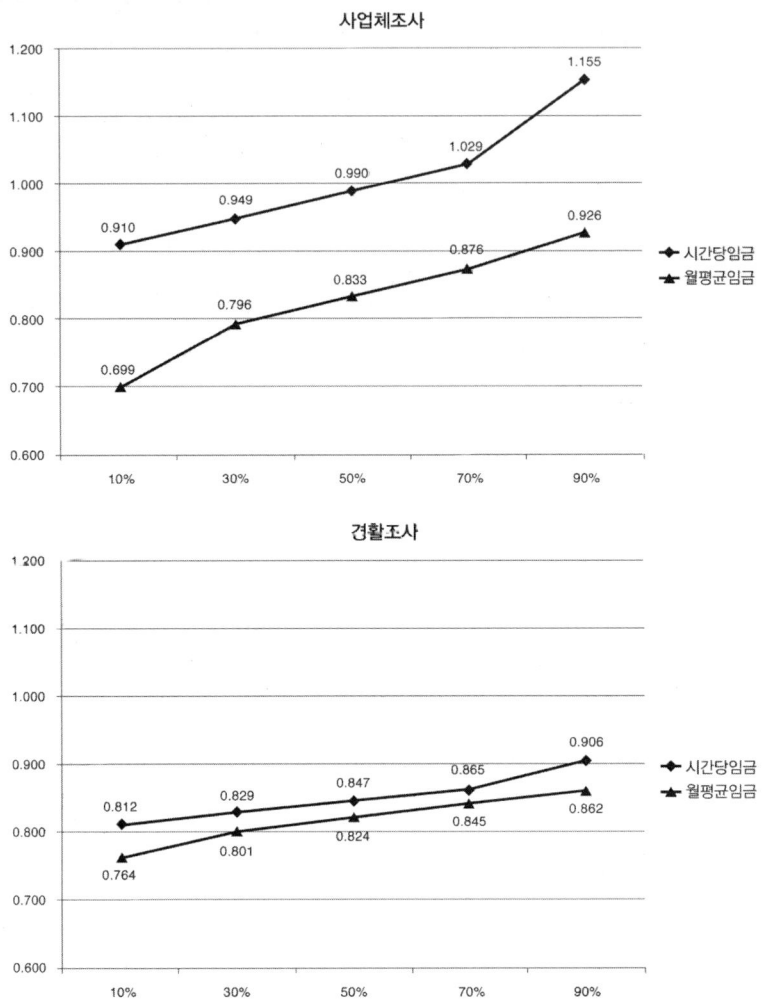

〈그림 2-3〉 정규직 대비 비정규직 순임금격차

〈그림 2-4〉 노조 - 임금 프리미엄(단위: %)

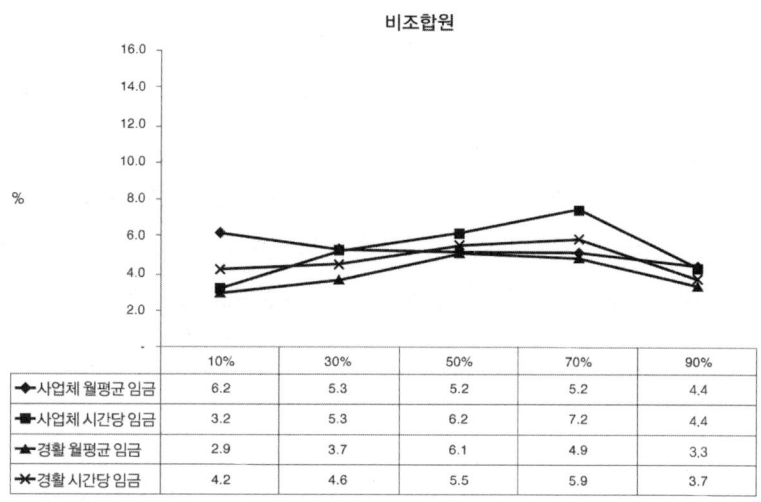

비조합원

	10%	30%	50%	70%	90%
사업체 월평균 임금	6.2	5.3	5.2	5.2	4.4
사업체 시간당 임금	3.2	5.3	6.2	7.2	4.4
경활 월평균 임금	2.9	3.7	6.1	4.9	3.3
경활 시간당 임금	4.2	4.6	5.5	5.9	3.7

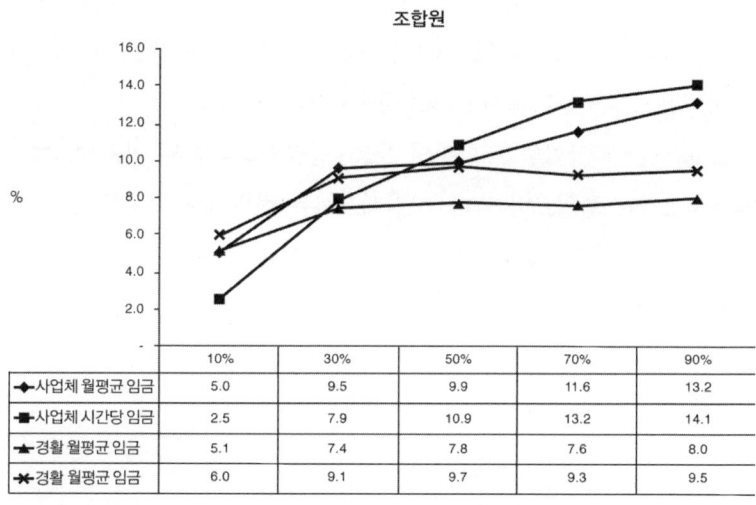

조합원

	10%	30%	50%	70%	90%
사업체 월평균 임금	5.0	9.5	9.9	11.6	13.2
사업체 시간당 임금	2.5	7.9	10.9	13.2	14.1
경활 월평균 임금	5.1	7.4	7.8	7.6	8.0
경활 월평균 임금	6.0	9.1	9.7	9.3	9.5

균 임금이 7.4~30.1% 낮다. 그렇지만 시간당 임금은 하위 10분위는 비정규직이 정규직보다 9.0% 낮고, 50분위는 정규직과 비정규직이 유의미한 차이가 없으며, 상위 10분위는 비정규직이 정규직보다 15.5% 높다(<그림 2-3> 참조).

노동시간은 모든 계층에서 월평균 임금에 유의미한 정(+)의 영향을 미치고 있다. 노동시간 계수값은 하위 분위일수록 크고 상위 분위일수록 작다. 하위 분위는 시급이나 일당제가 많아 노동시간이 월평균 임금에 미치는 영향이 큰 데 비해, 상위 분위는 월급제나 연봉제가 많아 노동시간이 월평균 임금에 미치는 영향이 적기 때문으로 해석된다.

(5) 노사관계

노조가 있는 사업장에서 일하는 비조합원은 노조가 없는 사업장에서 일하는 사람보다 최저 2.9%, 최고 7.5%의 노조 임금프리미엄이 발생한다. '사업체조사 시간당 임금 기준'에서 하위 분위가 중상위 분위보다 낮은 것을 제외하면, 노조가 있는 사업장에서 일하는 비조합원의 노조 임금프리미엄은 모든 분위에서 유의미한 차이가 없다.

노동조합에 가입한 조합원의 노조 임금프리미엄은 최저 2.5%, 최고 14.1%로 비조합원보다 높다. 사업체조사는 상위 분위일수록 노조 임금프리미엄이 증가하는 데 비해, 경활조사는 하위 10분위를 제외하면 중상위 분위에서 노조 임금프리미엄이 통계적으로 유의미한 차이가 없다(<그림 2-4> 참조).

6. 맺음말

지금까지의 분석 결과를 요약하면서 함의를 살펴보면 다음과 같다. 첫째, 다른 조건이 같더라도 여성은 남성보다 임금이 낮다. 중상위 분위에서 성별 임금격차는 20%로 하위 분위 10%보다 크다. 이것은 고학력 여성의 사회진출이 확대되면서 상위 분위는 성별 임금격차가 작으리라는 일반의 예상과 다른 결과로, 그만큼 한국 사회에 성별 임금격차가 구조화되어 있음을 말해준다. 이 밖에 혼인 여부와 가구주 관계도 임금결정에 유의미한 영향을 미치고 있다. 이상은 기혼남성 가구주에게 임금을 더 주고, 기혼여성 배우자에게는 그만큼 임금을 덜 주는 것을 의미한다.

선행연구들은 한국의 임금결정 과정에서 연령이 미치는 영향이 크다는 사실에 주목하고(Lee and Lee, 2006), 연령에 기반을 둔 가부장제를 한국 임금결정의 특징으로 꼽고 있다(Shin and Kong, 2008). 그러나 실증분석 결과 임금분위별 연령수익률은 -0.9~0.8%로 통계적으로 유의미하지만 그다지 크지 않으며, 연령보다는 성·혼인·가구주 관계가 임금결정에 더 큰 영향을 미친다는 사실을 확인할 수 있었다.

이것은 한국의 임금체계가 '남성 가장은 가족의 생계를 책임지는 생계부양자이고, 여성 배우자는 피부양자로서 보조적 역할을 담당'하는 남성 생계부양자 가족모델(male breadwinner family model)에 뿌리를 두고 있음을 의미한다. 이러한 특징은 이미 여성학이나 사회복지학에서 주장해오던 것이다. 최근에는 '가족이 복지제공과 전달에 결정적 역할을 담당'하는 가족주의와 남성 생계부양자 가족모델이 남부유럽 복지체제의 주요 특징으로 주목받고 있다(Esping-Andersen, 1999; Karamessini, 2008). 이 글은 양적 분석을 통해 "한국의 임금체계가 남성 생계부양자 모델에 뿌리를 두고 있음"을 처음으로 밝힌 점에서 의의가 있다.

둘째, 교육수익률은 근속수익률이나 경력수익률보다 높다. 상위 분위일수록 교육수익률이 높고 근속수익률은 낮다. 이 결과는 부친스키(Buchinsky, 1994)와 대체로 일치한다.

리와 리(Lee and Lee, 2006)는 "한국은 미국보다 교육수익률이 크게 낮다. 이것은 학교 교육이 현장에 필요한 숙련을 제공하지 못하고, 여기에 학력 인플레가 맞물렸기 때문"이라고 해석한다. 그러나 부친스키(Buchinsky, 1994)처럼 설명변수를 교육연수, 경력연수, 경력제곱 등으로 한정하면, 우리나라 교육수익률은 10%를 넘어서 미국보다 높다. 게다가 교육수익률이 근속수익률보다 높은 것은, 한국의 교육수익률이 절대 낮지 않으며, 한국의 높은 교육열은 교육수익률을 반영한 것이라는 해석을 가능하게 한다. 이상은 한국의 노동시장에서도 인적 자본론이 나름대로 타당성을 지님을 의미한다.

셋째, 정규직과 비정규직 임금격차는 하위 분위에서 크고 상위 분위에서 작다. 하위 10분위는 비정규직이 정규직보다 9.0~30.1% 낮은 임금을 받고 있다. 상위 10분위는 비정규직이 정규직보다 7.4~13.8% 낮은 임금을 받거나, 사업체조사 시간당 임금 기준에서는 오히려 15.5% 높은 임금을 받고 있다. 따라서 비정규직 대책을 세울 때는 특히 저임금계층에 초점을 맞출 필요가 있다.

넷째, 통상적으로 비정규직은 정규직과의 차별 때문에 낮은 임금을 받는 것으로 인식되고 있다. 그러나 「사업체근로실태조사」에서 종속변수를 시간당 임금으로 하여 회귀분석하면 비정규직이 정규직보다 시간당 임금이 4.3% 높다. 하위 분위는 비정규직의 시간당 임금이 낮고, 중간 분위는 정규직과 유의미한 차이가 없으며, 상위 분위는 비정규직의 시간당 임금이 높다. 이러한 결과를 어떻게 해석해야 할까?

먼저 사업체조사에서 비정규직 규모를 과소평가했기 때문이라는 해석이 가능하다. 「경제활동인구조사」에서도 비정규직을 노동부 방식으로 정의하고 고용형태별 순임금격차를 추정하면, 정규직과 비정규직의 시간당 임금 격차가 4.2%로 축소되기 때문이다.

그러나 이것만으로는 설명이 부족하다. 종속변수가 월평균 임금일 때는 사업체조사도 「경제활동인구조사」만큼 정규직과 비정규직 임금격차가 큰데, 종속변수가 시간당 임금일 때는 그 격차가 대폭 축소되고 상위 분위에서는 오히려 비정규직 임금이 정규직보다 높은 이유가 설명되지 않기 때문이다. 사업체조사에서 비정규직 노동시간이 적게 보고된 데서 비롯된 측면이 클 것으로 보이나, 이 점은 앞으로 충분한 검토가 필요할 것으로 보인다.

다섯째, 한국에서 노조 가입은 노동자 개인의 노조 가입 의사보다 노조 가입 가능성, 즉 사업장에 노조가 있는가, 규약이나 단체협약에서 노조 가입 자격을 부여하고 있는가에 주로 좌우된다(김유선, 2002). 이 글에서는 사업장에 노조가 있으면 조합원과 비조합원 모두 노조·임금프리미엄이 발생하며, 비조합원보다 조합원의 임금프리미엄이 더 높다는 사실을 확인할 수 있었다.

이정현(2004)은 1990년대 후반부터 고임금 노동자의 노조 임금효과가 가장 커져, 한국의 노동조합은 고임금 노동자를 위한 조직으로 성격이 변모했다고 결론짓고 있다. 실증분석 결과 임금구조 기본통계조사 등 사업체조사에서는 상위 분위에서 노조 임금프리미엄이 높아 이러한 결론이 도출될 수 있을 것으로 보인다. 그렇지만 「경제활동인구조사」에서는 하위 10분위를 제외한 모든 분위에서 노조 임금프리미엄이 유의미한 차이가 없다. 따라서 이정현(2004)의 결론은 좀 더 충분한 검토가 필요할 것으로 보인다.

여섯째, OLS 회귀분석에서 임금결정에 유의미한 영향을 미치는 설명변수들은 분위회귀분석에서도 모두 유의미한 영향을 미치고 있다. 계수값의 부호도 대부분 일치하며, 분위별로 계수값의 크기가 다를 뿐이다. 이것은 OLS 회귀분석이 그만큼 강건(robust)하다는 것을 의미한다. 그렇지만 OLS 회귀분석은 평균적인 집단의 행위를 분석하는 데 비해, 분위회귀분석은 분위별로 여러 집단의 행위를 분석할 수 있다는 장점이 있다. 이것은 동일한 자료에서 더 많은 정보를 뽑아내기 위해서는 OLS 회귀분석 이외에 분위회귀분석을 병행하면서 상호 보완적으로 활용할 필요가 있음을 말해준다.

일곱째, 국내에서 임금 관련 연구는 종속변수를 시간당 임금으로 하여 사업체조사 자료를 분석하는 경우가 대부분이다. 이것은 시간당 생산성과의 비교를 암묵적으로 전제하거나 제조업 생산직을 주로 분석하던 관성, 2000년 이전에는 임금실태를 조사한 가구조사가 없었던 점 등 여러 요인이 맞물린 결과로 보인다. 그렇지만 분석대상 자료가 사업체조사인가 가구조사인가, 종속변수가 월평균 임금인가 시간당 임금인가에 따라 분석 결과가 달라지기도 한다. 따라서 임금 관련 분석 결과를 일반화하기 위해서는 사업체조사와 가구조사 자료에서 종속변수를 월평균 임금과 시간당 임금으로 하여 분석한 결과를 상호 보완적으로 검토하고 종합할 필요가 있다. 「경제활동인구조사」에 비해 「사업체근로실태조사」에서 종속변수와 임금분위별 계수값의 차이가 크고 가파른 원인도 앞으로 규명될 필요가 있다.

참고문헌

김유선. 2002. 「노조 가입 결정요인」. ≪노동경제논집≫, 제25권 제1호(2002. 3).
_____. 2008. 「비정규직 규모와 실태: 통계청 '경제활동인구조사 부가조사'(2008. 3) 결과」. ≪노동사회≫, 2008년 7·8월호.
이정현. 2004. 「한국 노동조합은 어느 노동자집단을 위한 조직인가?: 1987~1999년까지 집단별 노조 임금 효과의 변화」. ≪인사·조직연구≫, 제12권 제2호, 105~142쪽.
최강식·정진욱·정진화. 2005. 「자영업 부문의 소득분포 및 소득결정요인: 분위회귀분석」. ≪노동경제논집≫, 제28권 제1호, pp.135~156.

Agesa and Monaco. 2006. "Market Power and Racial Earnings: A Quantile Regression Approach." in Heywood and Peoples(ed.), *Product Market Structure and Labor Market*

Discrimination, Chapter 2.
Buchinsky. 1994. "Changes in the U.S. Wage Structure 1963~1987: Application of Quantile Regression." *Econometrica* Vol. 62, No. 2, pp. 405~458.
_____. 1998. "Recent Advances in Quantile Regression Models." *The Journal of Human Resources* Vol. 33, No. 1, pp. 88~126.
Esping-Andersen. 1999. *Social Foundations of Postindustrial Economies*. Oxford University Press.
Lee, Byung-Joo and Mary J. Lee. 2006. "Quantile Regression Analysis of Wage Determinants in the Korean Labor Market." *The Journal of the Korean Labor Market* Vol. 7, No. 1, pp. 1~31.
Karamessini, M. 2008. "Still a Distinctive Southern European Employment Model?" *Industrial Relations Journal* Vol. 39, No. 6, pp. 510~531.
Koenker and Bassett. 1978. "Regression Quantiles." *Econometrica* Vol. 46, No. 1, pp. 33~50.
Koenker and Hallock. 2001. "Quantile Regression." *Journal of Economic Perspectives* Vol. 15, No. 4, pp. 143~156.
OECD. 2008. *Employment Outlook*, 2008.
Sakellariou, C. 2004. "Gender-Earnings Differentials Using Quantile Regressions." *Journal of Labor Research* Vol. 25, No. 3, pp. 457~468.
Shin, Kwang-Yeong and Kong, Ju. 2008. "Industrialization and Gender Inequality in Korea: A Decomposition of Wage Gap between Men and Women." Paper prepared for the 2008 SASE Annual Meeting.

〈부표 1〉 기술통계(사업체근로실태조사, 관측치 771,078)

	기술통계				상관계수	
	평균값	표준편차	최솟값	최댓값	로그 (월평균 임금)	로그 (시간당 임금)
로그(월평균 임금)	7.378	0.803	0.00	11.63	1.000	
로그(시간당 임금)	2.238	0.699	-4.50	6.96		1.000
여성	1.387	0.487	1	2	-0.310 ***	-0.299 ***
기혼	1.665	0.472	1	2	0.135 ***	0.148 ***
연령	38.320	11.160	14	100	0.074 ***	0.067 ***
연령제곱	1592.979	936.047	187	10050	0.027 ***	0.018 ***
교육연수	13.330	2.277	9	18	0.336 ***	0.440 ***
근속연수	4.403	5.989	0	57	0.497 ***	0.501 ***
근속제곱	55.244	144.823	0	3259	0.367 ***	0.389 ***
경력 1~2년 미만	0.129	0.335	0	1	-0.116 ***	-0.143 ***
2~3년 미만	0.099	0.298	0	1	-0.050 ***	-0.077 ***
3~4년 미만	0.078	0.268	0	1	-0.012 ***	-0.036 ***
4~5년 미만	0.071	0.257	0	1	0.002 ***	-0.013 ***
5~10년 미만	0.173	0.378	0	1	0.105 ***	0.087 ***
10년 이상	0.251	0.434	0	1	0.382 ***	0.403 ***
농림어업건설업	0.086	0.280	0	1	-0.013 ***	0.052 ***
생산자서비스업	0.184	0.388	0	1	0.135 ***	0.140 ***
유통서비스업	0.187	0.390	0	1	-0.065 ***	-0.104 ***
개인서비스업	0.141	0.348	0	1	-0.265 ***	-0.259 ***
사회서비스업	0.117	0.322	0	1	-0.016 ***	0.075 ***
기술공준전문가	0.140	0.347	0	1	0.104 ***	0.121 ***
사무직	0.233	0.423	0	1	0.125 ***	0.123 ***
판매서비스직	0.156	0.362	0	1	-0.299 ***	-0.308 ***
생산직	0.242	0.429	0	1	0.023 ***	-0.070 ***

단순노무직	0.096	0.295	0	1	-0.228 ***	-0.213 ***
1~4인	0.133	0.339	0	1	-0.072 ***	-0.078 ***
5~9인	0.189	0.392	0	1	0.026 ***	0.004 ***
10~29인	0.166	0.373	0	1	0.074 ***	0.044 ***
30~99인	0.106	0.308	0	1	0.127 ***	0.112 ***
100~299인	0.135	0.341	0	1	0.308 ***	0.365 ***
비정규직	0.256	0.436	0	1	-0.474 ***	-0.285 ***
노동시간	42.278	12.469	0	123	0.333 ***	-0.217 ***
노조 유, 비조합원	0.106	0.307	0	1	0.142 ***	0.200 ***
노조 유, 조합원	0.117	0.321	0	1	0.247 ***	0.226 ***

주: 가중치를 주고 분석한 결과임.
자료: 노동부, 「사업체근로실태조사」(2007. 6).

〈부표 2〉 기술통계(경활부가조사, 관측치 25,975)

	기술통계				상관계수	
	평균값	표준편차	최솟값	최댓값	로그 (월평균 임금)	로그 (시간당 임금)
로그 (월평균 임금)	4.948	0.686	0.00	7.31	1.000	
로그 (시간당 임금)	8.905	0.656	3.94	11.56		1.000
여성	1.419	0.493	1	2	-0.394 ***	-0.337 ***
기혼	1.709	0.454	1	2	0.129 ***	0.124 ***
배우자	0.194	0.395	0	1	-0.232 ***	-0.182 ***
기타 가구원	0.236	0.424	0	1	-0.170 ***	-0.153 ***
연령	39.458	11.968	15	90	-0.057 ***	-0.061 ***
연령제곱	1700.169	1031.101	225	8100	-0.124 ***	-0.118 ***
교육연수	12.954	2.520	9	18	0.478 ***	0.520 ***

근속연수	4.596	6.510	0	47	0.521 ***	0.540 ***
근속제곱	63.492	159.296	0	2233	0.415 ***	0.442 ***
농림어업건설업	0.102	0.303	0	1	-0.014 *	-0.033 ***
생산자서비스업	0.175	0.380	0	1	0.064 ***	0.062 ***
유통서비스업	0.180	0.384	0	1	-0.042 ***	-0.075 ***
개인서비스업	0.146	0.353	0	1	-0.219 ***	-0.243 ***
사회서비스업	0.178	0.383	0	1	0.094 ***	0.187 ***
기술공준전문가	0.126	0.332	0	1	0.155 ***	0.188 ***
사무직	0.194	0.395	0	1	0.111 ***	0.148 ***
판매서비스직	0.171	0.376	0	1	-0.221 ***	-0.249 ***
생산직	0.222	0.415	0	1	0.045 ***	-0.027 ***
단순노무직	0.156	0.363	0	1	-0.372 ***	-0.360 ***
1~4인	0.200	0.400	0	1	-0.347 ***	-0.339 ***
5~9인	0.170	0.376	0	1	-0.129 ***	-0.151 ***
10~29인	0.222	0.416	0	1	0.005	-0.014 *
30~99인	0.196	0.397	0	1	0.136 ***	0.135 ***
100~299인	0.097	0.296	0	1	0.130 ***	0.139 ***
비정규직	0.542	0.498	0	1	-0.552 ***	-0.534 ***
노동시간	45.927	11.813	1	99	0.207 ***	-0.243 ***
노조 유, 비조합원	0.127	0.333	0	1	0.180 ***	0.218 ***
노조 유, 조합원	0.121	0.326	0	1	0.263 ***	0.270 ***

주: 가중치를 주고 분석한 결과임.
자료: 통계청, 「경제활동인구조사 부가조사」(2007. 8).

〈부도 1〉 산업별 임금격차(광공업 대비)

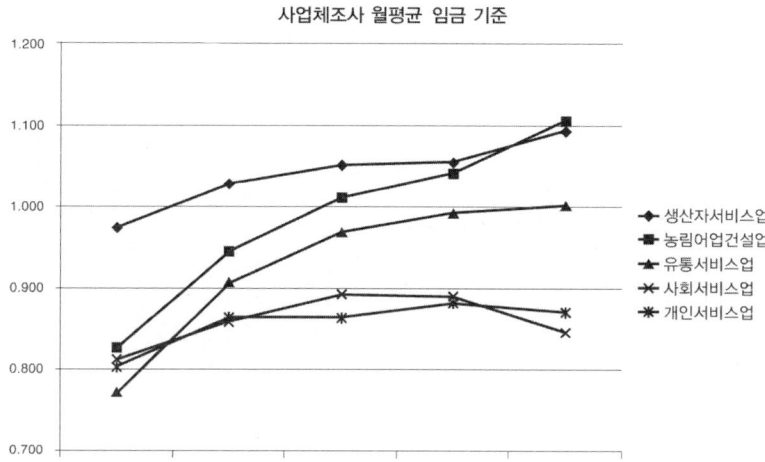

사업체조사 월평균 임금 기준

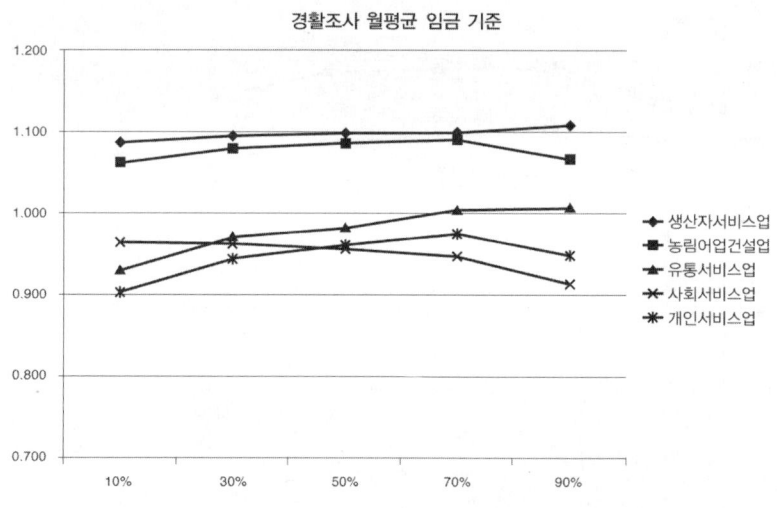

경활조사 월평균 임금 기준

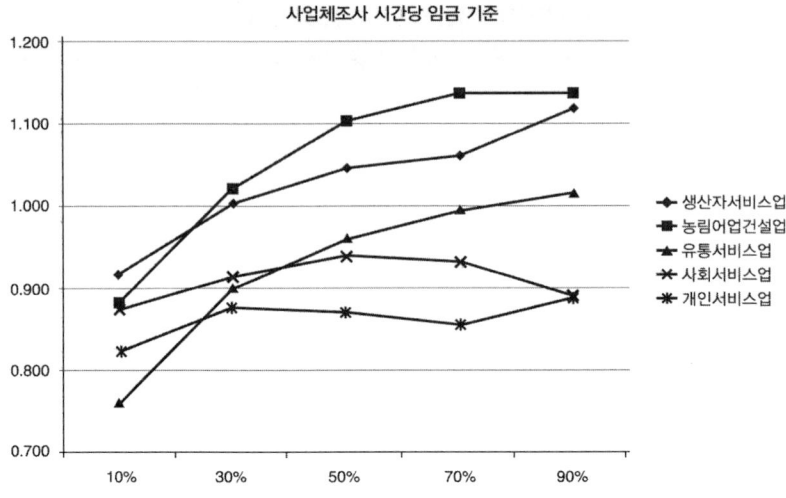

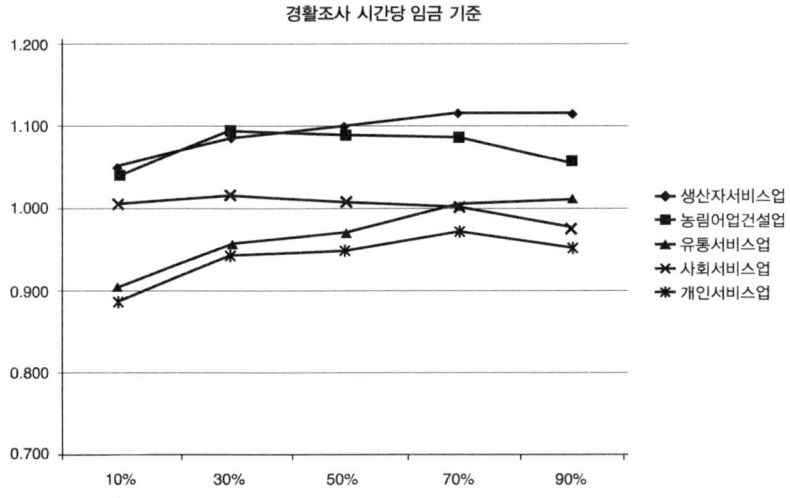

〈부도 2〉 직업별 임금격차(관리전문직=100)

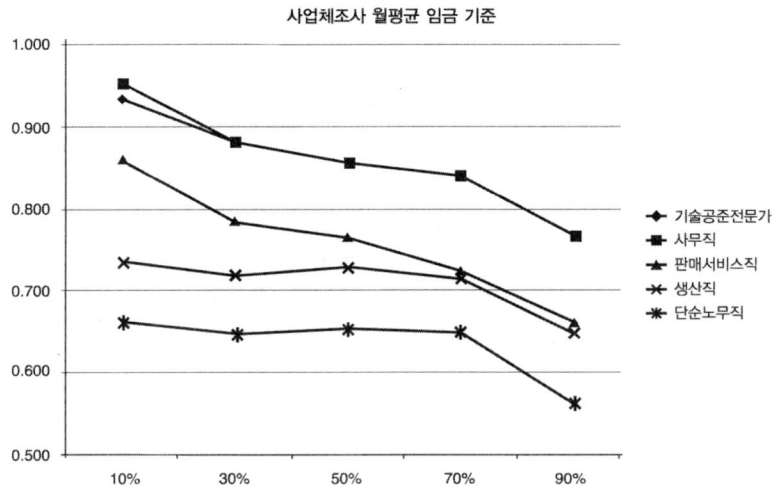

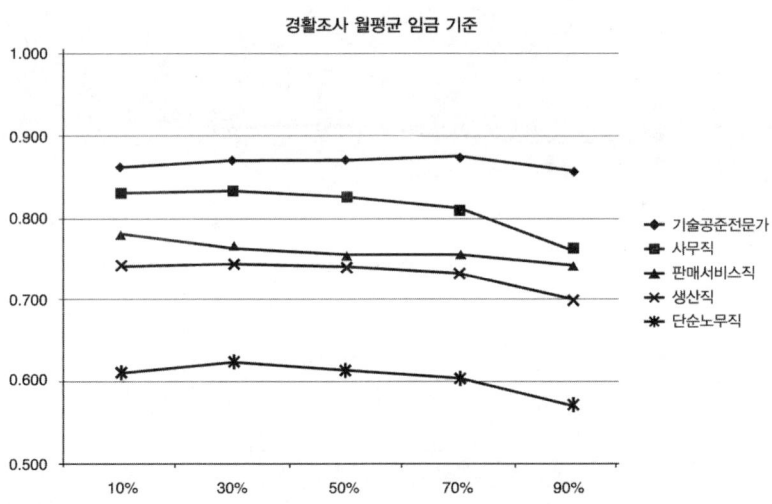

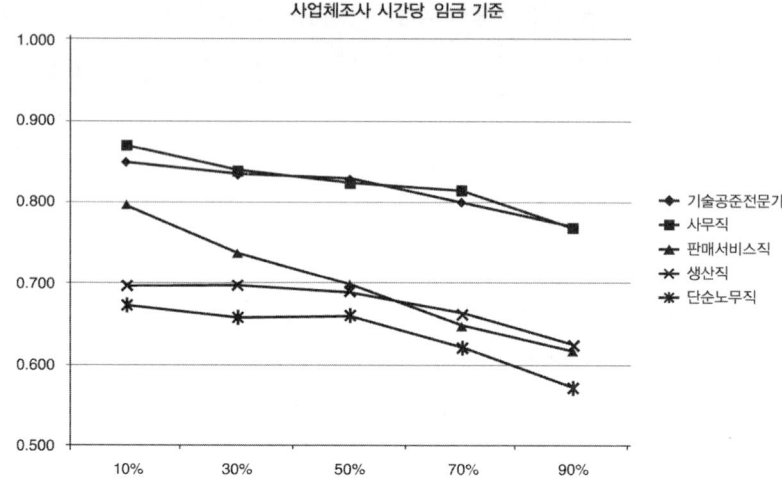

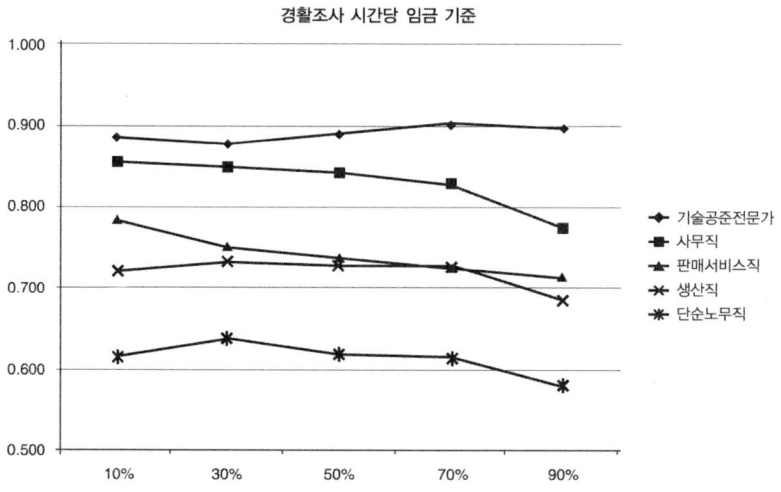

〈부도 3〉 규모별 임금격차(300인 이상=100)

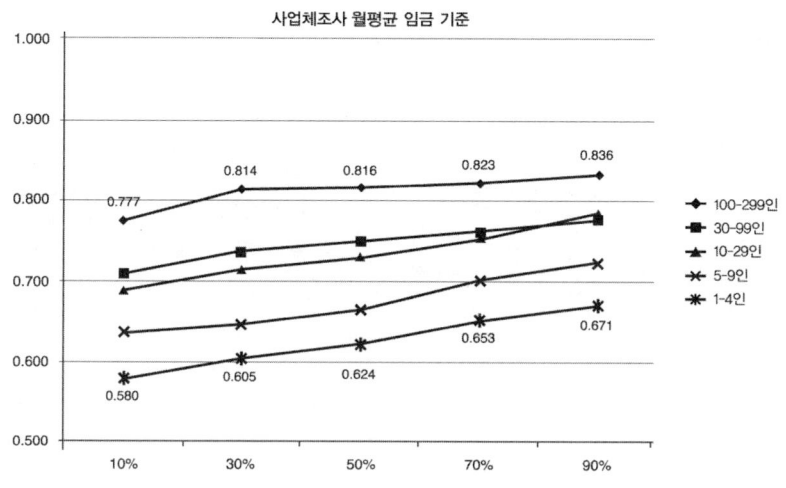

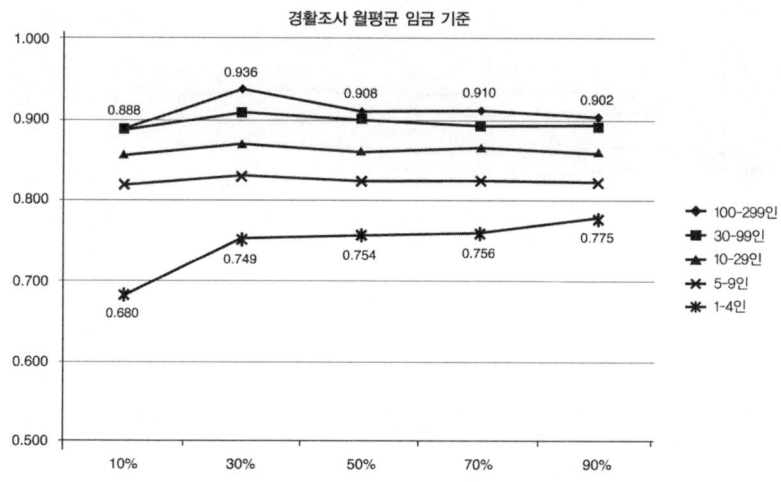

2장 한국 노동시장의 임금결정요인 | 153

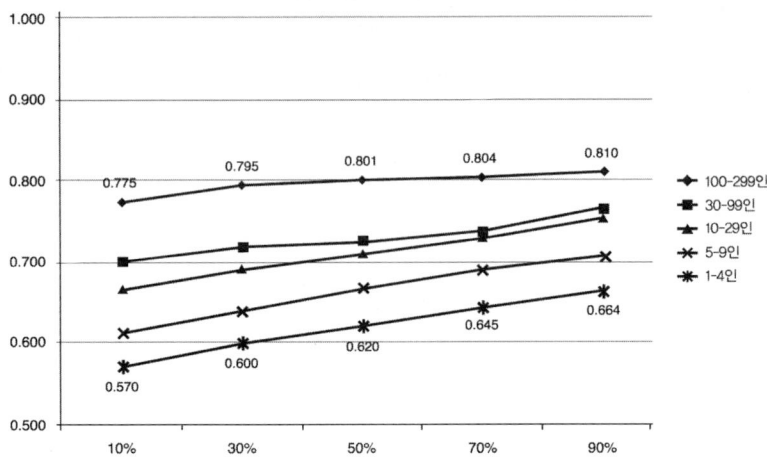

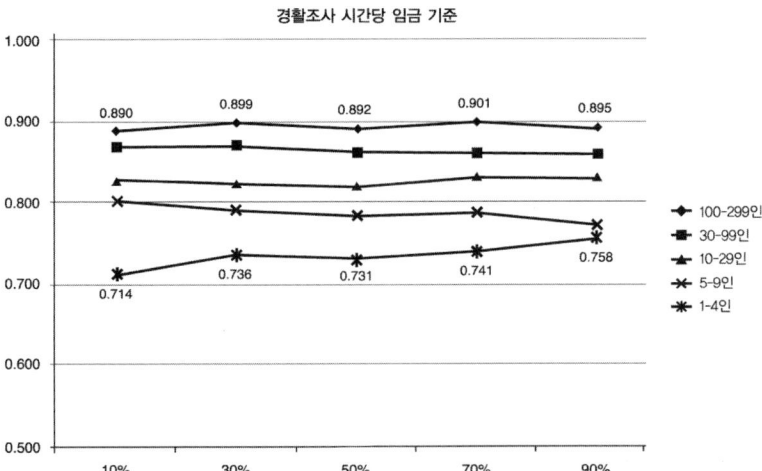

3장 임금결정 원칙에 대한 노동자 의식*

정이환

1. 머리말

임금이 단지 시장원리에 의해 결정되지 않으며 임금결정 과정에 다양한 사회적 요인들이 복합적으로 작용한다는 사실은 새삼 재론할 필요가 없다. 이런 사회적 요인 중 중요한 것이 노동자의 의식이다. 대체로 임금은 사용자와 노동자 간의 명시적·암묵적 협상에 의해 결정되며, 여기서 노동자의 태도는 임금에 대한 그의 견해에 크게 좌우되기 때문이다. 설령 임금이 사용자에 의해 일방적으로 결정되는 경우에도 사용자가 노동자의 동의와 헌신을 이끌어내기 위해서는 임금에 대한 노동자의 의식을 무시할 수 없다. 우리나라에서 사용자들이 연봉제를 비롯한 성과주의 임금체계를 도입하려는 시도를 해왔으나 의도한 만큼의 진전을 이루지 못하는 중요한 이유는 노동자들이 성과주의 임금체계에 적극적으로 동의하지 않기 때문이다.

---

* ≪산업노동연구≫, 제15권 제1호(2009), 191~218쪽에 게재된 글이다.

임금에 대한 노동자의 의식은 단순하지 않다. 사람들은 누구나 가능하면 높은 임금을 받고자 할 것으로 생각할 수 있으나 반드시 그런 것은 아니다. 사람들은 대체로 '정당한' 또는 '공정한' 임금에 대한 개념을 가지고 있으며, 이것이 자신과 타인의 임금을 판단하는 중요한 근거가 된다. 임금수준보다는 임금 공정성 지각이 노동자들의 만족도에 더 큰 영향을 미친다는 연구결과들도 다수 제시되어 있다(Greenberg, 1990: 417).

임금의 공정성에 대한 이론으로 가장 잘 알려진 것은 조직이론에서 발전한 분배공정성 이론이다. 1980년대 이후에는 분배공정성보다는 절차공정성이 더 많은 관심의 대상이 되고 있으나(Greenberg, 1990: 402), 분배공정성은 여전히 조직 내 공정성의 중요한 차원이다. 또한 국내 연구들(민경호·조국행, 2002; 이경근·박성수, 2001)을 보면 절차공정성보다 분배공정성이 직무만족도에 더 큰 영향을 미친다는 연구가 다수이다.

그런데 조직이론의 분배공정성 이론은 지나치게 형평이론(equity theory)에 근거하고 있다는 점에서 비판받았다. 형평이론에서 공정한 분배란 기본적으로 투입과 산출, 또는 기여와 보상의 균형을 의미한다. 그러나 사람들이 반드시 이런 공정성 관념 또는 정의관을 가지는 것은 아니다. '형평'이 등가교환이라는 관념을 전제로 하는 것에 비해 '정당 또는 공정한 분배'는 반드시 그렇지 않으며, 훨씬 폭넓은 개념이다. 에코프는 공정한 분배의 원칙에 다섯 가지가 있다고 했는데, 그것은 객관적 평등, 상대적 평등, 주관적 평등, 서열적 평등, 기회의 평등이다(Eckhoff, 1974).[1] 이 중 객관적 평등이란 모든 사람에게 동등하게 분배하는 것을 말하며, 상대적 평등이란 개개인의 기여에 따른 분배이고, 주관적 평등은 개개인의 필요

---

[1] 에코프의 논의는 Cook and Hegtvedt(1983)에서 재인용한 것이며 용어의 번역은 석현호(1997)를 따랐다.

에 따른 분배이며, 서열적 평등이란 투입한 비용이나 투자가 많은 집단이 그렇지 않은 집단보다 높은 보상을 받아야 한다는 원칙이며, 기회의 평등은 말 그대로 기회의 평등을 말한다. 한편 도이치는 정당하다고 받아들여지는 분배원칙으로서 형평 외에 평등(equality)과 필요(need)를 들었는데(Deutsch, 1975), 이런 시각은 지금도 분배적 정의를 보는 관점으로서 널리 받아들여지고 있다.

여러 가지 분배원칙 중에 어느 것이 지배적인가는 사회에 따라 다를 것이다. 형평이론은 주로 서구적 개인주의 이념에 기초하는 것으로, 이것이 반드시 비(非)서구 사회에도 적용된다고는 말 할 수 없다(전성표, 2006: 93~94). 과연 한국의 노동자들은 임금과 관련하여 어떤 공정성 관념을 가지고 있을까? 이것이 이 글의 주된 연구문제이다. 그리고 같은 사회 내에서도 개개인의 사회적 위치 및 속성에 따라 공정성 관념이 다를 것이므로 한국에서는 어떤 요인들이 노동자들의 공정성 관념에 영향을 미치는가도 다를 것이다.

임금분배 공정성 의식에 대해서는 이미 국내에 선행연구들이 있다. 그러나 기존 연구들은 몇 가지 점에서 불충분하며 이 글은 더 진전된 분석을 해볼 것이다. 기존 연구의 불충분함은 다음에서 언급한다.

2. 이론적 논의

호만스(Homans) 및 애덤스(Adams)로부터 시작된다고 할 수 있는 형평이론은 그 후 많은 실증 연구에 의해 대체로 지지되었다(Greenberg, 1990: 401).[2] 그런데 과연 형평이론만으로 분배적 정의를 모두 설명할 수 있는가는 논란의 대상이었다. 많은 학자는 형평원리가 분배적 정의로서 지나치게 협소하며, 형평은 여러 분배원칙의 하나일 뿐이라는 주장을 했다. 예를 들어 러너는 형평이론이 협소한 경제주의적 인간관에 기초하고 있다고 비판하고, 실험 결과 사람들은 동등한 분배를 지지하기도 하고 타인의 필요에도 민감하게 반응한다고 주장했다(Lerner, 1982). 분배적 정의의 원칙이 복수라고 전제하는 경우 구체적으로 어떤 것들이 있을 수 있는가에 대해서도 여러 입장이 있었으나, 그 후 대체로 합의된 것은 형평, 평등, 그리고 필요라는 세 원칙이 중요하다는 것이다(Mikula, 1980; Wagstaff, 1994; Simpson and Varma, 2006). 이때 형평원리란 개인의 기여나 투자에 따른 분배를 말하며, 평등원리란 모두에게 똑같은 가치의 자원을 분배하는 것을 말하고, 필요원리란 수혜자의 필요에 따라 분배하는 것을 말한다(전성표, 2006: 95~96).

세 가지 분배원칙이 주된 것이라고 할 때 이 중 어느 것이 가장 중요한가가 관심사항이 된다. 이에 대한 기존 연구들의 결론은 세 원칙 중 어느 것이 가장 중요한가는 일률적으로 정할 수 없고 맥락에 따라 다르다는 것이다(Cook and Hegtvedt, 1983; Wagstaff, 1994). 도이치, 미쿨라, 그리고 레벤탈 등이 이런 관점을 정교화하는 데 기여했다(Deutsch, 1975; Mikula, 1980, Leventhal et al., 1980). 이들에 의하면 형평원리는 주로 개개인의 성과가 중시되는 경쟁적 상황에서 중시되는데, 이런 성격의 집단은 생산성 제고를 가장 중요한 목표로 한다. 평등원리는 집단 내 연대의식 및 협력적 분위기가 강한 곳에서 중시되는데, 이런 성격의 집단은 조화를 가장 중요한 목표로 삼는다. 필요원리는 집단 구성원 간에 친밀성과 상호의존성이 높은 상황에서 중시되는데, 이런 집단의 주된 목표는 개인의 행복이다.

---

2) 이 글에서는 형평이론 자체는 자세히 소개하지 않는다. 석현호(1997)에 비교적 상세한 소개가 있다.

개개인의 사회적 속성이나 위치도 분배원칙 지지성향에 영향을 미친다. 우선 상류층이나 사회적 지위가 높은 사람들이 형평원리를 지지하고 사회적 지위가 낮은 사람들이 평등원리를 지지한다는 연구들이 있다. 예를 들어 로빈슨과 벨은 미국인과 영국인을 대상으로 평등한 분배에 대한 지지성향을 조사했는데 양국 모두에서 사회적 지위가 낮을수록 평등원리를 지지하는 것으로 나타났다(Robinson and Bell, 1978). 앨브스와 로시도 미국에 대한 연구에서 사회적 지위가 높은 사람들이 형평원리를 더 지지하고 낮은 사람들이 필요원리를 더 지지하는 것을 발견했다(Alves and Rossi, 1978: 562). 이런 연구결과들은 얼마간 자연스러운 것이라고 할 수 있다. 상류층이나 사회적 지위가 높은 사람들은 대체로 자신들이 능력이 뛰어나거나 노력을 많이 해서 그런 위치에 이르게 되었다고 생각하고, 이렇게 발생한 불평등은 정당하다고 생각하는 경향이 있기 때문이다. 유사한 맥락에서 학력이 높은 사람들도 형평원리를 지지하는 경향이 있다. 성별로는 여성이 남성보다 평등원리를 더 지지하는 한편 남성은 여성보다 형평원리를 더 지지한다는 연구들이 있으나, 성별 차이가 없는 것으로 나타난 연구들도 있다(Mikula, 1980; Cook and Hegtvedt, 1983). 연령도 영향을 미치는 것으로 나타나는데, 그 방향은 불확정적이다. 어린 시절에는 계산이 복잡하지 않은 평등원리를 선호하는 반면 성장하면서 형평원리를 선호하게 된다는 연구도 있고, 나이가 듦에 따라 자기이익을 추구하는 경향이 약화된다는 연구도 있다(Cook and Hegtvedt, 1983: 226).

이와 함께 무시할 수 없는 변수가 노동자 개개인의 사회적·정치적 의식이다. 그린버그의 연구에서는 프로테스탄트 윤리 지향이 높은 사람들이 형평원리를 더 지지하고 낮은 사람들이 평등원리를 더 지지하는 것으로 나타났다(Greenberg, 1978).[3] 정치지향을 보수와 진보로 나눈다면 보수적인 사람들이 형평원리를 지지한다고 생각할 수 있다(전성표, 2006).

이처럼 분배원칙에 대한 사람들의 의식이 사회적 맥락과 개인적 속성에 따라 상이하다면 한 사회 내의 구성원들에 의해 공유되는 분배적 정의의 원칙이란 존재하지 않는 것일까? 이에 여러 학자는 한 사회의 구성원들이 공유하는 대략적인 분배원칙이 있다고 답한다. 예를 들어 자소와 로시는 200명의 백인 미국인을 대상으로 한 연구를 통해 공유된 분배원칙이 있다고 말했다. 단 이때 사람들이 공유하는 분배원칙은 특정한 한 가지가 아니라 복합적인 것이었다(Jasso and Rossi, 1977).

한편 분배원칙 선호 양상은 나라에 따라 상이할 것이다. 이런 문제의식에서 국가 간 비교연구도 이루어져 왔다. 이런 연구들은 국가 간 가치체계 또는 문화적 규범의 차이가 분배원칙 선호에 미치는 영향에 특히 관심을 가졌다. 예를 들어 서구처럼 개인주의가 강한 나라에서는 형평원리가 선호되지만 집단주의적 가치가 강한 나라에서는 평등원리가 지지된다는 것이다. 이런 가설을 지지하는 연구들도 있고 그렇지 않은 연구들도 있다. 지아코브 밀러 등은 미국과 중국의 관리자들을 대상으로 임금결정에서 형평, 평등, 필요 중 어느 원칙을 가장 중시하는가를 조사했는데, 미국 관리자들은 형평원리를 가장 중시하는 반면 중국 관리자들은 평등원리를 가장 중시하는 것으로 나타났다(Giacobbe-Miller, Miller and Zhang, 1997). 필요원리는 두 나라 모두에서 가장 덜 중시되는 요소였지만, 미국 관리자들은 임금결정에서 필요를 전혀 고려하지 않는 반면 중국 관리자들은 이를 존중하는 것으로 나타났다. 반면 첸의 연구를 보면 물질적 자원에 대한 분배에서는 미국과 중국의 사용자 모두 실적에 따른 분배를 중시하는 반면 사회문화적, 감성적 자원의 분배에서는 중국보다 오히려 미국의 사용자들이 평등한

---

3) 그런데 절차적 공정성이 없다고 생각되는 상황에서는 프로테스탄트 윤리 지향이 높은 사람들이 형평원리를 지지하지 않았다.

분배를 더 지지하는 것으로 나타났다(Chen, 1995). 불평등에 대한 의식에 나라별 차이가 그리 크지 않다는 연구결과도 있다. 오스버그와 스미딩은 국제사회조사 프로그램(International Social Survey Program: ISSP) 자료를 분석하여 불평등에 대한 미국인들의 의식이 다른 나라 국민과 특별히 다르지 않다고 결론을 내렸다(Osberg and Smeeding, 2006).

3. 연구 관점과 국내 연구 검토

 필자도 분배적 정의에 관한 서구의 연구 흐름에 따라 한국에서 형평, 평등, 필요의 세 요소 중 어느 것이 임금결정의 원리로서 중시되는가를 보기로 한다. 이 문제에 대해서는 몇 가지 서로 다른 추측을 해볼 수 있다.
 첫째, 한국 노동자들은 동등 또는 평등한 분배를 선호할 것이라는 추측이다. 한국인에게는 평등주의가 강하다는 주장이 제기되고 있는데(송호근, 2006), 이런 주장이 옳다면 노동자들에게도 적용될 것이다. 실제로 1987년 노동자 대투쟁 시기에 노동현장에서 제기된 요구 중 중요한 것이 '인사고과 철폐', '특호봉 철폐'였다. 그 결과 주요 기업에서 일률적 호봉인상이 일반화되었다. 신원철(2001)이 조선업을 대상으로 연구한 바에 의하면 1987년을 거치면서 한국 기업내부노동시장은 '비경쟁형' 기업내부노동시장으로 바뀌었다. 이런 경향은 다른 산업의 대기업에서도 흔히 볼 수 있었는데, 한국 노동자들의 평등주의적 의식이 표출된 것으로 생각해볼 수 있다. 그리고 노동조합이 있는 기업에서의 임금인상은 정액 또는 정률이라는 일률적 인상방식이 채택되는 경우가 아직도 많은데, 이 역시 노동자들의 평등주의적 임금분배관을 반영하는 것으로 해석해볼 수 있다.
 둘째, 한국 노동자들이 필요에 따른 분배를 선호할 것이라는 추측이다.

한국 임금구조의 중요한 특징은 연공적 성격이 강하다는 점이다. 대기업에서는 대부분 호봉제도가 시행되고 있으며, 호봉은 주로 근속연수에 따라 올라간다(김동배·정진호, 2006). 연공임금은 보통 연령 증가에 따른 생계비 상승에 대응하는 임금체계라고 해석되며(심윤종 외, 2000: 220~221; 양병무 외, 1992: 75), 이런 점에서 필요원리를 반영하는 임금체계로 볼 수 있다. 한국에서 이런 임금체계가 지속되는 이유는 노동자들이 필요에 따른 분배라는 관념을 선호하기 때문일 가능성이 있다.

셋째, 형평원리, 즉 기여에 따른 보상 원칙이 한국 노동자들 사이에서 가장 지지 되고 있을 것이라는 추측도 제기될 수 있다. 한국에는 이미 서구 문화의 영향력이 크고 한국인들은 상당히 오랫동안 시장원리에 익숙해져 왔으므로 서구에서 잘 적용되는 형평이론이 한국에도 적용될 것으로 예상해볼 수 있다.

이 문제에 대한 국내 기존 연구로는 전성표(2006), 그리고 김동배와 박호환의 연구(김동배·박호환, 2005)가 있다. 전성표는 한국종합사회조사(KGSS) 자료를 바탕으로 한국인의 분배의식을 분석했는데 성, 연령, 결혼 여부, 노조에 대한 태도 등이 분배 원칙 선호도에 영향을 미치는 것으로 나타났다. 그의 연구는 자료의 한계 때문에 형평원리와 필요원리는 분석했으나 평등원리를 분석하지 못한 한계가 있다. 김동배와 박호환은 한국노동연구원이 2004년에 실시한 '보상체계에 관한 근로자 인식조사' 자료를 분석했다. 이 조사는 임금근로자들을 대상으로 임금분배의 세 원칙 중 어느 것을 가장 공정하다고 생각하는가를 물었는데, 그 결과 차등 규범을 선택한 사람이 63%, 평등 규범을 선택한 사람이 27%, 필요 규범을 선택한 사람이 10%여서 차등 규범이 압도적으로 높은 지지를 받는 것으로 나타났다. 이 조사는 세 가지 분배원칙에 대한 선호도를 모두 조사했다는 의의가 있으나, 응답자가 세 규범 중 하나만을 선택하도록 했기 때문에 노동자들의 의식이 제대로 파악되지 않았을 가능성이 있다. 서구 학자들의 연구결과에서도 나타났듯이 사람들은 한 가지 분배원칙만을 배타적으로 지지하는 것이 아니라 두 가지 이상의 분배원칙을 복합적으로 지지하는 것이 더 일반적이기 때문이다. 필자는 세 가지 임금분배 원리의 지지도를 각각 파악하는 방식을 택할 것이다.

이 글은 과연 한국 노동자들에게 공유된 분배원칙이 있는가라는 문제는 깊이 다루지 않는다. 전성표(2006)는 성, 소득, 연령, 정치적 성향 등 개인의 속성에 따라 분배공정성에 대한 인식이 다르다는 이유로 "우리나라에는 재화 분배에 대해 대부분의 사람이 동의하는 여론이 존재하지 않는다"고 결론을 내리고 있다. 이런 진단은 생태학적 오류(ecological fallacy)를 피하게 한다는 점에서 유용하지만, 개인별 의식에 차이가 있다고 해서 집단이 공유하는 의식이 없다고 단정하는 것은 지나치다. 개인별 의식에 차이가 없는 집단은 없을 것이다. 문제는 개인별 변량의 크기일 텐데, 변량의 크기로 의식의 공유 여부를 판단할 절대적 기준이 없다는 것이 문제이다. 이 글에서는 표준편차 등의 간단한 수치를 통해서나마 분배원칙 공유 여부를 초보적으로 살펴보는 데에 그칠 것이다.

임금공정성 의식에 영향을 미치는 변수를 분석하는 것도 이 글의 주요 연구과제이다. 여기서는 기존 연구 성과를 참조하여 성, 연령, 학력 등 인구학적 속성과 노동시장에서의 지위, 그리고 개개인의 사회의식을 주요하게 볼 것이다.

노동시장에서의 지위가 임금공정성 의식에 미치는 영향은 임금, 정규직 여부, 직종, 근속연수 등 네 가지 요인이 미치는 영향을 통해 파악해볼 것이다. 국내 기존 연구에서도 노동시장에서의 지위가 어느 정도 영향을 미치는 것으로 나타나고 있다. 전성표의 연구에서는 소득이 높을수록 형평 원리를 지지하는 것으로 나타났으며, 김동배와 박호환의 연구에서도 임금이 높을수록 차등의식을 지지하는 것으로 나타났다. 김동배와 박호환의 연구에서는 직종도 영향을 미치는 것으로 나타났다. 그런데 이들 연구에서는 직종분류가 관리·사무·영업직, 연구·기술직, 생산기능직 등 셋으로만 구분되어 실제 직종별 차이를 알기 어렵다. 필자는 직종을 더욱 세분화하여 분석해볼 것이다. 정규직 여부나 근속연수의 영향은 국내 기존 연구에서 잘 다루어지지 않았는데, 이 연구에서 이를 분석해볼 것이다.

사회의식의 영향을 언급한 기존 연구로는 전성표의 연구가 거의 유일하다. 그는 서구에서와 달리 한국에서는 정치성향이 기여에 따른 분배 지지도에 아무 영향을 미치지 못하며 오히려 보수적인 사람들이 수요에 근거한 분배를 선호한다고 결론을 내렸다(전성표, 2006: 115). 그런데 이것은 전성표가 사용한 정치성향 척도의 한계 때문일 수도 있다. 그가 사용한 척도는 '매우 진보'부터 '매우 보수'까지의 5점 척도인데, 이런 방식으로는 정치의식을 충분히 파악하기 어렵다. 더욱이 그의 연구에서는 노조에 대한 의식이 매우 큰 영향을 미치는 것으로 나타났는데, 이런 결과 역시 사회의식이 임금공정성 의식에 큰 영향을 미치고 있음을 시사하는 것이다.[4] 필자는 정치성향을 좀 더 다차원적으로 파악하여 분석에 이용할 것이다.

도이치 등이 중시한 조직적 맥락은 자료의 한계 때문에 변수로 포함하지 못했다. 그렇지만 어느 정도 연관이 있는 세 변수의 영향을 보고자 한다. 첫째는 노조 조합원 여부이다. 노동조합은 나름의 세계관과 규범을 가지고 있으며 이를 통해 조합원의 의식 및 직장 분위기에 영향을 미친다. 김동배와 박호환의 연구에서는 노조 가입 여부가 노동자들이 공정성 규범

---

4) 전성표의 분석에 의하면 노조 강경성과 노조 필요성에 대한 의식은 실질 기여에 따른 분배원칙 지지도와 기여잠재력에 따른 분배원칙 지지도에 가장 큰 영향을 미치는 변수이다. 반면 수요에 따른 분배원칙 지지도에는 약한 영향만을 미치고 있다.

에 아주 약한 영향만을 미치는 것으로 나타났는데, 이것은 앞에 언급한 공정성 규범 조사방식 때문일 수 있다. 필자는 이 문제를 다시 파악해볼 것이며, 단지 노조 가입 여부만이 아니라 노조가 민주노총 소속인가가 미치는 효과도 파악해볼 것이다. 둘째는 공공부문 여부이다. 대체로 공공부문은 민간 기업과 추구하는 목적과 조직 분위기가 상이하며, 이것이 그 구성원의 임금공정성 의식에 영향을 미칠 수 있다. 셋째는 사업체 규모이다. 사업체 규모가 작을수록 구성원 간에 친밀도가 높으므로 평등원리 및 필요원리를 선호할 가능성이 크다. 반면 대규모 사업체일수록 서구적 인사관리 방식이 발전되어 있기 때문에 노동자들이 형평원리를 지지할 가능성이 크다.

4. 자료와 분석방법

이 글이 사용하는 자료는 "일의 가격은 어떻게 결정되는가"라는 주제의 협동연구의 일환으로 이루어진 '임금에 대한 설문조사' 결과이다. 이 조사는 2008년 5~7월 사이에 경인지역의 193개 업체 937명의 노동자를 대상으로 시행되었다. 표본추출은 비용 문제 때문에 비확률적 할당표집 방식으로 이루어졌다. 확률적 표본추출 방법이 아니어서 대표성에 문제가 있으나 성, 연령, 학력, 고용형태, 직종, 사업체 규모, 노조원 여부 등이 한쪽으로 치우치지 않게 표집되었으므로 한국 임금근로자의 의식을 결정적으로 왜곡할 우려는 없다고 생각된다. 다음 <표 3-1>은 통계청의 「경제활동인구조사」 2006년 8월 자료를 통해 본 우리나라 임금근로자의 내부구성과 '임금에 대한 설문조사'에서의 응답자 구성을 비교해본 것이다. 이 표를 보면 우리나라 전체 임금근로자의 내부구성과 '임금에 대한 설문

〈표 3-1〉 우리나라 전체 임금근로자의 구성과 이 연구에서 사용한 표본의 구성 비교

	『경제활동인구조사』에 의한 임금근로자 구성	'임금에 대한 설문조사'의 표본 구성
성	남 58% 여 42%	남 50.4% 여 49.6%
연령	20대 이하 25.3% 30대 30.4% 40대 25.3% 50대 이상 19.0%	20대 24.6% 30대 37.1% 40대 이상 38.2%
학력	중졸 이하 17.4% 고졸 42.9% 전문대졸 12.8% 대졸 23.1% 대학원졸 3.8%	중졸 이하 1.8% 고졸 46.9% 전문대졸 20.6% 대졸 28.4% 대학원졸 2.2%
고용형태	정규 64.5% 비정규 35.5%	정규 77.8% 비정규 22.2%
직종	관리 1.7% 전문 10.7% 기술공·준전문 12.1% 사무 19.9% 서비스 10.2% 판매 7.1% 기능 11.3% 조작조립 11.7% 단순노무 15.1% 기타 0.9%	관리 6.6% 전문 7.1% 기술·준전문 9.4% 사무 29.4% 판매·영업 8.4% 기능·생산 23.6% 서비스 7.4% 단순노무 7.9%
사업체 규모	1~9인 36.9% 10~99인 41.0% 100~299인 10.2% 300인 이상 12.0%	1~9 19.0% 10~99 25.1% 100~299 26.2% 300~499 20.0% 500 이상 9.6%
노조원 여부	노조원 11.3%	노조원 21.2%

조사'의 표본 구성에 아주 큰 차이는 없다는 것을 알 수 있다. 눈에 띄는 차이라면 '임금에 대한 설문조사' 쪽이 중졸 이하 학력자의 비율이 낮다는 것, 비정규직 근로자 비율이 낮다는 것, 노조원 비율이 높다는 것, 대규모 사업체 종사자 비율이 높다는 것이지만 그 차이가 심각한 문제가 될 정도

는 아니라고 생각된다. 그렇더라도 이 조사는 어디까지나 비확률적 표집에 의한 것이므로, 이 연구에서 얻어지는 결론은 앞으로 우리나라 임금근로자를 잘 대표하는 조사에 의해 확인되어야 할 가설로서의 의의 이상은 가지지 못할 것이다.

이 글의 주된 피설명항은 임금에 대한 분배원칙, 즉 형평원리·평등원리·필요원리에 대한 지지도이다. 이것은 임금에 대한 7개 진술에 대한 찬성 정도를 가지고 조작적 정의를 했다. 7개의 진술은 다음과 같다. ① 직장 내 임금격차는 작을수록 좋다. ② 하는 일이 같아도 생활비가 많이 드는 사람은 더 많은 임금을 받아야 한다. ③ 하는 일이 같아도 업무능력이 뛰어난 사람은 더 많은 임금을 받아야 한다. ④ 하는 일이 같아도 업무성과가 좋은 사람은 더 많은 임금을 받아야 한다. ⑤ 열심히 노력하는 사람에게는 그만큼 많은 임금을 주어야 한다. ⑥ 나이가 많은 사람은 생활비도 많이 들므로 젊은이보다 많은 임금을 주어야 한다. ⑦ 직업에는 귀천이 없으므로 우리나라의 직업을 가능한 한 평등하게 대우해야 한다. 이들 문항 중 ①과 ⑦이 평등원리를, ②와 ⑥이 필요원리를, ③과 ④와 ⑤가 형평원리를 반영할 것으로 기대했다.

질문지에서는 각 진술에 대해 '적극 반대', '약간 반대', '찬성도 반대도 아님', '약간 찬성', '적극 찬성' 등 5점 척도로 물었는데, '적극 반대' 1점부터 '적극 찬성' 5점까지의 점수를 주어 척도화했다. 각 진술에 대한 응답 점수를 가지고 직교회전(Varimax Rotation)을 하여 요인 분석을 해보면 다음 <표 3-2>에서와 같이 3개의 요인이 추출된다.[5] 요인 1을 평등주의, 요인 2를 필요원리, 요인 3을 형평원리로 볼 수 있음은 물론이다.

---

5) 고유값(eigenvalue) 기준은 통상적 방법대로 1로 설정했다. 이는 <표 3-3>에서도 마찬가지이다.

〈표 3-2〉 분배원칙의 조작적 정의를 위한 요인분석 결과(요인적재치)

질문 문항	요인 1	요인 2	요인 3
업무능력이 뛰어난 사람은 더 많은 임금을 받아야	0.859	0.016	-0.041
업무성과가 좋은 사람은 더 많은 임금을 받아야	0.861	0.015	-0.080
열심히 노력하는 사람에게 더 많은 임금을 주어야	0.700	0.007	0.187
생활비가 많이 드는 사람은 더 많은 임금을 받아야	.040	0.848	0.096
나이가 많은 사람은 젊은이보다 임금을 더 받아야	-0.009	0.848	0.051
직장 내 임금격차는 작을수록 좋다	-0.048	0.145	0.702
우리나라의 직업을 가능한 한 평등하게 대우해야	0.097	-0.009	0.781
	형평원리	필요원리	평등원리

주: 세 요인에 의해 설명되는 총분산은 65.7%이다.

피설명항에 영향을 미칠 것으로 고려되는 독립변수들은 대체로 직관적으로 이해할 수 있는 것이므로 별도의 설명이 필요 없을 것이나 사회의식에 대해서는 다소의 설명이 필요하다. 필자는 사회의식을 진보-보수라는 2분법으로 나누지 않고, 개혁주의-자유주의-보수주의라는 3분법으로 나눌 것이다. 개혁주의는 진보와 거의 같은 것이므로 별도의 설명이 필요 없고, 통상적 '보수'를 자유주의와 보수주의라는 두 가지로 다시 나누는 것이다. 이렇게 하는 이유는 통상 지칭되는 '보수' 또는 '우파'에는 사회질서를 강조하는 보수주의적 경향과 시장원리를 강조하는 (경제적) 자유주의 경향이 공존하고 있기 때문이다. 이 둘은 서로 구분될 필요가 있다. 보수주의는 개인보다 집단의 가치를 중시하고 온정주의적 태도를 가진다는 점에서 자유주의와 다르다. 특히 유럽의 보수주의가 그러한데, 그들은 국가복지의 강화에 반대하지 않는다. 한편, 이 글에서 자유주의란 미국 민주당으로 대표되는 진보적 자유주의, 즉 '리버럴'이 아니라 경제적 자유주의 또는 자유시장주의를 의미한다는 점을 언급해 두고자 한다.

사회의식을 조작적으로 정의하기 위한 요인분석에서도 세 가지로 나누는 것이 타당하다는 결과를 얻었다. 사회의식을 알기 위해 사용된 문항은 모두 8개로 다음과 같다. ① 누구나 열심히 일하면 자신이 원하는 것을 얻을 수 있다. ② 우리나라는 너무 불평등하며 전면적 개혁이 필요하다. ③ 기업 활동에 최대한 자유가 보장되어야 경제가 발전한다. ④ 빈부격차는 개개인의 능력보다는 사회구조 때문에 생긴다. ⑤ 시위나 파업이 너무 많으므로 법과 원칙에 따라 규제해야 한다. ⑥ 세금을 더 많이 걷어서라도 빈곤층에 대한 복지혜택을 늘려야 한다. ⑦ 자기가 번 돈은 자기 마음대로 쓸 수 있게 해야 한다. ⑧ 대기업 근로자가 누리는 복지 혜택을 중소기업 근로자 및 비정규직에게도 나누어 어야 한다. 이들 문항의 점수화 방법은 분배원칙과 관련된 문항의 점수화 방법과 마찬가지로 5점 척도로 했으며, 직교회전을 통한 요인분석 결과가 다음 <표 3-3>이다. 표를 보면 ②와 ④와 ⑧번 문항이 개혁주의를, ①과 ③과 ⑦이 자유주의를, ⑤와 ⑥이 보수주의를 대표하는 문항임을 알 수 있다. '누구나 열심히 일하면 원하는 것을 얻을 수 있다'는 문항의 요인 2에 대한 적재치는 0.495로 낮은 편이지만 0.4 이상이면 무방하다는 것이 통상적 견해이므로 문제는 없을 것이다.

〈표 3-3〉 정치성향의 조작적 정의를 위한 요인분석 결과(요인적재치)

질문 문항	요인 1	요인 2	요인 3
우리나라는 불평등하며 전면 개혁 필요	0.732	0.150	0.052
빈부격차는 사회구조 때문	0.731	-0.112	0.053
대기업 복지를 중소기업과 비정규직에게도 분배해야	0.670	0.222	0.017
누구나 열심히 일하면 원하는 것을 얻을 수 있다	0.104	0.495	0.096
기업 활동에 최대한 자유가 보장되어야	0.251	0.665	0.069
자기가 번 돈은 자기 마음대로 쓸 수 있어야	-0.105	0.736	0.022
시위나 파업은 원칙에 따라 규제해야	-0.008	0.261	0.682
세금을 늘려서라도 빈곤층에 대한 복지를 늘려야	0.103	-0.056	0.823
	개혁주의	자유주의	보수주의

주: 세 요인에 의해 설명되는 총분산은 52.1%이다.

5. 임금분배 원칙에 대한 의식 분석

1) 분배원칙별 지지 정도

그러면 한국 노동자들은 어떤 임금분배 원칙을 선호하고 있는가? 각 분배원칙 지지도를 직관적으로 비교하기 위해, 앞의 요인분석에서 각 분배원칙을 잘 반영한다고 분석된 문항들에 대한 응답점수를 단순합산하여 비교해보기로 한다. 즉, 형평원리는 '업무능력이 뛰어난 사람은 더 많은 임금을 받아야 한다', '업무성과가 좋은 사람은 더 많은 임금을 받아야 한다', 그리고 '열심히 노력하는 사람에게는 그만큼 많은 임금을 주어야 한다'는 문항의 응답점수를 합한 것으로, 평등원리는 '직장 내 임금격차는 작을수록 좋다'와 '우리나라의 직업을 가능한 한 평등하게 대우해야 한다'는 문항의 응답점수 합계로, 필요원리는 '생활비가 많이 드는 사람은 더 많은 임금을 받아야 한다'와 '나이가 많은 사람은 생활비도 많이 들므로 젊은이보다 많은 임금을 주어야 한다'는 문항의 응답점수 합계로 척도화한다. 단, 표준화를 위해 평등원리와 필요원리 점수는 2로 나누었고 형평원리 점수는 3으로 나누었다. 따라서 세 원리에 대한 응답점수는 모두 최소 1, 최대 5가 된다.

다음 <표 3-4>에 각 원리에 대한 지지도 상황이 요약되어 있다. 이 표를 보면 형평원리 지지도가 가장 높고 다음이 평등원리이며 필요원리 지지도는 가장 낮음을 알 수 있다. 형평원리와 평등원리에 대한 응답 점수는 모두 3.5 이상이어서 반대보다 찬성하는 노동자의 비율이 높은 반면, 필요원리에 대한 응답 점수는 2.59에 불과하여 찬성보다 반대하는 노동자의 비율이 더 높다. 형평원리와 평등원리는 대체적으로 지지되는 반면 필요원리는 그렇지 않은 것이다.

〈표 3-4〉 임금분배 원리 지지 점수

항목	응답 점수	표준 편차
형평원리	3.79	0.70
필요원리	2.59	0.87
평등원리	3.51	0.77

선호도가 형평원리 > 평등원리 > 필요원리 순으로 나타나는 것은 김동배와 박호환의 연구결과와도 일치하는 것이다. 그런데 이들의 연구에서는 형평원리 지지도가 압도적으로 높은 것으로 나타난 반면, 본 조사에서는 평등원리 지지도가 형평원리 지지도에 비해 크게 낮지 않은 것으로 나타났다. 또한 필요원리도 강하게 거부되고 있는 것은 아니다. 여기서 노동자들이 하나의 분배원칙만을 배타적으로 지지하는 것이 아니며 복합적 정의관을 가지고 있음을 알 수 있다.[6]

표준편차를 보면 선호도 점수와 반대로 형평원리가 가장 낮고 다음이 평등원리이며 다음이 필요원리이다. 상대적으로 보아 형평원리를 지지하는 태도가 노동자들 사이에서 가장 잘 공유되고 있으며 필요원리에 대한 지지는 그렇지 않은 것이다. 각 원리를 구성하는 개별 질문에 대한 응답을 통해서도 이런 사실을 확인할 수 있다. 업무능력, 업무성과, 또는 노력에 따라 임금이 차등 지급되어야 한다는 문항들에 대해서는 응답자의 70% 이상이 찬성했고 반대자는 10% 미만이었다.[7] 비록 반대자가 약간 있지만

---

[6] 그렇지만 세 원리에 대한 지지도는 상호 독립적이다. 세 원리에 대한 지지도 간의 단순 상관관계(피어슨 상관계수)를 보면, 형평원리와 필요원리 간에는 0.034, 형평원리와 평등원리 간에는 0.054로 통계적으로 유의미하지 않으며, 필요원리와 평등원리 간에는 0.169로 통계적으로 유의미한 양의 상관관계가 있으나 그 정도는 약하다.

[7] 찬성자는 '적극 찬성' 또는 '약간 찬성'으로 응답한 사람들이고 반대자는 '적극

70% 이상이 찬성하고 중립적 응답자가 20% 정도에 머문다는 점에서 한국 노동자들 사이에 형평원리를 지지하는 의식이 어느 정도 공유되어 있다고 말할 수 있을 것이다. 반면 필요원리를 구성하는 문항에 대해서는 반대자가 40~50%이고 찬성자가 17~24%여서 반대가 많으나 압도적인 것은 아니다. 평등원리에 대한 응답 상황을 보면 찬성이 50%를 좀 넘고 반대는 15~19%여서 과반수가 지지하긴 하나 압도적으로 지지되는 것은 아니다.

이처럼 형평원리가 상대적으로 가장 강하게 지지되지만 평등원리 지지도도 그리 낮지 않다는 것이 외국, 특히 서구와 비교되는 한국적 특징일 수 있으나, 정확한 평가를 하려면 엄밀한 비교분석이 있어야 할 것이다.

2) 분배원칙 지지의 결정요인

그러면 회귀분석을 통해 분배원칙 선호도에 영향을 미치는 변수들의 효과를 보기로 하자. 여기서는 분배원칙 및 사회의식의 척도로서 그것들을 구성하는 문항들에 대한 응답점수를 단순합산한 수치를 사용하지 않고 요인분석 결과 얻어지는 요인점수(factor score)를 사용했다. 요인점수는 구성적 변수(요인)를 구성하는 개별 변수(문항)들의 상대적 영향력을 고려한 점수이므로 단순합산에 비해 구성적 변수를 더 정확히 대표한다고 볼 수 있기 때문이다.[8] 분석모형에는 앞에서 언급한 독립변수들 외에 사업체 규모와 근속연수의 상호작용항을 추가했다. 그것은 대기업 장기근속자와

반대' 또는 '약간 반대'로 응답한 사람을 말한다.
8) 단순합산 방식으로 척도화하여 분석을 해보기도 했는데, 분석 결과는 대동소이했다.

중소기업 장기근속자 간에 임금에 대한 의식이 상이할 것으로 생각되기 때문이다. 그 외의 상호작용항의 투입을 고려해볼 수 있으나 이론적으로 중요하다고 생각되는 상호작용항이 없고, 실제 몇 가지 상호작용 변수를 만들어 투입해보았으나 크게 의미 있는 변수들이 없었다.

먼저 인구학적 변수, 노동시장 지위, 조직적 맥락, 그리고 사회의식 변수들의 상대적 설명력을 보기로 한다. 독립변수에 가변수가 포함되어 있어서 표준화 회귀계수를 비교할 수 없으므로 결정계수(R squared) 증가량을 통해 살펴보기로 한다. 결정계수 증가량은 두 가지 방법으로 살펴보았다. 하나는 모형에 포함될 여타 변수들을 제외하고 해당 변수들만 투입했을 때의 결정계수인데, 이것은 '단독 결정계수'라고 부르기로 한다. 다른 하나는 모형에 포함될 여타 변수가 모두 투입되고 나서 마지막으로 해당 변수들을 투입할 때의 결정계수 증가량인데, 이것은 '결정계수 증가량'이라고 부르기로 한다.

<표 3-5>에 세 분배원리별로 각 독립변수 범주들의 단독 결정계수 및 결정계수 증가량이 제시되어 있다. 여기서 가장 두드러지는 사실은 사회의식의 설명력이 가장 크다는 것이다. 모든 피설명변수에 대해 사회의식의 단독 결정계수 및 결정계수 증가량이 가장 크다. 이것은 전성표의 연구와 완전히 상반되는 결과이다.[9]

다른 변수들의 상대적 설명력은 피설명변수에 따라 상이하다. 형평원리에는 조직적 맥락 변수들의 설명력이 상대적으로 큰 반면, 평등원리에는

---

9) 두 심사자들이 결정계수 증가량은 설명 변수의 수에 따라 달라지므로 결정계수 변화량을 단순 비교하는 것은 적절치 않다는 점을 지적해주었다. 필자도 이에 동의하나 결정계수 변화량의 단순 비교도 나름대로 유용한 정보를 제공해준다. 게다가 사회의식 변수들의 수가 다른 범주 변수들의 수보다 많지 않으므로 <표 3-5>의 결과는 의미가 있다.

〈표 3-5〉 범주별 독립변수군의 설명력(결정계수 및 증가량)

설명변수		피설명변수		
		형평원리	필요원리	평등원리
단독 결정계수	인구학적 변수	0.013	0.033	0.044
	노동시장 지위	0.044	0.043	0.041
	조직적 맥락	0.052	0.026	0.021
	사회의식	0.075	0.056	0.061
결정계수 증가량	인구학적 변수	0.015	0.018	0.016
	노동시장 지위	0.029	0.018	0.007
	조직적 맥락	0.042	0.018	0.013
	사회의식	0.062	0.040	0.047

인구학적 변수의 설명력이 큰 편이다. 필요원리에 대한 설명력에는 큰 차이가 없다고 할 수 있다.

이번에는 모든 변수가 투입된 모형을 통해 개별 독립변수들의 영향을 보기로 한다. 다음 <표 3-6>에 OLS 회귀분석 결과가 제시되어 있다.

설명변수 중에서 먼저 인구학적 변수들의 영향을 보자. 연령과 성은 형평원리나 평등원리에의 지지도에는 별 영향을 미치지 않는 대신 필요원리 지지도에 영향을 미치는 것으로 나타났다. 연령이 높을수록, 그리고 남성이 여성보다 필요원리를 더 지지하고 있다. 이것은 상식에 부합하는 것이다. 중년까지는 연령이 높을수록 생활비가 많이 들므로, 그리고 남성이 주된 가계 부양자인 경우가 많으므로 이들이 필요원리를 지지하는 것이다. 한편 회귀계수만을 보면 남성보다 여성이 평등원리를, 여성보다 남성이 형평원리를 더 지지하는 것으로도 나타나는데, 이것은 서구에서의 일부 연구와 일치하는 결과이다. 계수값이 통계적으로 유의미하지 않으므로 이런 해석이 성립하지 않지만, 앞으로 표본을 늘려 다시 조사하면 성별 차이가 유의미하게 나타날 수도 있다.

학력의 영향이 가장 두드러지게 나타나는 것은 평등원리 지지도이다.

〈표 3-6〉 임금분배 원칙 선호도의 결정요인 분석(OLS)

	형평원리	필요원리	평등원리
연령	-0.008	0.013*	0.003
성별(남)	0.107	0.203***	-0.127
학력(기준: 대졸 이상)			
중졸 이하	0.446*	0.108	-0.068
고졸	-0.044	-0.242**	0.298***
전문대졸	0.155*	-0.071	0.261***
근속연수	0.028**	-0.013	-0.001
로그임금	0.183*	0.060	-0.079
정규직(기준: 비정규직)	-0.040	0.061	-0.004
직종(기준: 생산직)			
관리	0.087	-0.240	-0.142
전문	-0.034	-0.325**	-0.232
기술	-0.115	-0.315**	-0.062
사무	-0.119	-0.182	-0.172
판매영업	0.179	-0.218	-0.211
서비스	-0.133	-0.119	0.005
단순노무	0.110	0.255*	-0.001
공공부문(기준: 민간부문)	-0.014	-0.080	0.265**
기업규모(기준: 1~9인)			
10~99인	0.134	-0.032	0.024
100~299인	0.050	-0.169	-0.162
300~499인	0.069	0.077	0.065
500인 이상	0.187	-0.385**	0.017
300~499인×근속연수	-0.021	0.002	0.007
500인 이상×근속연수	-0.063***	0.009	0.000
상급단체(기준: 비조합원)			
한국노총, 기타	-0.651***	-0.201*	0.090
민주노총	-0.407**	0.274*	0.260
개혁주의성향	0.099***	-0.132***	0.195***
자유주의성향	0.215***	-0.061*	0.061*
보수주의성향	0.091***	0.151***	0.090***
R^2(adj. R^2)	0.169(0.144)	0.127(0.101)	0.120(0.094)

주: 표에 제시된 수치들은 비표준화 회귀계수임. * $p<0.1$, ** $p<0.05$, *** $p<0.01$.

즉, 대졸 이상 학력자에 비해 고졸 및 전문대졸 학력자가 평등원리를 더 강하게 지지하는 것이다. 통계적 유의도도 높다. 형평원리 지지도를 보면 대졸자에 비해 중졸 이하 및 전문대졸자가 더 지지하는 것으로 나타났다. 이것은 인적 자본이 높은 사람들이 형평원리를 지지한다는 기존 연구 결과들과 일견 상반되는 결과이다. 그렇지만 한국에서 실제 능력과 관계없이 학력이 임금결정의 중요 요인으로 작용한다는 점을 고려하면, 저학력자들이 형평원리를 지지하는 것은 공식 학력이 아닌 실제 능력에 의한 평가를 희망하기 때문이라고 해석해볼 수 있다. 다만 고졸과 대졸 이상 학력자 간에 유의미한 차이가 없다는 점에서는 이런 해석의 타당성도 감소한다. 앞으로 '형평원리'를 더 세부적으로 나누어 조사해볼 필요가 있을 것이다. 필요원리 지지도에 대한 학력의 영향을 보면 대졸 이상에 비해 고졸 학력자가 필요원리를 덜 지지하는 것으로 나타나고 있다. 이 결과도 당상 해석하긴 어려우며, 추가 연구가 필요한 대목이다.

이번에는 노동시장 지위 변수들의 영향을 보자. 먼저 근속연수는 형평원리에만 영향을 미쳐 근속연수가 길수록 형평원리를 지지하는 것으로 나타났다. 이것도 일견 상식적 추론과 부합하지 않는다. 우리나라의 연공적 임금체계를 고려하면 근속연수가 길수록 형평원리에 반대하거나 필요원리를 지지할 것으로 추측되기 때문이다. 그러나 대기업을 제외하면 전반적으로 노동자의 근속연수가 짧고 근속연수가 긴 노동자는 그만큼 업무능력을 인정받는 사람이라는 점을 고려하면, 근속연수가 길수록 형평원리를 지지한다는 것은 이해될 수 있다. 또한 사업체 규모와 근속연수의 상호작용항의 효과를 보면 대기업에서는 상황이 다름을 알 수 있다. 500인 이상 규모와 근속연수의 상호작용항의 회귀계수는 −0.063이며 통계적 유의도도 높다. 근속연수의 회귀계수가 0.028인 점을 고려하면 500인 이상 대규모 사업체에서는 근속연수가 길수록 형평원리 지지도가 낮은 것이다.

임금도 영향을 미쳐 임금이 높을수록 형평원리를 지지하는 것으로 나타났다. 이것은 기존 연구와 부합하는 결과이다. 직종도 영향을 미치고 있다. 생산직에 비해 전문직, 기술직은 필요원리를 덜 지지하고 있으며, 단순노무직은 더 지지하고 있는 것으로 나타났다. 이것도 대체로 앞에서 살펴본 기존 연구와 부합하는 결과이다. 한편 정규직 여부는 유의미한 영향을 미치지 않는 것으로 나타났다.

조직적 맥락을 대표하는 변수 중에서 가장 중요한 영향을 미치는 것은 노조 관련 변수이다. 우선 알 수 있는 것은 노조 조합원인 노동자들은 비조합원에 비해 형평원리에 반대한다는 점이다. 이것은 민주노총 소속 조합원이나 한국노총 소속 조합원 모두 마찬가지이다. 개인능력이나 성과에 따른 임금제도가 노조의 단결을 해칠 우려가 있고 그 때문에 우리나라 노조들이 성과주의적 임금제도에 반대한다는 점을 고려하면 이해되는 결과이다. 노조 변수는 필요원리에도 영향을 미치고 있는데, 상급단체가 민주노총인 조합원들은 비조합원보다 필요원리를 더 지지하지만 상급단체가 민주노총이 아닌 조합원들은 비조합원보다 필요원리를 덜 지지하는 것으로 나타났다. 노조가 대체로 연공임금을 지지한다는 점을 고려하면 한국노총 소속 조합원들이 필요원리를 덜 지지한다는 것은 일단 의외의 결과이다. 한국노총의 경우 노조의 방침이 조합원들에게 수용되는 정도가 약하기 때문이 아닐까 생각해볼 수 있지만 추가 연구가 필요할 것이다. 노조 변수의 영향이 상식적 추론과 가장 부합하지 않는 대목은 평등원리에 아무 영향을 미치지 않는다는 결과이다. 일반적으로 노동조합은 평등을 매우 가치로 삼으며 한국의 노조들도 그렇기 때문이다. 그런데 분석 결과를 보면 한국노총 소속 조합원은 물론 민주노총 소속 조합원의 경우에도 비조합원에 비해 평등원리 지지도가 높지 않은 것으로 나타났다. 회귀계수만을 보면 민주노총 소속 조합원 변수의 회귀계수가 0.26이어서 평등원리 지지도가 높은 것으로 나타나지만 통계적으로 유의미하지 않다.10) 노조변수가 평등원리 지지도에 영향을 미치지 않는 이유는 정치성향에 의해 설명되었기 때문일 수 있다. 예를 들어 노조, 특히 민주노총 소속 노동자들이 노조 미가입 노동자에 비해 평등주의를 더 지지하지만, 그 이유가 노조 소속 노동자들이 개혁주의 성향을 가지기 때문이라면 노조의 영향력이 개혁주의 성향에 의해 설명될 수 있다. 그런데—표로는 제시하지 않았으나—<표 3-6>의 모형에서 정치성향 변수를 빼고 분석을 해보아도 노조 조합원 여부와 상급단체는 평등원리 지지도에 유의미한 영향을 미치지 않는다.11)

조직적 맥락을 대표하는 여타 변수 중 공공부문 여부는 평등원리에 유의미한 긍정적 영향을 미치는 것으로 나타났다. 공공부문 노동자들은 시장경쟁에 덜 노출되어 있기 때문에 평등원리를 더 지지한다고 해석할 수 있다. 기업규모의 영향력은 필요원리에만 나타나 중소 영세기업에 비해 500인 이상 대규모 사업체 근로자들이 필요원리를 덜 지지하는 것으로 나타났다. 앞에서 사업체 규모가 클수록 평등원리나 필요원리를 덜 지지하고 형평원리를 더 지지할 가능성이 클 것으로 예상했는데, 이런 예상은 아주 부분적으로만 확인되었다.

마지막으로 사회의식의 영향을 보자. 가장 두드러지는 결과는, 형평원리에 가장 긍정적 영향을 미치는 것은 자유주의 성향이고, 평등원리에 가장 긍정적 영향을 미치는 것은 개혁주의 성향이며, 필요원리에 가장 긍정적 영향을 미치는 것은 보수주의 성향이라는 것이다. 이것은 상식적 예측과 일치하는 결과이다. 이 글에서 정의된 바의 자유주의자는 시장원

---

10) 그러므로 더 큰 표본을 대상으로 조사하면 민주노총 조합원이 비조합원에 비해 평등원리를 더 지지하는 것으로 나타날 가능성이 크다.
11) 이 점은 형평원리나 필요원리에 대한 분석에서도 마찬가지이다. 정치성향 변수를 제외해도 노조의 영향력은 동일한 방향으로 나타난다.

리를 지지하고 개혁주의자는 평등을 지지하고 보수주의자는 온정주의적 태도를 가질 것이기 때문이다.

분석 결과를 좀 더 자세히 보면, 형평원리에는 개혁주의 성향과 보수주의 성향 모두 유의미한 긍정적 영향을 미치고 있다. 즉, 형평원리를 가장 많이 지지하는 것은 자유주의 성향의 사람들이지만, 개혁주의와 보수주의적 성향의 사람들도 형평원리를 어느 정도 지지하는 것이다. 필요원리에 대한 영향을 보면 보수주의만 긍정적 영향을 미치고 있을 뿐 개혁주의와 자유주의는 모두 유의미한 부정적 영향을 미치고 있다. 특히 개혁주의가 상당히 강한 부(-)의 영향을 미치고 있다는 것이 주목된다. 평등원리에 대한 영향을 보면 개혁주의가 가장 강한 영향을 미치지만, 자유주의와 보수주의도 유의미한 긍정적 영향을 미치고 있다. 단, 자유주의 성향의 영향력이 가장 작다.

이런 결과에서 알 수 있듯이 사회의식과 분배원칙 선호도의 관계는 상식적 추론에 부합하는 것이면서도 복합적이다. 개혁주의 성향이 높을수록 평등원리를 강하게 지지하지만 형평원리도 어느 정도 지지하며, 필요원리에는 반대한다. 자유주의 성향이 높을수록 형평원리를 강하게 지지하지만 평등원리도 약하게나마 지지하며, 필요원리는 약하게나마 반대한다. 보수주의 성향이 높은 사람들은 필요원리를 가장 지지하지만 형평원리와 평등원리도 어느 정도 지지한다.

6. 토론

분배원칙에 대한 선호도를 보면 우리나라 노동자들은 형평원리를 가장 지지하는 반면 필요원리를 가장 덜 지지하는 것으로 나타났다. 이런 결과는 우리나라 임금체계의 연공성이 강하며, 노동자들도 연공적 임금체계를 지지한다는 사실과 모순되는 것처럼 보인다. 이를 어찌 설명할 것인가?

먼저 과연 우리나라 노동자들이 연공적 임금체계를 지지하는가를 재확인할 필요가 있다. 기존 연구들도 우리나라 노동자들이 근속연수를 임금 결정기준의 하나로 중시한다는 것에는 동의하나, 어느 정도 중시하는가에 대해서는 견해가 엇갈린다. 한국노동연구원의 '보상체계에 관한 근로자 인식조사' 자료를 통해 근로자들이 바람직하게 생각하는 기본급의 결정요소별 비율을 보면, 근속이 26.4%, 직무가치가 19.6%, 회사성과 17.0%, 개인성과 16.1%, 팀 성과 13.4%, 연령 7.5%였다(김동배·박호환, 2005). 이 조사에서는 노동자들이 근속연수를 가장 중시하는 것으로 나타난다.

반면 2005년 한국종합사회조사의 결과는 다르다. 이 조사에서는 똑같은 직장에서 똑같은 일을 하면서도 근속연수, 교육수준 등이 더 많은 사람이 더 많은 보수를 받아야 한다고 생각하는가를 5점 척도로 물었다. '크게 동의'를 5점, '약간 동의'를 4점, '그저 그렇다'를 3점, '약간 반대'를 2점, '크게 반대'를 1점으로 점수화할 때 업무능력이 4.47, 성과가 4.47, 근속연수가 3.94, 자격증이 3.82, 교육수준이 3.16, 나이가 2.59였고, 남성이 여성보다 높은 임금을 받아야 한다는 문항에 대한 응답점수가 2.60이었다.[12] 근속연수도 중요한 임금결정기준인 것으로 나타나지만, 업무능력이나 성과가 더 중요한 기준인 것으로 나타난 것이다.

이 연구의 일환인 '임금에 대한 설문조사'에서도 유사한 항목을 조사했

---

12) ≪한국종합사회조사 2005≫에 제시된 결과 표(3.5.68부터 3.5.74까지)들에 의함. 취업자의 응답만을 토대로 계산한 것임. 취업자에는 자영업자도 있을 것이므로 이 수치들이 근로자의 의견을 정확히 대변하는 것은 아니지만 큰 차이는 없을 것으로 보임. 학생, 주부 등을 포함한 전체 표본의 응답점수를 계산해보아도 취업자의 응답점수와 큰 차이가 없음.

〈표 3-7〉 임금격차 지지 정도

문항	응답점수
근속연수가 길수록	3.87
직업경력이 길수록	3.80
교육수준이 높을수록	3.18
자격증이 많을수록	3.29
남성이 여성보다	2.62
기혼자가 미혼자보다	2.84

다. '같은 직장에서 거의 같은 일을 하지만 다음과 같은 조건에 있는 사람이 보수를 더 많이 받는 것에 대해 어떻게 생각합니까'라는 질문을 하고 '적극 반대'부터 '적극 찬성'까지 5점 척도로 응답하게 했는데, 적극 반대를 1점 적극 찬성을 5점으로 점수화한 결과가 <표 3-7>이다.

일단 장기근속자가 높은 임금을 받는 것에 대한 지지도가 가장 높은 것으로 나타난다. 그러나 능력이나 성과에 따른 차등보수에 대한 의견을 묻지 않았으므로 이 결과만을 가지고 노동자들이 근속연수를 임금결정의 가장 중요한 원리로 본다고 말할 수는 없다. 이 점을 보완하기 위해 <표 3-2>에서 형평원리를 구성하는 것으로 사용한 문항 중 '하는 일이 같아도 업무능력이 뛰어난 사람은 더 많은 임금을 받아야 한다'와 '하는 일이 같아도 업무성과가 좋은 사람에게 더 높은 임금을 받아야 한다'는 문항에 대한 응답 점수도 포함해서 비교해보았다. 그 결과 업무능력에 따른 임금차등의 지지도 점수는 3.72, 업무성과에 따른 임금차등의 지지도 점수는 3.81로, 근속연수에 따른 임금차등의 지지도 점수인 3.87에 비해 낮지만 큰 차이는 없다. 여기서 노동자들이 업무능력이나 업무성과만큼 근속연수를 임금결정기준으로서 중시한다는 사실을 알 수 있다.

기존 연구 및 이 연구의 결과에 다소 차이가 있지만 한국 노동자들이 근속연수를 중요한 임금결정기준으로 생각하고 있다는 사실, 그러면서도 여타 요소들도 중요한 기준으로 생각하고 있다는 사실을 보여준다는 점에서는 대략 일치한다고 말할 수 있다. 김동배와 박호환의 연구에서는 근속연수가 가장 중시되는 것으로 나타났지만 직무가치나 성과도 중시되었으며, 2005년 한국종합사회조사 결과에서는 업무능력이나 성과가 가장 중요한 기준으로 조사되었지만 근속연수도 중시되어 자격증이나 교육수준보다 더 중요한 기준인 것으로 나타났기 때문이다.

그렇다면 임금분배 원칙 중 필요원리 지지도가 낮다는 사실은 어떻게 보아야 하나? 이것은 근속연수에 따른 임금상승 관행의 의미를 자세히 음미함으로써 어느 정도 답변할 수 있다. 보통 근속연수에 따른 임금상승 관행은 연공임금이고 또한 생계비에 대응하는 임금체계인 것으로 해석되지만 반드시 그런 것은 아니다. 엄밀한 의미에서 생계비에 상응하는 임금상승은 근속연수에 따른 임금상승이 아니라 연령에 따른 임금상승이다. 일본에서도 연공임금을 생계비에 따른 임금이라는 관점으로 볼 때에는 임금상승 기준으로 근속연수보다는 연령이 중시된다. 반면 '연공'을 구체화하는 것이 근속연수일 때에는 생계비도 고려되지만, 그보다는 직장에의 기여도 또는 숙련이 중시된다. 즉, 근속연수가 증가함에 따라 숙련이나 직장 기여도가 상승하며, 이것을 보상하는 것이 연공임금이 되는 것이다. 이때 연공임금은 '연(年)의 공(功)'에 따른 임금으로 해석된다. 이렇게 본다면 연공임금, 특히 근속연수에 따라 상승하는 임금체계는 필요원리보다는 형평원리를 반영하는 것으로 볼 수 있다.

'임금에 대한 설문조사'에서는 근속연수가 긴 사람이 높은 임금을 받아야 한다고 응답한 사람들을 대상으로 왜 그렇게 생각하는가를 물었다. 그 결과 '생활비가 많이 들므로'는 6.5%에 불과하고, '그동안 기여를 많이 했으므로'가 28.5%, '숙련이나 능력이 높으므로'가 55.5%, '직장질서를 잡기 위해'가 4.3%, '우리나라 정서에 맞으므로'가 5.1%였다. 이런 결과는 우리나라 노동자들이 연공적 임금체계를 생활급으로보다는 과거의 기여도나 현재의 능력에 따른 임금으로 생각하고 있음을 시사한다.13)

우리나라 노동자들이 연공적 임금체계를 필요원리의 반영으로 보지 않는다는 점은 다른 방식으로도 확인해볼 수 있다. '임금에 대한 설문조사' 자료를 통해 근속연수가 길수록 높은 임금을 받아야 한다는 문항에 대한 응답점수와 세 가지 임금분배 원칙 요인점수 간의 단순상관관계를 보면 형평원리나 필요원리와는 통계적으로 유의미한 상관관계가 없고 평등원리와만 0.120의 상관관계를 보이고 있다. 필요원리와의 상관관계가 높은 것은 오히려 '남성이 여성보다', 그리고 '기혼자가 미혼자보다' 높은 임금을 받아야 한다는 의식이어서 각각 상관관계가 0.350, 0.372로 상당히 높다. 이런 결과는 남성 및 기혼자가 우대되는 것이 필요원리의 반영으로 해석되는 반면 연공적 임금상승은 평등원리의 구현으로 해석된다는 것을 시사한다. 이것은 노동자들이 연공적 임금을 과거 기여나 능력을 반영하

---

13) 근속연수에 따른 임금상승에 찬성하는 것이 필요원리를 지지하는 것이 아니라는 점은 전성표의 연구에서도 나타났다. 전성표는 '근속연수가 많을수록 보수를 많이 받는 것이 당연하다' 등 7개 문항에 대한 응답을 기초로 요인분석을 해본 결과 '나이가 많을수록 보수를 더 받는 것이 당연하다'는 문항과 '남성이 여성보다 보수를 더 받는 것이 당연하다'는 문항은 하나의 요인으로 묶인 반면 '근속연수가 많을수록 보수를 많이 받는 것이 당연하다'는 문항은 '교육수준이 높을수록 보수를 더 받는 것이 당연하다', 그리고 '자격증을 가진 사람이 보수를 더 받는 것이 당연하다'와 함께 별도의 요인으로 분류되었다. 전성표는 고령자와 남성이 높은 임금을 받아야 한다고 생각하는 태도를 '수요에 근거한 분배원칙'으로, 근속연수·학력·자격증에 따른 임금분배에 찬성하는 태도를 '기여잠재력에 근거한 분배원칙'으로 개념화했다. 이 개념화 방식에 대해서는 논란의 여지가 있을 수 있으나 근속연수에 따른 분배가 필요원리를 대변하는 것이 아니라는 사실은 확인할 수 있다. 한편 업무능력 및 성과에 따른 분배는 별도의 요인으로 분류되었고 전성표는 이것을 '실질기여에 따른 분배원칙'으로 개념화했다.

는 임금체계로 생각한다는 앞의 언급과 서로 배치되는 것일 수 있다. 그렇지만 어쩌면 노동자들은 연공적 임금체계를 형평원리 및 평등원리 양자 모두의 반영으로 생각하고 있을지도 모른다. 또한 앞의 분석 결과들은 모두 연공적 임금체계가 필요원리의 반영으로 해석되지 않는다는 점은 어느 정도 확인시켜주었다. 물론 좀 더 정확한 해석을 위해서는 더 체계적인 추가 조사가 필요할 것이다.

7. 맺음말

본문의 내용 중 중요한 발견이라고 할 수 있는 것들을 요약하고 그것의 의의를 생각해보자. 첫째, 임금분배 원칙 중 형평원리 지지도가 가장 높고, 평등원리 지지도도 비교적 높았으며 필요원리 지지도가 가장 낮았다. 이런 결과는 기존 연구와 대략 일치하는 사실이다. 그러나 평등원리 지지도도 상당히 높다는 것은 새로운 발견이다.

둘째, 형평·필요·평등원리의 지지 정도에 미치는 변수들이 각각 상이하며 복합적인 것으로 나타났다. 특정 집단이 형평원리를 더 지지한다고 해서 반드시 평등원리나 필요원리를 덜 지지하는 것은 아니다. 앞으로 임금분배 원칙 연구에서는 이런 복합성을 잘 파악하는 것이 필요할 것이다.

셋째, 임금분배 원칙에 대한 지지도에 개개인의 사회의식이 중요한 변수였다. 이것은 국내 기존 연구와 상반되는 결과이다. 사회의식과 분배원칙 지지성향 간의 관계는 대체로 상식적 추론에 부합하는 것이지만 복합적이었다. 한편 사회의식은 진보 – 보수라는 이분법보다는 개혁주의 – 보수주의 – 자유주의라는 세 범주로의 구분이 유용함을 알 수 있었다.

넷째, 인구학적 변수, 노동시장 지위, 조직적 맥락도 모두 임금결정 원리 지지도에 영향을 미치는 변수들이다. 그중에서 큰 영향을 미치는 것이 노조 변수인데, 노조 조합원 여부는 형평원리와 필요원리에만 영향을 미칠 뿐 평등원리 지지도에는 영향을 미치지 못하는 것으로 나타났다. 우리나라 노조운동이 평등주의적 의식을 확산시키는 데에 성공하지 못하고 있음을 보여주는 사실이라고 해석할 수 있다.

한편 필요원리에 대한 지지도가 낮은 것은 한국에서 연공적 임금체계가 널리 선호된다는 사실과 배치되는 것이 아니냐는 질문을 던져볼 수 있다. 이에 대해 필자는 우리나라 노동자들이 연공적 임금체계를 필요원리의 반영으로 보지 않는다고 해석했다. 근속연수에 따른 임금인상은 오히려 노동자의 과거 기여나 현재 능력에 대한 보상, 또는 평등원리의 반영으로 해석되는 것으로 나타났다. 한국에서 연공적 임금체계가 지지되는 것은 노동자들이 분배원칙으로서 필요원리를 선호해서가 아니라, 노동자들이 더 지지하는 형평원리나 평등원리를 제대로 반영하는 임금체계가 구체적 대안으로 제시되지 않아서일 수 있는 것이다.

참고문헌

김동배·박호환. 2005. 「임금체계에 관한 근로자 인식」. 김동배·박우성·박호환·이영면. 『임금체계와 결정방식』. 한국노동연구원.
김동배·정진호. 2006. 『임금체계의 실태와 정책과제』. 한국노동연구원.
김상욱 외. ≪한국종합사회조사 2005≫. 성균관대학교 출판부.
민경호·조국행. 2002. 「공정성이 조직몰입 및 직무만족에 미치는 영향에 관한 실증연구」. ≪인사관리연구≫, 26(3), 77~100쪽.
석현호. 1997. 「불평등과 공정성: 이론들의 연계」. 석현호 편. 『한국사회의 불평등과 공정성』. 나남.
송호근. 2006. 『한국의 평등주의, 그 마음의 습관』. 삼성경제연구소.

신원철. 2001. 「기업내부노동시장의 형성과 전개: 한국 조선산업에 관한 사례연구」. 서울대학교 사회학과 대학원 박사학위 논문.
심윤종·유홍준·박승희·정태인. 2000. 『산업사회학(전정판)』. 경문사.
양병무·안희탁·김재원·박준성. 1992. 『한국 기업의 임금관리』. 노동경제연구원.
오계택·윤정규. 2005. 『직장인들의 공정성 인식 변화에 관한 연구』. 한국노동연구원.
이경근·박성수. 2001. 「분배적 공정성과 절차적 공정성에 대한 지각이 임금만족에 미치는 영향」. ≪인사관리연구≫, 25(2), 165~195쪽.
전성표. 2006. 「배분적 정의, 과정적 정의 및 인간관계적 정의의 관점에서 본 한국인들의 공평성 인식과 평등의식」. ≪한국사회학≫, 40(6), 92~127쪽.

Alves, Wayne and Peter Rossi. 1978. "Who Should Get What? Fairness Judgements of the Distribution of Earnings." *American Journal of Sociology* Vol. 84, pp. 541~565.
Chen, Chao. 1995. "New Trends in Rewards Allocation Preferences: A Sino-U.S. Comparison." *Academy of Management Review* Vol. 38, No. 2, pp. 408~428.
Cook, Karen and Karen Hegtvedt. 1983. "Distributive Justice, Equity and Equality." *Annual Review of Sociology* Vol. 9, pp. 217~241.
Deutsch, Morton. 1975. "Equity, Equality and Need: What Determines Which Value Will Be Used as the Basis of Distributive Justice?" *Journal of Social Issues* Vol. 31, pp. 137~149.
Eckhoff, Torstein. 1974. *Justice: Its Determinants in Social Interaction*. Rotterdam: Rotterdam University Press.
Giacobbe-Miller, Jane, Daniel Miller and Weijun Zhang. 1997. "Equity, Equality and Need as Determinants of Pay Allocations." *Employee Relations* Vol. 19, No. 4, pp. 309~320.
Greenberg, Jerald. 1978. "Equity, Equality and the Protestant Ethic." *Journal of Experimental Social Psychology* Vol. 14, pp. 217~226.
Greenberg, Jerald. 1990. "Organizational Justice: Yesterday, Today, and Tomorrow." *Journal of Management* Vol. 16, No .2, pp.399~432.
Jasso, Guillermina and Peter Rossi. 1977. "Distributive Justice and Earned Income." *American Sociological Review*. Vol. 42, pp. 639~651.
Lerner, Melvin. 1982. "The Justice Motive in Human Relations and the Economic Model of Man: A Radical Analysis of Facts and Fictions." in V. Derlega and J. Grzelag(eds.). *Cooperation and Helping Behaviour: Theory and Research*. Academic Press.
Leventhal, Gerald S., Jurgis Karuza, Jr., and William R. Fry. 1980. "Beyond Fairness: A Theory of Allocation Preferences." in G. Mikula(ed.). *Justice and Social Interaction*. New York: Springer-Verlag.
Mikula, Gerold. 1980. "On the Role of Justice in the Allocation Decisions." in G. Mikula(ed.).

Justice and Social Interaction. New York: Springer-Verlag.

Osberg, Lars and Timothy Smeeding. 2006. "'Fair' Inequality? Attitudes towards Pay Differentials: The United States in Comparative Perspective." *American Sociological Review* Vol. 71, No. 3, pp. 450~473.

Robinson, Robert and Wendell Bell. 1978. "Equality, Success, and Social Justice in England and the United States." *American Sociological Review* Vol. 43(April), pp. 125~143.

Simpson, Patricia and Arup Varma. 2006. "Distributive Justice Revisited: A Reconceptualization and an Empirical Test." *Journal of Labor Research* Vol. 27, No. 2, pp. 237~262.

Wagstaff, Graham. 1994. "Equity, Equality, and Need: Three Principles of Justice or One? An Analysis of 'Equity as Desert'." *Current Psychology* Vol .13, No. 2, pp. 138~153.

4장

한국 공공부문 임금결정에 대한 연구*

신광영

1. 머리말

이 글은 전형적인 내부노동시장 성격을 보여주는 한국 공공부문에서 일에 대한 보상이 어떻게 이루어지는지를 사적부문과의 비교를 통해서 분석하고자 한다. 한국에서 공공부문은 임금수준보다는 안정된 고용이 보장되는 영역으로 인식되었다. 공공부문에는 고용이 정년까지 보장되는 정년제도가 발달해서 고용 불안정을 특징으로 하는 사적부문과는 매우 다른 고용관계를 보이고 있다. 그렇다면 공공부문의 일에 대한 보상은 사적부문과 다른가? 그리고 다르다면 얼마나, 어떻게 다른가? 여기에서는 이러한 질문을 중심으로 공공부문의 임금결정과 사적부문의 임금결정을 비교하여 한국 공공부문의 임금결정의 특징을 파악하고자 한다.

공공부문은 고용, 승진과 임금이 비시장적 규칙에 의해서 이루어진다는

---

* ≪한국사회학≫, 제43집 제5호(2009), 62~100쪽에 게재된 글이다.

점에서 내부노동시장의 한 형태이다. 많은 노동시장 연구자들(Althauser, 1989; Althauser and Kalleberg, 1981; Kalleberg and Sorenson, 1979; Osterman, 1984; Williamson, 1985)이 공통으로 받아들이는 내부노동시장의 특징은 최하위 직급에서 입직이 이루어지고, 그 이후 위계적인 승진 사다리에 따른 승진이 이루어지며, 정년까지 장기고용이 보장된다는 점이다. 이러한 기준에서 본다면, 한국의 공공부문은 전형적인 내부노동시장에 속한다고 볼 수 있다. 공공부문에서는 고용과 임금이 시장경쟁에 의해 결정되는 것이 아니라, 조직의 내부적인 규칙과 절차에 의해서 결정된다. 한국의 경우 시험을 통해 각각의 수준에서 가장 낮은 직급부터 채용이 이루어지고, 상위 직급으로의 승진은 관료적인 규칙에 따라서 바로 아래 직급자들 사이의 제한된 경쟁을 통해서 이루어진다. 그리고 공공부문은 직급정년제도를 통해서 직급에 따라 일정 연령까지 고용을 보장한다.

현대 자본주의 사회에서 공공부문은 전체 고용에서 대단히 큰 비중을 차지하고 있다. 한국의 경우는 그 비중이 7~8% 정도로 매우 낮은 편이지만, OECD 국가들의 경우 공공부문 고용은 전체 고용의 1/4 이상을 차지하고 있다. 20세기 후반 들어서 국가를 포함한 공공부문의 고용이 전체 고용에서 차지하는 비중이 급격하게 늘어서, 북유럽의 경우 30%를 넘고 있다(OECD, 1997; European Foundation, 2007: 13~14). 공공부문의 고용이 전체 고용에서 차지하는 비중이 증가하면서, 현대 사회에서 공공부문은 노동시장의 큰 부분을 구성하고 있다.

공공부문의 존재 이유는 사적부문의 기업과 같이 이윤 극대화를 목적으로 재화와 서비스를 공급하는 것이 아니라 공공성 보장이나 공익을 달성하기 위한 것이다. 그렇다면 시장원리에 기초하지 않은 공공부문에서 개인들의 임금은 어떻게 결정되는가? 공공부문의 임금수준은 어느 정도이고, 어떤 원리에 의해서 공공부문의 임금이 결정되는가? 다시 말해 사적부문에서와같이 노동시장의 수요와 공급에 의해서 개인의 임금이 결정되지 않는다면, 공공부문 피고용자들의 일에 대한 보상은 어떻게 주어지는가?

이 글은 경험적 자료를 이용하여 사적부문과 공공부문의 임금결정을 비교하여 공공부문의 임금결정 방식의 특성을 밝히고자 한다. 이 글의 구성은 다음과 같다. 먼저 공공부문의 정의와 실태를 분석하고 공공부문 임금과 관련된 쟁점들을 살펴본다. 그다음으로 한국의 공공부문 임금결정의 제도적 특징을 살펴본다. 다양한 시장 주체들 사이의 경쟁을 통해서 임금이 결정되는 사적부문과는 달리 중앙정부의 정치적 판단과 정책적 고려에 의해서 임금이 결정된다는 점과 조직적 특성을 살펴본다. 그다음, 제10차 노동패널자료를 이용하여 사적부문과 공공부문의 임금수준과 임금결정요인을 비교하여 분석한다. 일반회귀분석과 분위회귀분석을 병행하여 공공부문 임금결정의 특징을 논의한다. 마지막으로 이 연구의 결과가 임금에 관한 기존의 논의에 주는 함의를 다룬다.

2. 공공부문과 임금에 관한 기존 연구

1) 공공부문의 노동시장

내부노동시장은 노동시장에서 노동력 판매자와 공급자 사이의 수요와 공급에 따라 고용, 승진과 보상이 이루어지는 것이 아니라 시장의 동학과는 독립적인 기업의 제도적 규칙에 의해서 고용, 승진과 보상이 이루어지는 시장을 지칭한다(Doeringer and Piore, 1971; Osterman, 1984; Marsden, 1986). 내부노동시장에서는 '임금 책정, 인력 배분과 훈련 결정이 경제적인 변수들에 의해서 통제되는 외부노동시장'과는 달리 '조직의 관리 규칙과 절차'에 의해서 결정된다(Doeringer and Piore, 1971: 2). 고용이 가장 낮은 직급에서만 이루어지고, 승진은 직무 사다리를 따라 조직 내부 사람들에게만 열려 있어 경쟁은 제한적으로만 이루어진다(Althauser and Kalleberg 1981; Diprete 1987). 승진 경쟁은 시장경쟁에서 벗어나 있기 때문에 경쟁은 현재 조직 내부의 직급자들 사이에서만 이루어지고, 내부승진을 통해서 능력과 경험에 대한 평가(experience rating)가 이루어진다(Williamson, 1975: 77~78).

단기적인 고용계약을 통해서 고용이 일시적으로만 이루어지는 것이 특징인 외부노동시장과는 달리 내부노동시장에서는 장기고용이 이루어진다. 내부노동시장에서는 정년퇴직 제도를 통해서 정년 연령까지 고용안정이 보장된다. 외부노동시장에서는 노동력과 노동력 구매자 사이에 단기적인 고용계약이 이루어진다는 점에서 일시적 시장(spot market)이 특징이다. 이와는 달리, 내부노동시장에서는 정년까지 고용이 보장되는 장기고용을 특징으로 한다. 직급 정년제도나 일본 기업의 종신고용제도는 고용안정을 제도적으로 보장하는 전형적인 내부노동시장 고용제도이다.

내부노동시장의 특성과 형성 원인에 대한 논의는 다양하지만(Althausser, 1989; Osterman, 1994 및 Rubery, 1994 참조), 공통적으로 지적되는 내부노동시장의 특징은 노동력과 임금의 교환이 시장 논리에서 벗어나 조직 논리에 기초하여 이루어진다는 점이다. 즉, 수시로 고용과 해고가 일어나는 개방적인 고용관계 대신에 해고가 예외적인 대단히 폐쇄적인 고용관계가 내부노동시장의 중요한 특징이다(Sørenson, 1994: 506~511).

한국의 공공부문은 고용방식(직급별로 가장 낮은 직위에서 입직), 내부승진, 장기적인 고용(정년제도)과 성과 대신에 근속에 따른 임금인상(호봉제) 등을 특징으로 한다는 점에서 사적부문의 내부노동시장 속성을 모두 지니고 있다. 물론 직급에 따라서 승진 사다리의 폭과 승진 가능한 직위가 달라지지만, 승진이 내부에서만 이루어진다는 점에서 그리고 일정 연령까지 고용이 보장되어 있다는 점에서 고용관계의 폐쇄성은 대단히 크다고 볼 수 있다. 공공부문은 일반 국민이나 사적부문 기업을 대상으로 재화와 서비스를 제공하는 경제활동이나 행정이 이루어지는 영역을 지칭한다. 대표적으로 국민에게 행정서비스를 제공하거나 안전과 복지 서비스를 제공하는 중앙정부와 지방정부가 공공부문에 속한다. 또한 최종 소비자인 국민에게 필수적으로 요구되는 재화와 서비스의 생산과 판매를 담당하며, 정부에 의해서 통제되는 각종 공기업도 공공부문에 속한다. 공공 행정기관은 전적으로 국민의 세금을 통해서 재정이 조달되지만, 공기업은 국민을 대상으로 하는 기업 활동을 통해서 올린 수입을 주된 재정으로 삼아 운영된다는 점에서 행정기관과 공기업의 차이가 있다.

사기업과 공기업의 차이는 정부가 공기업의 인사권과 경영에 개입하는지에 따라 발생한다. 정부가 인사권이나 경영에 개입할 수 있는 경우는 공기업이라고 볼 수 있으며, 그렇지 않은 경우만 사기업이라고 볼 수 있다. 또한 완전한 공공기관은 아니더라도, 정부가 통제하는 기관과 같은 준행정기관도 공공부문에 속한다고 볼 수 있다(정무권·한상일, 2007). UN의 공공부문 정의는 ① 정부기관, ② 사회보장기관, ③ 정부에 의해서 통제되고 재정이 조달되는 비영리·비정부 기구, ④ 정부가 통제하는 공기업, 준공기업을 모두 공공부문에 포함하고 있어서 더 포괄적이다(Hoffman, 2002: 3).

한국의 공공부문 종사자의 비율은 OECD 국가들 가운데 가장 낮은 수준이다. 2008년 6월 현재 공공부문 종사자는 공무원 97만 4,830명과 공공기관 및 준공공기관 종사자 25만 8,372명으로 123만 3,202명이다.[1]

---

1) 공무원 정원 97만 4,830명 중 행정부가 95만 2,846명으로 가장 큰 비중을 차지하며, 그다음으로 사법부 1만 5,636명, 입법부 3,469명, 선관위 2,648명, 헌법재판소 231명이었다. 행정부 인원은 국가공무원 60만 5,924명과 지방공무원 34만 6,922명으로 이루어졌다. 국가공무원은 일반 행정 9만 7,107명, 교육 34만 9,280명, 공안

이는 2008년 6월 당시 피고용자 인구 1,612만 4,000명 중 약 7.6%에 달하는 수치이고, OECD 평균 공공부문 종사자 비율이 24%라는 점을 고려하면, 한국의 공공부문 종사자 비율은 대단히 낮다는 것을 알 수 있다.2) 이러한 차이는 OECD 국가들의 경우 복지 서비스를 담당하는 공공복지 부문 종사자의 비율이 높은 반면, 한국의 경우는 국가 복지제도가 제대로 발달하지 못해서 복지 관련 공무원 수가 절대적으로 적다는 점에서 연유한다. 한국에서 공무원 임금이 전체 피고용자 임금에서 차지하는 비중은 작지만, 정부가 단일 고용주로는 가장 큰 고용주이기 때문에 전체 피고용자의 임금결정에서 미치는 영향력은 대단히 크다고 볼 수 있다.

현대 사회에서 공공부문의 기능은 주로 효율성과 연대성을 동시에 보장하는 것이기 때문에, 사회체제에 따라서 공공부문의 규모가 달라진다. 공공부문의 비율은 자유시장경제(liberal market economy)에 비해서 조정시장경제(coordinated market economy)에서 높게 나타나며, 공공부문의 비율이 더 높은 사회에서 사회적 연대가 유지되고 조정된 시장의 기능이 유지된다(Martin and Thelen, 2007). 이것은 공공부문의 기능이 시장의 역기능을 완화

12만 7,884명과 현업기관(우정사업) 3만 1,653명으로 이루어졌다. 지방공무원은 지방자치단체 공무원 28만 3,017명과 교육자치단체 6만 3,905명으로 구성되었다. 공공기관 인원은 25만 8,272명이며, 305개 기관으로 한국철도공사(3만 2.084명), 한국전력공사(2만 1,646명), 한국수력원자력(7,809명), 한국도로공사(4,551명), 주택공사(4,377명), 한국농어촌공사(5,905명)와 같은 대형 공사뿐만 아니라 국립대학병원, 연구원과 국립합창단이나 국립발레단과 같은 예술단체를 포함한다. http://www.alio.go.kr/part2/02_old.jsp(2009년 2월 24일 접속).

2) 「OECD 보고서」(OECD, 2001: 15)는 1998년 전체 피고용자 가운데 정부부문 피고용자의 비율을 한국 4.5%, 캐나다 17.9%, 핀란드 24.3%, 영국 12.7%, 미국 14.5%라고 제시했다. 「EU 보고서」(European Foundation, 2007: 13~14)는 공공부문 피고용자의 비율을 영국 20.2%, 노르웨이 33.9%, 덴마크 30.4%, 핀란드 27.5%로 제시했다.

시켜 불필요한 사회적 비용을 낮추는 것이기 때문이다. 공공부문이 사적부문의 역할을 보완하고 완충하는 역할을 공공부문이 제대로 하는 경우, 공공부문은 효율성과 연대성을 동시에 보장할 수 있다.

공공부문과 사적부문 종사자들의 임금수준은 국가에 따라 다르다. 독일의 경우 공공부문 종사자의 평균 임금은 사적부문 종사자의 평균 임금에 비해서 약 5.2% 낮다(Melly, 2004). 반면, 캐나다와 미국의 경우 공공부문 임금이 사적부문보다 일관되게 높은 것으로 나타났다(Fogel and Lewin, 1974; Gunderson, 1971; Lacroix and Dussault, 1984). 개발도상국 중 남미의 경우 사적부문의 평균 임금이 공공부문에 비해서 높은 반면(Panizza, 2000), 아프리카의 경우는 고학력자들이 몰리는 공공부문의 임금이 더 높은 것으로 알려졌다(Boudarbat, 2004). 대만의 경우도, 남녀 모두 사적부문보다 공공부문에서 절대적, 상대적 임금 프리미엄을 누리고 있다(Hou, 1993).

한국의 경우 공공부문과 사적부문의 임금격차에 대한 연구는 상이한 결과를 보여준다. 일부 연구들(김판석·김태일·김민용, 2001; 김재홍, 1996)은 공공부문의 평균 임금은 사적부문에 비해서 낮았다고 주장한다. 정부도 민간부문 임금수준에 비해서 공공부문의 임금은 1999년 89%로 낮았으나, 2004년 97.7%로 사적부문과 공공부문의 임금격차가 줄어들었다고 보았다(중앙인사위원회 2006: 발간사). 그러나 다른 연구(조우현, 1997)는 공무원이 민간부문에 고용되었을 때의 임금과 현재 공무원의 임금을 비교하면, 유의미한 차이는 없다고 주장한다. 이러한 연구들은 공공부문에서 공기업과 공공행정부문을 구분하지 않았다.

2) 공공부문 임금의 특징

공공부문의 임금은 노동력 수요변화에 비탄력적인 속성을 지닌다

(Ehrenberg, 1973; Ashenfelter and Ehrenberg, 1975). 임금이 노동시장에서의 노동력 수요와 공급에 의해서 결정되는 사적부문과 달리 공공부문 노동력 수요는 공공 서비스의 수요 증가에 따라 이루어지며, 이는 집권 정당의 정책이나 정치적 결정에 크게 영향을 받는다. 그러므로 공공 서비스 수요 증가는 정치적으로 결정된다고 볼 수 있다. 또한 공공 서비스 수요 증가에 따른 노동력 증가나 업무량 증가가 이루어지지만, 이러한 변화가 임금수준에 직접 영향을 미치지는 않는다.

공공부문의 조직 논리가 효율성이 아니라 정치적 논리이기 때문에, 공공부문의 임금도 정치적으로 영향을 받는다. 특히 한국의 공공부문 임금은 정치적 판단에 의해서 크게 영향을 받아왔다. 집권 여당의 이념이나 정치적 판단에 따라서 공공부문 규모와 임금이 크게 영향을 받아온 것이다. 과거 발전국가 체제에서 공공부문 임금수준은 대통령의 재가와 더불어 집권 여당과의 합의가 중요한 사항이었다.[3] 또한 발전국가 체제가 약화되기 시작한 1997년 이후 민간정부하에서도 공공부문 임금은 정치적으로 결정되었다. 2005년에는 경제 침체를 이유로 공무원의 기본급이 동결되었고, 2006년 공무원 임금인상률은 2.0%로 행정부 고위 관료들에 의해서 결정되었다. 그리고 이명박 정부하에서 2008년과 2009년 임금은 경기 침체를 이유로 동결되었다.

공공부문의 임금은 관료적인 방식에 의해서 결정된다. 관료적인 방식의 특징은 임금인상과 관련된 결정이 중앙정부 고위 관료들에 의해서 일방적

---

3) 1990년대 중반 공공부문 임금결정의 특징은 다음과 같은 자료에서 잘 나타난다. "정부는 96년 공무원 봉급을 95년 대비 총액기준 9%로 인상키로 했다. 재정경제원과 총무처는 김영삼 대통령의 지시에 따라 당초 8~9%로 예정되었던 공무원 봉급 인상률을 이같이 확정하고, 9월 18일에는 민자당과의 당정협의까지 마쳤다"(한국경영자총연맹, 1995: 118).

으로 이루어진다는 점이다. 실무적으로는 역대 정부에서 재정을 담당하는 부처가 일방적으로 공무원의 임금수준을 결정했다. 정권의 변화에 따라서 주무 부처 이름은 달라졌지만, 주로 예산을 담당하는 부처가 공무원 임금수준을 결정했다. 1997년까지 경제기획원이, 그 이후부터 2007년까지는 기획예산처가 공무원 임금수준을 결정했고, 2008년부터는 기획재정부가 그 역할을 담당하고 있다. 그리고 공무원 임금에 관한 구체적인 지침은 1999년부터 2007년까지 중앙인사위원회가 담당했다. 2008년부터는 중앙인사위원회가 행정자치부(현 행정안전부)로 통합되면서 행정자치부 인사실이 담당하고 있다. 예산 담당 부처들이 총액인건비 차원에서 임금 인상률을 결정하고, 중앙인사위원회가 구체적인 직급과 직무에 따른 임금수준과 임금 격차를 결정했다.

<표 4-1>은 2008년도 공무원 봉급표로 2009년 공무원 봉급표와 동일하다. 개별 공무원의 임금은 직급과 호봉에 따라서 기계적으로 결정된다.[4] <표 4-1>에서 특징적인 점은 직급별로 봉급이 높아지지만, 상위 직급으로 올라갈수록 직급 간 격차가 벌어진다는 점이다. 예를 들어, 8급과 9급 1호봉의 경우, 봉급격차는 11만 5,000원인 반면, 2급과 1급의 봉급 격차는 25만 4,900원으로 더 커졌다. 반면 호봉의 경우, 낮은 호봉에서 호봉 간 봉급 격차가 커지고, 높은 호봉에서 호봉 간 봉급 격차가 적어졌다. 그러나 호봉 간 봉급 격차도 직급이 높아질수록 더 커졌다. 호봉제 때문에 직급은 낮지만 호봉이 높음으로 인해서 직급이 높고 호봉이 낮은 경우보다 봉급이 더 높은 경우가 상당한 정도로 나타날 수 있다. 직급과 호봉을 결합한 봉급체계이기 때문에 나타나는 현상으로 공무원 임금에서 성과와 관계없이 자동적으로

---

[4] 공공부문이 모두 이러한 봉급표에 기초하여 임금을 결정하는 것은 아니며, 이러한 봉급표는 공기업이나 준공공부문에는 적용되지 않는다.

〈표 4-1〉 2008년 일반직공무원과 일반직에 준하는 특정직 및 별정직공무원 등의 봉급표

(월지급액, 단위 : 원)

직무등급 호봉	1급	2급	3급	4급, 6등급	5급, 5등급	6급, 4등급	7급, 3등급	8급, 2등급	9급, 1등급
1	2,381,100	2,126,200	1,901,000	1,656,800	1,453,000	1,186,100	1,052,700	935,100	820,100
2	2,473,200	2,213,800	1,979,900	1,731,300	1,518,200	1,247,700	1,107,100	986,600	868,400
3	2,567,900	2,302,600	2,061,100	1,807,000	1,585,800	1,311,500	1,164,600	1,041,000	919,600
4	2,664,700	2,392,800	2,143,300	1,884,700	1,656,200	1,376,800	1,225,200	1,096,400	973,900
5	2,764,000	2,484,000	2,226,700	1,963,500	1,728,700	1,444,000	1,287,900	1,154,400	1,028,900
6	2,864,700	2,575,700	2,311,300	2,043,200	1,802,700	1,513,300	1,352,300	1,213,700	1,085,200
7	2,967,000	2,668,600	2,396,900	2,123,800	1,878,000	1,582,700	1,417,400	1,273,500	1,139,200
8	3,070,500	2,761,800	2,482,800	2,205,000	1,954,400	1,652,600	1,482,800	1,330,900	1,191,400
9	3,175,300	2,855,500	2,569,600	2,286,400	2,031,000	1,722,900	1,545,200	1,385,900	1,241,600
10	3,281,000	2,949,600	2,656,600	2,368,100	2,108,400	1,789,000	1,605,000	1,438,200	1,289,900
11	3,386,800	3,044,100	2,743,800	2,450,500	2,180,800	1,851,900	1,661,600	1,488,800	1,336,200
12	3,492,700	3,138,800	2,831,500	2,525,900	2,248,700	1,912,000	1,715,600	1,537,000	1,380,900
13	3,599,200	3,234,100	2,913,000	2,596,400	2,313,200	1,968,600	1,766,900	1,583,300	1,423,600
14	3,706,000	3,320,200	2,988,600	2,662,200	2,373,300	2,022,100	1,816,000	1,627,400	1,465,200

15	3,799,200	3,399,900	3,058,200	2,724,100	2,430,100	2,073,400	1,862,700	1,669,800	1,505,000
16	3,882,100	3,472,800	3,123,300	2,782,400	2,483,600	2,121,500	1,907,100	1,710,700	1,543,600
17	3,955,500	3,539,900	3,183,600	2,836,600	2,533,800	2,167,400	1,949,700	1,749,000	1,581,100
18	4,021,000	3,601,200	3,239,700	2,887,400	2,581,400	2,210,900	1,990,300	1,786,100	1,616,200
19	4,079,500	3,657,800	3,291,800	2,934,700	2,626,000	2,252,000	2,028,500	1,821,700	1,650,500
20	4,132,200	3,709,600	3,340,200	2,978,900	2,667,800	2,290,800	2,065,000	1,855,600	1,683,400
21	4,180,500	3,756,700	3,385,200	3,020,300	2,707,300	2,328,000	2,099,800	1,888,100	1,714,300
22	4,223,700	3,800,200	3,426,900	3,059,000	2,744,400	2,363,000	2,132,700	1,919,200	1,744,100
23	4,260,000	3,839,900	3,465,400	3,095,500	2,779,400	2,395,900	2,164,500	1,948,900	1,772,300
24		3,872,200	3,501,300	3,129,600	2,812,000	2,427,400	2,194,700	1,977,500	1,799,600
25		3,903,200	3,531,000	3,161,000	2,842,800	2,457,200	2,223,100	2,004,500	1,825,400
26			3,558,900	3,187,700	2,871,900	2,485,400	2,250,500	2,030,800	1,848,900
27			3,585,200	3,212,200	2,896,100	2,512,100	2,273,700	2,052,800	1,869,100
28				3,235,600	2,919,300	2,534,500	2,295,300	2,073,900	1,888,500
29					2,940,600	2,555,600	2,316,200	2,093,900	1,907,400
30					2,961,300	2,576,200	2,336,000	2,113,300	1,925,500
31						2,595,300	2,354,800	2,132,000	1,943,500
32						2,613,600			

이루어지는 봉급 인상이 큰 비중을 차지하고 있음을 의미한다.

김대중 정부하에서 중앙인사위원회를 중심으로 공공부문의 경쟁력 강화를 목적으로 임금체계의 개편이 이루어졌다. 이는 크게 세 가지를 중심으로 이루어졌다. 세 가지는 각각 공무원 임금 체계 단순화, 인센티브 임금 제도 강화와 부처의 자율적인 임금체계였다. 첫째, 기본급과 각종 수당으로 구성된 임금 체계의 단순화가 이루어졌다. 각종 수당을 기본급으로 통합하여 임금체계를 단순화시키고, 기본급 비중을 높이는 방향으로 임금체계 개편이 시도되었다. 그러나 새로운 임금체계로 사적부문에서 적극적으로 도입된 연봉제는 공공부문에서는 거의 도입되지 않았다.

둘째, 공공부문의 생산성을 높이기 위해 성과급 임금제도가 도입되었다. 직급중심의 임금체계에서 성과 중심의 임금체계로의 전환을 모색한 것이었다. 그러나 성과급 임금제도가 총임금에서 차지하는 비중은 2~3%에 불과하여, 성과급 임금은 실질적인 성과급으로 기능을 하지 못하고 있다. 2005년 성과급의 비중은 임금의 1.5% 수준에 불과했다. 2006년 중앙인사위원회는 성과급의 비중을 2010년까지 6% 수준으로 올리는 것을 목표로 내세웠다.

셋째, 자율적인 임금체계는 성과중심의 조직체계를 구축하기 위한 임금체계의 개편 전략의 하나로 도입되었다. 그러나 임금체계의 개편이 제한적으로 이루어져, 조직의 경로의존성을 잘 보여주고 있다. 기존의 임금체계에서 벗어나는 것 자체가 가져오는 혼란을 피하고자 했고 또한 임금결정의 새로운 기준 제시가 조직 구성원들 사이의 갈등을 가져올 수 있기 때문에, 임금체계는 크게 바뀌지 않았다. 임금체계의 개편과 관련하여 자율성이 매우 증가했으나, 각 행정기관은 관행적인 임금결정 방식을 그대로 유지하고 있다.

사적부문의 임금교섭 결과가 공공부문 임금결정에 미치는 요인은 공기업에 한정되어 있고, 서구에서처럼 공공부문 임금교섭이 사적부문 임금교섭에 미치는 일은 거의 없다. 노사관계 제도상 사적부문과 공공부문의 임금교섭에서 공공부문의 주도성이 없기 때문에 이러한 결과가 나타났다. 오히려 사적부문의 임금이 공공부문 임금결정에 영향을 미쳤다. 즉, 관료적 결정이었지만 사적부문의 임금수준이 공공부문 임금수준을 결정하는 데 어느 정도 고려되었다.

한편, 사적부문의 변화가 공기업 임금체계에 큰 영향을 미쳤다. 그것은 임금체계 변화에서 가장 잘 나타난다. 공기업 임금체계에서 연봉제 요소가 부분적으로 도입되면서, 임금체계가 연봉제와 호봉제로 이원화되었다. 1999년 국민의 정부 들어서 공공부문에도 연봉제 임금체계를 도입하기 시작했다. '공공기관운영위원회'가 주관하는 공기업 경영평가가 이루어지면서 연봉제가 부분적으로 도입되기 시작했다. 그러나 연봉제가 전면적으로 도입된 것은 아니었다. 기존의 호봉제를 근간으로 하면서, 임원과 고위직 직급이나 별정직 직원들을 대상으로 연봉제가 제한적으로 적용되었다. 또한 자율적인 연봉제 도입을 원칙으로 했기 때문에 공기업 내의 연봉제 도입은 큰 편차를 보이고 있다. 결과적으로 주로 공기업 임원이나 고위직급 직원만을 대상으로 연봉제가 도입되었기 때문에 실질적으로 공기업 임금결정에서 연봉제가 적용되는 비율은 대단히 낮다.[5]

공공부문에서 노조의 임금효과는 사적부문에 비해서 낮다(Ehrenberg and

---

[5] 고위직 직원 가운데 1~2급 직원을 대상으로 연봉제를 도입한 경우와 1~3급 직원을 대상으로 연봉제를 도입한 경우가 있다. 대체로 노조 가입 대상에서 제외된 직급을 대상으로 연봉제가 적용되는 경향이 있어서 단체교섭의 결과에 따라서 공기업마다 다른 양상을 보이고 있다. 공무원연금관리공단의 경우 1~2급 직원만을 대상으로 연봉제가 도입되었지만, 대한지적공사의 경우는 1~3급 직원을 대상으로 하고 있다(공공기관운영위원회, 2007: 382, 425).

Schwarz, 1986). 이러한 차이는 크게 두 가지 요인에서 유래한다. 첫째는 사적부문과 공공부문의 상이한 법적 환경이다(Tracy, 1988). 사적부문의 노조에 비해서 공공부문의 노조가 제한적인 법적 권리를 갖고 있다(Tracy, 1988). 파업권이 제한되어 있고 직급에 따른 조합원 가입 제한도 법적으로 정해져 있기 때문에 노조의 영향력은 제한적이다. 둘째는 사적부문과 공공부문에서 일에 대한 보상 방식이 다르기 때문이다(Bahrami, Bitzan and Leitch, 2009). 성과에 대한 측정이 어렵고, 이윤이 아닌 세금에 기초한 예산에 근거해서 임금협상이 이루어지기 때문이다. 이러한 주장들은 노조의 임금 효과 차이가 개인적인 속성의 차이에 기인하기보다는 제도적인 혹은 환경적인 요인에 기인한다고 보는 것이다.

한국의 경우, 사적부문 임금결정에 영향을 미치는 단체교섭제도, 최저임금제와 같은 제도적인 요소가 공공부문 임금결정에 미치는 영향은 대단히 세한적이다. 공공부문에서 노조운동은 최근에 이르러서야 비로소 시작되었기 때문이다. 공공부문 노조가 조직되고, 2006년 1월 1일부터 단결권과 단체교섭권이 있지만 단체행동권이 주어지지 않아서, 교섭이 결렬될 경우 공무원 노조가 할 수 있는 일은 없다. 실질적으로 임금교섭을 통해서 공무원 임금이 결정되는 것이 아니기 때문에 공무원 임금결정에서 노동조합의 역할은 제한적이다.

또한 공무원 노조 가입이 모든 공무원에게 허용된 것이 아니라 하위직급에만 허용되었기 때문에, 임금결정에 미치는 노조의 영향력은 제한적일 수밖에 없다. 2008년 8월 현재, 공무원 노조는 가입 대상인 6급 이하의 공무원 29만 명 중 21만 명이 가입하여 73% 정도의 조직률을 보여주고 있다. 2008년도 들어서 10% 이상 조직률이 증가하여, 매월 1% 이상의 증가율을 보이는 급속한 증가추세를 보이고 있다. 그러나 공무원 노조는 중앙정부, 지방자치단체, 교육청, 법원 등에 분산되어 조직되어 있다. 공무원 노조조직률이 상대적으로 높지만, 전국공무원노조, 전국민주공무원노조, 공무원노동조합총연맹, 한국공무원노조, 행정부공무원노조 등으로 나뉘어 있기 때문에 조직적 역량은 매우 약하다. 더구나 공공부문 노조의 경우 단체행동권이 인정되지 않기 때문에 파업이나 시위와 같은 노동조합의 파괴력은 낮은 수준에 머물고 있다.

공공부문에서 사회적 소수자에 대한 임금 차별은 사적부문에 비해서 낮다. 공공부문 노동시장은 고용과 승진에서 시대의 보편적 가치를 실현하고자 하기 때문에, 평등이나 공정성이 대단히 중시된다(Blank, 1985). 그러므로 사적부문보다 공공부문에서 여성, 소수자, 장애자 등의 채용이 더 많이 이루어진다(Beggs, 1995; Levin-Epstein and Semyonov, 1994). 정부가 내세우는 정책의 모범을 보여주어야 하기 때문에, 공공부문에서 소수자들의 차별이 사적부문에 비해서 더 적게 나타난다. 그리고 공공부문의 임금결정은 정부의 정책적 혹은 법적 규제에 따라서 임금이 결정되기 때문에, 사적부문에 비해서 임금 차별의 정도도 적다(Asher and Popkin, 1984; Freeman 1986; Smith, 1976). 예를 들어, 남녀차별 금지나 소수자 차별 금지와 같은 법적 조치는 가장 먼저 공공부문에 적용되어서 공공부문 내에서 각종 차별적 요소가 빠르게 약화되었다. 국가의 개입으로 성·인종·국적과 같은 사회적 혹은 정치적 요소들에 의한 임금차별이 약화되었다. 프랑스, 영국과 이탈리아에서 공공부문 남녀 임금격차는 사적부문보다 훨씬 적고, 프랑스와 이탈리아보다 시장적 요소가 더 지배적인 영국에서 남녀 임금격차가 더 큰 것으로 나타났다(Lucifora and Meurs, 2006).

또한 공공부문에서는 정책 이념이 부재하더라도 조직의 특성상 공공부문에서는 이윤을 극대화하고자 하는 동기가 부재하기 때문에, 사적부문에 비해서 공공부문에서 남녀 임금격차가 적다. 임금비용을 줄여서 이윤을 극대화하려는 시도 자체가 무의미하기 때문이다. 그러므로 공공부문의 비중이 더 커질수록 남성과 여성의 임금 격차는 더 줄어든다(Gornick and Jacobs, 1998).

2006년 한국의 여성 평균 임금은 남성 평균 임금의 62%로 OECD 회원국 가운데 한국의 성별 임금격차가 가장 큰 것으로 나타났다(OECD 2008: 358). 같은 해 OECD 회원국 평균 여성 임금은 남성 임금의 82%에 달하여 거의 20% 포인트 격차를 보여주었다. 또한 여성 저임금 비율도 24.5%로 OECD 회원국 가운데서 가장 높은 것으로 나타났다. 이러한 현실에서 공공부문은 사적부문에 비해서 상대적으로 성별 임금격차가 적고, 조직 내에서 다른 형태의 여성 차별도 적기 때문에, 여성들이 사적부문보다 공공부문을 더 선호하는 경향을 보이고 있다.

3. 자료 및 분석방법

1) 자료

이 연구에서 사용한 자료는 2007년 노동연구원이 수집한 제10차 노동소득패널자료(KLIPS)이다. 1998년부터 시작된 노동소득패널자료는 전국에서 5,000개 가구를 선정하여 이들 가구와 가구원을 매년 조사하여 패널자료를 구성했다. 매년 여러 가지 이유로 조사대상에서 탈락한 가구를 보충하기 위해 새롭게 패널 가구를 구성했다. 노동소득패널 조사는 노동시장 내에서의 변화를 분석하기 위해 다양한 노동과 관련된 정보를 포함하고 있다. 노동소득패널자료의 장점은 임금에 대한 조사가 상대적으로 정확하고, 월임금의 수치가 제시되어 있어서 임금결정 분석에 유용한 자료라는 점이다. 또한 패널조사 자료이기 때문에 조사 자료에 대한 추적이

가능하여 월소득에 대한 조사가 상대적으로 정확하다. 그리고 대부분의 다른 조사 자료에서 이루어진 임금에 대한 답변이 급간으로 이루어진 데 반하여, 노동소득패널 자료는 월임금 수치를 제시하고 있어서 임금결정 분석에 매우 적절한 자료라고 볼 수 있다.

이 연구는 전체 경제활동인구 가운데 20~65세 사이의 피고용자만을 대상으로 했다. 피고용자 가운데서 제3섹터에 해당하는 시민단체와 종교단체에서 일하는 사람들은 분석에서 제외시켰다. 월임금은 조세 전의 월임금을 자연 대수값을 취하여 사용했다. 독립변수로는 일반적인 임금함수에 사용되는 표준적인 인적 자본 변수 이외에 고용의 형태(정규직, 임시직과 일용직)와 직업 및 노동조합원 지위 등을 포함했다. 공공부문을 구성하는 행정기관과 공기업은 고용방식이나 임금결정 방식에서 차이가 있기 때문에 구분하여 분석했다.[6]

2) 분석모형

이 연구에서 사용한 임금결정요인 분석모형은 노동경제학에서 사용하는 표준적인 인적 자본 모형 이외에 사회학에서 사용하는 직업과 부문을 고려하는 분석모형으로 이루어진다. 노동경제학에서 사용하는 표준 모형

---

[6] 10차 노동패널 자료 p100401의 주된 일자리 형태는 ① 민간기업 혹은 개인 사업체(3,335사례), ② 외국인 회사(47사례), ③ 정부투자기관, 정부출연기관, 공사 합동기업(160사례), ④ 법인단체(199사례), ⑤ 정부기관(405사례), ⑥ 나는 특정한 회사나 사업체에 소속되어 있지 않다(171사례), ⑦ 시민단체 혹은 종교단체(26사례), ⑧ 기타(1사례)로 구분되어 있다. 여기에서 ①, ② 및 ⑤는 사기업으로, ③은 공기업으로, 그리고 ⑤는 행정기관으로 분류했다. 그리고 나머지는 분석에서 제외했다. 이러한 구분의 필요성을 지적한 익명의 심사자에게 감사드린다.

은 민서(Mincer, 1958 및 1974)의 임금함수로, 교육에 대한 보상과 노동시간에 대한 보상을 모형화한 것이다. 민서의 임금함수는 다음과 같이 표현될 수 있다.

$$\ln(w) = a + b_1 s + b_2 x + b_3 x^2 + e \qquad ①$$

여기에서 s는 교육을 받은 연도수이며 x는 경력(연령 - 수학연수 - 6)이다. a는 교육을 전혀 받지 않았고, 경력도 없는 사람의 임금이다. b_1, b_2와 b_3은 각각 교육연도와 경력에 대한 보상이다. 그리고 e는 오차항(error term)으로 $E(e|s,x) = 0$으로 가정하는 임금함수이다. 민서의 임금함수는 개인들은 재능이 동일하고, 직업에 따라 필요한 교육연수와 훈련기간에 차이를 보이며, 보상의 차이는 이러한 교육연수와 훈련기간의 차이에 따른다는 것을 가정한다. 민서의 임금함수는 지난 50년 동안 임금에 관한 경험적인 연구들의 기본 모형으로 사용되었다(Willis, 1987; Heckman, Lochner and Todd, 2003). 그러나 개인적인 속성으로 임금을 설명하는 민서의 임금함수는 직업이나 산업과 같은 비개인적인 속성과 계급이나 젠더와 같은 사회구조적 요인들을 간과한 임금결정 모형이라는 비판을 받아왔다.

개인적인 속성을 강조하는 경제학적인 임금결정 모형을 비판하면서 등장한 새로운 논의들은 개인적인 속성 이외에 직업(Kerr, 1977; Kalleberg and Berg, 1987), 노사관계 제도로서의 노동조합의 직접적인 효과(Freeman, 1988; Farber, 2001: 9~12), 사회적 차원의 계급이나 여성차별 등(Kalleberg and Griffin, 1980; Wright, 1982)도 개인의 임금에 영향을 미치는 요인이라고 보았다. 이러한 비개인적인 요인들에 대한 논의들은 민서의 임금함수를 원천적으로 부정하는 것이 아니라, 그것이 임금에 대한 설명으로 불충분하다는 데 있다. 그리하여 비판적인 논의들은 민서의 임금함수를 기본

모형으로 하여 새로운 변수를 추가하거나 혹은 새로운 변수들의 매개효과를 분석하기 위해 학력이나 경력과 비개인적인 변수들 사이의 상호작용을 분석모형에 추가했다. 이 글에서는 비개인적인 속성으로 성, 직업 그리고 고용상의 지위(정규직·비정규직), 노동시장 부문을 민서의 임금함수 ①에 추가하여, 각 요소가 임금에 미치는 추가적인 효과를 분석하고자 한다면, 분석모형은 ②와 같이 구체화될 수 있다.

$$\ln(w) = a + b_1 s + b_2 x + b_3 x^2 + b_4 sex + b_5 occ + b_6 emps + b_7 sector + e \quad ②$$

여기에서 sex는 성(남성과 여성), occ는 직업(관리직, 전문직, 기술직, 사무직, 숙련노동직, 반숙련 노동직, 미숙련 노동직), $emps$는 고용형태(정규직, 임시직, 일용직), $sector$는 고용부문(사적부문, 공공행정부문과 공기업)을 지칭한다. 그리고 b_4, b_5, b_6과 b_7은 각각 성, 직업, 고용형태와 고용부문이 임금에 미치는 효과를 보여준다.

모형 ①과 ②는 개인적인 속성과 비개인적인 속성들이 임금에 미치는 효과가 부가적(additive)이라는 전제에 기초한 모형들이다. 만약에 학력과 경력의 효과가 사적부문, 공공행정부문과 공기업에서 다를 것이라고 본다면, 그것은 임금함수 ②를 사적부문, 공공행정부문과 공기업으로 나누어 분석하는 것이 필요하다. 그것은 각각 ③, ④, 그리고 ⑤와 같이 표현될 수 있다.

$$\ln(w_1) = a_1 + b_{11} s_1 + b_{12} x_1 + b_{13} x_1^2 + b_{14} sex_1 + b_{15} occ_1 + b_{16} emps_1 + b_{17} sector_1 + e_1 \quad ③$$

$$\ln(w_2) = a_2 + b_{21}s_2 + b_{22}x_2 + b_{23}x_2^2 + b_{24}sex_2 + b_{25}occ_2 + b_{26}emps_2 +$$
$$b_{27}sector_2 + e_2 \quad ④$$

$$\ln(w_3) = a_3 + b_{31}s_3 + b_{32}x_3 + b_{33}x_3^2 + b_{34}sex_3 + b_3occ_3 + b_{36}emps_3 +$$
$$b_{37}sector_3 + e_3 \quad ⑤$$

③, ④와 ⑤는 ②의 독립변수에 상호작용 항을 포함하는 경우와 다르게, 회귀계수들뿐만 아니라 절편도 세 부문에서 서로 다르다는 것을 전제로 한 것이다. 본 분석에서는 추가적으로 독립변수와 부문과의 상호작용 항을 모형 ②에 추가한 회귀분석을 시도했다.

3) 분위회귀분석

공공부문과 사적부문의 임금격차가 소득분위에 따라서 다를 수 있다는 것을 전제로 하여 분위회귀분석(quantile regression analysis)을 추가적으로 시도했다. 여러 형태의 회귀분석은 기본적으로 종속변수의 조건부 평균 임금 결정에 대한 분석이다. 일반 회귀분석인 평균 임금을 중심으로 분석한다. 그러나 상이한 임금 집단들에서 임금에 영향을 미치는 요인들의 효과가 달라질 수 있다. 임금과 같이 소수의 예외적인 임금에 의해서 평균 소득이 크게 영향을 받는 경우(Koenker, 2005)나 혹은 소득과 같이 동일한 분산(homoscedasticity)을 기대하기 힘든 경우, 분위회귀분석은 일반 회귀분석보다 더 나은 계수 추정치를 제공한다(Deaton, 1997).

임금결정에 영향을 미치는 요인들의 효과가 임금수준에 따라서 다를 경우 조건부 분위 임금을 분석하는 데 일반회귀분석보다 분위회귀분석이 더 적합하다. 예를 들어, 고임금 부분에서는 공공부문의 임금이 사적부문보다는 낮지만 중위 임금 부분에서는 사적부문의 임금보다 높은 경우, 일반적인 회귀분석으로는 이러한 속성을 파악하기 힘들지만 분위회귀분석을 통해서 이러한 속성을 밝힐 수 있다. 또한 여성의 임금 차별이 저임금 부분에서는 적지만 고임금에서는 큰 경우에도 분위회귀분석을 통하여 분위별 회귀계수의 변화를 분석할 수 있다. 분위에 따라 구체적으로 종속변수에 비치는 독립변수들의 효과를 분석하기 위해 최근 여러 분야에서 회귀분석이 많이 사용되고 있다(박범조, 2008; 최강식 외, 2005; Cameron and Trivedi, 2005; Hao and Naiman, 2007; Koenker and Hallock, 2001; Lee and Lee, 2006).

4. 분석 결과

먼저 사적부문, 공공부문(공공행정부문과 공기업)의 평균적인 속성을 요약한 것이 <표 4-2>에 제시되어 있다. 월평균 임금의 경우 공공행정 부문과 공기업에서 공통적으로 사적부문보다 훨씬 높게 나타났다. 이것은 사적부문 종사자의 대다수가 중소기업에 근무하고 있으며, 비정규직 종사자의 비율이 대단히 높기 때문에 나타난 결과이다. 그러나 고임금분위에서 사적부문과의 차이는 없는 것으로 나타났다 (220쪽 <그림 4-1> 참조). 95% 임금분위에서는 사적부문과의 유의미한 임금차이가 존재하지 않는 것으로 나타났다. 공공행정부문의 프리미엄은 중하위 임금분위에서 크게 나타났으며, 공기업의 프리미엄은 중상위 임금분위에서 크게 나타났다. 이것은 공공행정부문에 비해 공기업의 임금이 상대적으로 높다는 사실을 보여주는 것이기도 하다. 평균 교육연수도 공공행정부문과 공기업에서 사적부문보다 높은 것으로 나타났지만, 여성의 비율은 공공행정부문에서만 높은 것으로 나타났다. 공기업에서는 오히려 사적부문보다 여성의 비율이 낮았

〈표 4-2〉 변수의 정의와 사적부문과 공공부문의 변수값 비교

변수	정의	사적부문	공공행정	공기업
월임금	만 원	185.04(172.76)	273.14(314.07)***[1]	270.23(154.98)***
		(3,440)	(393)	(158)
개인변수				
성	남성=0/여성=1	0.3916	0.4377***	$0.2975***c^{2)}$
		(3,440)	(393)	(158)
교육연수	수학연수	12.91(3.02)	14.78(2.90)***	14.43(3.12)***
		(3,440)	(404)	(158)
경력	연령-교육연수-6	20.01(12.09)	19.81(11.91)	18.85(11.42)
		(3,440)	(404)	(158)
노동시간	주당 노동시간	42.12(19.13)	40.72(10.47)***	45.54(10.79)***
		(3,042)	(393)	(151)
고용형태				
정규직	정규직=1/기타=0	0.8116	0.8909*	0.8738*
임시직	임시직=1/기타=0	0.1019	0.0865	0.0949

일용직	일용직=1/기타=0	0.0866	0.0229***	0.0316***
직업				
관리직	관리직=1/기타=0	0.0146	0.0211	0.0316
전문직	전문직=1/기타=0	0.1083	0.3158	0.1329a
반전문직	반전문직=1/기타=0	0.1580	0.1421	0.2089
사무직	사무직=1/기타=0	0.1432	0.2711**	0.2722**
판매서비스	판매서비스=1/기타=0	0.1432	0.1237	0.1139
숙련 노동직	숙련 노동직=1/기타=0	0.1671	0.0342	0.0886**a
반숙련 노동직	반숙련 노동직=1/기타=0	0.1257	0.0079	0.0823c
미숙련 노동직	미숙련 노동직=1/기타=0	0.1086	0.0842	0.0696
노동조합				
조합원	조합원=1/비조합원=0	0.0990	0.1959***	0.3288***c

주: 1)은 사적 부문과 다른 부문 간의 차이의 유의수준을 지칭하며, 2)는 공공행정부문과 공기업 간 차이의 유의수준을 지칭한다.
* p<0.05, ** p<0.01, *** p<0.001, a<.05, b<0.01, c<.001

다. 여성의 비율이 공공행정부문에서 높은 것은 상대적으로 차별이 적기 때문이며, 이러한 경향은 선진국에서 공통적으로 나타나는 현상이다 (OECD, 1994). 공공행정부문과 공기업에서 정규직 비율이 사적부문보다 더 높지만, 일용직 비율은 더 낮은 것으로 나타났다. 직업분포에서도 공공행정부문과 공기업에서 전문직과 반전문직 비율이 사적부문보다 훨씬 더 높은 반면, 판매서비스직과 노동자(숙련, 반숙련과 미숙련 포함)의 비율은 훨씬 낮은 것으로 나타났다.

<표 4-3>은 공공행정부문과 공기업을 가변수로 하여 월임금을 두 개의 가변수를 포함한 주요 변수에 회귀시킨 결과이다. 이것은 회귀분석 모형 1과 2에 기초하여 이루어진 분석 결과로 민서(Mincer) 임금함수가 로그월임금의 분산을 25.5% 설명하는 것으로 나타났다. 매우 단순한 모형이지만 설명력은 매우 큰 편이다. 회귀모형 1의 분석 결과를 좀 더 자세히 보면, 월임금에 미치는 교육의 효과가 매우 커서 교육 1년 증가에 월소득 대수값이 11.14% 증가하는 것으로 나타났고, 경력 1년 증가에도 월소득 4.2%가 증가하는 것으로 나타났다. 모형 1은 노동시간을 고려하지 않았고 성차별도 고려하지 않은 매우 단순한 분석모형이다. 모형 2는 노동시간과 젠더를 분석모형에 포함시킨 것이다. 모형 2는 모형 1에 비해서 설명력이 10% 이상 상승한 모형으로 노동시간과 젠더가 임금에 큰 영향을 미치는 중요한 변수라는 것을 보여준다. 그리고 여성과 남성의 임금격차는 매우 커서 여성 임금은 남성의 임금보다 41% 정도 낮은 것으로 나타났다.

모형 3은 직업과 고용형태를 포함한 분석모형이다. 모형 3은 모형 2보다 10% 정도의 설명력 상승을 보여주었고, 직업 간 임금격차와 종사상의 지위에 따른 임금격차가 유의미하게 존재하는 것으로 나타났다. 고용형태와 관련하여 일용직에 비해서 정규직의 임금이 26.7% 높은 것으로 나타났지만, 임시직은 일용직에 비해서 오히려 13.8% 낮은 것으로 나타났다.

〈표 4-3〉 월임금 회귀분석 결과(N=3,547)

변수 \ 모형	1	2	3	4	5
상수	3.082(0.065)***	3.442(0.079)***	3.358(0.084)***	3.429(0.082)***	3.029(0.143)***
개인변수					
경력	0.042(0.003)***	0.033(0.003)***	0.033(0.002)***	0.032(0.002)***	0.046(0.002)***
경력제곱	-0.001(0.000)***	0.000(0.000)***	0.000(0.000)***	0.000(0.000)***	-0.000(0.000)***
교육연수	0.1114(0.004)***	0.098(0.004)***	0.062(0.004)***	0.055(0.004)***	0.065(0.004)***
성					
여성		-0.411(0.018)***	-0.419(0.018)***	-0.402(0.018)***	-0.399(0.018)***
남성(=0)		-	-	-	-
노동시간		0.003(0.001)***	0.003(0.001)***	0.003(0.001)***	0.003(0.001)***
직업					
경영직			0.685(0.067)***	0.721(0.065)***	0.713(0.065)***
전문직			0.546(0.039)***	0.535(0.038)***	0.523(0.038)***
반전문직			0.439(0.037)***	0.430(0.036)***	0.419(0.036)***
사무직			0.421(0.036)***	0.386(0.035)***	0.376(0.035)***

판매서비스직	0.205(0.036)***	0.209(0.035)***	0.201(0.035)***
숙련	0.267(0.035)***	0.274(0.034)***	0.268(0.034)***
반숙련	0.189(0.037)***	0.166(0.036)***	0.161(0.036)***
미숙련(=0)	-	-	-
종사상지위			
정규직	0.267(0.036)**	0.234(0.041)***	0.625(0.122)***
임시직	-0.138(0.048)*	-0.149(0.046)***	0.259(0.129)*
일용직(=0)	-	-	-
노조원 여부			
노조원(=1)		0.279(0.024)***	0.278(0.024)***
비노조원(=0)		-	-
부문			
공기업		0.160(0.037)***	0.158(0.037)***
공공행정부문		0.160(0.026)***	0.161(0.026)***
사적부문(=0)		-	-
상호작용			

					-0.012(0.004)***
정규직*경력					-0.013(0.004)***
임시직*경력					
조정된 R^2	0.255	0.359	0.455	0.485	0.486
N					3,547

* $p<0.05$, ** $p<0.01$, *** $p<0.001$

이것은 비정규직 내부에서도 고용형태에 따라 임금이 큰 차이를 보여주고 있다는 것을 의미한다.

모형 4는 노조원 여부와 경제부문을 모형 3에 추가한 것이다. 사적부문을 준거 범주로 하여 공기업과 공공행정 부문의 임금이 사적부문의 임금보다 유의미하게 높은 것으로 나타났다. 공기업의 임금은 다른 변수들의 효과를 통제한 이후에도 사적부문에 비해서 16.0% 높았고, 공공행정 부문도 사적부문에 비해서 16.0% 높았다. 이것은 전체적으로 다른 변수의 효과를 통제한 후에도 공공부문의 임금이 사적부문의 임금보다 유의미하게 높다는 것을 의미한다. 모형 5는 추가적으로 임금에 미치는 경력의 효과가 고용형태에 따라서 다를 것이라고 가정한 모형이다. 여기에서 눈에 띄는 점은 상호작용 모두 음의 부호를 보여주어서 일용직과 비교하여 정규직과 임시직에서 경력증가가 임금 감소로 이어진다는 것을 보여준다. 그러나 경력의 직접효과가 크게 증가하여($0.032 \rightarrow 0.046$) 독립효과와 상호작용 효과를 모두 고려하면 임금에 미치는 경력의 효과가 크게 변한 것은 아니라고 볼 수 있다.

<표 4-4>에서 제시된 분위회귀분석 결과는 공공부문과 사적부문의 임금 차이가 임금소득 분위에 따라서 다를 수 있다는 것을 가정한 분위회귀분석 결과이다. <표 4-3>의 모형 4를 임금소득 하위부분인 5분위에서 95분위까지 10개 분위로 구분하여 분위회귀분석을 한 결과이다. 여기에서 두드러진 점은 사적부문과 공공행정부문의 임금 격차는 임금분위에 따라서 대단히 크게 달라진다는 점이다. 공공행정부문과 사적부문의 임금격차는 중위 임금 부분에서 가장 크게 나타났고, 고임금분위에서는 유의미한 차이가 없는 것으로 나타났다. 임금 25% 집단에서 공공행정 부문은 사적부문에 비해서 무려 21.65% 더 높은 임금을 받았지만, 상위 95% 임금 집단에서는 두 부문에서 유의미한

〈표 4-4〉 월임금 회귀분석 결과(N=3,554)

변수｜모형	5분위	25분위	50분위	75분위	95분위
상수	3.1829(0.1937)***	3.2349(0.0957)***	3.5858(0.0949)***	3.6809(0.0880)***	4.0387(0.1751)***
개인변수					
경력	0.0251(0.0050)***	0.0301(0.0027)***	0.0350(0.0028)***	0.0380(0.0026)***	0.0356(0.0052)***
경력제곱	-0.0005(0.0001)***	0-.0005(0.0001)***	-0.0006(0.0001)***	-0.0006(0.0000)***	-0.0004(0.0001)***
교육연수					
성					
여성	-0.3429(0.0355)***	-0.4047(0.0200)***	-0.3977(0.0205)***	-0.3901(0.0183)***	-0.3434(0.0332)***
남성(=0)	-	-	-	-	-
교육연수	0.0334(0.0094)***	0.0484(0.0047)***	0.0519(0.0046)***	0.0590(0.0042)***	0.0742(0.0088)***
노동시간	0.0065(0.0019)***	0.0041(0.0008)***	0.0021(0.0007)***	0.0020(0.0006)***	-0.0003(0.0010)
직업					
경영직	0.6685(0.1219)***	0.7367(0.0745)***	0.7768(0.0677)***	0.6595(0.0696)***	0.4584(0.1181)***
전문직	0.4679(0.0790)***	0.5350(0.0435)***	0.5555(0.0391)***	0.4960(0.0405)***	0.3575(0.0340)***
반전문직	0.3234(0.0699)***	0.4015(0.0398)***	0.4115(0.0363)***	0.3993(0.0381)***	0.3854(0.0750)***
사무직	0.3358(0.0657)***	0.3716(0.0384)***	0.3875(0.0354)***	0.3812(0.0369)***	0.2747(0.0724)***
판매서비스직	0.1576(0.0660)***	0.2131(0.0382)***	0.2171(0.0352)***	0.1736(0.0362)***	0.1647(0.0693)***

숙련	0.2246(0.0639)***	0.2962(0.0372)***	0.2903(0.0346)***	0.2212(0.0365)***	0.1397(0.0695)*
반숙련	0.0924(0.0668)	0.2509(0.0292)***	0.2608(0.0363)**	0.1815(0.0376)***	0.1520(0.0724)*
미숙련(=0)	-	-	-	-	-
종사상지위					
정규직	0.2060(0.0783)***	0.2223(0.0444)***	0.1758(0.0461)***	0.1961(0.0410)***	0.1704(0.0749)
임시직	-0.4182(0.0913)***	-0.1841(0.0506)***	-0.1345(0.0527)**	-0.0865(0.0475)***	-0.1078(0.0846)
일용직(=0)	-	-	-	-	-
노조원 여부					
노조원(=1)	0.2204(0.0419)***	0.2509(0.02262)***	0.3149(0.0273)***	0.2929(0.0253)***	0.2505(0.0478)***
비노조원(=0)	-	-	-	-	-
부문					
공기업	0.1002(0.0745)	0.1492(0.0433)***	0.1712(0.0439)***	0.1349(0.0402)***	0.0571(0.0758)
행정기관	0.1888(0.0533)***	0.2165(0.0331)***	0.2050(0.0303)***	0.1311(0.0278)***	0.0231(0.0494)
사적부문(=0)	-	-	-	-	-
유사 R^2	0.2761	0.3226	0.3393	0.3417	0.2872

* $p<0.05$, ** $p<0.01$, *** $p<0.001$

차가 나타나지 않았다.

공기업의 경우도 중하위 임금에서 사적부문과 가장 큰 차이를 보였지만, 사적부문과의 차이는 공공행정부문에 비해서 훨씬 작았다. 그리고 고임금 분위인 95분위에서는 공공행정 부문과 마찬가지로 사적부문과 유의미한 차이를 보이지 않았다. 이러한 결과는 <표 4-3>에서 제시된 일반회귀분석 결과와 비교하여 흥미로운 점을 보여준다. 먼저, 공기업과 공공행정 부문의 임금이 사적부문보다 높다는 결과는 상위 소득 분위에서는 타당하지 않았다. <표 4-4>에서 알 수 있듯이, 하위소득 분위에서 공공부문의 임금이 사적부문보다 더욱더 커지는 것으로 나타났지만, 상위소득 분위에서 공공부문의 임금 프리미엄은 줄어들고, 최상위 임금집단에서 공공부문의 임금 프리미엄은 유의미하게 존재하지 않는 것으로 나타났다.

부문 간 임금 격차의 변화를 보기 위해서, 부문만을 독립변수로 하는 단순회귀분석에서 나타난 부문 간 임금격차(<그림 4-1>)와 모형 2를 바탕으로 한 다중회기분석에서 나타난 임금격차(<그림 4-2>)를 제시했다.[7] 단순회귀분석모형을 이용한 분위회귀분석에서 공기업은 하위 임금분위와 상위 임금분위에서는 차이가 없었으나 중상위 임금분위로 갈수록 격차가 커져서 0.75분위에서 가장 큰 차이를 보였다(<그림 4-1> 참조). 공공행정 부문도 최하위분위에서는 사적부문과 차이를 보이지 않았으나, 25분위에서 가장 큰 차이를 보였고, 그 이후 차이는 점차 줄어들었다.

임금에 미치는 여러 변수의 효과를 통제한 후, 임금분위별 부문 간 차이는 크게 줄어들었다(<그림 4-2> 참조). 공기업의 경우는 전체적으로 사적부문과의 차이가 줄어들었지만, 임금분위에 따라서는 큰 차이를 보이지 않았다. 반면, 공공행정 부문은 하위 임금분위에서 매우 큰 차이를 보였고,

---

[7] 분위회귀분석에 사용한 단순회귀분석모형은 $\ln(w) = a + b_1 sector + e$.

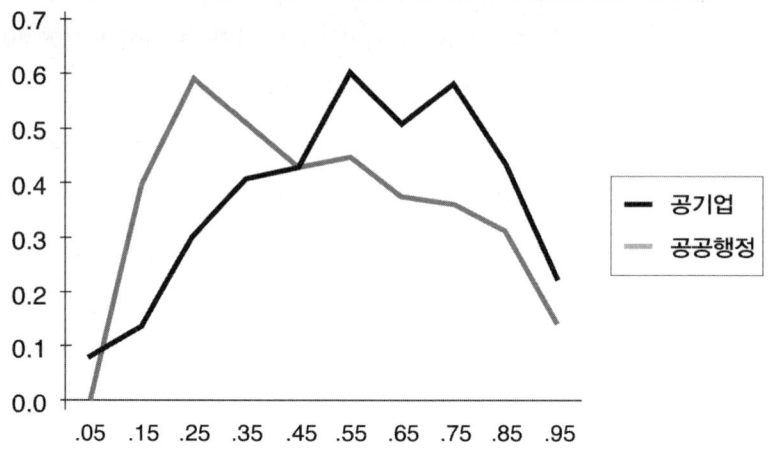

〈그림 4-1〉 분위별 단순분위회귀분석 공기업과 공공행정부문 회귀계수

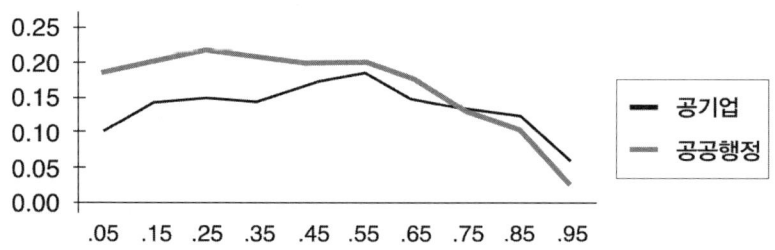

〈그림 4-2〉 분위별 다중분위회귀분석 공기업과 공공행정부문 회귀계수

중상위 임금분위에서 사적부문과의 차이는 지속적으로 줄어들었다. 임금 프리미엄이 상대적으로 공기업에서는 상위 임금분위에, 그리고 공공행정 부문에서는 중하위 임금분위에 있다는 것을 의미한다.

사적부문, 공기업과 공공행정에서 임금에 영향을 미치는 변수들의 효과가 다르다고 가정한 분석 결과는 <표 4-5>와 <표 4-6>에 제시되었다. 이것은 <표 4-3>의 모형 4를 사적부문, 공공행정부문과 공기업을 구분하여 적용한 결과이다. 먼저, 차우(Chow) 테스트를 통해서 사적부문과 공기업의 회귀계수가 동일하다고 볼 수 있는지를 검증했다.[8] 차우 테스트 값은

2985.84로 두 부문의 회귀계수가 동일하다는 가정을 유의수준 0.001 수준에서 거부할 수 있다. 또한 사적부문과 공공행정 부문의 회귀계수가 동일한지를 검증하기 위한 차우 테스트 값도 3287.28로 두 부문의 회귀계수가 동일하다는 가정도 유의수준 0.001에서 거부할 수 있다. 공기업과 공공행정 부문의 회귀계수가 동일하다고 가정하는 차우 테스트 값은 583.51로 0.001 유의수준에서 동일하다고 볼 수 없다. 차우 테스트에 근거하여 전체적인 수준에서 세 부문의 회귀계수가 같다고 볼 수는 없다고 볼 수 있다.

세 부문의 비교는 <표 4-5>와 <표 4-6>에 제시되어 있다. <표 4-5>는 부문별 회귀분석 결과이고, <표 4-6>은 세 부문을 통합하여 부문과 독립변수들과의 상호작용을 모형화하여 분석한 결과이다. 두 가지 분석의 차이는 부문별로 별도로 분석한 경우에는 분산이 다르다는 것을 전제로 한 것이고, 통합하여 분석한 경우에는 분산이 동일하다는 것을 전제로 한 것이다.[9] <표 4-5>에서 모형 1은 <표 4-3>의 모형 4에

---

8) 차우(Chow, 1960) 테스트는 두 개의 회귀방정식이 동일한지를 검증하는 것으로 다음과 같은 $F(k, n-2k)$ 검증에 의해서 이루어진다. 여기에서 RSS_c는 사적부문과 공적부문 자료를 통합한 잔차 제곱의 합이고, RSS_1과 RSS_2는 각각 사적부문과 공적부문 잔차 제곱의 합이다. 차우 검증 통계는 다음과 같다.

$$F = \frac{RSS_c - (RSS_1 + RSS_2)/k}{RSS_1 + RSS_2 / n - 2k}$$

9) 부문별 회귀계수의 비교는 분산이 다른 두 집단을 비교하는 t-검증을 통해서 회귀계수의 차이가 0과 다른지를 검증할 수 있다. 하위 표본이 두 개인 경우, 두 표본에서 경력 회귀계수가 동일한지를 검증하는 것은 $H_0 : b_{1k} = b_{2k}$의 타당성 여부를 검증하는 것이다. 분산이 동일한 경우에 대한 논의는 Cohen(1983), Long(1988: 125~129)를 참조할 것. 그리고 분산이 다른 경우에 대한 논의는 Amemiya(1986: 35~38), Alexander and Govern(1994) 및 Deshon and Alexander(1996)를 참조할 것. 여기에서는 ANOVA에 기초한 James(1951)의 2차 근사추정치(second-order approximation) 방법을 사용했다. 구체적인

기초한 것이고, 모형 2는 경력이 고용형태에 따라서 다를 것이라는 점을 고려한 상호작용 항을 분석모형에 포함시킨 회귀분석 결과이다. 공공행정부문과 공기업에서 상호작용은 유의미하지 않았고, 사적부문에서만 유의미했다.10) 먼저 <표 4-5>에서 개인 변수들의 경우, 사적부문과 공기업보다 공공행정부문에서 여성의 임금 차별이 현저하게 적은 것으로 나타났다. 사적부문과 공기업에서는 여성의 임금은 남성 임금에 비해서 각각 약 42%와 41% 적은 것으로 나타났지만, 공공행정부문에서는 약 19%로 격차가 훨씬 줄어들었다. 이러한 차이는 통계적으로도 유의미한 차이로 나타났다. <표 4-6>에서 공공행정부문에서는 세 부문의 가중 평균치로서의 여성 임금차별보다 낮은 임금차별이 존재하는 것을 알 수 있고, <표 4-7>에서는 사적부문보다 공공행정부문에서 여성이 27.1% 높은 월임금을 받는다는 것을 알 수 있다. 공기업은 사적부문과 유의미한 차이를 보이지 않았다.

<표 4-5>에서 볼 수 있듯이, 경력에 대한 보상은 사적부문보다 공공부문에서 약간 더 큰 것으로 밝혀졌다. 경력 1년 증가에 대한 보상은 공기업에서 5.4% 월임금 증가로 가장 컸고, 사적부문에서 2.9% 증가로 가장 낮았으며, 공공행정부문에서는 3.9%로 중간 정도였다. 그러나 이러한 차이는 유의미한 차이는 아니었다. 오차 분산을 다르다고 가정한 경우(<표 4-6>)나 같다고 가정한 경우(<표 4-7>) 모두에서 차이는 통계적으로 유의미한 차이가 아닌 것으로 나타났다.

내용은 Deshon and Alexander(1996: 275~276)를 참조할 것.
10) 상호작용은 음의 부호를 띠어서 정규직과 임시직에서 경력이 높아질수록 임금이 낮아진다는 것을 보여주었다. 그러나 경력과 고용형태의 효과와 이들 사이의 상호작용 효과를 동시에 고려한다면, 경력과 고용형태의 효과에서는 큰 변화는 없다고 볼 수 있다.

<표 4-5> 부문별 월임금 회귀분석 결과

변수 \ 부문	사적부문 1	사적부문 2	공공행정부문 1	공공행정부문 2	공기업 1	공기업 2
상수	3.625(0.089)***	03.194(0.151)***	2.442(0.281)***	2.668(0.617)***	2.370(0.388)	2.232(0.768)***
개인변수						
경력	0.029(0.003)***	0.044(0.005)***	0.039(0.005)***	0.030(0.019)	0.054(0.011)***	0.052(0.023)***
경력제곱	0.000(0.000)***	0.000(0.000)***	0.000(0.000)***	0.000(0.000)*	-0.001(0.000)***	-0.001(0.000)***
성						
여성	-0.423(0.020)***	-0.422(0.020)***	-0.187(0.048)***	-0.157(0.047)***	-0.412(0.083)***	-0.373(0.083)***
남성(=0)	-	-	-	-	-	-
교육연수	0.050(0.004)***	0.050(0.004)***	0.068(0.011)***	0.068(0.011)***	0.060(0.017)***	0.060(0.017)***
노동시간	0.003(0.001)***	0.003(0.001)***	0.006(0.002)***	0.004(0.002)***	0.005(0.004)	0.004(0.004)
직업						
관리직	0.699(0.074)***	0.642(0.127)***	0.763(0.158)***	0.656(0.154)***	0.934(0.227)***	1.003(0.228)***
전문직	0.467(0.042)***	0.454(0.042)***	0.645(0.103)***	0.559(0.102)***	0.908(0.180)***	0.985(0.183)***

	(1)	(2)	(3)	(4)	(5)	(6)
반전문직	0.398(0.038)***	0.387(0.038)***	0.460(0.106)***	0.389(0.104)***	0.807(0.167)**	0.891(0.170)***
사무직	0.374(0.038)***	0.374(0.038)***	0.424(0.099)***	0.358(0.098)***	0.703(0.156)***	0.770(0.158)***
판매서비스직	0.173(0.038)***	0.168(0.038)***	0.389(0.105)***	0.346(0.102)***	0.498(0.166)***	0.620(0.174)***
숙련 노동직	0.247(0.036)***	0.244(0.036)***	0.316(0.144)***	0.287(0.140)*	0.513(0.197)***	0.600(0.181)***
반숙련 노동직	0.127(0.038)***	0.125(0.038)***	0.332(0.292)	0.203(0.283)	0.551(0.197)**	0.658(0.200)***
미숙련 노동직	-	-	-	-	-	-
고용형태						
정규직	0.202(0.042)***	0.642(0.127)***	0.842(0.206)***	0.729(0.570)	0.720(0.250)***	0.766(0.694)
임시직	-0.121(0.049)***	0.244(0.136)*	0.017(0.212)	0.390(0.588)	0.264(0.278)***	0.752(0.716)
일용직(=0)	-	-	-	-	-	-
노동조합						
조합원	0.343(0.028)***	0.030(0.052)	0.035(0.050)	0.035(0.050)	0.288(0.079)***	0.290(0.078)***
비조합원(=0)	-	-	-	-	-	-
상호작용						
정규직*경력		-0.014(0.004)***		0.007(0.019)		0.002(0.019)

임시직*경력		-0.011(0.004)***		-0.018(0.019)	-0.024(0.020)
조정된 R^2	0.439	0.442	0.653	0.677	0.648	0.658
N	3,028	3,028	367	357	150	150

* $p<0.05$, ** $p<0.01$, *** $p<0.001$

〈표 4-6〉 오차 분산이 다르다고 가정한 경우의 회귀계수 동일성 검증 결과(t-값)

변수	사적부문	공공행정부문	공기업
개인변수			
경력	-0.01416	0.01958	0.03613
경력제곱	0.00001	0.00000	-0.00003
성			
여성	-3.90587	13.27956	-0.34822
남성	-	-	-
교육연수	-0.07220	0.17524	0.04917
노동시간	-0.00379	0.00716	0.00236
직업			
관리직	-34.84241	58.00107	23.00376
전문직	-10.52575	12.94896	23.43169
반전문직	-6.18598	11.21831	23.36832
사무직	-6.31073	9.98071	22.06998
판매서비스직	-4.49318	3.59870	17.71411
숙련공	-2.86918	2.44299	12.70188
반숙련공	-9.00773	15.79689	16.49875
미숙련공	-	-	-
고용형태			
정규직	-7.74044	5.75226	14.66167
임시직	-34.27309	24.50395	19.15093
일용직	-	-	-
노동조합			
조합원	5.19302	-21.11406	-1.52620
비조합원	-	-	-

교육에 대한 보상과 노동시간에 대한 보상도 부문 간 약간의 차이가 있는 것으로 나타났지만, 유의미한 차이는 아닌 것으로 밝혀졌다. 교육연수에 대한 회수율은 1년당 1~1.8% 정도 부문 간 차이가 나는 것으로 나타났다. 또한 노동시간에 대한 보상도 시간당 0.3% 내외의 차이가 나는

〈표 4-7〉 부문별 상호작용을 고려한 회귀분석 결과

변수	회귀계수	상호작용 회귀계수[1]	
		공공행정 X	공기업 X
상수	3.218(0.144)***	-0.630(0.666)	-0.550(0.739)
개인변수			
경력	0.047(0.005)***	-0.013(0.021)	-0.009(0.024)
경력제곱	-0.000(0.000)***	0.000(0.000)	-0.000(0.000)
교육연수	0.047(0.004)***	0.027(0.014)	0.009(0.020)
성			
여성	-0.427(0.019)***	0.271(0.060)***	0.030(0.095)
남성(=0)	-	-	-
노동시간	0.003(0.001)***	0.002(0.003)	0.001(0.004)
직업			
관리직	0.702(0.073)***	-0.121(0.214)	0.264(0.280)
전문직	0.451(0.041)***	0.047(0.128)	0.620(0.216)**
반전문직	0.377(0.038)***	-0.034(0.129)	0.567(0.200)**
사무직	0.358(0.037)***	-0.046(0.125)	0.429(0.187)*
판매서비스직	0.165(0.037)***	0.146(0.125)	0.503(0.203)*
숙련 노동	0.257(0.035)***	-0.050(0.164)	0.427(0.212)*
반숙련 노동	0.150(0.037)***	-0.043(0.277)	0.573(0.212)**
미숙련 노동	-	-	-
고용형태			
정규직	0.673(0.118)***	0.048(0.608)	-0.236(0.646)
임시직	0.270(0.127)***	0.057(0.623)	0.245(0.671)
일용직	-	-	-
노동조합			
조합원	0.352(0.027)***	-0.291(0.066)***	-0.048(0.090)

비조합원	-	-	-
상호작용			
정규직*경력	-0.016(0.004)***	0.024(0.020)	0.027(0.018)
임시직*경력	-0.011(0.004)***	-0.002(0.020)	-0.006(0.020)
조정된 R^2	0.493		

주: 1) 상호작용 회귀계수는 첫 번째 줄의 변수를 공공행정부문과 공기업 가변수로 곱한 변수의 회귀계수 값이다.

* $p<0.05$, ** $p<0.01$, *** $p<0.001$

것으로 나타났다. 그러나 <표 4-6>과 <표 4-7>에서 볼 수 있는 것처럼, 그 차이는 모두 통계적으로 유의미하지 않은 것으로 나타났다.

공공부문에서는 직업에 따른 차이가 사적부문보다 더 큰 것으로 나타났다. 공공행정부문의 반숙련직을 제외한 모든 공공부문의 직업에서 미숙련노동직과의 임금 차이가 유의미하게 존재하는 것으로 나타났고, 대체로 사적부문의 직업 간 차이보다 더 크게 나타났다. 세 부문 사이에 직업이 임금에 미치는 효과가 같은가에 대한 통계적 검증은 오차 분산의 가정에 따라 다르게 나타났다. <표 4-6>처럼 오차가 다르다고 가정하는 경우, 직업의 효과는 세 부문에서 모두 다르다고 볼 수 있지만, <표 4-7>에서처럼 오차가 같다고 가정하는 경우에는 사적부문과 공기업 간에는 차이가 있지만, 사적부문과 공공행정부문에서는 차이가 없는 것으로 나타났다. 다른 변수의 독립적인 효과와 상호작용 효과를 통제했을 때 공공행정부문과 사적부문 사이에 유의미한 차이는 없다는 것이다.

<표 4-5>에서 고용형태 차이에 따른 임금격차는 사적부문보다 공적부문에서 더 크게 나타났다. 일용직과 임시직 간의 차이는 사적부문에서는 유의미한 차이를 보였으나, 공공부문에서는 공통적으로 유의미한 차이가 없는 것으로 나타났다. 그렇지만, 일용직과 정규직 간의 차이는 사적부문

(0.202)보다 공공행정 부문(0.842)과 공기업(0.720)에서 훨씬 더 높게 나타났다. 이것은 사적부문보다 공공부문에서 정규직과 비정규직 간의 임금격차가 더 크다는 것을 의미한다. 그러나 여기에서도 오차 분산을 어떻게 가정하느냐에 따라서 통계적인 결과가 달라졌다. 오차가 다르다고 가정한 경우 부문 간 차이는 유의미한 것으로 나타났지만<표 4-6>의 고용형태 t값은 모두 1.96보다 크다), 동일하다고 가정하는 경우에는 유의미하지 않은 것으로 나타났다.

노동조합의 임금 효과는 사적부문보다 공공부문에서 훨씬 낮게 나타났다. 공공행정부문에서 노동조합의 임금효과는 유의미하지 않은 것으로 나타났고, 공기업에서만 조합원과 비조합원 간 월임금 격차가 유의미하게 존재하는 것으로 나타났다. 부문 간 차이는 오차 분산의 가정과 관계없이 모두 사적부문과 공공행정부문 사이에서만 유의미한 것으로 나타났다. 두 경우 모두 공공행정부문이 유의미하게 낮은 것으로 나타났다.

공공행정부문의 노조조직률이 자료에서 19.59%로 사적부문에 비해서 거의 두 배 정도 높음에도 조합원과 비조합원 간의 임금격차는 유의미하게 존재하지 않았다. 이것은 공공행정부문의 노동조합이 여러 개로 나뉘어 있고, 단체행동권이 법적으로 보장되지 않았기 때문에, 노조의 임금 효과가 없는 것으로 나타났다고 볼 수 있다. 또한 임금교섭을 통해서 임금상승을 이끌어낼 수 있는 정부의 재정적인 능력이 예산에 의해서 제약되어 있기 때문이기도 하다. 역으로 사적부문의 경우 기업성과에 따라서 임금 상승이 영향을 받고, 노조가 조직되어 있는 대기업들의 경우 수출을 통하여 기업성과를 높일 수 있었던 상황이 반영되어 노동조합의 임금효과에 반영되었다고 볼 수 있다. 공기업의 경우 노조의 임금효과는 사적부문보다는 작지만 상당히 큰 것으로 나타났다.

마지막으로 설명력을 살펴보면, 여기에서 사용한 회귀방정식의 설명력이 사적부문보다 공공부문에서 훨씬 높은 것으로 나타났다. <표 4-5>의 모형

1을 기준으로 사적부문에서는 조정된 R^2 값이 0.439로 전체 월임금 분산의 44% 정도가 설명되었던 반면, 공공행정 부문에서는 조정된 R^2가 0.653 그리고 공기업에서는 0.648로 대단히 높은 설명력을 보여주었다. 이것은 공공부문의 경우 월임금이 여기에서 제시된 변수들에 의해서 2/3 정도 설명된다는 것을 의미한다. 다른 한편으로 사적부문에서 설명력이 상대적으로 낮은 것은 공공부문과는 달리 여기에서 포함시키지 않은 다른 많은 요인들이 월임금에 영향을 미치고 있다는 사실을 반영하는 것이다. 그러나 <표 4-7>에서처럼, 상호작용 항으로 부문을 모형화하는 경우 조정된 R^2은 0.493으로 크게 증가하지는 않았다. 여기에서 사용한 자료처럼 세 부문 간의 사례수가 크게 차이가 나는 경우에 나타날 수 있는 결과라고 보인다. 즉, 하위 표본 자료의 사례수(n)에 따라서 오차 분산이 달라지기 때문이다.

5. 맺음말

이 글은 탐색적인 수준에서 사적부문 임금결정과 비교하여 공공부문 임금결정을 분석했다. 공공부문을 공공행정부문과 공기업으로 구분한 후, 공공부문 임금결정이 사적부문 임금결정과 어떻게 다른지를 일반회귀분석과 분위회귀분석을 이용하여 분석했다. 현대 사회에서 공공부문 고용 비중이 적지는 않지만, 임금에 대한 대부분의 논의에서 공공부문을 독립적으로 고려하지 않고 논의가 이루어졌다는 점에서, 이 글은 남성과 여성을 분리하여 분석하듯이 한국의 임금결정 연구에서 공공부문을 사적부문과 분리하여 다루는 것이 필요하다는 것을 보여주고자 했다.

한국에서 공공부문은 전형적인 내부노동시장적 속성을 지니고 있다. 입직이 가장 낮은 직급에서 이루어지고, 내부 직무사다리를 따라서 승진이 이루어지며, 임금이 시장과 무관하게 관료적으로 결정된다. 공공부문에서 노동력 수급을 둘러싸고 사적부문과의 경쟁이 이루어지지 않기 때문에, 공공부문 임금은 시장의 영향을 직접적으로 받지 않는다.

이 연구에서 밝혀진 점은 크게 여섯 가지로 요약할 수 있다. 첫째, 공공부문의 평균 임금은 사적부문에 비해서 높지만, 임금 프리미엄은 주로 중위와 하위 임금분위에서 두드러졌다. 최상위 임금분위에서 사적부문과 공적부문의 임금격차는 없었다. 이것은 전체적으로 공공부문의 임금이 사적부문 임금보다 높지만, 사적부문 고임금 집단보다는 높지 않다는 것을 의미한다.

둘째, 공공부문에서는 사적부문에 비해서 차별적인 요소가 적은 것으로 나타났다. 사적부문에 비해서 공공부문에서의 성별 임금격차는 훨씬 낮았다. 공기업에서 여성의 임금 차별은 사적부문과 차이를 보이지 않았으나, 공공행정부문에서는 여성의 임금차별이 크게 줄어들었다. 반면 교육의 임금 회수율과 노동시간에 대한 보상은 사적부문과 공공부문 사이에서 유의미한 차이는 없는 것으로 나타났다.

셋째, 직업에 따른 임금 격차는 사적부문보다 공공부문에서 더 크다고 볼 수 있다. 적어도 직업에 따른 임금 격차는 사적부문보다 공기업에서 더 크게 나타났다고 볼 수 있다. 사적부문보다 공기업에 노동시장의 계층화가 더 뚜렷하게 이루어졌다. 그러나 공공행정부문의 경우, 오차 분산의 가정에 따라서 다른 결과가 나타났기 때문에 단정적으로 추론하기는 어렵다고 볼 수 있다.

넷째, 고용형태에 따른 임금격차가 부문 내에서 유의미하게 존재하지만 부문 간에도 유의미하게 존재한다고 보기는 어렵다. 공공행정부문과 공기업에서 고용형태에 따른 임금격차가 사적부문에 비해서 대단히 컸다. 세 부문 사이에 오차 분산이 다르다는 가정하에서는 이러한 차이가 유의미한 차이로 나타났지만, 부문과의 상호작용을 고려한 분석에서는 부문에 따른 고용형태의 효과 차이는 유의미하지 않은 것으로 나타났다.

다섯째, 공공부문 내에서도 공공행정부문과 공기업 간의 임금결정이 다르다. 특히 여성에 대한 임금차별에서도 두 부문이 큰 차이를 보였다. 공공행정부문이 공기업에 비해서 여성차별이 현저하게 적었다. 또한 노동조합의 임금효과에서도 공공행정부문이 가장 적었다. 두 가지 점에서는 공기업과 사적부문이 유사한 속성을 보여주었다. 이러한 차이는 공공행정부문의 임금은 정해진 정부 예산 범위에서 지급되지만, 공기업의 임금은 사적부문 기업과 마찬가지로 영업 이윤에서 지급된다는 점을 반영한 것이다. 또한 양성평등정책과 같이 임금에 미치는 정부 정책이 공공행정부문과 공기업에서 달리 적용되고 있다는 것을 보여주는 것이라고 볼 수 있다.

마지막으로 임금분위에 따라서 사적부문과 공공부문의 격차가 크게 달랐다. 분위회귀분석 결과, 상위 임금분위에서는 사적부문과 공공부문에서의 차이가 없었지만, 중하위 임금분위에서는 사적부문에 비해서 공공부문의 임금이 크게 높은 것으로 나타났다. 특히, 공공행정부문은 하위 임금분위에서 사적부문과 대단히 큰 차이를 보였고, 중위소득분위에서도 큰 차이를 보였다. 반면, 공기업 부문의 임금효과는 상위 임금분위에서 두드러졌다.

전형적인 내부노동시장이라고 볼 수 있는 공공행정부문은 사적부문의 내부노동시장과는 큰 차이를 보여주었다. 사적부문의 내부노동시장이 주로 노조가 조직되어 있는 대기업에서 많이 나타나고 있지만, 공공행정부문의 경우 노조의 영향력은 대단히 약하며, 임금과 관련하여 노조의 효과는 없는 것으로 나타났다. 이것은 사적부문 내부노동시장 형성 요인으로 간주된 기술의 특이성, 거래비용 축소, 노동조합의 압력 등과 무관하게 공공행정부문 노동시장이 형성되었음을 의미한다. 이것은 공공부문 임금이 경제적인 요인보다 한국의 국가 행정체제의 진화와 더 관련되어 있다는 것을 보여준다.

이 연구는 한국 공공부문 임금결정에 대한 탐색적인 연구이다. 공공부문 임금결정에 대한 체계적인 연구가 거의 이루어지지 않았다는 점에서 그러하다. 한국과 같이 공공행정부문과 공기업에 대한 대중적인 관심이 많음에도 불구하고, 임금결정에 대한 연구가 제대로 이루어지지 못한 것은 노동시장 논의가 지나치게 사적부문을 중심으로 이루어졌기 때문이다. 향후 한국의 임금결정에 대한 연구에서 사적부문과 공공부문의 구분이 필요하며, 더욱 사례수가 많은 자료를 이용하여 부문 간 비교연구가 이루어질 필요가 있다.

이 연구에서는 공공부문 임금제도의 변화가 충분히 자료를 통해서 검증되지 못했다. 시계열 자료 대신에 횡단 자료를 중심으로 임금결정 요인을 분석했기 때문에, 임금결정 요인들의 효과가 시기적으로 달라지는 점에 대한 논의가 이루어지지 못했다. 부분적으로나마 도입된 공공부문의 성과급제도가 전체 공공부문 임금결정에 어떤 영향을 미쳤는지는 향후 연구과제가 될 것이다.

또한 사적부문의 임금체계에 대한 역사적, 제도적 연구와 더불어 공공행정부문 임금체계에 대한 역사적, 제도적 연구가 진전되어야 더 총체적인 의미에서 한국의 임금체계와 임금결정에 대한 이해가 높아질 수 있을 것이다. 이러한 연구들도 차후의 연구 과제가 될 것이다.

참고문헌

공공기관운영위원회. 2007. 「정부산하기관 경영실적 평가보고서」, (I)·(II)·(III).
김재홍. 1996. 「공공부문과 민간부문 간 보수격차의 요인에 관한 연구: 공무원 보수수준을 중심으로」. ≪한국행정학보≫, 30(3), 89~104쪽.
김판석·김태일·김민용. 2001. 「공·사 부문 보수 격차 비교 분석」. ≪한국행정학보≫, 34(4), 115~137쪽.

박범조. 2008. 「분위수 회귀접근법」. ≪계량경제≫, 14(4), 93~120쪽.
정무권·한상일. 2007. 「한국의 공공부문: (2) 준정부 부문」. 안병영 편저. 『한국의 공공부문』. 한림대학교출판부.
조성재. 2006. 「특집: 공공부문의 간접고용 실태와 외주화에 대한 정책방향 - 공사, 공단 사례를 중심으로」. ≪노동리뷰≫, No. 9, 18~35쪽.
조우현. 1998. 「공무원과 민간부문 간의 근로소득 비교분석」. ≪경제학연구≫, 46(3), 169~193쪽.
중앙인사위원회. 2006. 공무원보수업무 등 처리지침.
한국경영자총연맹. 1995. 「임금뉴스: 96년 공무원봉급 9% 인상-국영기업체 임직원의 90% 수준으로」. ≪임금연구≫, 3(3), 118쪽.
허식·이성원. 2007. 「공공부문과 민간부문 임금격차에 관한 연구」. 『산업경제연구』, 20(3), 2539~2558쪽.
최강식·정진욱·정진화. 2005. 「자영업 부문의 소득분포 및 소득결정요인: 분위회귀분석」. ≪노동경제논집≫, 28(1), 135~156쪽.

Althauser, Robert P. 1989. "Internal Labor Markets" *Annual Review of Sociology* 15, pp. 143~161.
Althauser, Robert P. and Arne L. Kalleberg. 1981. "Firms, Occupations, and the Structure of Labor Markets: A Conceptual Analysis." in Ivar Berg(ed.). *Sociological Perspectives on Labor Markets*. New York: Academic Press, pp. 119~149.
Alexander, R. A. and Govern, D. M. 1994. "A new and simpler approximation for ANOVA under variance heterogeneity," *Journal of Educational Statistics* 19, pp. 91~101.
Amemiya, Takeshi. 1986. *Advanced Econometrics*. Cambridge, Mass.: Harvard University Press.
Ashenfelter, O. and R. Ehrenberg. 1975. "The demand for labor in the public sector." in Daniel S. Hamermesh(ed.). *Labor in the Public and Nonprofit Sectors*, New Jersey: Princeton University Press.
Asher, Martin and Joel Popkin. 1984. "The Effect of Gender and Race Differentials on Public-Private Wage Comparisons: A Study of Postal Workers." *Industrial and Labor Relations Review* 38(1), pp. 16~25.
Bahrami, Bahman, John D. Bitzan and Jay A. Leitch. 2009. "Union Worker Wage Effect in the Public Sector." *Journal of Labor Research* 30(1), pp. 35~51.
Baron, James N. 1984. "Organization Perspectives on Stratification." *Annual Review of Sociology* 10. pp. 37~69.
Beggs, John J. 1995. "The Institutional Environment: Implications for Race and Gender Inequality in the U.S. Labor Market." *American Sociological Review* 60, pp. 612~633.

Blanchflower, D. G., and R. B. Freeman. 1992. "Unionism in the U.S. and Other Advanced OECD Countries." *Industrial Relations* 31(1), pp. 156~179.

Blank, Rebecca M. 1985. "An analysis of workers' choice between employment in the public and private sectors." *Industrial and Labor Relations Review* 38(2), pp. 211~224.

Boudarbat, Brahim. 2004. *Employment Sector Choice in a Developing Labor Market*. Mimeo, Department of Economics, University of British Columbia.

Cain, Glenn. 1976. "The Challenge of Segmented Labor Market Theories to Orthodox Theory: A Survey." *Journal of Economic Literature* 14(4), pp. 1215~1257.

Chow, G. C. 1960. "Tests of equality between sets of coefficients in two linear regression models." *Econometrica* 28, pp. 591~605.

Cohen, J. 1983. "Comparing regression coefficients across subsamples." *Sociological Methods and Research* 12, pp. 77~95.

Deshon, Richard P. and Ralph A. Alexander. 1996. "Alternative Procedures for Testing Regression Slope Homogeneity When Group Error Variances Are Unequal." *Psychological Methods* 1(3). pp. 261~277.

DiPrete, Thomas. 1987. "Horizontal and Vertical Mobility in Organizations." *Administrative Science Quarterly* 32(3). pp. 422~444.

Doeringer, P. and M. Piore. 1971. *Internal Labor Markets and Manpower Analysis*. Lexington: D. C. Heath.

Ehrenberg, R. 1973. "The demand for state and local government employees." *American Economic Review* 63, pp. 366~79.

Ehrenberg, Ronald and Joshua L. Schwarz. 1986. "Public Sector Labor Markets." in Orley Ashenfelter and Lichard Layard(eds.). *Handbook of Labor Economics* Vol. II. North_holland, pp. 1219~1259.

European Foundation. 2007. *Industrial Relations in the Public Sector*. Dublin: European Foundation.

Faber, H. S. 2001. "Notes on the Economics of Labor Unions." Working Paper 452. Princeton University Industrial Relations Section.

Fogel, Walter and David Lewin. 1974. "Wage determination in the Public Sector," *Industrial and Labor Relations Review* 27(3): 410~431.

Frant, Howard. 1993. "Rules and Governance in the Public Sector: The Case of Civil Service." *American Journal of Political Science* 37(4), pp. 990~1007.

Freeman, Richard B. 1984. "Longitudinal Analysis of the Effects of Trade Union." *Journal of Labor Economics* 2(1), pp. 1~26.

_____. 1986. "Union Comes to the Public Sector" *Journal of Economic Literature* 24, pp.

41~86.

Gornick, Janet C. and Jerry A. Jacobs. 1998. "Gender, The Welfare State, and Public Employment: A Comparative Study of Seven Industrialized Countries." *American Sociological Review* 63, pp. 688~710.

Gunderson, Morley. 1979. "Earnings Differentials between the Public and Private Sectors." *The Canadian Journal of Economics* 12(2). pp. 228~242.

Hammouya, M. 1999. *Statistics on public sector employment: methodology, structures and trends*, Working Papers SSP 2.84/WP. 144. ILO.

Handel, H. and M. Semyonov. 2005. "Family policies, wage structures, and gender gaps: Sources of earnings inequality in 20 countries" *American sociological review* 70, pp. 949~967.

Hao, Lingxin and Daniel Naiman. 2007. *Quantile Regression*, Sage.

Heckman, James J., Lance J. Lochner and Petra E. Todd. 2003. Fifty Years of Mincer Earnings Regressions, 예일대학교 경제학과 노동 및 인구 4월 4일 워크숍 발표논문.

Hoffman, Eivind. 2002. "Statistics on public sector employment: a review of quality issues." Paper Presented at the 27th General Conference of The International Association for Research in Income and Wealth, Stockholm, Sweden, August 18~24, 2002.

Hou, Jack W. 1993. "Public-private wage comparison: A case study of Taiwan" *Journal of Asian Economics* 4(2). pp. 347~362.

International Labour Organization. 2009. *Global Employment Trends*. Geneva: ILO.

Kalleberg, Arne and Ivar E. Berg. 1987. *Work and Industry: Structures, Markets and Processes*. New York: Plenum Press.

Kallerberg, Arne and Aage Sorensen. 1979. "The Sociology of Labor Markets." *Annual Review of Sociology* 5: pp. 351~379.

Kerr, Clark. 1977. *The Labor Market and Wage Determination: The Balkanization of Labor Markets*. Berkeley: University of California Press.

Koenker Roger and Kevin F. Hallock. 2001. "Quantile Regression." *Journal of Economic Perspectives* 15(4). pp. 143~156.

Lacroix, Robert and Francois Dussault. 1984. "The Spillover Effect of Public-Sector Wage Contracts in Canada." *The Review of Economics and Statistics* 66(3), pp. 509~512.

Lee, Byung Joo and Mary J. Lee. 2006. "Quantile Regression Analysis of Wage Determinants in the Korean Labor Market." *The Journal of the Korean Economy* 7(1), pp. 1~31.

Levin-Epstein, Noah and Moshe Semyonov. 1994. "Sheltered Labor Markets, Public Sector Employment, and Socioeconomic Returns to Education of Arabs in Israel." *American Journal of Sociology* 100(3). pp. 622~651.

Long, Scott and Terance D. Miethe. 1988. "The Statistical Comparison of Groups." in Common Problems/Proper Solutions: Avoiding Error in Quantitative Research. Newbury Park: Sage. pp. 108~131.
Lucifora Claudio and Dominique Meurs. 2006. "The Public Sector Pay Gap in France, Great Britain and Italy." *Review of Income and Wealth* 52(1). pp. 43~61.
Martin, Cathie Jo and Kathleen Thelen. 2007. "The State and Coordinated Capitalism: Contributions of the Public Sector to Social Solidarity in Postindustrial Societies." *World Politics* 60(1). pp. 1~36.
Melly, Blaise. 2005. "Public-private sector wage differentials in Germany: Evidence from quantile regression." *Empirical Economics* 30(2). pp. 505~520.
OECD. 1994. *Women and Structural Change: New Perspectives*. Paris: OECD.
_____. 1997. *Measuring Public Employment in OECD Countries: Sources, Methods and Results*, Paris: OECD.
_____. 1998. *Wage Determination in the Public Sector A French/Italy Comparison* No. 21.
_____. 2001. *Highlights of Public Sector Pay and Employment Trends*, OECD, Public Management Service, Public Management Committee PUMA/HRM(2001)11.
_____. 2008. OECD Employment Outlook. Paris: OECD.
Osterman, Paul(ed.). 1984. *Internal Labor Markets*. Cambridge, MA: MIT Press.
_____. 1994. "Internal labor markets: Theory and change" in C. Kerr and P. D. Stadohar (eds.). *Labor Economics and Industrial Relations: Markets and Institutions*, Cambridge, Mass.: Harvard University Press. pp. 303~393.
Panizza, U. 2000, The Public Sector Premium and the Gender Gap in Latin America: Evidence for the 1980s and 1990s, Research Department Working Paper No. 431, Inter-American Development Bank.
Rubery, Jill. 1994. "Internal and External Labour Markets: Towards an Integrated Analysis" in J. Rubery and F. Wilkinson (eds.) *Employer Strategy and the Labour Market*, Oxford: Oxford University Press. pp .37~68.
Silvestre J. J. and F. Eyraud (eds.). *Pay Determination in the Public Sector: An International Comparison of Fr23ance, Great Britain and Italy*. Geneva: ILO.
Smith, Saron P. 1976. "Government Wage Sex Differentials by Sex," *The Journal of Human Resources* XI(2): 185~199.
United Nations et al.,. 1993. *System of National Accounts*. New York: United Nations.
_____. 2005. *UN Public Sector Report* 2005, New York: United Nations.
Williamson, Oliver. 1985. *The Economic Institutions of Capitalism: Firms, Markets, Relational Contracting*. New York: Free Press.

Willis, Robert J. 1987. "Wage determinations: a survey and reinterpretation of human capital earnings functions" in Orley Ashenfelter and Richard Layard(eds.). *Handbook of Labor Economics* Vol. 1. New York: North-Holland, pp. 525~602.

Williamson, Oliver E. 1975. *Markets and Hierarchies: Analysis and Antitrust Implications*. New York: Free Press.

5장

자동차산업의 임금결정 메커니즘*

이병훈

1. 머리말: 문제제기와 연구방법

노동(력)의 가격결정(pricing of labor)은 자본주의적 고용관계에서 각축적인 성격을 갖고 있다(보울스·진티스, 1994). 노동력이라는 상품을 팔고자 하는 노동자들과 사고자 하는 사용자들은 고용관계를 형성·유지함에서 자신들의 배분 몫을 키우고자 하는 이해 다툼이 필수적으로 수반하는 교환관계를 구성하기 때문이다. 물론, 노동을 수행한 대가로서 주어지는 보상에는 금전적인 급여와 복리후생프로그램 그리고 직무능력개발 등이 포괄될 수 있다. 그런데 일의 대가로서 보상되는 임금이 노동자들의 생계유지를 위한 주된 소득원천이 되고 있으며 사용자들의 경우에도 생산투입요소의 하나인 노동의 구매비용으로서 인건비의 가장 큰 비중을 차지하는

---

* 서울대 사회학과 유형근(박사과정)과의 공저로 작성된 것으로 ≪한국사회학≫, 제43집 2호, 1~24쪽에 게재된 글이다.

만큼, 자연히 그 임금결정을 둘러싼 각축과 협상이 고용관계의 본질적 측면으로 전개되기 마련이다. 이렇듯 임금수준의 결정이 노동의 수행성과에 대한 노사 간의 분배교섭에 핵심적인 이슈로서 등장할 뿐 아니라, 사업장 수준과 더 나아가 사회적 수준에서 노동자집단 간에 소득격차에 따른 분배갈등의 민감한 현안으로 등장하기도 한다(이병훈·홍석범, 2008).

임금결정(wage determination)이 자본주의적 고용관계와 사회적 분배구조에서 중심적인 관심사로 부각되는 만큼, 그동안 노동 관련 학문분야에서 그 수행방식과 배분격차에의 영향요인에 대해 이론적 시각과 경험적 분석 결과들이 실로 다양하게 논의되어왔다. 단일한 노동시장에서의 수요·공급을 전제하여 임금결정을 논구해온 신고전학파의 노동경제학적 시각에서부터 자본주의적 계급구조에 초점을 두어 자본의 통제와 노동의 저항을 중심으로 비판적인 분석을 제시해온 마르크스주의적 이론관점, 그리고 현실 노동시장에서의 임금소득격차를 구조화하는 제도적인 배경요인들을 규명하려는 제도주의학파의 논증이 그 대표적인 예라 할 수 있다. 국내외의 임금연구에서 그 임금결정의 영향요인에 대해 노동력 판매자인 노동자들의 인적 속성과 구매자인 사업체의 특성, 사업체·노동자의 사회적 네트워크, 그리고 이들의 교환관계를 조건 짓는 제도적인 환경요인 등을 중심으로 매우 다양하게 실증적으로 분석되어왔다. 그런데 <그림 5-1>에서 예시하듯이 현실 노동시장에서의 임금결정이 경제활동형태, 시장지위, 산업구조 그리고 노동력의 수급방식에 따라 상이한 방식으로 수행되고 있다는 점을 고려할 때 노동시장부문별로 작동되고 있는 결정 메커니즘의 다양성을 더욱 심층적으로 규명하는 것이 요구된다. 이를테면, 1차 노동시장부문의 경우 공공부문과 민간 조직부문 그리고 민간 미조직부문이 주로 내부노동시장에 의해 조직화되어 있다고 하더라도 구체적인 임금결정의 영향요인들은 상이할 것이다. 더욱이 2차 노동시장 및 비공식부문의 경우

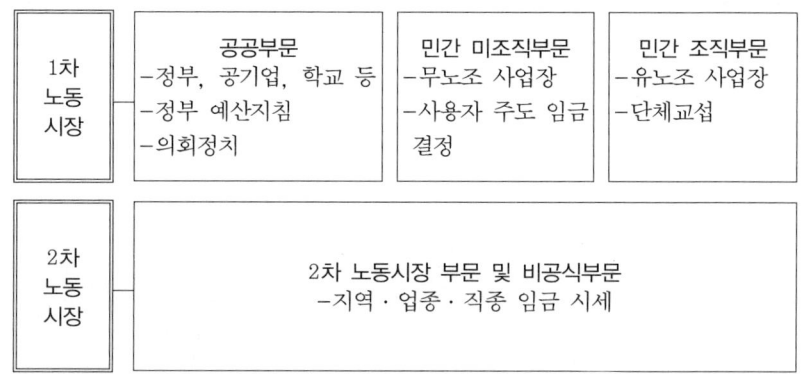

〈그림 5-1〉 노동시장부문별 임금결정방식의 유형화

에는 1차부문과는 전연 상이한 방식으로 그 부문에 종사하는 노동자들의 임금소득이 결정되는 것으로 이해될 수 있다. 따라서 노동시장부문별 특성 차이를 고려하여 해당 부문의 임금결정이 이뤄지는 복합적인 영향요인들의 작동방식을 엄밀하게 논증할 필요가 제기되는 것이다.

이 연구에서는 자동차산업의 사례분석을 통해 민간조직부문 및 2차 노동시장부문에서 임금결정의 구체적인 메커니즘을 탐색적으로 비교·분석하고자 한다. 사실 자동차산업은 완성차기업들을 비롯하여 상당수의 부품업체와 사내하청업체가 노조에 의해 조직화되어 있다는 점에서 대표적인 민간조직부문에 해당되며, 또한 원·하청 하도급의 위계구조로 구성되어 있어 산업내부의 1차·2차 노동시장부문을 포괄하는 흥미로운 연구대상이 될 수 있다. 따라서 자동차산업의 사례분석을 통해 이 연구에서는 민간조직부문의 임금결정방식이 갖고 있는 특징적인 성격을 살펴보는 논의수준을 넘어서, 산업 내부에 존재하는 하도급의 위계구조에 따라 원청기업과 사내외 하청업체들 사이에 생산직 노동자들의 임금이 어떻게 결정되는지를 비교하여 그 상이점을 규명해봄으로써, 산업수준의 복합적인 임금결정 메커니즘에 대해 더욱 깊이 있는 이해를 마련하는 데 기여할

〈표 5-1〉 사례업체들에 대한 면접조사 개요

구분	인사노무담당자	노동조합	비고
A사	-임원 1명 -중간관리자 1명	-지부 정책실 1명	-임원과는 전화 면접조사
B사		-지회 간부 1명	
C사	-중간관리자 1명		
D사	-중간관리자 1명	-지회 간부 3명	
E사	-업체 대표 1명	-A사 비정규지회 간부 2명	-A사 사내협력업체 관리부서 담당자 면접

것으로 기대된다.

　자동차산업의 임금결정 메커니즘을 규명하기 위해 이 연구에서는 원청기업과 사내외 하청업체 5개 사업장을 대상으로 면접조사를 시행했다. <표 5-1>에서 예시하듯이 이들 5개 업체에 대한 조사는 사용자(인사노무담당자)와 노동조합(지부 또는 지회 관계자)과의 면접을 통해 이루어졌다. 각 업체별로 사용자와 노조관계자 모두와 인터뷰를 진행했다. 다만, 업체 사정에 의해 B사의 경우 사용자 면접이 이루어질 수 없어서 노조관계자만 면접했으며, 그 대신 비슷한 규모의 1차 부품업체인 C 인사담당자를 대상으로 면접조사를 실시했다. E사의 경우 업체 사용자를 직접 면접했지만 노조 면접은 A사 비정규직지회 관계자와 이루어졌다. A사 사내도급업체들 간에 임금 및 근로조건이 평준화되어 있기 때문에 큰 문제는 없을 것으로 판단된다. 면접조사는 2008년 10월 초에 각 업체와 노조에 방문하여 대략 1시간 30분에서 2시간 30분 정도의 시간이 소요되었다. 단, A사 임원과는 사정이 여의치 않아 전화 인터뷰로 대신했다.

2. 연구분석 틀

노동의 가격, 즉 임금을 결정하는 인과적 메커니즘을 이해하기 위해서는 우선 노동력이라는 상품이 판매자(노동자)와 구매자(사용자) 간에 거래되는 교환과정(exchange process), 또는 협상(bargaining)이라는 점에서 출발해야 한다. 실제 노동력의 판매자와 구매자 간에 흥정과 협상을 통해 그 거래가격(임금)이 결정되는 것으로 원론적으로 이해될 수 있다. 틸리와 틸리(2006)는 노동자들의 일한 대가로 사용자가 지급하는 임금수준이 여러 요인에 의해 영향을 받는 것으로 설명하고 있다. 이를테면, 해당 기업의 시장지배력, 사용자에 대한 노동자들의 통제권 행사 수준, 기업의 경영성과에 대한 노동자의 기여 정도, 노동자들의 대체 가능성, 특혜적 신분집단에 대한 노동자의 소속 여부, 기업수준의 보상체계를 규율하는 제도적 특성, 협상관행의 관성적 효과 등이 주요 영향요인으로 지적되고 있다. 노조가 조직되어 있는 사업체의 경우에는 노조가 임금결정의 핵심주체로 등장하여 노사 간의 단체협상을 벌이게 됨으로써 노사 간의 세력관계와 노조 내부정치가 추가적인 조건으로 영향을 미치게 된다. 이때, 급여보상의 배분방식을 둘러싼 노사 간의 단체협상은 단순히 단위임금이나 총액임금의 수준에 대해서뿐 아니라 임금체계와 임금형태에 대한 복합적인 이해관계의 조율과정이 배태하게 된다.

(노조) 조직 부문의 임금결정에 영향을 미치는 이상의 다양한 요인들을 더욱 체계적으로 논의하기 위해 그 결정 메커니즘을 살펴보면 원론적으로 두 단계로 나누어 분석해볼 수 있다. 첫 번째 단계로는 구매자(사용자)와 판매자(노동자 대표로서 노동조합)가 노동력의 거래를 통해 기대하는 희망가격(expected price) 또는 의중임금(reservation wage)의 결정에 작용하는 영향요인들을 살펴보는 것이며, 두 번째 단계는 노동조합과 사용자 간에 집단적으로

노동가격에 대해 상호 협상하는 데 작용하는 영향요인들을 파악하는 것이다. 사용자는 시장지배력과 지급능력 및 경영성과 등을 고려하여 노동력의 희망가격을 산정하는 한편, 노동조합은 노조의 조직네트워크에서 제공되는 임금교섭 가이드라인을 참조하고 조합원의 기대와 생계비 인상 정도를 고려하여 임금인상요구안을 결정·제시하게 되는 것이다. 이때 조직부문의 단체교섭을 통한 임금결정은 외부노동시장에서의 일회적 협상·거래와 달리 과거의 협상결과를 토대로 진행되는 만큼, 기존 임금체계·형태에 의해 규정되는 경로의존적 관성을 무시할 수 없는 것이다. 노사가 각자의 의중임금을 갖고 교섭에 임하여 협약임금을 타결하는 과정에서 사용자는 사업의 경쟁력과 지속가능성을 담보 받기 위해 기업의 지급능력과 향후 경영전망 등을 강조할 것이며, 동종 업체의 임금수준 등을 참조하여 노조의 임금인상 요구에 대응하는 논리를 강구하거나 동종업체 간의 공식·비공식적인 네트워크를 활용하여 임금수준 맞추기에 일정한 노력을 경주하기도 한다. 노동조합의 경우에는 임금교섭을 통해 사용자에게 강제할 수 있는 조직력 수준과 내부의 조합원여론 그리고 외부의 사회분위기 등을 고려하여 당초의 의중임금 수준을 조정하여 협약임금에 접근하게 된다. 교섭을 통한 협약임금의 결정은 최종적으로 기업의 최고경영자와 노조의 지도부에 의한 결단에 좌우되는 만큼, 회사경영자의 판단과 경영스타일 그리고 노조 집행부를 둘러싼 노조 내부의 정치가 주요하게 작용한다고 볼 수 있다. 이때 힉스(Hicks, 1963)의 임금교섭이론에서 지적하듯이, 노사 간의 의중임금 조정폭이 겹쳐질 경우에는 교섭타결의 실마리가 열리지만, 그 기대수준이 상호 어긋날 경우에는 교섭결렬의 파국을 야기할 수도 있는 것이다. 또한 조직부문에서의 임금은 노사 간의 단체교섭을 통해 기본적으로 결정되는 것이지만, 생산부문별 노동직종 차이를 반영하기 위해 해당 직종의 외부노동시장 네트워크를 활용하여 해당 직종의 시장가격을 참조·활용할 수도 있다. 이

〈그림 5-2〉 민간조직부문의 임금결정 메커니즘에 관한 분석 틀

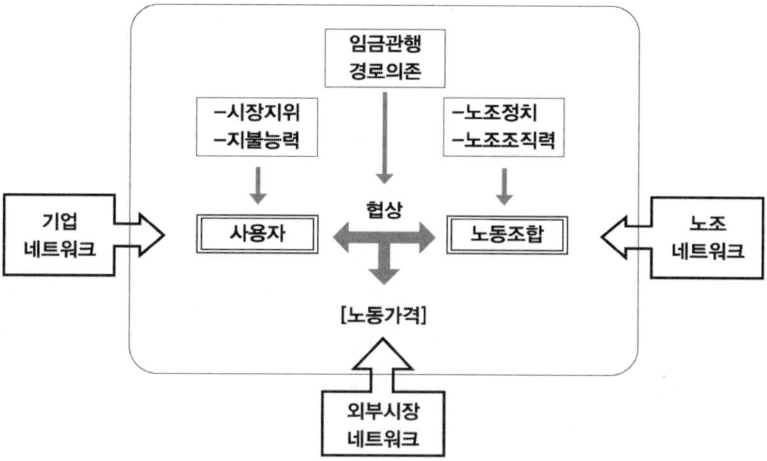

```
                        임금관행
                        경로의존
            -시장지위              -노조정치
            -지불능력              -노조조직력
                          ↓
  기업                              노조
  네트워크  →   사용자   협상   노동조합  ←  네트워크
                    ← → →
                         ↑
                     [노동가격]
                         ↑
                      외부시장
                      네트워크
```

상에서 논의된 바를 종합하면 민간조직부문의 임금결정 메커니즘에 대한 분석 틀을 <그림 5-2>에서와 같이 제시할 수 있다. <그림 5-2>의 분석 틀에서 기업 경영자와 노동조합은 기대임금 요구수준을 결정하는 데, 그리고 노사 간의 협상을 통해 임금수준의 타협점에 접근하는 데 각각 기업네트워크(예: 사용자단체와 노무부서 담당자 연락망)와 노조네트워크(예: 노조상급단체와 활동가조직연결망)를 활용하게 된다. 이에 더하여, 노사는 특정 근로자집단에 대해서는 해당 직종이나 숙련의 전문성·특수성을 고려하여 전국 또는 지역 노동시장 차원의 인적 연결망을 활용하는 외부시장 네트워크를 활용·의존하기도 한다.

그런데 연구대상인 자동차산업을 중심으로 살펴보면 원청의 완성차기업과 사내외의 하청업체 간에는 하도급의 위계구조가 자리하고 있다는 점(조성재 외, 2004)을 고려할 때, 민간조직부문이라 하더라도 임금결정 메커니즘의 작동방식은 기업의 산업적 위상에 따라 상당한 차이를 보일 수 있다.

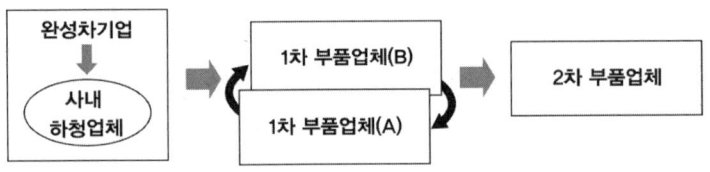

〈그림 5-3〉 자동차산업의 위계적 하도급관계

다시 말해, 비록 원청기업과 사내외 하청기업들 모두 노조에 의해 조직화되어 있다고 하더라도, 해당 기업의 시장지배력과 지급능력 그리고 노조의 조직력과 단체행동 파급력 등에 현저한 편차가 존재하는 만큼 이들 업체의 임금교섭을 둘러싼 내부요인들과 외부요인들의 영향에 적잖은 차이가 드러날 것으로 손쉽게 예상된다. 따라서 <그림 5-3>에서 예시하듯이 자동차산업의 위계적 하도급구조에 따라 원청기업과 사내하청업체 그리고 1차·2차 부품업체들이 각각의 임금결정과정에서 어떠한 상호작용을 보이는지가 또 다른 연구 관심사로 다뤄질 필요가 있는 것이다.

3. 자동차산업 사례업체의 임금 현황

이 연구의 사례들은 자동차산업에 속한 5개 업체로서 완성차기업 1개사(A사), 1차 부품업체 2개사(B, C사), 2차 부품업체 1개사(D사), 그리고 A사의 사내하도급 업체 1개사(E사)로 구성된다. 이들 업체는 A사를 정점으로 하는 하도급 위계 내에 존재하며 생산 공장도 A사 인근 지역 또는 A사 공장 안(E사의 경우)에 위치하고 있다. 또한 모든 사례업체에서 노동조합이 민주노총 산하 금속노조의 지부 또는 지회로 조직되어 있다. 구체적으로 A사는 기업지부로, B사와 C사는 같은 지역지부의 지회로, D사는 별개의

<표 5-2> 사례업체들의 일반 현황 및 임금수준

구분 하도급 지위	A사 완성차 업체	B사 1차 부품업체	C사 1차 부품업체	D사 2차 부품업체	E사 완성차 사내도급
종업원 수(명)	56,946	798	622	35	77
조합원 수(명)	43,695	603	480	8	18
평균근속(년)	15.3	11.2	13.0	3.5	약 5
평균연령(세)	40.4	32.3	39.4	-	약 32
통상 임금[1]	186.5	164.0	160.3	119.4	139.5
월평균 임금[2]	416.6	282.1	305.9	137.6 + α	214.1
월임금 총액[3]	502.9	324.6	388.3	137.6 + α	259.0

주: 2008년 1월말 종업원 기준. 단, D사는 조합원 기준.
1) 통상 임금(만 원)=기본급+통상수당
2) 월평균 임금(만 원)=통상 임금+비통상수당+상여금월할금+초과노동수당
3) 월임금 총액(만 원)=월평균 임금+특별급여(성과급 등) 월할금
자료: 전국금속노동조합(2008), A사 노조(2008), 면접 및 사내자료 재구성.

지역지부에 지회로 편제되어 있는 한편, E사가 포함된 A사 비정규직지회는 금속노조에 직가입되어 있다.

A사는 완성차업체로 전국적으로 56,000여 명의 종업원이 소속되어 있는 거대기업이다. B사와 C사는 생산하는 모듈부품의 거의 전부를 A사에 납품하는 1차 부품업체이며, 두 회사 모두 종업원 규모가 6~7백 명 수준에 달하여 규모가 제법 큰 1차 부품업체들로 알려져 있다. D사는 대부분 A사와 직접적으로 연관된 1차 부품업체에 볼트를 제조하여 납품하는 소규모 2차 부품업체(종업원 35명)이다. E사는 A사 작업장 내에서 조립라인의 특정 공정에 대한 도급 업무를 하는 업체로, 종업원은 77명이다. <표 5-2>에서는 사례업체들에 관한 일반적인 현황과 임금수준을 요약·제시하고 있다.

A사가 종업원 평균연령과 근속연수 모두 가장 높고, 중간에 1차 부품업

체(B사와 C사)가 있으며, D사가 가장 짧은 근속연수를 보이고 있다. 임금수준은 하도급 지위에 따라 그 격차가 매우 심하다. 구체적으로 살펴보면, 통상 임금에서는 임금수준 차이가 근속을 고려할 경우 크게 차이가 나타나지 않지만, 월평균 임금과 임금 총액에서는 매우 큰 차이를 보이고 있다. 자동차산업 내에서 하도급 지위에 따른 임금격차가 주로 상여금, 초과근로수당, 성과급 등에서 발생하고 있음을 시사하고 있다. 이것은 종업원의 임금수준이 회사의 시장 지위와 지급능력에 크게 의존하고 있다는 점을 보여준다. 흥미로운 점은 E사의 경우 최근에 이직이 줄어들면서 평균근속이 늘어나고 월임금 총액이 많이 상승하여 2차 부품업체에 비해 두 배에 가까운 수준을 보이고 있다는 점이다.

사례 업체들의 생산기능직 근로자들에 적용되는 임금체계를 간략하게 살펴보면, 5개 업체 모두 임금체계의 기본구조가 '기본급(시급제)+수당+상여금'으로 구성되어 있다. 기본급의 경우 A사에서만 2006년에 호봉제가 도입되어 협약임금 인상에 더하여 매년 일정액의 호봉승급분이 자동 인상되고 있는 반면, 나머지 업체들에서는 기본급 인상을 임금교섭에만 전적으로 의존하고 있다. 고졸 군필 생산직의 초임(월급 기준)은 A사의 경우 115만 8,000원, B사는 97만 9,000원, D사는 96만 원, E사는 90만 7,000원 등으로 초임에서부터 임금수준의 차이가 일정하게 형성되고 있다. 수당의 경우 잔업과 특근 등의 초과근로수당을 제외할 경우 하도급 지위에 따라 수당 종류에서 차이가 매우 크다는 점이 드러나고 있다. 수당의 종류가 A사 40여 개, B사 6개, C사 8개, D사 3개, E사 7개로 파악된다. 상여금은 단체협약에 의해 고정적으로 지급되는 고정상여금과 경영성과급이나 타결일시금 등의 변동상여금으로 구분하여 살펴볼 수 있다. 고정상여금 지급기준을 보면, A사는 '통상 임금+기타'의 750%, B사는 통상 임금의 700%, C사는 통상 임금의 750%, D사는 기본급의 600%, E사는 통상 임금의 600%이다. 변동상여금의 경우 A사에서는 2008년 임금교섭에서 300%의 성과급과 타결일시금 400만 원이 합의되었지만, D사에서는 명절일시금을 제외할 경우 성과급이 전혀 주어지지 않을 정도로 업체 간 편차가 크게 나타나고 있다.

이처럼, 5개 사례업체에서 임금수준과 임금체계가 하도급 위계구조에서의 위상에 따라 그 차이가 그대로 드러나고 있음을 알 수 있다. 이들 업체들은 모두 금속노조의 지부 또는 지회로 조직화되어 있지만 임금격차가 상당히 크고 임금체계의 실제 구성에서도 적잖은 편차를 보이고 있다는 점에서 산별노조 차원의 임금연대정책을 구현하는 것이 매우 지난한 과제임을 시사하고 있다.

4. 자동차산업의 임금결정 메커니즘

1) 완성차업체: A사의 사례

A사는 이 연구의 사례업체 중 내부노동시장이 가장 발달되어 있고 임금결정 또한 외부노동시장의 영향으로부터 비교적 자유로운 특징을 보이고 있다. 다시 말해, 기업의 시장지배적인 위상과 노동조합의 작업장 교섭력이 상호작용함으로써 지역·업종 등과 같이 임금결정에서의 외부 준거집단(reference group)에 대한 의존도가 매우 낮은 것이다. 오히려 기업차원의 임금정책을 둘러싼 과거의 노사교섭에 의해 형성된 관행과 경로의존성이 현재의 임금결정에 대한 주된 규정력으로 작용하고 있다.

A사의 경우 사용자는 과거의 경영실적, 현재와 미래의 시장 상황, 향후 회사의 투자계획, 회사의 지급능력 등을 고려하여 최고 경영층이 연초에

인건비계획을 사전 수립함으로써 자체적으로 희망가격(임금인상 수준)을 산출한다. 이때 주목할 점으로서 우선 A사의 임금결정 준비단계에서 인근 지역에 입지한 여타 대기업들의 임금수준 정보가 고려되고 있지 않는다는 점이다. 이러한 사실은 완성차업체 A사의 임금결정이 '탈지역화(delocalization)'되어 있음을 의미한다. 또한 A사의 임금결정에 있어 다른 완성차업체들의 임금수준에 대한 참조의 비중도 그리 크게 작용하지 않고, 타 업체나 계열사 등에 미치는 임금결정의 파급효과 역시 별로 고려되지 않는다는 점이다. 이것은 시장지배적 기업으로서의 A사의 위상이 반영된 것으로 볼 수 있다. 물론 노조와의 임금교섭을 준비하기 위해 외부 컨설팅 기관이나 기업 간 네트워크를 통해 동종업계 대상의 임금조사를 하거나 비조합원의 경우 국내 대기업의 임금조사를 시행하고 있지만, 이를 통해 얻은 정보는 A사의 임금결정에 참조사항으로 고려될 뿐 임금결정에 시장 상황이 크게 의식되는 것이 아니다. 다만 A사의 경영진은 외부 시장 임금 동향의 정보를 임금교섭이 진행되는 과정에서 노조의 인상요구에 대응하는 반대논리의 근거자료로써 활용하는 것으로 알려지고 있다.

다른 한편, 노동조합은 가맹 상급단체의 임금인상 요구안 지침을 대체로 수용하여 조합원들의 임금인상에 대한 희망가격의 기준을 수립한다. 2008년의 경우 금속노조의 기본급 인상 요구안(13만 4,690원 정액 인상)에 의거하여 민주노총 표준생계비를 근거로 임금인상의 목표액을 산출·제시하고 있다(A사 노조, 2008). 기본급 인상액과 별도로 A사 노조는 성과급을 요구하고 있는데, 2001년부터 회사의 당기순이익 중 30% 배분을 일관되게 주장해오고 있다. 이 배분비율은 주주·종업원에게 각각 당기순이익의 30%씩을 분배하고 나머지 40%는 재투자하자는 원칙에 입각한 것이다.[1]

---

1) A사 노조간부와의 면접에 따르면, 2000년경에 회사의 최고경영자가 사내 관리자

그런데 이러한 '배분원칙'은 객관적인 근거에 따른 결정공식에 기반하는 것은 아니며, 2001년 임금협상에서 노조 측에서 제기한 이후 매년 관례적으로 지속되면서 성과급 요구의 기준으로 조합 내부에서 상식화되고 있다. 따라서 성과급의 경우 우연적 계기에 의해 처음 만들어진 관행이 이후 지속되어 제도화의 경로의존성을 형성·유지하고 있다고 볼 수 있다. 기본급과 성과급 이외에 각종 수당의 조정 및 인상은 부차적인 의미를 갖는데, 노조가 각종 수당을 주로 조합원들의 직군 간·직무 간 임금불만을 조정하는 기제로서 활용하는 정도에 그치고 있다.

노사 양측이 마련한 노동력에 대한 희망가격(임금인상안)은 단체교섭의 과정을 통해 협상·조율된다. 임금교섭의 타결시점에서 노사 모두 구체적인 임금 항목별 협상 결과를 바탕으로 인건비 총액을 산출하는 게 아니라, 반대로 인건비 총액의 분배를 놓고 노사가 협상을 벌이는 과정에서 그 총액 인상수준을 결정한 후 기본급, 상여금, 성과급, 수당 등으로 적절하게 총액을 배분한다는 점이 특기할 만하다. 이러한 사실은 회사와 노조 모두 임금 총액의 인상수준에 가장 큰 관심을 두고 있다는 점을 반영하는 현상으로 볼 수 있다. 임금교섭의 결과는 A사 비조합원 관리직의 임금수준 결정에 영향을 미친다. 즉, 노사 간 협약임금이 비조합원 임금인상의 준거점으로 활용되는 것이다. 면접조사에 따르면, 협약임금의 적용을 받는 일반직 대리(조합원)의 임금인상 수준을 기준 삼아 그 상위 직급인 과장급(비조합원)의 임금을 약간 상회하는 수준에서 결정하고, 그 인상기준에 따라 상위 직급의 관리자 임금수준에 순차적으로 적용하고 있는 것으로

회의에서 당기순이익을 3:3:4의 비율로 주주, 종업원, 재투자에 각각 배분하는 것이 바람직하겠다고 발언했던 것을 당시 노조 집행부가 전해 듣고 이를 전격 수용하여 2001년의 임금교섭 때부터 그러한 배분원칙을 요구하기 시작했다고 전해진다.

확인된다. 이때 회사의 가장 큰 고려사항은 비조합원의 최하위직급(과장급)과 조합원의 최상위직급(대리급) 사이에 임금역전을 방지하는 것이다. 따라서 노조의 임금인상 효과는 간접적인 방식으로 조합원 이외에 관리직 비조합원들의 임금결정에 영향을 미친다는 점을 확인할 수 있다.

A사의 현행 임금결정방식에 수반하는 하나의 문제점으로 임금체계의 개선과 변화가 매우 어렵다는 점을 꼽을 수 있다. 예를 들어, 회사는 임금제도의 유연화2)에 관심을 갖고 있지만 그러한 시도는 번번이 좌절했고, 노사 모두 그 필요성을 느끼고 있는 수당체계의 단순화나 조정의 과제도 임금협상의 국면에서 심도 있게 논의될 여지가 별로 없는 게 현실이다. 그 결과, 사업장 내에서 임금제도나 임금체계의 변화는 강한 경로의존성(path-dependency)을 갖고 있다. 또한 노조 내부정치의 영향도 이러한 개혁을 어렵게 한다. A사 노조의 경우 조합원이 4만 명이 넘는 거대 조직으로, 내부 구성원들의 이해관계가 복합적인 형태로 존재하기 마련이다. 따라서 설혹 노조 집행부가 임금체계 개혁을 추진하더라도 조합원들의 전반적인 동의를 구하기가 쉽지 않은 가운데 조합 차원의 의사결정 과정에서 활동가 계파들의 거부권(veto power)을 극복하여 다양한 이해관계를 조율하기는 매우 어려운 조건에 놓여 있다. 그 결과, 임금교섭의 과정에서 임금체계나 임금구조의 개선 또는 변경을 다루는 노사협상의 여지는 거의 찾기 어렵고, 관행적으로 교섭 이후 임금체계 개선을 위한 실무협의기구를 구성하는 부속 합의를 되풀이하여 체결하곤 한다. 다시 말해, 노조집행부는 임금

---

2) A사에서는 1987년 노조 설립 직후 당시 조합원들의 최대 불만사항이었던 차등적 임금지급을 금지하는 단체협약이 체결됨에 따라 그 이후 매우 균등한 임금구조를 유지해오고 있다. 이에 대해 회사 경영진은 '신인사제도' 등을 통해 종업원의 동기부여를 위해 인사고과에 따른 직능급형 임금체계의 도입을 시도했으나, 노조의 거센 반발로 무산되었다.

교섭에서 총액 인상에 주력하게 되고 임금체계의 개선에 관련된 사항은 노사 간의 실무협의기구를 설치하는 것으로 마무리해왔다. 설사 임금체계의 개편이 이루어진다고 하더라도 그 개혁의 일관성을 유지하는 것은 노조 정치로 인해 쉽지 않다. 호봉제 도입이 좋은 예인데, 2006년 생산직·정비직에 앞서 호봉제가 도입되었고, 2007년에는 나머지 직군에도 호봉제가 적용되었다. 그런데 생산직·정비직의 경우 노동자의 생애주기(life cycle)에 따른 호봉곡선이 설계되었지만, 2007년 노조 집행부의 교체 이후 나머지 직군의 호봉제에서는 생애주기 곡선이 호봉설계에 반영되지 않았다. 이러한 결과는 노조 집행부의 교체에 의해 임금체계 개편의 내용이 쉽게 변경되는 노조 정치의 영향을 단적으로 보여주고 있다.

2) 1차 부품업체: B사와 C사의 사례

B사와 C사의 임금결정 과정에서 가장 뚜렷한 특징은 1차 부품업체 차원의 지역노동시장이 큰 영향력을 보이고 있다는 점이다. 노사 모두 의중임금의 형성에 지역 내 유사 동종업체들의 임금수준이 매우 중요한 참조준거가 되고 있으며, 임금교섭 역시 지역노동시장의 부품업체 간에 소규모 패턴교섭(small-scale pattern-bargaining)의 방식으로 진행되고 있다.

두 회사 모두 협약임금인상을 제외하면 자동적인 임금인상 기제가 없기 때문에 임금결정에서 임금교섭의 비중은 절대적이다. 노동조합은 임금교섭의 인상요구안을 준비할 때 상급단체(금속노조)의 교섭 가이드라인을 수용하긴 하지만 회사의 경영사정과 지역 내 동종업체 노조들의 임금인상안이 더 중요한 고려기준이 되고 있다. 그런데 회사의 경영실적이 좋지 않아 임금인상 요구에 불리하게 영향을 미칠 경우에는 인근 동종업체의 임금인상 수준이 노조가 더 주요하게 참조하는 근거로 활용된다. 실제로

B사 노조는 과거에는 회사의 전년도 경영실적을 기초로 인상액을 설정했지만, 최근 수년 동안 경영실적이 악화되자 인근 동종업체의 인상수준을 요구안 마련의 우선적인 기준으로 삼고 있다.

C사 인사노무담당자와의 면접조사에 따르면, 회사는 교섭 돌입 전 노조의 요구안을 받아본 후 그 요구안에 따른 인건비상승의 총액을 계산하고, 전년도 당기순이익을 준거자료로 활용하여 당기순이익의 30% 내에서 총액 인건비 지출의 기준을 삼는다. 또한 C사는 인건비 총액 결정 시 매출액의 12%를 넘지 않아야 한다는 내부원칙을 고수하려 한다. C사에서 이러한 기준 설정에 특별한 근거는 없지만 매년 관례적으로 적용해오고 있다. 이러한 과정을 거쳐 산출된 인건비 총액을 당해 연도의 영업이익 등과 비교하여 회사의 의중임금 수준이 결정된다. 따라서 C사에서도 체계적으로 구성된 객관적인 임금인상의 공식에 의존히기보다는 관행에 의해 형성된 절차·기준에 따라 의중임금 수준을 결정하는 것이다. 이 과정에 인근 동종업체의 임금인상 기준과 최고경영자의 의중과 판단 등이 중요하게 작용한다.

임금교섭이 시작되면 회사는 조합의 요구에 대해 이상의 절차를 거쳐 수정요구안을 제시하고 조합원들의 반응을 살핀다. 대체로 사측의 1차 제시안에 대해서는 조합원들의 부정적인 여론이 형성되기 마련인데, 이후 회사가 수정요구안을 제시하여 노조와 구체적인 협상에 들어간다. 임금협상은 기업 내부에서 진행되지만 '지역적 준거'가 그 내부에 깊숙이 개입하는 패턴교섭의 양상을 띤다. 실제로 수년 전 C사의 임금교섭에서 노사 잠정합의 이후 바로 이웃한 동종업체 사용자 측이 임금교섭에서 C사보다 높은 액수를 최종 제시하자 조합원 찬반투표에서 잠정합의안이 부결되기도 했다. 이러한 경험으로 인해 C사와 지역의 동종업체들은 지난 3~4년 동안 임금교섭에 행동의 통일을 도모하게 되었다. 하도급 거래관계에서 임률이 비교적 낮게 설정되는 C사가 먼저 임금교섭에서 타결을 이루면 지역 내의 동종업체들이 그 타결수준에 따라 협상을 마무리 짓는 경향이 확립되고 있는 것이다. 사용자들은 임률이 낮은 업체가 먼저 협상을 끝내면 최대한 임금인상 수준을 억제할 수 있는 효과가 있는 것으로 인식하고 있다. 따라서 패턴설정자(pattern-setter)인 C사에서 교섭이 타결될 때까지 지역의 여타 1차 부품업체들은 최대한 타결을 늦추고 '버티기'에 들어간다. 노조들 역시 이러한 패턴교섭의 경향에 큰 불만은 없다. B사 노조관계자와의 면접에 따르면 C사의 경영사정이 근래에 비교적 좋았기 때문에 동종업체 노조들도 C사 협상결과에 따르는 패턴교섭방식을 별 불만 없이 받아들이고 있는 것이다.

이처럼 1차 부품업체들 사이에는 패턴교섭을 통해 지역노동시장 수준에서 동종업체 간의 임금수준이 수렴되는 경향을 분명하게 드러내고 있다. 또한 이러한 임금결정 기제가 작동할 수 있는 비공식적 관계망이 발달되어 있다는 점이 주목할 만하다. 이 지역의 1차 부품업체들 사이에는 꽤 오래 전부터 상시적인 인사노무담당자 모임이 구성되어 있다. 이 모임은 1990년대 초반부터 존재해온 것으로 확인되는데, 노조들의 지역연대에 대응하기 위한 비공식적인 사용자조직의 성격을 보이고 있다.[3] 이 관계망은 상호 간 정보공유와 상호 비교의 필요에 따라 자생적으로 만들어졌고 직급별로 다층적인 네트워크가 운영되고 있다. 평소에는 친목 모임의 성격이 강하지만 임단협교섭 시기가 되면 매우 활발히 움직이게 된다. 전화 연락은 물론 폐쇄적인 인터넷 카페나 게시판을 통해 교섭정보를 빨리 서로 소통하고 대면 접촉도 빈번히 이루어진다. 임단협이 본격화되면 각 업체의 인사

---

[3] C사 인사노무담당자에 따르면, 이 모임은 현재 금속노조 지역지부에 대응하는 '비공식적인' 사용자협의회의 역할을 실제로 수행하고 있다고 한다.

노무담당자들은 인터넷 게시판에 하루 3~4회 이상 들어가 정보를 공유하고 하루 1번 정도 대면 모임을 가지면서 공동의 교섭진행을 조율해간다. 이 업체들의 모임에서 필요할 경우 원청업체인 A사 담당자를 불러 정보를 공유하기도 한다. 또한 그 지역에서 매출액 기준으로 유사한 지위의 회사들(조사 지역의 경우 4개 업체)은 순번제로 간사 역할을 맡아 공동의 정보공유,[4] 자료 취합, 사측 교섭위원들 간의 의사소통 등 네트워크의 결절점 기능을 수행하게 된다.

1차 부품업체들은 하도급 구조로 인해 임금결정의 외부 제약이 적지 않다. B사의 경우 A사가 설립한 모듈전문업체의 등장으로 시장 잠식을 당했고, C사의 경우에도 단가인하(CR)가 있는 해에는 임금인상에 상당한 제약을 받게 된다. 이러한 구조적 여건 속에서 부품업체들은 개별화된 임금교섭이 불러올 수 있는 피해를 방지하기 위해 비공식적인 수평적 네트워크를 통한 지역수준에서 조율된 교섭(coordinated bargaining)을 관행화하고 있는 것이다. 물론 이러한 관행의 제도화는 공식 조직에 의해 뒷받침되지 못하기 때문에 불안정한 것이지만, 10년 이상 유지해온 사회적 연결망의 상호 신뢰관계가 그 불안정성을 일정하게 상쇄하고 있다. 향후 자동차산업의 임금협상이 초기업화되어 지역수준의 단체교섭이 더 큰 비중으로 진행될 경우에는 이 같은 비공식적 네트워크가 공식 조직형태로 전환되는 주요 기반으로 작용될 것으로 예상된다.

---

4) 실제 부품업체 간 임금자료의 비교는 생산직 임금(조합원)에 국한된다. 관리직은 대략 3년 전까지는 서로 비교했으나 지금은 하지 않는다고 한다. 기업별로 관리직 임금이 공개될 경우 부담이 커진다는 게 그 이유였다.

3) 2차 부품업체: D사의 사례

D사의 생산직은 자동화된 볼트제조 기계를 조작하고 감시하는 단순기능직과 볼트제조를 위한 주형을 담당하는 기술직(숙련공)으로 구분되며, 단순기능직은 시급제이고 기술직은 월급제이다. D사의 경우 직종 간의 임금결정 기제가 상이하다는 점이 특징적이다. 물론 A사의 하도급 임률 책정기준이 D사의 임금수준을 기본적으로 규정하고 있지만, 업종(자동차부품용 볼트 제조)의 특성상 숙련기능이 많이 요구된다는 점이 인정되어 지역 노동시장에서 상대적으로 높은 수준의 임금결정을 유지할 수 있는 일정한 자율성을 허용하고 있는 편이다. D사에서는 기업내부노동시장이 발달하지 않은 상황에서 기업 내부의 임금결정이 외부노동시장의 영향을 크게 받는 것으로 나타나고 있다. 또한 생산직의 경우에 외부노동시장의 영향이 숙련 보유 여부에 따라 상이하게 작용하는 것을 잘 보여준다. 구체적으로, 미숙련 단순기능직의 경우 동일업종의 외부노동시장에서 거래되는 임금수준이 주요한 고려기준이 되고 있는 한편, 숙련기술직은 전국적인 차원의 직종노동시장(occupational labor market)에서 책정된 임금수준이 참조되고 있다. 이들 직종 모두 임금결정 과정에 공식 조직보다는 인적 연결망과 같은 비공식적 네트워크가 중요하게 활용되는 특징을 보인다.

단순기능직의 경우 동일 업종 내부의 임금수준에 따라 시급 수준의 대강이 결정된다. 즉, 전국에 산재한 볼트제조업체 중 그 업종 내에서 임금수준의 패턴설정자 기능을 하는 소수 회사가 존재하는데, D사는 이 패턴설정 회사들에 관해 수집된 비공식적 정보를 바탕으로 단순기능직의 임금결정 근거를 마련한다. 업종에 따른 외부노동시장의 영향이 크게 작용하는 것이다. 그러나 공식적 업종협회를 통한 정보 교류가 아니라 비공식적인 인적 연결망을 통해 정보를 수집하는 방식이다.[5] 그러나 2007년부터 임금결정에 노조 효과가 본격적으로 나타나기 시작했다.6) 노조 결성 이전에는 시장 상황과 매출액 등을 기준 삼아 관리팀이 종업원을 대표하여 사용자에게 임금인상안을 제시하는 협상절차를 거쳐 임금인상이 결정되었으나, 노조가 결성된 이후에는 노조 중심으로 단체교섭을 통해 임금인상의 결정이 이루어지게 되었다. 현재 노조의 조합원 규모는 작지만 노조의 집단행동에 의해 부품공급에 차질을 빚을 수 있다는 점에서 2차 부품업체의 사용자로서는 노조의 위협효과가 적잖게 부담이 되고 있는 실정이다. 더욱이 D사 노조가 가입한 금속노조 지역지부의 조직력이 상당하여 D사 사용자로 하여금 파업 예방을 위해 임금교섭에서의 양보를 강제하는 힘으로 작용하기도 한다.

  노조는 임금인상안을 결정하는 데 금속노조의 임금인상요구안과 물가상승률을 고려하지만 실제로는 조합원들 사이의 토론을 통해 최소한의 인상목표를 정하고 협상에 임한다. 8명의 조합원은 면대면 인간관계가 일상적으로 유지할 수 있는 조건에서 임금인상안의 결정을 둘러싸고 직접 참여하는 토론과정을 통해 조합 내부의 이견 조정이나 불만 해소를 별 어려움 없이 이뤄내고 있다. 교섭 결과는 조합원에게만 적용되지만 간접적으로 비조합원에게도 임금인상의 준거기준으로 영향을 미치고 있다. 노조 또한 소규모 영세업체의 특성을 고려하여 무리한 임금인상 요구를 하기보다는 임금결정에 그동안의 사용자의 자의적인 결정을 제도적으로

---

5) D사에 노조가 설립되기 이전에 외부노동시장의 임금결정패턴에 따른 것은 사용자의 입장에서 임금결정에 대한 '정당성(legitimacy)' 확보의 방편으로 활용되었던 것으로 추정될 수 있다. 흥미로운 것은 D사는 공장이 입지한 공단 내에서 유일한 유노조 사업장이기 때문에 공단 안에서는 또다시 임금결정에서 패턴 설정자가 되고 나머지 업체들은 이에 따른 임금을 제시하여 구인 활동에 나선다는 점이다.
6) D사의 노조는 2006년 말에 결성되어 현재 조합원이 8명이다.

억제하는 데에 주력하고 있는 실정이다. 회사 측은 그동안 생산직에게 직능급 요소를 도입하려고 했지만 노조 결성 이후 이러한 노력은 거의 포기되었고, 현재는 노조의 요구에 의해 연공급적 요소들이 점차 확대되고 있는 실정이다.

다른 한편, 기술직(숙련공)의 경우에는 임금결정에서 외부의 직종노동시장의 영향이 매우 중요하다. 기술직 숙련공의 경우에는 동일 직종모임이 존재하여 이를 통해 상호 정보를 공유한다. 이 모임은 공식적인 직종협회는 아니고 비공식적인 인적 네트워크이지만 구인·구직을 주선하고 신규채용의 임금수준을 책정하는 데에 일정한 기준을 제공하고 있는 것으로 알려져 있다. D사의 경우에도 현재 재직 중인 숙련공을 통해 이 모임에서 구직자를 선발하거나 숙련공의 연고관계를 이용하여 구직자 섭외를 한다. 과거에는 구인 과정에 개별적인 임금 협상 과정이 있었지만, 현재는 한 달 정도의 수습기간을 두고 숙련기술자의 개인적 평판에 걸맞는 숙련을 보유한 게 확인된 다음 정상적인 임금계약을 체결하는 방식으로 바뀌었다. 이처럼 단순기능직과 비교할 때 숙련공들은 직종노동시장에서의 임금수준이 기업 내부로 그대로 수용되어 중요한 임금결정의 기준이 활용되고 있는 것이다.

4) 완성차 사내도급업체: E사의 사례

완성차 사내도급업체의 임금결정은 하도급 계약조건에 따른 간접고용 관계의 특성을 분명하게 드러내고 있다. 실제, 사내도급업체 내에서의 임금결정의 재량권은 거의 없고 해당 업체와 원청 A사 간에 맺어지는 하도급 계약에 의해 임금수준이 전반적으로 결정되는 것이다. 현재 도급 계약(물량도급 방식)은 6개월 단위(1월과 7월에 계약갱신)로 이루어지고 있는

데, 계약 체결 1개월 전에 업체들이 A사에 제안서(견적서)를 보낸다. 견적서에 포함되는 항목은 노무비(통상급, 상여금, 연월차수당 등), 법정비용, 복리후생비(식사비, 간식비, 안전화 및 작업복 비용), 일반관리비(임대료, 집기비품, 회식비, 세무회계사비 등), 이윤(약 4~6%로 기준을 잡음) 등이다. A사에서 정한 업체별 생산인력의 표준 T/O와 실제 운영인원에서는 약간의 차이가 있는데, 업체가 견적서를 올릴 때에는 비용 산출을 실제 인원에 맞추어 계산하여 보내지만, A사에서는 현장감독 및 일정수의 지원인력을 고려하여 표준 T/O의 10%까지 가산하여 인력규모를 인정해준다. 견적서를 받은 A사는 자체의 임률기준을 산정하여 견적서를 검토한다. A사는 표준화된 항목별 기준에 따라 견적서의 비용을 판단하는데, 여기에 도급업체의 직종, 산재율, 직원의 근속, 다른 업체의 임금수준, 기존의 계약결 등을 고려하여 임률단가가 결정된다. 이렇게 결정된 도급단가는 업체별로 인원수에 따라 산출되어 지급되며, 사내도급업체는 소속 직원들의 근속 등을 고려하여 일률적으로 임금수준을 결정한다. 2005년의 기존 사내도급업체를 인수하여 운영해오고 있는 E사의 사용자는 기존 생산직 직원들의 임금수준을 그대로 수용하여 유지하되, 신규 도급계약의 갱신에 따른 임률인상분을 적용해주고 있다. 그 결과, 사내도급업체에서 일하는 생산직 사원들의 임금차이 및 업체 간 임금차이는 과거에 결정되어 있는 임률표에 의해 그대로 지속되고 있는 것이다. 아울러, 원청 A사의 하도급계약이 사내도급업체 노동자들의 전반적인 임금수준을 결정하는 기본 틀로서 작용하므로 사용자들은 임금수준을 결정하기 위한 유사업체의 상황을 점검하는 등의 독자적인 노력을 기울이지 않고 있으며, 또한 임금결정 등을 위한 업체 사용자들 간의 사회적 네트워크도 그리 활용되거나 발달되지 않은 상태이다. 또한 사내도급사업체의 사업기간이나 고용규모에 따라 업체별 수익구조가 일정한 차이를 보이게 되므로 경영상 다소 여유가 있는 업체 사용자의 경우에는 자신의 재량으로 추가 급여수당을 지급하기도 한다고 한다.

　사내도급업체의 단가 인상이 발생하는 요인은 크게 두 가지로 나누어 살펴볼 수 있다. 첫번째 요인은 사내도급노조와의 임금교섭 결과를 단가에 반영시키는 것이고, 두 번째 요인은 법정최저임금이 인상될 경우이다. E사의 경우 정식으로 신규 직원이 채용되면 초임을 법정최저시급보다 일정금액(예: 2008년의 경우 20원 정도)을 더 주는 수준에서 결정하는데, 추가 금액은 업체 경영여건과 주변업체의 임금수준 그리고 취업자의 장기근무 여부 등 업체 사장의 개인적 판단에 따라 결정된다. 다만 매년 법정 최저임금이 상향 조정되면 그에 맞추어 신규 사원의 초임을 재조정하여 도급단가의 인상을 요구하여 반영시키게 된다. 이처럼 E사의 경우 법정 최저임금을 기준 삼아 대략의 초임을 결정함으로써 금속노조 중앙교섭의 산별최저임금 효력이 현재 미치지 못하고 있는 것이다. 단가 인상의 필요성은 노조와의 협상 결과에 따라 더 비중 있게 대두된다. 통상적으로 사내도급업체 노조와의 임금교섭은 A사 정규직 임금협상이 타결된 후에 진행되어 9월 말~10월 중순에 마무리된다. 그런데 사내도급업체들은 비정규지회의 교섭이 시작되는 시점에 노조의 임금인상안 및 물가인상 등을 검토·고려하여 원청 A사에게 단가 인상의 필요성을 적시하는 사전 공문을 제출하면, A사는 임금협약이 체결되는 시점에 실제 발생한 추가임금인상분에 대해 사내도급업체들에게 단가인상 조정을 시행하게 된다. E사의 경우에는 조합원 18명이 조직되어 있어 비정규직 노조의 교섭위원이 방문하여 교섭을 요구하면 개별 업체 차원의 임금교섭이 진행되고 있다고 한다.

　이처럼 사내도급업체에서 노조가 결성된 이후 교섭이 임금결정의 중요한 기제가 되었으나 비정규직 노조의 교섭력은 취약한 상황이다. 현재 비정규직 노조의 조직률이 약 10%에 머물러 있고 그동안 원청업체와의 직접교섭이나 도급업체 집단교섭도 성사시키지 못하고 있으며, 실제 협상 내용이 정규직 노조의 임금교섭 결과에 따라 좌우되는 양상을 보이고 있다. 다시 말해, 비정규직 노조의 단체교섭에 따른 임금결정의 실제 수준과 내용이 교섭 주체 외부, 즉 정규직 노조에 의해 대부분 결정되고 있는 실정이다.[7] 정규직 노조의 외부 영향력이 비정규직 노조 내부의 교섭력을 압도하는 상황이 연출되다 보니 후자의 조직률 제고나 교섭력 강화가 요원한 상태라 할 수 있다. 특히, 2003년 이후 정규직 노조의 '대리교섭'의 효과가 임금인상에서는 일정한 효과를 보이면서 사내도급업체 노동자들의 이직률이 낮아지고 근속이 상승하는 등 일정한 '내부노동시장화'가 진행되고 있지만, 그것이 자체적인 교섭력에 기초하고 있지는 않은 것이다. 외부 노조 효과의 또 하나의 측면은 사내도급업체 간에 임금과 근로조건의 평준화를 가져왔다는 점이다. 조합원이 없는 업체의 경우에도 교섭에 의한 임금인상액을 반영하여 단가 산정을 하고 A사도 그것을 인정하고 있다. 교섭 결과의 확장이 간접고용관계를 통해 이루어지는 것인데, 이로 인해 노조는 '무임승차'의 딜레마에 처해 있다. 이같이 정규직 노조의 영향력은 성과급이나 타결일시금과 같은 특별급여에서 비정규직 임금구조와의 '동조화' 현상에서 다시금 확인된다. <표 5-3>에서 예시하듯이 현재는 이러한 동조화가 일정 수준 관행·제도화되고 있는 것으로 보인다. 이를테면, A사에서 사내도급 노동자들에게 특별급여를 지급한 것은 2001년부터이다. 당시에는 일시금 형식으로 지급되었으나 2003년 이후부터는 정규직에 준하는 비율(300% 또는 400%)로 성과급이 지급되어왔고, 2005년부터는 성과급 300% + 일시금 120만 원의 패턴이 자리 잡았으며, 2008년의 교섭에서도 성과급 및 격려금·일시금

---

[7] 2008년 10월 초 타결된 협상에서도 임금을 직영 대비 기본급 인상분의 99% 수준으로 인상하기로 했고, 일시금과 격려금은 관례대로 지급할 것을 노사가 합의했다.

〈표 5-3〉 A사 정규직과 사내도급업체 노동자의 성과급 및 격려금·일시금 지급 현황

연도	정규직	사내도급
2001	300% + 160만 원	일시금 170만 원
2002	350% + 150만 원	일시금 120만 원
2003	300% + 100만 원	300% + 90만 원
2004	400% + 200만 원	400% + 120만 원
2005	300% + 200만 원	300% + 120만 원
2006	300% + 200만 원	300% + 120만 원
2007	300% + 200만 원 + 무상주 30주	300% + 120만 원
2008	300% + 400만 원	관례대로 지급 합의

을 '관례대로 지급'하는 것으로 합의되었다.

5. 맺음말: 요약과 시사점

 민간조직부문의 임금결정 메커니즘을 살펴보기 위한 자동차산업에 대한 사례연구를 통해 원·하청기업 간에 드러나는 공통점과 상이점을 요약·정리하는 것으로 결론을 갈음코자 한다. 우선 주요 공통점을 살펴보면, 첫째로 모든 사례업체가 노조사업장인 만큼 임금결정에서 당연하게 노조의 개입·영향이 막중하게 작용한다는 점을 확인해볼 수 있다. 단적으로, A사에서 1987년 노조 결성과 더불어 회사에 의한 차등적 임금결정방식이 철폐되었던 점이나 D사 역시 노조의 설립과 더불어 회사 사용자와 관리자 간의 임금결정방식이 노사협상으로 대체되었던 점에서뿐 아니라, (4절에서 논의하고 있듯이) 단체교섭을 통해 정례적인 임금인상이 결정된다는 점에서 노조의 영향을 손쉽게 찾아볼 수 있다. 사례업체들에서 비조합원의 임금수준 역시 노조와의 교섭결과에 연동되어 결정되고 있으며, 임금체계와

임금형태에 대한 사용자의 개편시도 역시 노조에 의해 거의 봉쇄되거나 노조의 요구대로 재편되어왔다는 점에서 노조의 영향력을 다시금 실감하게 된다. 다만, 기존의 기업별 노조활동 관행이 뿌리 깊게 자리 잡고 있어 이들 노조 모두가 금속노조에 속해 있음에도, 독자적인 교섭의 자율성이 상당한 수준으로 지속되고 있음을 확인하게 된다. 또한 상급노조단체의 임금 가이드라인 역시 임금교섭 요구안으로 참조될 뿐 실제 교섭결과에서는 해당 노조의 자체 의사결정에 따라 최종 협약임금이 결정되고 있다는 점이 확인된다. 그 결과, 원·하청업체 간의 임금격차를 줄이려는 산별노조 차원의 연대임금정책이 제대로 구현되기에는 매우 어려운 기업별 노조활동 관행의 현실적 제약이 엄존하고 있다고 하겠다.

둘째로는, 노조조직 사업장으로서 현행의 임금결정에 과거의 노사협약에 기반을 둔 제도화된 경로의존(path dependence)의 관성이 역시 주요하게 작용하고 있다는 사실이 드러나고 있다. 사례업체들에서 기존의 임금 틀에 의존하여 매년 임금인상폭에 대한 노사교섭을 진행하는 만큼, 과거의 임금체계가 제도적으로 고착화되고 있는 것이다. 그런데 A사의 성과급 배분원칙이라든가 C사의 인건비 책정방침 그리고 E사의 초임결정에서 드러나듯이 임금결정 관행이 객관적인 근거에 입각하여 시행되기보다는 우연적이거나 관성적인 방식으로 유지되는 것이 특기할 만하다. 특히 임금결정의 경로의존성은 틸리 등(Tilly and Tilly, 2006)이 주장하듯이 과거 노사주체의 선택과 협상 결과에 의해 만들어져 관성화된 방식에 따라 되풀이되는 것을 의미하며, 일단 확립된 임금결정방식이 바뀌기 위해서는 다시금 노사 간의 지난한 협상을 요구할 뿐 아니라 노사 각각의 조직내부교섭(intraorgational bargaining, Walton and McKersie, 1991)에서 구성원집단들의 기득권 옹호 또는 상호 갈등·경쟁으로 인해 그 변화의 시도가 쉽게 좌절된다는 점을 확인할 수 있다.

셋째로는, 자동차산업의 하도급 위계구조가 존재하는 만큼, 사내외 하청업체들의 임금결정에 원청업체와의 도급계약조건이 중요한 준거기준으로 작용하고 있다. E사의 경우에는 사내도급계약의 형태로, B사와 C사의 경우에는 모듈부품의 공급계약에 의해, 심지어 2차 부품업체인 D사의 임금결정에서도 A사의 하도급단가가 일정한 임금인상의 기준으로 원용되는 것을 확인케 된다.

이상의 공통점에 못지않게, 자동차산업의 사례업체들에서 임금결정 메커니즘이 몇 가지 차이점을 드러내고 있기도 하다. 우선적으로, 산업차원의 하도급 위계구조상 위치에 따라 외부 노동시장과 사회적 네트워크의 영향이 상이하게 나타나는 것이 밝혀지고 있다. 완성차 대기업인 A사의 경우에는 시장지배적인 위치에 있음에 따라 임금정책의 운용에서 업종이나 지역의 노동시장으로부터 자유로운 '탈시장적' 행태와 사회적 네트워크의 낮은 의존도를 보이는 반면, 1차 부품업체인 B사와 C사는 지역노동시장의 동종업체 간에 비공식적인 네트워크를 활발하게 가동하여 패턴교섭관행을 발전시킴으로써 대조적으로 지역시장과 사회적 네트워크가 매우 주요하게 작용하고 있다.[8] 또한 사내하청업체인 E사의 경우에는 원청기업(A사)의 도급계약에 의해 구속됨에 따라 사용자의 재량권이 극히 제한되어 유사

---

[8] 면접 조사를 통해 1차 부품업체 B사와 C사에서의 임금결정이 지역적 연결망에 의해 제약되는 환경하에서 최고경영자의 의지와 전략이 갖는 자율성은 그리 크게 작용하지 않고 있다는 점이 확인되었다. 개별 사업장의 경영실적이 예년보다 뚜렷이 좋아졌거나 나빠졌을 경우에는 최고경영자의 의중이 임금결정 과정에 영향을 미치기는 하는데, 이러한 경우에는 매우 이례적인 것으로 면접대상의 인사노무담당자가 밝히고 있다. 따라서, B사와 C사에서는 내부노동시장의 발달정도와 노조의 조직역량에서 유사한 수준을 보임에 따라 임금결정방식의 '동형화(isomorphism)'가 상당히 이뤄진 것으로 이해될 수 있다.

업체들과의 네트워크나 노동시장동향에 별로 의존할 필요를 못 느끼는 실정인 한편, 2차 부품업체인 D사에서는 단순기능직과 숙련기술직에 대해 각각 전국적으로 형성되어 있는 해당 업종 및 지역시장여건 그리고 직종의 임금단가를 비공식적 네트워크를 활용하여 참조·반영시키고 있는 것이다. 또한 임금결정에 대한 회사 측의 대응에서 기업규모에 따라 체계적인 인건비 예산관리계획의 수립여부가 일정한 차이를 보이고 있다. 구체적으로, 대기업인 A사와 중견기업인 C사의 경영진은 연간 예산계획을 사전에 책정하여 노조와의 임금교섭에 대응하는 한편, 2차 부품업체와 사내하청업체의 경우에는 노조와의 교섭에 따라 인건비 규모를 재조정하는 방식을 취하고 있는 것이다. 또 다른 상이점으로, 임금결정에 대한 노조의 대응에서 A사의 대공장노조에는 내부 노조정치가 매우 민감하게 작용하는 반면, 영세노조인 D사의 경우에는 조합원의 민주적인 참여를 통해 교섭과정이 이뤄지는 것이 확인되고 있다. 또한 B사와 C사의 노조들은 사측과 마찬가지로 동종업체의 노조와의 지역연대를 활성화하여 패턴교섭의 관행을 발전시키고 있는 한편, E사 조합원들의 임금수준이 A사 정규직 조합원의 교섭결과에 연동되어 결정되는 '동조화'의 경향을 보임으로써 실제적으로 A사의 노사관계구도에 편입되는 것으로 나타나고 있다.

완성차 A사와 1차 부품업체 B사와 C사가 민간조직부문의 1차 노동시장을 구성하고 있다는 점에 대해서는 별 이론이 없겠으나, 사내하청업체(E사)와 2차 부품업체(D사)가 어떠한 위상을 차지하는지에 대해서는 신중하게 논의할 필요가 있다. 이번 연구를 통해 사내하청의 경우 본래 2차 노동시장에 해당된다고 할 수 있으나 비정규노조가 조직되고 원청노조의 별도 개입이 본격화된 이후에는 1차 노동시장으로 전환·편입되는 '과도기적 위상'을 갖는 것으로 볼 수 있다. 이는 기존 연구 또는 실태조사에서 완성차기업의 사내하청 고용관계가 '내부화'하는 추세에 대해 지적하고 있는 것과 동일한 맥락에서 이해될 수 있을 것이다. 다만, 최근 경제위기 상황을 맞아 완성차기업들에서 사내하청 노동자들에 대한 집단 해고가 우선적으로 벌어지고 있는 상황을 고려하면 이러한 '내부화'가 매우 불안정한 것임에 유념할 필요가 있다. 한편 D사와 같은 2차 하청업체의 경우에는 원청업체 및 1차 부품업체와 비교하여 현격한 격차를 보이고 있는바, 우선 임금수준 면에서 비교가 안 될 정도로 현저히 낮고, 평균근속 또한 3.5년으로 매우 짧으며, 임금결정방식에 사용자의 자의성이 많이 작용하고 있어 내부노동시장의 핵심적 지표라 할 수 있는 관료제적 고용관계가 거의 발달하지 않았다는 점 등을 고려할 때 2차 노동시장에 속하는 것으로 판단된다. 그런데 최근 D사에서는 노조조직화가 성공한 이후 노조가 임금결정에서 사용자의 자의성을 억제하며 일정한 관리규칙을 형성·발전시키고 있어, 향후 내부노동시장을 형성·발전시킬지 여부가 주목된다.

이 연구에서는 특정한 조사표본인 완성차업체와 1·2차 부품업체 그리고 사내하청업체를 중심으로 임금결정 메커니즘에 대한 사례분석을 시도하고 있는 만큼 국내 자동차산업으로 일반화하기에는 근본적인 한계를 안고 있다. 다만 국내의 자동차산업에 원하청 하도급 위계체계가 일반적으로 구조화되어 있다는 점을 고려할 때 이번 사례연구에서 탐색적으로 확인했듯이 완성차업체와 1·2차 부품업체 그리고 사내도급업체 간에 각 층위별로 상이한 임금결정방식이 형성·유지되고 있다는 사실은 대체로 자동차산업 전반에 대체적으로 확대·적용이 가능할 것으로 추론해볼 수 있다. 따라서, 각 완성차업체가 갖고 있는 상이한 조건들, 이를테면 소유지배구조와 국내외 시장지배력 그리고 노조조직 여부 등에 따라 해당 업체를 비롯한 사내외 하청업체들에서의 임금결정방식이 일정하게 편차를 보일 수 있는 만큼, 향후 완성차업체들 및 사내하청업체들 그리고 상이한 지역의 부품업체들 간에 임금결정 메커니즘의 차이점과 공통점을 비교·검토함으로써 이번 연구에서 시도된 이론적 탐색을 더욱 확장해나가는 것이 요망된다. 또한 이번 사례분석에서 논증되는 자동차산업의 임금결정방식을 다른 제조업부문(예: 조선, 철강, 전자 등)에까지 일반화할 수 있을지, 더 나아가 해외 주요국의 자동차산업과는 어떠한 차이점과 유사점을 갖는지를 규명하는 것은 추후 연구과제로 다뤄질 필요가 있다. 아울러 추후 연구과제로서 임금결정에서 임금수준과 임금구조 그리고 임금체계를 구분하여 각각의 결정 메커니즘에 간여하는 세부적 영향요인을 노사교섭의 동학분석을 통해 판별·확인하는 작업을 손꼽을 수 있다.

참고문헌

보울스·진티스(Samuel Bowles and Herbert Gintis). 1994. 차성수·권기돈 옮김. 『민주주의와 자본주의』. 백산서당.
이병훈·홍석범. 2008. 「임금결정의 영향요인에 관한 연구」. ≪고용과 직업 연구≫. 2(2), 1~28쪽.
전국금속노동조합. 2008. 『2008 금속노조 조합원 기초실태조사보고서』.
조성재·이병훈·홍장표·임상훈·김용현. 2004. 『자동차산업의 도급구조와 고용관계의 계층성』. 한국노동연구원.
틸리·틸리(Chris Tilly and Charles Tilly). 2006. 이병훈 외 옮김. 『자본주의의 노동세계』. 도서출판 한울.
A사 노조. 2008. 『단체교섭위원 자료집』.

Hicks, John. 1963. *The Theory of Wages*. New York: Macmillan.
Walton, Richard and Robert McKersie. 1991. *A Behavorial Theory of Labor Negotiations: an Analysis of a Social Interaction System*. Ithaca: ILR Press.

6장

돌봄노동의 가격은 어떻게 결정되는가[*]
비공식부문 돌봄서비스 시장을 중심으로

김경희

1. 머리말: 돌봄노동의 가격 형성을 둘러싼 쟁점들

최근 두드러진 사회인구학적 변화는 여성들의 경제활동 참여의 증가와 함께 맞벌이 가정이 증가하고 저출산 고령화가 가속화되고 있는 것이다. 따라서 가정 내에서는 그동안 여성들이 수행해왔던 돌봄노동이 재편되고, 사회적으로는 고령화와 저출산 문제의 해결 방안으로 간병 및 육아 등의 돌봄서비스의 공공성 확보가 쟁점이 되고 있다. 그러나 한국사회에서 돌봄노동이 사회서비스로 제공되기에는 아직도 난제들이 산적해 있으며, 이미 개인 가정에서는 시장화된 노동을 구매하는 방식으로 돌봄의 문제를 해결하고 있다. 그래서 노동시장에는 간병인·보육·가사서비스 노동자들이 최근 급속하게 증가하면서 돌봄노동의 상품화가 진행되고 있다. 양육을 대리하는 가정부나 보모가 새로운 직종은 아니지만 최근의 추세는

---

[*] ≪아시아여성연구≫, 제48권 제2호(2009), 147~184쪽에 게재된 글이다.

과거와 달리 노동시장에서 여성의 일자리로 상당한 비중을 차지하고 있으며, 근로조건이나 노동과정에 대한 새로운 관심을 불러일으키고 있다. 그동안 여성학을 비롯하여 사회과학 내의 젠더 연구는 돌봄 혹은 보살핌에 대한 철학적 논의와 모성과 연관시켜 많은 경험연구를 축적시켰다.[1]

또 한편에서는 돌봄노동자들의 열악한 근로조건에 대한 사회복지나 정책의 측면에서 실태조사들이 간헐적으로 이루어진 바가 있다. 기존의 연구들은 돌봄노동이 가정에서 수행되는 여성들의 성 역할이며 경제적 보상이 필요하지 않다는 인식이 팽배하고, 그것이 노동시장에서 상품화되는 과정에서 그대로 전이된다는 점을 보여주었다. 따라서 우리는 상식적인 수준에서 상품화된 돌봄노동이 저임금과 여성의 일이라는 특성을 수용하고 있지만, 더 나아가 생각해야 할 것은 구체적으로 어떤 과정을 통해 이러한 특징이 재생산되느냐는 점이다. 따라서 이 연구에서는 돌봄노동이 성별화된 저임금 노동으로 재생산되는 과정을 자세히 분석하고, 돌봄노동이 노동으로서 정당한 평가를 받고 좋은 일자리가 될 수 있는 방안을 모색하고자 한다.

이러한 문제의식에서 이 연구는 노동시장에서 돌봄노동자의 임금 형성과정에 초점을 두어, 돌봄노동이 성별화되고 저임금 노동으로 재생산되는

---

[1] 그동안 사회학과 여성학 등에서 모성에 대한 연구가 상당히 축적되었고, 한편에서는 가사노동자에 대한 연구들이 가정학과 사회복지학 등에서 수행되어왔다. 여성주의적 연구들은 전업 주부 및 취업한 어머니들의 자녀양육을 통한 경험적인 모성과 신화와 이데올로기로서의 모성 사이에서의 갈등, 어머니 노릇 변형 및 재구성의 과정 등을 잘 보여주었다(신경아, 1997; 김지혜, 1995; 이재경, 2003; 이재경·장미혜, 2003; 한지원, 2005; 김영옥, 2005; 박희경, 2001; 변혜정, 1992). 반면에 가정학과 사회복지학 분야에서는 가사노동자들의 열악한 노동조건과 실태를 밝히면서 처우개선과 정책대안을 목적으로 하는 연구가 진행되었다(김진영, 2004; 김명숙, 2005; 박정문, 1987; 현정혜, 1991).

과정을 검토할 것이다. 이 연구는 돌봄노동이 공식부문보다는 비공식부문에서 시장화되는 추세가 현저하다는 점에 비추어 비공식부문에 초점을 둔다.

일반적으로 돌봄(care)노동은 좁은 의미에서는 사적이고 감정적인 측면이 강한 성격의 노동으로, 가정·시장·지역공동체·국가 안에서 인간서비스의 제공을 위한 경제활동으로 정의된다. 이러한 경제활동에는 양육, 보육, 간병, 사회사업, 교육 등이 포함될 수 있다. 이러한 활동은 대면적이며 많은 경우 의존적인 위치에 있는 사람들에 대한 돌봄과 관련되어 있다(England et al., 2002: 455; Folbre, 2006a: 11). 그러나 돌봄노동을 광의로 보면 의존적인 상황에 있는 어린이나 노인에 대한 돌봄뿐 아니라 "어린이나 성인의 일상 활동을 돕는 가정·사회에서의 무·유급의 활동 및 체계를 총칭하는 포괄적인 개념"으로 이해되고 있다(박홍주, 2006: 2). 의존적인 노동만을 돌봄노동으로 정의하게 되면 여성이 수행하는 비공식 노동의 많은 부분을 간과하게 되어 재생산 활동인 가사노동은 입지를 찾기가 어려워진다. 이 연구에서는 의존적인 상황에 있는 어린이나 노인에 대한 돌봄과 어린이나 성인의 일상 활동을 돕는 가사를 병행하는 간병과 보육 가사(동시 수행)노동에 한정하여 살펴본다.

비공식부문이라는 용어는 개발도상국의 도시주변부 노동력을 일컫는 것으로 사용되어왔으나 선진국에서도 외형적으로 유사한 성격을 갖는 비공식부문이 존재한다는 인식이 대두되었다. 비공식부문은 공식제도가 법적으로나 관행적으로 관장하지 않거나 충분히 관장하지 못하는 노동자들과 경제단위들의 모든 경제활동으로 보며, 구체적인 범주는 고용주(비공식기업의 소유주), 자영(독립노동자·가족기업의 대표·무급가족종사자), 임금노동자(비공식기업의 피고용인·고정된 고용주가 없는 임시노동자·임시직과 파트타임노동자·미등록노동자)를 들 수 있다(Jonakin, 2006). 그러나 이러한 방식의 비공식부문 정의는 비공식기업과 생산활동을 중심으로 정의되는 경향이 있다.

그래서 일자리 자체를 중심으로 하는 비공식 고용의 개념이 사용되기 시작했는데, 이는 법적이든 관행적이든 국가의 노동법규, 소득세, 사회보호 혹은 퇴직금, 유급휴가, 해고통지 등 고용관계에 따르는 혜택이 존재하지 않는 고용형태를 의미한다. 구체적으로 이러한 고용형태로는 일자리 혹은 종업원의 지위를 은폐하거나, 단기간 혹은 일일 근로, 법의 규제를 벗어난 근로시간과 임금, 가구 내에 고용되어 있는 경우, 고용계약이 없는 경우를 들 수 있다(성재민·이시균, 2007). 따라서 이 연구에서 사용하는 비공식부문의 돌봄노동자 개념은 비공식부문의 임금노동자이면서 비공식 고용 형태를 취하는 노동자를 의미하는 것이다.

비공식부문과 고용이 위와 같이 정의되더라도 그 규모를 파악하는 일은 쉽지 않다. 국제 노동기구를 중심으로 비공식부문과 고용 규모 파악의 방법이 제시되고 있으나, 아직 국제적으로 비교 가능한 통계를 제시하는 것이 쉽지 않은 실정이다. 국내에서는 2007년에 성재민·이시균에 의해 경제활동인구조사를 활용하여 비공식 고용의 규모를 추정한 시도가 있다(성재민·이시균, 2007).[2] 그러나 이 연구는 가사서비스업 등 기타서비스업을 제외했다. 이처럼 이 연구의 분석대상인 비공식 고용형태인 돌봄노동자에 대한 실증분석은 현재 용이하지 않은 실정이다. 비공식부문의 돌봄노동자들의 근로조건에 관한 조사들이 있지만, 이 연구의 목적인 돌봄노동의 임금형성 과정을 중심으로 성별화된 저임금 노동이 재생산되는 과정을 살피기에는 한계가 있기 때문에, 질적인 연구에 의존하여 논의를 전개한다. 즉, 이 연구는 비공식부문의 돌봄노동자들의 임금실태에 관한 조사가 아니라 돌봄노동자들의

---

2) 최근 한국에서는 최초로 한국의 비공식 노동시장의 여성인적자원의 실태를 분석한 바가 있다. 이 연구에서는 비공식부문을 5인 미만의 근로자를 고용한 사업체 규모로서 사회보장세를 회피하기 위해 사회보장법과 행정의 규제 및 보호대상에서 제외된 노동시장부문을 의미하는 것으로 사용하고 있다(권태희 외, 2009).

저임금이 어떻게 형성되고 재생산되는가에 대한 조사이다.

보육·가사·간병 같은 돌봄노동은 여성지배적인 직종으로서 다른 직업보다 임금이 낮다는 것이 특징이다. 이와 같은 특징은 많은 경험연구를 통해서 입증되어왔는데, 임금결정의 주요 요소인 학력, 경력, 숙련 등의 변수를 통제하고서도, 돌봄노동에 종사하는 사람들의 임금은 비슷한 조건을 가진 다른 직업에 비해 낮다는 것이 공통된 결과이다(England, 1992; Kilbourne et al., 1994; Steinberg et al., 1986). 대표적으로 잉글랜드는 돌봄노동자들이 다른 직업으로 이동하면 임금이 높아지는 것을 경험한다는 점을 보이면서, 이것을 돌봄의 페널티로 보았다. 돌봄의 페널티는 유급의 돌봄노동뿐 아니라, 무급으로 행해지는 가정 내의 돌봄에서도 마찬가지이다. 크리텐든(Ann Crittenden, 2001)은 『모성의 가격』에서 엄마세(mommy tax)라는 용어를 사용한다. 이것은 여성이 모성을 수행하기 위해서 경력을 단절하거나, 노동시장 진입을 주저하거나 저해되는 상황 속에서 소요되거나 손실되는 비용이 막대하다는 것을 의미한다. 우리나라에서 돌봄의 페널티에 관한 유사한 양적 연구는 찾아보기 어려우나, 통계자료를 통해 현황을 살펴보면 유사한 경향이 나타난다. 김유선(2009)의 OLS 회귀분석과 분위회귀분석 결과에 따르면, 여성 취업자의 비율은 개인서비스업에서 59.0%이며, 개인서비스업 내에서 돌봄과 관련된 가사서비스업에서 여성이 차지하는 비율은 96.7%이다. 평균 임금은 시간당 5,387원, 월평균 소득은 64만 원으로 다른 직종에 비해 현저하게 낮다.

여기서 '왜 돌봄노동자들은 다른 직업에 비해 낮은 임금을 받는가?', '돌봄서비스 시장의 상당 부분을 차지하는 비공식부문의 어떤 특성들이 돌봄노동의 가격형성과 관련되어 있는가?'라는 연구질문들을 제기할 수 있다.[3]

---

[3] OECD의 정의에 따르면 '저임금 노동자'를 '정규시간 노동자 중위 임금(2007년

그동안 여성주의 경제학과 사회학 내에서 돌봄노동의 저임금 현상을 설명하는 여러 가지 논의들이 제시되었다(England et al., 2002: 456~459).

첫째, 돌봄의 페널티는 돌봄노동이 여성들의 모성 역할로 습득되는 것이라는 성 역할 규범 때문에 사회 문화적으로 가치절하되어 나타난다는 설명이 지배적이다. 경제학자들은 일반적으로 사회적 규범을 문제를 조정하는 대안으로 보지만, 여성주의 학자들은 남성성과 여성성이라는 사회적 규범이 경제영역에 정착되어온 측면에 주목한다. 즉, 여성의 성 역할이 가치절하되는 것은 기술이나 숙련이 남성적인 것으로 코드화되어 남성들이 수행하는 직무는 당연히 높게 평가되어 더 높은 보상을 받는 것이 당연하다는 사회적 규범이 임금결정체계나 제도적 내성으로 정착되었다고 본다. 실제로 기업의 직무평가에서도 돌봄노동과 관련된 특성들이 남성들이 주로 하는 육체노동이나 정신노동에 비해 낮은 직무 점수를 받는 것을 보면 알 수 있다.

둘째, 돌봄노동이 가진 특유의 보상적 성격 때문이라는 설명이 있다. 주류 경제학자들은 보상차이이론에 근거하여, 남을 돌보는 것 자체가 기쁨과 보람이라는 고유한 보상의 성격을 가진 노동은 보상이 적더라도 그것을 상쇄할 수 있다고 본다. 그러나 여성주의적 입장에서는 돌봄 그 자체가 고유한 보상이라고 인지하는 것은 여성이 그 일을 자신의 여성성과 부합하는 일이라고 인정하는 한에서만 가능하므로 낮은 임금을 수용하게 하는 논리로 부적당하다고 비판한다.

셋째, 신고전주의 경제학자들은 돌봄노동이 가진 공공재적 성격으로 돌봄의 페널티를 설명한다. 즉 물, 공기, 다리, 도로 등과 같이 비용을

기준 시간당 3,740원, 8시간 기준 일급 2만 9,920원)의 3분의 2 이하를 받는 노동자로 본다. 대부분 여성·고령층·저학력층인 한국의 저임금 노동자들은 개인서비스업이나 가사서비스업 및 영세기업 종사자에 집중된 것으로 나타났다.

지급하지 않는 사람도 혜택을 볼 수 있는 공공재와 같이 남은 돌보는 행위는 공공재의 성격을 띠고 있다는 것이다. 공공재의 특징 중 하나는 그것의 효과를 측정하기 어렵다는 것인데, 마찬가지로 돌봄노동도 측정하기 어렵기 때문에 낮은 보상이 이루어진다는 것이다. 하지만 이런 설명은 돌봄노동이 그동안 가정 내에서 무급으로 이루어지다가 노동시장에서 상품화되었지만 정확한 직무평가가 체계화되지 못한 특성을 반영한 것으로, 돌봄의 페널티를 합리화하기 위한 방편으로 활용되는 셈이다.

넷째, 돌봄서비스의 가격 지급 방식이 다른 서비스와 다르기 때문에 돌봄노동은 낮은 보상을 받는다는 설명이 있다. 그것은 서비스 가격은 돌봄의 대상자가 지급하지 않고 제삼자인 가족·보험회사·공공부문에서 지급하는 경우가 대부분이다. 또한 돌봄은 육체적인 단위로 측정될 수 없으며, 그것의 질은 개인이나 맥락에 따라 달리 평가되고, 소비자들은 자신들이 무엇을 구매하는지를 돌봄서비스를 받기 이전에는 정확한 정보를 가질 수 없다. 따라서 고용주(서비스 구매자)들은 돌봄을 받는 고객과 직접적인 접촉이 돌봄노동자보다 덜하기 때문에 돌봄서비스의 결과를 느끼지 않고 비용 절감의 전략에 개입할 수 있다(Folbre, 2006a: 15). 또한 돌봄서비스의 구매자들은 그 서비스 비용을 지급할 자원이 부족한 경우가 많다. 그래서 돌봄과 관련된 직업의 임금수준은 정치적 의지에 의해 결정되는 경우가 많다. 특히 복지프로그램예산에 대한 압력은 그 프로그램에 종사하는 돌봄노동자들의 임금을 낮추도록 하는 압력과 연동되는 특징을 보인다.

다섯째, 사랑과 돌봄이 상품화되면 그 가치와 품위가 손상된다는 믿음이 역설적으로 돌봄노동의 임금을 낮추게 된다는 설명이다. 이러한 신념은 신고전주의 경제학자들에 의해서도 전유되어 돌봄노동자들이 저임금을 수용한다고 합리화되어왔다(Folbre and Nelson, 2000). 무급이든 유급이든 돌봄서비스 부문의 직업 대부분은 정보 집약적이지 않고 인간 지향적이기 때문에 많은 경제학자가 예견했던 것처럼 돌봄의 상대적 가격이 증가하지 않았다는 것이다. 여성주의 경제학자들 내에서 이루어진 돌봄노동을 둘러싼 논쟁에서도 '사랑이냐 돈이냐'라는 이항대립적인 논쟁 구도를 형성한다(Folbre and Nelson, 2000; England, 2005). 특히 사랑의 노동이라는 입장을 취하는 논자들은 돌봄에 대한 동기는 매우 신성한 것이기 때문에, 그것의 교환가치에 대해 논하는 것에 매우 공격적인 태도를 보이기도 한다(Lynch, 2007; Tronto, 2002). 따라서 무엇이 상품화될 수 있고, 교환될 수 있는 선이 어디까지인지가 논쟁의 중심에 있게 된다. 결국 돈으로 사랑을 살 수 없다는 논리는 대면적인 서비스 노동의 낮은 임금을 영속시키는 의도하지 않은 결과를 가져오게 되는 것이다.

이처럼 돌봄노동의 저임금에 대한 설명은 다양하지만, 그 설명의 배경에는 공통점이 있다. 그것은 돌봄노동이 보상 없이 여성들의 성 역할에 근거하여 사적 영역에서 수행되던 노동이라는 점과 제조업처럼 가시적인 상품을 생산하는 것이 아니라, 대면활동을 통해 타인에 대한 배려와 돌봄을 주요한 성질로 하는 비가시적인 서비스를 만들어낸다는 특징이다. 특히 사회서비스가 충분히 제공되지 않는 나라들에서 개별 가정의 돌봄의 공백을 메우는 방식은 비공식적으로 돌봄노동을 구매하는 것이 지배적이다. 따라서 돌봄노동에 대한 제도화된 기준이나 고용체계 등이 확립되지 않은 상태로 돌봄노동의 상품화가 진행되는 것이다.

이런 배경에서 앞의 설명들은 비공식부문 돌봄노동의 임금형성 과정을 고찰하는 데 유용성을 제공할 것이라고 생각된다. 이 연구에서는 돌봄노동의 저임금에 대한 다양한 논지들은 이 연구가 시도한 경험연구에 적용하여 한국의 상황을 이해하는 데 시사점을 찾고자 한다.

2. 연구방법

이 연구에서는 2008년 4월에서 10월까지 비공식부문에서 일하는 간병인, 보육·가사서비스 노동자, 보육교사, 이들을 고용한 고용주와 직업소개소, 비영리단체 관계자를 포함한 총 10인을 대상으로 한 심층면접에서 얻은 자료를 주로 활용했다. 간병인과 보육·가사서비스 노동자는 대형병원, 직업소개기관 등과 연계하여 구인·구직이 이루어지고 있어, 이들 기관을 통해 연구대상자를 선정했다. 간병노동과 관련하여 간병인 교육기관에서 교육담당 교수 1인, 간병인 2인을 면접했다. 보육·가사서비스 노동자는 가사도우미 구직 인터넷 사이트에 접속하여 개별적으로 접촉한 3인을 면접 대상자로 선정했다. 외국인 보육·가사서비스 노동자는 한남동을 중심으로 지인들의 소개를 통해 2인을 선정하여 조사했다. 비정규직 유치원 교사 1인도 지인의 소개를 통해 면접했다. 보육·가사서비스 노동자를 고용한 여성 2인과 비영리 가사서비스 도우미 파견업체의 대표 1인을 고용주로 면접했다. 심층면접 이외에 돌봄서비스 시장의 현황을 파악하기 위해 정부의 사회적 일자리 및 사회서비스 사업과 공식부문의 민간기업에 대한 조사를 병행했다. 공식부문에 대한 조사는 이 연구의 초점인 비공식부문과 비교·분석하는 데 사용되었다. <표 6-1>은 피면접자들의 일반적인 특성에 관한 것이다.

면접은 커피숍에서 주로 진행되었으며, 평균 2시간 정도의 시간이 소요되었고 면접 대상자의 동의를 얻어 녹음하고 녹취록을 작성하여 자료로 활용했다. 외국인 노동자들은 영어로 면접을 진행했으며, 한국어로 번역하여 녹취록을 작성했다.

면접 내용은 작업장의 특징, 일자리 취득경로, 교육훈련, 직무의 숙련, 유급 가사노동에 대한 견해, 노동조건과 임금결정에 대한 노동자와 고용주의 협상 과정, 노동자들의 임금수준 및 직무 만족, 고용주들의 지급

<표 6-1> 피면접자의 일반적 특성

	나이	혼인상태	학력	직업	평균임금	구직경로	자격증	경력
사례 1	62	기혼	고졸	간병인	주 45만	간병협회	유	산모도우미 3년, 간병 7년
사례 2	27	미혼	전문대졸	유치원교사	145만	인터넷광고	유	5년
사례 3	49	기혼	대재	간병인	155만	간병협회	유	4년
사례 4	51	기혼	고졸	가사도우미	150만	인터넷광고	무	2년
사례 5	56	이혼	대졸	보모, 가사도우미	120만	친구 소개	무	3년
사례 6	34	기혼	전문대졸	보모	1,300달러	친구 소개	무	7년
사례 7	45	사별	전문대졸	파견업체 공동대표		창업	비영리 알선기관 관계자	
사례 8	37	기혼	석사	교육원교수	300만	지인 소개	간병 교육기관 관계자	
사례 9	34	기혼	전문대졸	분양상담사	450만	인터넷·직업소개소	고용주	
사례 10	34	기혼	대학원졸	사무직	400만	인터넷·지인	고용주	

임금수준과 서비스 만족 정도, 노동과정과 고용과정에서의 갈등에 관한 것으로 구성되었다.

3. 공공부문과 비공식부문 돌봄노동 임금의 유사성

1) 공공부문 돌봄서비스 시장의 특성

현재 돌봄서비스는 공식부문과 비공식부문에서 제공되고 있다. 이 연구에서는 공식부문 중 공공부문(정부)의 돌봄서비스 시장과 비공식부문에서 형성된 돌봄노동의 임금이 매우 유사하다는 점을 논의하고자 한다. 즉, 돌봄서비스가 공공부문에서 제공된다 하더라도 그 성격은 비공식부문에서 이루어지는 임금관행이나 특징을 그대로 유지하고 있다는 점이다.

통계청 산업별 취업자 조사에서 돌봄노동과 관련된 가사서비스업 종사자의 수는 2008년 1월 현재 16만 3천 명으로 추정하고 있다. 2000년 조사 결과에서는 18만 명 수준, 2001년 20만 명을 상회하다가 2004년부터 10~13만 명, 2007년 15만 명 이상으로 증가한 것으로 나타나고 있다. 통계청의 표준직업분류에서 가사와 육아도우미는 '9. 단순노무종사자'로, 산후조리 종사원과 간병인은 '4. 서비스 종사자'로 분류하고 있다. 간병인은 보건의료 관련직 내의 기타 보건의료 관련직으로 분류되고 있다.

공식부문 돌봄서비스 시장은 공공부문과 민간부문에서 형성되어 있다. 공공부문의 돌봄서비스는 사회복지시설의 돌봄노동자, 복지도우미 등을 통해 제공되고 있으며, 2005년부터 실시된 사회서비스 확충 사업에 따라 간병, 보육, 복지도우미 등의 사회적 일자리를 통해 제공되고 있는데, 대표적으로 노동부의 사회적 일자리 사업과 보건복지가족부의 바우처 사업을 들 수 있다. 노동부의 사회적 일자리 사업의 2008년도 추진실적을 보면 전체의 75.9%가 여성으로 참여 인원은 1만 4,701명이다. 노동부나 보건복지가족부의 사회서비스 사업은 2/3 정도가 가사, 간병, 교육, 보육 등 돌봄노동으로 이루어져 있다. 이들 사업이 공식부문에서 수행되고 있다 하더라도, 이 부문의 노동자들은 낮은 임금과 불안정한 고용을 특징으로 하고 있다. <표 6-2>의 보건복지가족부 바우처 사업의 2008년도 사업별 급여를 보면 이를 잘 알 수 있다.

바우처 사업은 돌봄서비스를 필요로 하는 고객이 바우처 사업과 연계된 알선기관을 통하여 돌봄노동자를 소개받아 서비스에 대한 시간당 비용을

〈표 6-2〉 보건복지가족부 돌봄 관련 바우처 사업의 급여 현황

구분	산모, 신생아 도우미	중증장애인 활동보조인	가사·간병 도우미	노인돌보미
사업비총액(정부지원금+본인부담금)	25,876,821,000	92,675,823,000	16,448,418,000	29,699,968,000
종사자수	3,275	16,041	4,021	4,331
급여기준	75%	75%	75%	75%
연급여총액	5,925,000	4,333,000	3,074,000*	5,143,000
월평균급여	493,000	394,000	769,000	429,000

자료: 최영미, 「돌봄노동자 노동권 확보에 관한 토론문」, 『제53차 여성정책 포럼 비공식부문 돌봄 노동자의 노동권, 현황과 대안 자료집』, 한국여성정책연구원(2009. 4. 30), 81쪽.
* 2008년 9월부터 12월까지 4개월의 급여총액.

지급하는 방식이다. 전자바우처 사업 중 노인돌보미 사업에서는 평균 하루에 2인에게 3시간의 서비스를 제공하는데, 이동시간과 서비스 준비시간 등을 포함하면 하루 8시간 이상 종일제 근무를 하는 것과 맞먹는디. 바우처 사업이 소비자(고객) 중심으로 기획되어 있어서 단시간 노동은 경력에 대한 보상이 없고, 호봉체계가 적용되지 않으며, 수당이나 사회보험 혜택이 현실적으로 포함되지 않고 있다.

공식부문 중 민간부문의 돌봄서비스 시장은 중상층을 고객으로 하여 표준화되고 전문화된 가사·간병서비스를 제공하고 있다. 간병서비스는 실버타운과 같은 사설 노인요양 기관을 대표적인 예로 들 수 있으며, 가사서비스는 2008년 4월에 우리나라 최초로 고품격 생활서비스 전문기업임을 자처하며 설립된 I사를 사례로 들 수 있다.[4] 가정에서 돌봄의 공백이

---

[4] I사는 기존의 일용직·현금 직거래 방식을 탈피해 가사도우미를 직원으로 고용해 월급제와 4대 보험혜택을 제공하고 있다. I사의 직원들은 150시간의 전문교육과 실습테스트를 통해 홈·푸드·출산 매니저를 양성하고 있다. I사는 30대 후반~50대 초반 2년 이상 경력자들을 대상으로 홈 매니저를 채용하고 있다. 이러한 기업형의 생활서비스사는 중상층 가구를 대상으로 하고 있다.

발생하고, 국가경쟁력 확보를 위해 여성들의 경제활동 참여가 요청되면서, 정부 차원에서 일자리 창출과 돌봄의 사회적 제공이라는 목적을 충족시킬 수 있는 방안으로 사회서비스 정책이 시행되었다. 그러나 그 정책이 공공부문에서 창출된 것이라 하더라도 여전히 돌봄노동에 대한 전통적인 인식을 그대로 이전시켜 놓은 방식으로 진행되고 있다.

2) 비공식부문 돌봄서비스 시장의 특성

비공식부문의 돌봄서비스 시장은 크게 두 가지 방식으로 형성되고 있다. 첫째, 노동자와 고용주가 자신들의 공동체를 통해 직무와 보상에 대한 정보를 교환하는 비공식적인 연결망에 의해 형성되어 있다. 주로 지인을 통한 비공식적인 구인과 구직이 이루어지거나, 인터넷의 돌보미 관련 사이트를 통해 인터넷에 기재된 정보를 개인들이 접하고 직접 연락하여 구인하는 방식으로 이루어지고 있다. 둘째, 직업소개소와 비영리단체들을 매개로 돌봄서비스가 판매되고 구매된다. 직업소개소는 구직자와 구인자를 연결해주는 통로 역할을 하는 것으로 주로 영세 규모로 운영되고 있으며, 돌봄서비스를 필요로 하는 고용주와 노동자에게 수수료를 받아 구인과 구직을 매개한다. 비영리기관의 경우, 돌봄노동자들에게는 관련된 교육훈련을 제공하고 고객들에게는 입회비로 5만~7만 원 정도를 받고 일자리를 연계하는 역할을 하고 있다. 비영리단체는 YMCA나 여성노동 관련 단체의 위탁사업의 형태로 진행되는 것으로 돌보미 교육을 실시하고 직업연계를 하고 있다. 이 연구에서 조사한 H 단체는 자활후견기관에서 자활훈련을 받은 여성 10명이 창업한 돌보미 교육 파견 비영리단체이다. 이곳은 관할 구청에서 인가를 얻어 2005년에 개설되었고, 고객과 노동자 모두에게 회원등록을 받아 도우미 자리를 알선하고, 도우미를 희망하는 회원

<표 6-3> 비공식부문 돌봄노동자의 임금현황

		전체	소속			지역		
			영리	비영리	기타	서울	경기	기타
가사	주당 근로시간	30.4	33.6	28.3	-	34.7	28.0	28.8
	하루 근로시간	6.9	7.4	6.6	-	7.6	6.6	6.6
	월평균 소득	79.7	86.3	75.2	-	-	-	-
	시간당 임금	6,452.5	6,320.2	6,541.7	-	6,345.2	7,125.2	5,789.1
간병	주당 근로시간	107.2	117.7	103.8	-	114.7	106.9	92.8
	하루 근로시간	19.3	20.3	18.5	-	20.7	18.8	17.1
	월평균 소득	128.4	128.1	128.4	-	-	-	-
	시간당 임금	3,669.3	3,499.3	3,796.2	-	3,417.4	3,748.2	4,075.9
재가보육	주당 근로시간	47.1	45.2	48.1	47.0	57.4	38.2	41.3
	하루 근로시간	9.1	8.9	9.2	9.2	10.9	7.7	8.1
	월평균 소득	69.9	86.7	56.6	-	-	-	-
	시간당 임금	4,983.3	5,385.8	4,853.9	4,904.7	5,108.5	5,252.6	4,688.1

자료: 민현주, 「비공식부문 돌봄노동자의 근로실태와 문제점」, 『제53차 여성정책 포럼 비공식부문 돌봄노동자의 노동권, 현황과 대안 자료집』, 한국여성정책연구원(2009. 4. 30)에서 재구성.

에게 교육 훈련을 시행하고 있다. 현재 이곳에는 70명이 노동자 회원으로 등록해 있는데, 모두 도우미 일자리를 찾는 사람들이다.[5]

최근 한국여성정책연구원에서 실시한 비공식부문 돌봄노동자들의 임금실태 조사(<표 6-3>)에 따르면 가사노동자는 한 달 평균 80만 원 정도, 간병노동자는 128만 원 정도, 보육노동자는 70만 원 정도의 수입을 얻고 있다. 앞서 살펴본 보건복지가족부의 바우처 사업과 비교하면 오히려 비공식부문 노동자들의 수입이 높게 나타난다. 이것은 바우처 사업에 참여하는 노동자들도, 수입을 보전하기 위해 비공식부문에서도 다른 일자리를

---

[5] 사례 7과의 심층면접(2008. 10. 8).

병행하기 때문이다.6) 현재 돌봄노동은 공공부문이라 하더라도 낮은 임금, 사회보험의 배제, 소비자 위주로 되어 있는 공급 시스템을 특징으로 하는데, 이는 일정한 작업장과 정해진 기간을 보장하지 못하므로 돌봄노동자들은 공식부문과 비공식부문을 오가게 된다.

4. 비공식부문 돌봄노동 임금형성의 특징

1) 정부의 규제를 받는 비공식성: 간병노동의 임금

이 연구의 주요 결과 중의 하나는 비공식부문의 간병노동의 임금은 정부 규제의 영향을 받는다는 점이다. 즉, 간병서비스는 일종의 의료행위와 관련되어 있기 때문에 정부의 규제와 관련 교육기관이 개입하고 있어서 간병노동의 가격을 형성하는 데 직·간접적인 영향을 끼치고 있다.

우리나라에 간병인이라는 직업이 생겨나게 된 것은 1980년대 초로 추정되며, "일반인으로서, 의료 관련 법령에는 그 역할이나 임무가 규정되어 있지 않고 신분보장이 안 되어 있는 상태에서 환자의 보호자 역할을 하면서 환자를 돕고 보수를 받는 사람"으로 정의되고 있다(황나미 외, 2006: 19).7) 1980년대부터 간병인을 양성하고 취업을 알선하는 기관들이 급속하게 증

---

6) "돌보다 병나는 돌봄노동자들", 《경향신문》, 2009년 5월 1일자.
7) 2006년 한국직업표준 분류에 따르면 간병인은 서비스 종사자 중 개인보호 및 관련 종사자로 분류되어 있다. 간병인의 평균 정규교육 수준은 6년 초과~9년 이하(중졸 정도)로 설정하고 있으며, 숙련기간은 6개월 초과~1년 이하, 직무기능은 자료(비교), 사람(서비스 제공), 사물(단순작업)이며, 작업강도는 가벼운 작업으로 규정하고 있다. 유사명칭으로 파출부, 가정부, 가사보조원 등이 있다.

가했으나, 현재 그 규모를 파악하지는 못하고 있다. 전국 각 시·도 담당 부서(중소기업과, 사회복지과, 노사지원과, 산업인력과, 경제진흥과 등)를 통해 허가된 민간 유·무료 간병인 알선단체(직업소개소) 및 비영리단체(대한적십자사, 적십자봉사관)의 수는 총 5,000여 개소에 이르지만, 무허가 단체도 많은 것으로 알려졌다. 보건복지부(현 보건복지가족부)는 국가면허를 취득했거나 유사 자격을 가진 사람만이 간병서비스를 제공하도록 제한했다(황나미 외, 2006).

이 연구의 참여자인 비공식부문의 간병노동자들은 모두 간병사 자격증을 소지하고 있었으며, 복지시설이나 병원에서 일했던 경험이 있지만, 현재는 개인적으로 고용되어 있다. 이들의 임금은 개인 고용 시 하루(24시간) 5만 원이라는 기준이 통용되고 있다. 보건복지부는 간병노동자들의 임금이 최저 임금인 80만 원을 밑돌지 않도록 정해놓고 있다. 이 연구의 심층면접 결과에 의하면, 요양시설이나 병원에 정규직으로 고용되어 있을 경우에는 한 달 평균 130~150만 원의 임금을 받고 있다. 그러나 개인 고용일 경우에는 입주 간병인이 아닌 경우에는 24시간 근무를 한 달 동안 하는 것이 가능하지 않기 때문에 한 달의 절반 정도를 일하는 것으로 나타났다.

내가 지금 기관이나 시설에 소속되어 있지 않고, 병원이나 재가에 있는 것은 내가 정말 잠자지 않고, 열심히 하겠다 하는 노력을 한다면 그만큼 돈을 많이 벌 수 있겠죠. 하지만 사람들 상대하는 일인데, 게다가 아픈 사람을 상대하는 일이기 때문에요. 굉장히 많이 소진이 됩니다. 사실 마음만큼 굉장히 돈이 필요한 사람이라고 할지라도 그렇게 욕심내고 많이는 못하는 일인 것 같아요. (사례 1)

간병인들은 고정된 수입을 얻지는 못하며, 부가급여를 제공받고 있지 않기 때문에, 개인 간병인의 수입수준은 개인의 노력에 좌우되고 있음을 면접자료가 보여준다. 이 점은 비공식부문의 노동시장 특성을 잘 드러낸다.

병원도 아마 130~150인데, 개인이 고용을 하는 것이기 때문에, 고용한 개인이 월급을 지급을 하는 것이기 때문에 달라지고요, 또 하루에 한 5만 원 선으로 본다면 내가 얼마나 많은 환자를 돌보느냐에 따라서, 예를 들어서 그것도 시간별로 책정되기 때문에 일정수익이라고는 할 수 없을 거예요. 얼마나 내가 많이 연결망을 가지고 있느냐에 따라서 개별적인 수입창출은 어떤지가 틀려지겠죠. (사례 3)

그러나 개인의 노력으로 수입을 올리는 것은 간병노동의 높은 강도와 대인노동이라는 특성 때문에 말처럼 쉬운 일이 아니다. 한국직업분류표에 따르면 간병인의 작업활동은 '가벼운 것'으로 규정해놓고 있다. 그러나 실제 간병은 일대일의 대면노동을 특징으로 하고, 거동이 불편한 환자를 대신하여 세면, 목욕, 식사, 재활치료 등 노동강도가 매우 높지만, 노동강도나 노동의 질이 아니라 노동에 소요되는 시간으로 임금이 책정되고 있다. 사회복지시설의 간병임금 책정 기준은 비공식부문의 간병인들에게도 그대로 적용된다. 간병서비스 비용 책정의 불합리한 점은 다음을 통해 알 수 있다.

…… 아프고 힘든 사람 상대하는 일이 이분들이 하시는 일인데, 예를 들어서 목욕을 도와주는 일, 이것도 체구가 굉장히 크다든지, 뭐 반신불수 이런 정도가 굉장히 강해서 거동을 아무것도 못한다고 하면요. …… 이러한 어떤 노동강도에 따라서 차별화된 비용책정 같은 것, 예를 들면, 단위 비용을 차별화시킬 수는 없다면, 좀 시간적인 측면에서 15분 이런 목욕시간이 아니고, 그런 분 같은 경우에는 30~40분으로 목욕시간을 좀 증가를 시켜준다든지, 아기 목욕시키는 것도 15분 이상 걸리거든요. 그런데 큰 어른에다가 장애인을 10~15분에 목욕을 시키라는 것은 정말 말이 안 되는 것이어서, 정말 이런 부분은 그분이 처해 있는 어떤 생활환경에 따라서 좀 차등을 두는 것을

마련을 해주면 어떨까, 좀 서로 부탁을 하는 입장이나 서로 덜 미안하고, 덜 짜증 나는 그러한 것들을 좀 해줬으면 좋겠어요. (사례 8)

결국 국가가 정한 직업분류표의 정의는 간병노동이 일상적으로 가정에서 이루어지는 수발이라는 인식에 근거하여 그 일에 대한 사회적인 인식을 고정시키는 역할을 하고 있다.

여성주의 경제학자들을 중심으로 돌봄노동의 저임금에 대한 극복으로 다른 시장노동의 임금결정의 주요 요소인 자격증(credentials), 경력 및 숙련, 노조와 같은 형태의 집합적 이해조직의 구성 등을 제시하고 있다(Bourgeault and Khokher, 2006; Held, 2002).

그러나 한국의 노동시장에서 간병에 필요한 자격증은 이 일을 할 수 있는 최소한의 자격기준으로 통용되고 있다. 즉, 공식부문처럼 자격증을 소지했다는 사실이 임금이나 대우에 가산점을 주는 것이 아니라, 입직의 최소 요건 기능을 하는 것이다. 공식부문의 사회복지사도 요양과 같은 직접서비스를 담당해야 할 필요성이 생겨나면서, 부가적으로 간병 자격증을 취득해야 하는 상황이 되고 있다.

이상에서 살펴본 바와 같이 간병인들의 임금은 의료행위라는 점에서 정부에 의해 자격증 취득 의무화와 최저 임금 80만 원을 정해놓고 있다. 하지만 자격증은 일을 할 수 있는 최소한의 자격기준을 의미하며, 임금이나 대우에서 부가적인 혜택을 보장하는 기능을 하고 있지 못하다. 최저임금 80만 원은 간병노동 가격을 지나치게 낮추려는 시도를 규제할 수는 있지만, 간병노동을 24시간씩 한 달 내내 할 수 없기 때문에 80만 원은 한 달의 반을 일할 경우에 얻을 수 있는 임금이다. 이 최저임금 기준은 간병노동자들이 비공식적인 경로를 통해 그 일을 하게 되는 경우에도 간병서비스의 소비자들이 서비스 비용을 결정하는 데 영향을 주어, 정부가 고시한 최저임금이 간병노동자의 임금으로 고착시키는 효과를 만들어내고 있다.

2) 시세와 협상으로 형성되는 보육 · 가사노동의 임금

2006년 한국직업분류표에 따르면, 가사도우미는 가사서비스업의 단순노무종사자 중 가사보조종사자로 분류되며, 직무는 청소·세탁·요리뿐 아니라 노인이나 자녀를 돌봐주는 것으로 정의하고 있다.[8]

이 연구의 참여자인 가사서비스 노동자들은 출퇴근의 형식 혹은 입주의 형태로 가사와 보육을 모두 담당하고 있다. 한국인 노동자 중 한 명은 출퇴근 형식으로 한 집에서 가사와 보육을 하면서 월 120만 원을 받고 있으며, 월 150만 원의 수입을 맞추기 위해 보조로 30만 원의 수입을 벌 수 있는 간병일도 병행하고 있었다. 필리핀 여성 한 명은 재한 미국인 가정에 입주하여 한 달에 1,300달러의 임금을 받고 있으며, 나머지 한 명의 필리핀 여성은 파트타임으로 네 가정에서 일하면서 한 달에 130만 원의 수입을 얻고 있었다. 종합도우미 양성 알선기관인 비영리단체 H에 따르면, 서울지역 가사도우미의 임금은 현재 4시간을 기준으로 3만 5천 원이 통용되고 있다. 지난 4년 동안 4시간의 도우미 임금은 2만 5천 원이었으나, 2007년부터 1만 원이 인상된 것이다. 그러나 수도권을 제외한 다른 지역에서는 4시간 기준으로 2만 원 정도의 시세가 통용되고 있다. 이러한 시세가 결정되는 과정에는 민간 직업소개소들끼리의 합의가 있었다. 한 직업소개소에서 임금을 인상하면 다른 곳에서도 파급되어 함께 올라가게 된다. 현재의 3만 5,000원

---

[8] 한국표준직업분류에 따르면 가사도우미의 정규교육 수준은 9년 초과~12년 이하(고졸 정도)이며, 숙련기간은 1개월 초과~3개월 이하, 직무기능은 자료(비교), 사람(말하기·신호), 사물(단순작업)이 포함되며 작업강도는 보통 작업으로 분류된다.

수준은 당분간 지속될 것으로 예측된다. H사에 등록한 가사노동자들의 평균 한달 수입은 80만 원 정도이며, 가장 많은 수입을 올리는 사람은 180만 원으로 야간에도 일하기 때문에 가능한 것이었다.

개인적인 연결망을 통해 형성된 고용관계에서는 고용주나 노동자 모두 인터넷이나 다른 가정의 사례를 기준으로 하여 유통되는 시세를 기준으로 하여 임금이 책정되고 있다. 다음의 한국인과 외국인 여성 가사도우미 사례는 이를 잘 보여준다.

왜냐하면 주는 사람 입장에서는 덜 줄라고 하고 나같이 일하는 사람은 더 받을라고 하니까, 그러니까 서로 눈치를 보는 거지. 그렇지만 그게 있잖아요. 일반적으로 사이트에 보면은 어느 정도면 얼마를 받는다더라 그런 게 매겨져 있으니까 무리하게 요구를 할 수는 없는 거는 있어요. 그래도 나는 내가 볼 때 아 이거는 너무 적다, 이거는 아니다 그런 거는 안 하지. 자기네도 사람을 잘 못 구해요. 그 사이트에 보면 금방 구했다고 하는 게 있고 오래 올라와 있는 게 있어요. 그러면 그런 조건이 안 좋다는 거지. 그렇게 결정이 되지. 무턱대고 얼마 달라 그렇게는 하는 게 아니지요. (사례 4)

그들이 저를 내니로 고용할 때, 그들이 내 임금수준이 어떻게 되냐고 물었고 내가 그들에게 말했어요. "저는 공장에서 '백삼십만 원' 받아요." 했어요. 그래서 그가 "제가 1,300달러, 원화가 아니라, 를 줄 수 있다"고 했고 그래서 결정됐죠. 그리고 일을 그만뒀어요. (사례 5)

고용주와 개인적인 접촉을 통해 이뤄지는 임금협상에서는 노동자의 임금협상력이 높은 것은 아니며, 턱없이 낮거나 높지 않은 범위 내의 고용주의 결정에 달려 있는 경우가 많음을 다음을 통해 알 수 있다.

임금은 풀타임의 입주가정부로 일할 때는 120만 원을 받았어요. 지금은 8시간 일하고 6만 원을 받죠. 그들들(고용주)이 6만 원만 줘요. 파트타임으로 일하면, 매일 돈을 받아요. 하지만 어떤 사람들은 1시간에 1만 원을 받죠. 그들보단 (내가) 임금이 낮은 거예요. 8시간에 6만 원이니까요. 8만 원이 돼야 죠. 사실 어떤 입주 가정집에서는 80만 원밖에 안 주기도 하고……. 집마다 틀려요. 어떤 경우에는 한국인 고용주가 돈을 더 많이 주기도 하고요. 입주가정부의 경우, 제 딸의 경우는 110만 원을, 저는 120만 원을 예전에 받았었고요. 제 친구 중에 한국인 가정에서 일하는 사람은 더 많이 받아요. (사례 6)

고용주의 입장에서는 노동자와 임금협상을 할 때에 시세를 인정하면서도, 시세를 인정하기에는 자신의 가정이 수월한 조건에 있다는 것을 강조하면서 일의 가격을 낮추려고 시도한다. 그러나 고용주들은 시세에 맞추어 주기를 원하는 노동자들의 요구를 결국은 따를 수밖에 없다고 생각하고 있다.

종일 반 하는 걸 반일 반으로 바꿔서 좀 일찍 데려오죠. 근데 그것도 그렇게 해서 처음에 저는 120만 원을 제시했어요. 보통 130~140하는 건 안다. 근데 우리는 애들이 둘 다 딸이고 그리고 웬만큼 컸고 애들 보내기도 하니까 그 비용도 따로 드니까 그거 생각해서 나는 120 정도로 했으면 좋겠다, 그러니까 본인도 그렇게 생각을 한대요. 근데 문제는 그분들이 항상 처음에 가격을 한 번 정했지만 몇 개월 지나면 올려달라고 얘기를 해요 항상. 저도 우리 동네에 그렇게 많은 줄 몰랐는데, 뭐 자기가 아는 애들도 한 20명 정도 된대요. 각 놀이터에 가보면 다 나와 있어요. 다, 애들 데리고 거기서 정보교류를 하는 거죠. 제가 보기엔 그래요. 뭐하니 일하니 토요일은 쉬니 일요일은 쉬니 한 달에 몇 번 쉬고 얼마 받고 그런 것들이 너무 빠삭하기 때문에 자기들이

높은 기준으로 가고 싶은 거죠. (사례 10)

5. 돌봄페널티의 재생산 기제

1) 자의적 고용관계와 제도화된 직무 측정의 어려움

비공식부문의 돌봄노동의 고용관계는 제도적인 고용 관련 법의 규제를 받지 않으며, 고용계약도 개인과 개인이 맺는 특징을 보인다. 이러한 특징 때문에 앞서 살펴본 바와 같이 노동의 가격은 시세와 계약 당사자들 간의 구두 협상의 형식으로 이루어진다. 따라서 이것은 일정한 시기에 보육·가사노동의 시장임금으로 기능하게 됨을 알 수 있다. 이 연구에서 면접한 돌봄노동자 대부분은 자신들의 임금이 하는 일에 비해 불충분하다고 생각하며, 고용주들은 적당하거나 비용을 더 지불한다고 생각한다. 그 이유는 하는 일이 사람을 대상으로 하는 일이며, 작업장 자체가 비공식적이고 사적인 영역이기 때문에 제도화되어 있는 직장과 달리 매우 가변적인 상황들이 발생할 수 있고, 노동시간이나 강도를 임금으로 환산하여 요구하기가 어려운 상황들이 많기 때문이다. 무엇보다도 돌봄노동의 가격 형성에서 나타나는 중요한 특징은 돌봄노동의 직무범위와 측정이 모호하다는 점이다. 즉, 돌봄노동은 전통적으로 여성들이 자신의 가정에서 수행해온 일이며 성 역할에 따라 자연적으로 체득한 일이라는 인식 때문에, 노동시장에서도 거의 대부분 여성들로 채워져 있다. 이러한 특성은 일자리를 구할 때에도 노동자들은 유급노동자의 경험이 없다고 하여도 주부 혹은 육아를 했던 경험만으로 일자리를 구할 수 있으며, 그렇기 때문에 고용주는 다른 직업에 비해 높은 보상을 하지 않아도 된다는 '암묵적인 전제'를 형성하고 있다.

이러한 전제로 말미암아 돌봄노동의 가격을 결정하는 데 경력이나 숙련 및 전문성을 고려하지 않게 된다. 구체적으로 살펴보면 고용주 여성들은 보육·가사서비스 노동자들의 직무를 뭉뚱그려서 고용된 집의 상황을 파악하면서 필요한 일을 하면 되는 것으로 인식하고 있다.

그러면서 결국 서로 감정이 격해졌죠. 당신 손자면 이렇게 하겠냐 약간 언성 높이고 그랬더니 알았다고 나보고 파출부를 구하라는 거예요. 자기는 그래서 파출부를 구하세요, 이러면서 끊어요. 그래서 뭐냐 나는 파출부를 구한 거다, 당신은 파출부다 그런 말은 안 했지만 그래서 아 이상하다. 자기들은 다 베이비시터라고 생각해. 베이비시터는 이건 안 하고 저건 안 하고 안하나봐. 내가 베이비시터는 뭐가 필요해요, 난 파출부가 애 봐주는 파출부가 필요해요. 나는 자기들이 어떤 잡스크립션이 정확하지도 않을뿐더러 그 집 상황 보면 몰라요? 답이 나오잖아요. (사례 10)

고용주들은 보육은 전문성이나 숙련이 필요한 일이라기보다는 "그냥 엄마가 볼일 볼 때, 시간이 안 될 때, 아기 볼 시간이 안 될 때 그 시간만큼 같이 있어주는 것"이기 때문에 임금이 크게 높아질 이유는 없다고 생각한다. 반면에 가사노동은 보육보다는 힘든 육체노동으로 인식하면서도, 여전히 숙련이나 자격요건을 필요로 하지 않는다고 생각하면서 현재의 임금수준에 대해서 "많으면 많은 거고 적으면 적은 건데, 나이 드신 분들이 주로 하는 것이기 때문에" 무리는 없다는 것이다(사례 9). 또한 고용주들은 노동자가 "다른 조건에도 불구하고 우리 집에서 일하는 건 다 자기 이해관계가 맞아떨어졌기 때문이라고" 생각하며(사례 10), "만족을 하니까 그냥 계속 하는 것"이라고 생각한다(사례 9).

돌봄노동 가격 형성 과정에서 나타나는 돌봄노동에 대한 인식과 실제

노동과정에서 직무 측정의 어려움은 몇 가지 시사점을 제공한다.

첫째는 돌봄서비스의 비용은 돌봄노동 그 자체에 대한 보상인가, 아니면 그 노동을 누가 하는가에 의해 보상이 결정되는가라는 질문이다. 다음의 면접대상자인 고용주의 언급은 이를 잘 나타낸다.

> 뭐 딱히 자기가 경력이 이만큼 있으니까 이만큼 달라 하는 것 같지는 않아요. 특별히 그리고 사실 뭐 경력이라면 경력이지만 사실 우리가 보기에는 대단한 노하우가 있는 그런 것도 아니잖아요. 살림을 10년을 했다고 해가지고 뭐 지금 1년 한 파출부보다 더 잘하고 이런 건 아니잖아요. 저는 그러니까 경력의 차이가 아니고 성실함의 차이 같아요. 제가 보기에는 대단한 노하우가 있는 게 아니고 그냥 자기가 좀 부지런히 몸 바지런히 하면은 똑같은 시간에 많이 할 수 있는 거구, 게으르게 움직이다 보면 하기 싫고 그러다 보면 계속 안 하게 되잖아요. (사례 10)

돌봄노동은 일반적으로 여성들이 자연적으로 체득한 것이어서 임금으로 보상하지 않아도 된다는 가정이 지배적이었다. 노동시장에서도, 예를 들면, 무거운 물건을 들어 올리는 일(주로 남성이 하는 일)은 중요한 직무로 받아들여지고, 섬세하고 빠른 손놀림을 요구하거나 남을 돌보는 일은 덜 중요한 것으로 인식되어 있다. 돌봄노동의 직무에 대한 리스트가 마련되지 않는 한, 특히 비공식부문 노동시장에서 돌봄노동의 임금산정에는 전통적인 전제가 통용될 수밖에 없다.

둘째, 돌봄노동의 시장화가 진행되면서 고용주 여성과 노동자 여성들 사이의 권력관계가 형성된다는 것을 알 수 있다. 돌봄서비스의 구매 과정에서 많은 여성 고용주들은 자신들의 삶에서 다른 여성의 노동을 가치절하는 방식으로 성별 노동분업을 유지시키는 역할을 한다. 이것은 현재 돌봄노동을 구매하는 취업한 여성의 입장에서 보면, 여전히 가정 내의 돌봄을 책임져야 하는 성 역할과 노동시장 내에서 자신의 임금과 돌봄노동의 구매 비용을 조율해야 하는 위치에서 나오는 결과임을 다음을 통해 알 수 있다.

(가사노동 임금이) 어차피 그게 수요 공급이 있는 거구 그 시장에서 정해지는 거기 때문에 그게 뭐 크게 부당하다고는 생각 안 해요. 대신에 그런 건 있죠. 예를 들어서 뭐 저만 해도 대기업이라고 다니고 경력도 한 7~8년차 됐는데, 제 실수령액의 처음 교포분은 거의 한 30%가 넘었구요. 다른 분들도 한 30%가 됐어요. 그런데 사실 저는 솔직히 그렇죠 9시에 출근해서 야근하고 12시에 넘어올 때도 많았어요. 그렇게 하고 그만큼 받는데, 이분들은 2시에 오셔서 9~10시에 퇴근하시고 주말에 쉬시고 그리고 어쩔 때 보너스로 그렇게 생으로 쉬시고 그렇게 하면서 이불껍데기도 안 빨고 저는 너무 억울한 거예요. …… (사례 10)

이 점은 머리말에서 살펴본 바와 같이 돌봄서비스의 가격 지급은 다른 서비스와 달리 돌봄의 대상자가 아닌 제삼자가 하게 되는데, 비용을 지급하는 고용주들은 자신의 소득에 견주어, 돌봄노동 비용을 책정하게 되면서 비용절감 전략을 취하는 것이다.

돌봄노동의 구매자가 여전히 여성들인 상황에서 돌봄노동의 고용관계는 여성들 간의 관계를 특성으로 하며, 이 점은 시장 상황에서 성 역할 분업의 부담 경감이나 재편 과정이 남성과 여성보다는 여성들 간의 차이로 드러나고 있음을 보여주고 있다. 이는 그동안 공유되어왔던 젠더에 대한 다소 본질주의적 개념화와 보편적 여성이라는 인식에 도전하며, 계층과 여성의 교차점에서 여성들 간의 차이에 대한 구체적인 맥락을 제공한다.

2) 유휴인력 활용에 따른 돌봄노동력의 과잉 공급

맞벌이 가정의 증가와 고령화가 가속되면서 돌봄노동의 수요도 높아졌지만, 그에 못지않게 공급도 늘었다. 경제위기로 가계경제가 어려워지자 높은 사교육비를 충당하려는 목적으로, 경제활동 경험이 없는 40~50대 여성들이 자신이 가정에서 해왔던 돌봄노동의 경험을 자원으로 하여 돌봄부문에 진입하고 잇다. 또한 외국인 여성들도 돌봄노동시장에 유입되고 있다. 이 두 가지 현상은 돌봄노동력의 공급과잉을 만들면서 돌봄노동의 임금을 낮추는 역할을 하고 있다.

지난 10년간의 여성노동정책에는 국가 경쟁력 확보를 위한 여성 인력의 활용이라는 정책담론이 지배해왔다. 실제 우리나라의 산업구조가 제조업에서 서비스 산업 중심으로 전환하고 있고, 교육·보건·의료·복지 등 사회적 서비스 수요가 증가하고 있다는 변화와 맞물려 있다. 노동시장에서 여성의 낮은 경제활동 참여의 문제점을 해결할 수 있는 공간으로 서비스 산업, 그중에서도 특히 사회서비스가 주목을 받고 있다. 특히 1990년 후반 경제위기 상황에서 실업과 가계 경제의 어려움으로 전업주부를 비롯하여 여성 실직자들의 일자리 창출 문제가 대두되면서 지방자치단체의 부녀복지, 여성복지 담당 부서에서는 저소득층 여성 일자리로 간병교육을 실시하고 취업을 알선했으며, 2000년대 중반에 들어서서 사회서비스 확충과 사회적 일자리 정책이 실시되었다. 정부의 사회서비스의 확충 정책은 취약계층의 복지수준을 제고하고 사회양극화의 완화에 기여할 뿐만 아니라 새로운 일자리의 창출이라는 추가적인 이득을 가져다준다는 점에 착안하여 가사·간병도우미, 산모도우미, 노인요양사 등의 일자리를 만들었다. 또한 1990년대 말 경제위기를 경험하면서 노동력 부족을 타개하기 위해 외국인 노동자를 수용하면서, 국내에는 상당한 외국인 여성노동력이 존재하고 있어, 이들이 돌봄노동으로 유입되고 있다. 더욱이 외국인 여성노동자들은 노동자 자격으로 비자를 받고 입국했으나 공장의 부도나 임금체불 등으로 일자리 잃게 되면서 불법체류자가 된 경우가 상당하다.

이처럼 정부의 노동정책은 의도하지 않았지만 돌봄노동력의 공급 과잉현상을 만들어내어 노동자들의 임금 협상력을 약화시키면서 자신의 낮은 임금을 수용하는 기제로 작동하고 있다. 다음의 언급들은 이런 점을 잘 보여준다.

> 비록 불만족하더라고 직접 요구하거나 말하진 않아요. 그저 그들(고용주)이 제 임금을 올려주는 것에 대해 관심을 갖길 기다릴 뿐이죠 뭐, 괜찮아요. (사례 5)

현재 가사노동은 지구적 차원에서 주요한 고용 분야로 떠오르고 있으며, 지구화가 가속화되면서 대규모의 이주 과정에서 개발도상국의 여성들은 생존전략으로 선진자본주의 국가에 가사노동자로 유입되고 있다.9) 가사노동자들의 이주현상이 증가하면서 초국적 노동분업에 대한 연구들이 상당히 축적되었는데, 주로 아시아, 미국, 서유럽 국가들에 초점을 두어 분석하면서 가사노동자들의 초국적 유입 현상의 확산을 증명했고, 이주의 긍정적이고 부정적인 측면들을 인식하게 되었다(Pyle, 2006). 최근 한국에서도 이주여성들의 돌봄부문 유입에 대한 연구가 시작되고 있다(박홍주, 2009). 이 연구에서도 이주여성들이 한국의 돌봄서비스 시장에 유급 노동자로 유입되면서 고용주나 노동자 모두에게 돌봄노동자들의 낮은 임금을 합리화하면서 재생산하는 기제로 작용하고 있음을 보여준다. 고용주들은 간병이나

---

9) 1980년대에 홍콩의 합법적 이민자의 75%가 가사노동자였고, 대만은 1991년에 이주노동을 합법화하면서, 1992년부터 이주 가사노동자들을 최초로 합법화시켰다 (Lan, 2003; Cheng, 2003).

가사서비스 모두 한국인 노동자에 비해 임금이 싼 외국인 여성노동자를 선호하며, 이런 상황에서 한국인 노동자들은 외국인보다 높은 임금을 제시할 경우에 경쟁력이 떨어지기 때문에 스스로 임금을 낮출 수밖에 없다.

중국 분들이, 그러니까 연변 뭐 조선족 분들이 많아요. 임금이 이렇게 되어버리니까 중국 사람들이 넘쳐요 넘쳐. 중국 애들이 시간당으로 받으니까 걔네가 힘든 거 다해요. 경추 환자나, 뭐 전신 마비 이런 사람들 다해요. 집이 없으니까 거기서 24시간 다 있을 수 있고, 먹고 자고도 하고 그러니까 조선족 사람들이 많이 일을 하는 것 같아요. 그러다 보니까 우리보다 많고, 그 사람들 때문에 우리까지 돈을 조금 받는 것 같아요. (사례 3)

오히려 베이비시터보다 외국인을 많이 쓰는 것 같더라고. 내가 알기로는. 내 주변에도 애를 봐주는 사람이 거의 다 중국인 사람들. 그러니까 입주해서 자기 집에서. …… 일단 중국인이라 싸고 …… 중국사람이 애 봐주지 청소해 주지, 설거지해주지 다 해주거든. 싹 다. 싹 다 해주는데, 그분들은 뭐 한 달에 100만 원에서 150만 원. ……. 나 주변에 되게 많아. 그 중국인 쓰는 사람들. 근데 한국인을 쓰려고 하면 한국인은 더 줘야 된대. 거의 200~300을 줘야 된대. 더불이니까. (사례 9)

또한 외국인 노동자들의 경우에는 자신이 받는 임금이 현지에서는 낮다고 하더라도 본국에서는 화폐가치가 매우 높기 때문에 그 임금을 수용하고 있다. 더욱이 불법체류자라는 신분은 자신을 보호해줄 안식처를 필요로 하므로 입주 형태의 노동이 갖는 장점 때문에 자신의 임금을 수용하게 된다(Colombo, 2007: 219).

제 생각에 많은 필리피노가 한국에서 이런 일을 찾고 있고 샐러리에 따라 다르긴 하죠. 너무 적은 돈을 주면 다른 일을 찾겠죠. 그렇지만 제 상황에서 제 샐러리는 좋은 편이고, 1,300달러가 필리핀에서는 큰돈이고, 그래서 저는 제 일이 좋아요. …… 사실 많은 필리피노가 이 일을 찾아요. 많은 필리피노가 불법체류하고 있고, 공장은 매우 위험하기 때문이죠. 이런 일은 별로 위험하지 않아요. 그들은 그냥 집 안에 머물고, 밖에 안 나가도 되고 공장일은 끝나면 밖에 나가야 되고 그 밖에서 무슨 일이 일어날지 모르는 거죠. 만약에 이민국에서 벌써 밖에 와서 기다리고 있으면. …… 매우 위험하죠. 그렇지만 저는 이 일자리로 현재 고용주 같은 다른 가족을 찾기 위해 최선을 다할 거예요. (사례 5)

외국인 가사노동자들은 본국에 있을 때의 직업이나 교육수준에 비해 훨씬 낮은 대우를 받고 있다. 다른 연구들에서 보여주듯이, 특히 필리핀 여성들은 중산층의 고학력 배경을 가지고 있음에도 수용국에서는 가사노동자로 일하고 있다. 이 연구의 참여자 중 필리핀 여성들은 전문대졸 출신의 여성들이었으나, 자신의 생계와 신분 불안 문제를 해결하기 위해 입주가사도우미나 간병노동을 수행하고 있다. 경제적인 측면에서, 이주여성들은 본국에서 얻을 수 있는 소득보다 높은 소득을 보장하는 이국으로 이주하게 되지만, 상대적으로 이주국에서는 시간당 낮은 임금과 좋지 않은 노동환경에 직면하고 있다(Himmelweit, 2008). 외국인 가사노동자의 국내 유입 현황은 공식통계로 잡히지는 않았으나 경험연구들을 통해 이미 확산되고 있음이 밝혀졌으며, 앞으로 심층적인 연구가 필요한 분야이다(박홍주, 2009).

3) 인간 지향적 성격의 노동

성 편견(gender bias)으로 인해 돌봄기술과 기능은 문화적으로 가치 절하되어왔으며, 사랑의 노동은 상품화될 때 그 가치가 없어진다는 사회적 신념 때문에 마찬가지로 절하되어왔다고 논의되어왔다. 이러한 신념은 신고전주의 경제학자들에 의해서도 전유되어 돌봄노동자들이 저임금을 수용하도록 합리화되기도 했다(Folbre and England, 1999).

이 연구에서도 돌봄노동자들의 저임금에 대한 수용은 돌봄노동이 가지는 도덕적이고 감정적인 성격이 영향을 끼친다는 점을 보여준다. 그것은 돌봄노동이 도덕적이고 감정적인 성격이 있기 때문에 임금이 낮은 것이 당면하다고 생각하기보다는, 이왕에 낮은 임금을 받으면서 일을 하는데, 그 일이 인간지향적 성격이 있기 때문에 감내한다는 점이다. 간병노동자들은 환자의 치유와 회복의 과정에서 물리적·정서적 대면을 통해 노동을 수행하게 된다. 노동강도가 매우 높고, 그에 비해 보상이 적음에도 간병이라는 일이 환자를 사랑하고 위하는 마음이 없다면 할 수 없는 일이라는 인식이 노동과정에 깔려 있다.

> 서로가 같이 있다 보면 잘해주고 싶은 마음이 생겨요. 또 돈만 요구하는 분들은, 글쎄 잘 모르겠어요. 그래요. 돈만을 위해서 할라고. 하면은 힘이 들어, 그냥 이런 거 하시는 분들도 다 그런 마음이 있어야, 하거든요 …… 돌아가신 분 수의 입히는 거 지금 하고 있어요. 그런 일을 평소에 이렇게 한다고 하면 누가 그런 일을 하려고 하겠어요. …… 돈만 따지면 다른 편한 일도 있고 아닌 데도 있는데, 환자들도 환자들이지만 병원 내에서 그런 일을 하는 게 참 힘든 거예요. 왜냐하면은 다 아픈 사람들 속에서 그런 걸 한다고 생각해 봐요. (사례 3)

보람 느낀 거는 환자분들 해가지고 빨리빨리 완쾌된 거 보는 거, 어느 분이든지 간에 입퇴원 했을 때에, 환자분들 며칠씩 입원해가지고 수술하고,

내가 그럼 잘 해줬을 때 회복이 빨리빨리 돼서 나갔을 때가 그렇고, ……
서로가 막 고마워하는 것을 느끼고 막 그 눈빛을 서로 주고받을 때, 식사
같은 것도 그렇고 그렇게 막 해줄 때 서로가, 느껴요 그런 걸. 저분도 내가
이러는 것을 고마워하는구나. 그래서 이런 일을 해요. 느끼니까 사람들이
많이 하겠죠. (사례 1)

또한 보육노동도 돌보는 아이들에 대한 정서적 유대와 친밀성이 고된
노동과 낮은 임금을 어느 정도 상쇄하는 요소로 작용하고 있음을 알 수
있다.

내니로서, 저는 그 아이들을 제 아이들처럼 돌봐요. 때때로 그들은 그들의
일 때문에 자기 아이들을 돌볼 시간이 없고, 그래서 제가 …… 제가 …… 그
아이들한테 제가 엄만 거죠 어떻게 말하지? 그 아이들한테 제가 그 집 안에서
제가 엄만 거죠 왜냐하면 그들은 이른 아침, 때로는 아침 6시, 애들이 여전히
자고 있을 시간에, 일하러 가고, 그들은 5시에 집에 돌아오고, 때로 그들은 밖에
나가고, 파티에도 가야 되고 그래서 그들이 아이들을 돌볼 시간이 없고 그래서
저는 아이들을 엄마로서 최선을 다해 돌봐요. 네. 네. 전 그리고 그 아이들이
제 자식인 것처럼 느끼죠 사실 그 가족이 절 좋아해요. 때때로 애들이 절 매우
많이 따라요. 왜냐하면 우리는 같이 잠자곤 하기 때문이죠 제가 따로 방이
있는데도 그 아이들이 저한테 와서 우리가 같이 자요. (사례 5)

고용주가 노동자에게 현재의 임금이나 노동조건을 수용하게 하도록
하는 과정 중 하나가 노동자를 '가족의 일부'라고 생각하게 만드는 것이다.
이러한 생각은 실제 고용주와 노동자 간의 권력관계를 희석시키는데, 예
를 들면 초과시간에 대한 보상은 온정으로 감수하게 만드는 경우도 있다.

그리고 노동자 입장에서도 너무 각박하게 시간당 요금을 요구하는 것은 이후의 고용관계에서도 그렇고 대면적 상호작용이 주를 이루는 노동과정의 특성상 쉽게 이루어지지 못한다. 특히 외국인 여성노동자들에게는 이러한 전략이 정서적 만족감을 높이는 역할을 하고 있다.

> 외로움을 느낄 때는 그들이 꼭 가족과도 같죠. 때때로 한국인들은 밖에서 밥도 사주고 밖에도 데려나가고 가끔은 선물도 사오고. 햄버거 같은 것도 나 먹으라고 사다주기도 하고요 (한국에서 생활하는 것은) 정말 좋아요. 그렇지만 겨울은 안 좋아요. 너무 추우니까. 내가 공장에 있을 때 사장님이 37살이었는데요. 거의 내 아들 같았는데, 발렌타인데이에 캔디박스도 주고 아침에 보면 먼저 인사도 해주고 아주 친절했어요. (사례 6)

돌봄노동에서 가장 중요한 성질인 배려와 도덕적·감정이입적 성격은 경제적 보상과 배치되는 것으로 논의되기도 하고, 실제 임금결정과 수용 과정에서 임금을 낮추는 요인으로 작용하는 것으로 보인다. 그러나 돌봄노동의 핵심적인 직무가 타인에 대한 배려와 감정이라고 한다면, 임금결정에서 중요하게 고려되어야 하는 요소일 것이다. 비가시적인 노동에 대한 직무평가의 문제는 돌봄노동뿐 아니라 다른 서비스 직종에서도 유사하게 제기되는 문제이다. 이 연구에서 나타나듯이 간병이나 보육가사 노동자들이 육체적인 고된 일을 한다는 점에서는 부분적으로 그 일의 중요성이나 가치를 인정하지만, 환자나 아이를 대상으로 하는 감정노동에 대해서는 크게 인정하지 않는 경향을 읽을 수 있다. 과연 돌봄노동에 대한 보상은 돌봄에 소요되는 육체적 노동에 대한 보상인가? 아니면 돌봄노동이 가진 감정노동에 대한 보상인가? 이분법적인 질문을 제기했지만, 이것은 돌봄노동이 시장화되는 추세 속에서 해결해야 할 과제이다.

6. 요약 및 맺음말

이 연구에서는 비공식부문 돌봄노동의 임금형성 과정에 초점을 두어, 돌봄노동이 성별화되고 저임금 노동으로 재생산되는 과정을 검토했다. 이 연구는 비공식부문에서 돌봄노동자들의 임금 실태에 관한 분석이 아니라, 현재 공식적인 통계나 여러 경로를 통해 시장화된 돌봄노동의 가격이 매우 낮다는 점을 전제로 하면서, 왜 이러한 현상이 재생산되는가를 분석하는 데 초점을 두었다.

연구의 첫 번째 주요 결과는 현재 돌봄서비스는 공식부문과 비공식부문에서 제공되지만, 공식부문 중 공공부문(정부)의 돌봄서비스 시장과 비공식부문에서 형성된 시장의 특성이 구분되지 않고 있다는 점이다. 즉, 돌봄서비스가 공공부문에서 제공된다 하더라도 그 성격은 비공식부문에서 이루어지는 돌봄노동자들의 임금관행이나 특징을 그대로 유지하면서 성별화된 저임금을 재생산하고 있다는 점이다. 구체적인 사례로 간병은 의료행위이기 때문에 필요한 자격증의 소지를 의무화하고 있지만, 그 자격증은 일을 할 수 있는 최소한의 자격기준을 의미하며, 임금이나 대우에서 부가적인 혜택을 보장하는 기능을 하지는 못한다. 특히 사회적 일자리 정책으로 창출한 가사·간병·보육도우미는 소비자 위주로 기획된 바우처제도의 특성 때문에, 공공부문의 일자리라 하더라도 비공식부문 돌봄노동의 임금형성 과정과 크게 다르지 않다. 이처럼 정부의 규제는 간병노동자들이 비공식적인 경로를 통해 그 일을 하게 되는 경우에도 간병서비스의 소비자들이 서비스 비용을 결정하는 데 영향을 끼쳐, 정부가 최저임금에 맞춰 놓은 간병노동자의 임금을 시장가격으로 통용하게 하는 경향을 만들어내고 있다. 보육·가사노동의 임금은 비공식적으로 유통되는 시세에 따라 형성되는데, 여기에는 돌봄노동이 전통적으로 여성들이 집 안에서 수행하면서 자연스럽게 체득한 일이라는 인식이 임금결정의 중요한 규범으로 작용하고 있다. 따라서 임금결정에서 노동 강도나 숙련에 대한 고려의 여지가 없게 된다. 이러한 시세는 결국 돌봄노동에 대한 보상수준을 사회적으로 결정하는 역할을 한다.

두 번째 연구결과는 비공식부문에서 성별화되고 저임금을 특징으로 하는 돌봄노동이 재생산되는 요인들에 관한 것이다. 첫째, 자의적 고용관계와 제도화된 직무 측정의 어려움 때문에 그러한 특성이 재생산되고 있다. 비공식부문의 돌봄노동의 고용관계는 제도적인 고용관련 법의 규제를 받지 않으며, 고용계약도 개인과 개인이 맺는 특징을 보인다. 돌봄노동이 사람을 대상으로 하는 일이며, 작업장 자체가 비공식적이고 사적인 영역이기 때문에 제도화되어 있는 직장과 달리 매우 가변적인 상황들이 발생할 수 있고, 노동시간이나 강도를 임금으로 환산하여 요구하기가 어려운 상황들이 많다. 또한 돌봄노동은 특별한 자격이나 숙련을 필요로 하지 않는 노동이라는 인식이 임금결정 과정에 반영되고 있다. 둘째, 돌봄노동의 일자리가 정부의 유휴인력 활용과 개발도상국의 가난한 여성들의 이주로 진행되고 있는 초국적 차원의 불평등한 노동분업 과정에서 노동공급 과잉 현상을 나타내면서 저임금을 재생산하고 있음을 알 수 있다. 마지막으로 돌봄노동이 가지는 대면적이고 인간지향적(감정노동이라는 측면에서) 성격은 돌봄노동자들이 자신의 낮은 임금을 수용하게 만드는 요인으로 작용한다. 이것은 고용주와 노동자 간의 고용관계를 사적으로 만들어 노동자의 임금협상력을 낮추며, 노동자의 입장에서는 노동강도가 매우 높고 그에 비해 보상이 적음에도 서비스 수혜자에 대한 사랑과 정서적 유대와 친밀성이 이를 상쇄하고 있음을 보여준다.

이러한 연구결과의 시사점은, 돌봄노동이 시장화되는 추세라면 사회적으로 제대로 평가될 필요가 있다는 것이다. 사회적인 차원에서 돌봄에 대한 철학적인 논의는 별도로 하고, 노동시장에만 국한해서 이 점에 대한 앞으로의 과제 겸 대안을 제시하고자 한다.

첫째, 돌봄노동이 노동시장에 정의되는 방식에 대한 제고가 필요하다. 사회학과 경제학 분야에서 돌봄을 노동이라는 견지에서 조명하는 여성주의 연구들이 축적되면서 여성들에 의해 수행되었던 가사, 양육이나 간병 같은 돌봄의 역할이 노동이라는 정의를 갖게 되었다. 그러나 이 연구에서 보여주듯이 돌봄이 노동시장에 나왔을 때에도 가정의 성 역할에 따라 수행했던 일이라는 인식이 그대로 반영된다. 그래서 직무에 대한 범위나 숙련·경력·노동의 질을 판단할 수 있는 기준이 부재할 뿐 아니라, 그 기준이 필요 없다고 인식하고 그대로 고용관계에 통용되고 있다. 과연 돌봄노동에서 숙련이나 경력 개념은 따질 필요가 없는 것인지, 그렇다면 그 이유는 무엇인지에 대한 설명은 제시되지 않았다. 이런 상태에서 비공식부문뿐 아니라 사회서비스를 창출한다는 목적으로 만들어지는 공식부문의 사회적 일자리도 같은 임금체계를 사용하고 있다(문순영, 2008). 따라서 돌봄노동에 대한 가치와 보상체계에 대한 대안 마련이 필요하다. 이것은 1980년대와 1990년대에 동일가치노동·동일임금을 쟁점으로 전개되었던 서구의 비교가치 운동이나 임금형평 정책 등에서 시사점을 얻을 수 있다. 이 과정에서는 여성들이 수행하는 일에 대한 정당한 평가에 주안점이 두어졌다(England, 1992).

둘째, 비공식 고용 상태에 있는 돌봄노동자들에게 고용의 공식화를 통한 사회적 보호가 필요하다. 비공식 고용의 공식화 과정에는 해결해야 할 과제들도 많을 것이다. 우선 개인 고용주와 돌봄노동자 간의 임금계약과 세제 시스템이 필요할 것이다(성재민·이시균, 2007). 그러나 고용관계의 공식화는 사회보험의 보장 관계로 들어오는 것을 의미하는 것이므로 개인 고용주들의 저항이 있을 것이고, 만약에 수용된다 하더라도 고용주가 부담해야 하는 사회보장의 몫을 임금을 낮추는 방식으로 전환시킬 가능성도 있다. 하지만 예상되는 난제보다는 노동에 대한 정당한 평가와 고용주의 입장에서도 자신이 지불하는 비용에 대해 합당하고 정당한 서비스를 합법적이고 절차적으로 제공받을 수 있다는 점에서 긍정적일 수 있다. 또한 돌봄부문이 좋은 일자리로 만들어질 수 있는 계기가 될 것이다. 이와 비슷한 맥락에서 돌봄노동의 전문화의 필요성도 제기된다. 최근 가사노동의 전문성을 부각시키기 위해 전국가정관리사협회가 출범했고, 가사노동자들을 '파출부'가 아니라 '가정관리사(house manager)'로 가사도우미 노동을 재개념화하는 노력도 보인다(박홍주, 2006: 7). 가사서비스 노동자들은 고용주의 생각과는 달리 전문직업인으로서 정체성을 강화하고 고객에게 전문성을 부각시키기 위한 노력을 하고 있는 것이다. 이 연구의 대상인 간병·보육·가사노동자들도 자신의 일에 대한 전문성을 추구하는 것에는 다르지 않다고 생각된다. 정부에서 요구하는 자격증이나 교육수료증이 돌봄노동의 전문성과 안전성을 보장하는 것으로 기능 할 때, 돌봄노동에 대한 평가도 제대로 이루어지고, 고용주나 소비자의 욕구도 충족될 수 있을 것이다. 현재의 돌봄노동 관련 교육기관의 운영에 대한 진지한 제고가 필요하다.

따라서 돌봄노동에 대한 사회적 인식을 바꾸고, 노동시장에서 돌봄노동의 가치를 제대로 평가하고 보상하는 체계를 갖추어, 돌봄의 혜택을 사회성원이 누릴 수 있는 방안을 모색하는 것은 미래의 연구과제로 남는다(Folbre, 2006b).

참고문헌

권태희·조동훈·조준모. 2009. 「한국 비공식노동시장의 여성인적자원 실태분석」. ≪여성연구≫,

제76권 1호, 71~109쪽.
김경희·강은애. 2008. 「돌봄노동의 상품화 과정을 통해 본 모성과 노동」. ≪담론 201≫, 제10호(겨울), 1~39쪽.
김유선. 2009. 「한국 노동시장의 임금결정요인: OLS 회귀분석과 분회귀분석」. ≪산업관계연구≫, 제19권 2호, 1~25쪽.
문순영. 2008. 「돌봄노동 일자리의 일자리 질(quality of job)에 대한 탐색적 연구」. ≪사회복지정책≫, 제33호, 207~237쪽.
민현주. 2009. 「비공식부문 돌봄노동자의 근로실태와 문제점」. 『제53차 여성정책 포럼 비공식부문 돌봄노동자의 노동권, 현황과 대안』. 한국여성정책연구원 자료집(2009. 4. 30), 2~35쪽.
박홍주. 2006. 「돌봄노동의 가치와 사회화의 필요성」. 『여성의 눈으로 본 사회적 일자리 사업에 대한 평가 토론회』. 한국여성단체연합 자료집(2006. 12).
_____. 2009. 『이주여성 가사노동자의 경험을 통해 본 돌봄노동의 의미구성과 변화』. 이화여자대학교 대학원 박사학위논문.
배화숙. 2007. 「사회복지서비스에서 바우처제도 도입의미와 과제」. ≪사회복지정책≫, 제31호, 319~342쪽.
성재민·이시균. 2007. 「한국노동시장의 비공식 고용」. ≪산업노동연구≫, 제32권 2호, 87~123쪽.
최영미. 2006. 「비공식부문 가사서비스 노동자의 실태 및 정책대안」. 『돌봄노동에 대한 토론회』. 한국여성노동자협의회 자료집.
최영미. 2009. 「돌봄노동자 노동권 확보에 관한 토론문」. 『제53차 여성정책 포럼 비공식부문 돌봄노동자의 노동권, 현황과 대안』. 한국여성정책연구원 자료집(2009. 4. 30), 79~89쪽.
황나미 외. 2006. 『의료기관 간병서비스 사회제도화 방안』. 여성가족부.

Badgett, M. A Lee and Nancy Folbre. 1999. "Assigning Care: Gender Norms and Economic Outcomes." *International Labour Review* Vol. 138, No. 3, pp. 311~326.
Bourgeault, Ivy Lynn and Patricia Khokher. 2006. "Making a Better Living from Caregiving: Comparing Strategies to Improve Wages for Care Providers." *CRSA/RCSA* Vol. 43, No. 4, pp. 407~425.
Cheng, Shu-Ju Ada. 2003. "Rethinkig the Globalization of Domestic Service: Foreign Domestics, State Control, and the Politics of Identity in Taiwan." *Gender and Society* Vol. 17, NO. 2.
Colombo, Asher D. 2007. "They Call Me a Housekeeper, but I Do Everything: Who Are Domestic Workers Today in Italy and What Do They Do?" *Journal of Modern Italian Studies* Vol. 12, NO. 2, pp. 207~237.

Crittenden, Ann. 2001. *The Price of Motherhood*, Henry Holt and Company, New York.

England, Paula. 2005. "Emerging Theories of Care Work." *Annual Review of Sociology* Vol. 31, pp. 381~399.

England, Paula, Michelle Budig, and Nancy Folbre. 2002. "Wage of Virtue: The Relative Pay of Care Work." *Social Problems* Vol. 49, NO. 4, pp. 455~473.

Folbre, Nancy. 2006a. "Demanding Quality: Worker / Consumer Coalitions and High Road Strategies in the Care Sector." *Politics and Society* Vol. 34, No. 1, pp. 11~31.

_____. 2006b. "Measuring Care: Gender, Empowerment, and the Care Economy." *Journal of Human Development* Vol. 7, No. 2, pp. 183~199.

Folbre, Nancy and Julie A. Nelson. 2000. "For Love or Money-Or Both?" *Journal of Economic Perspectives* Vol. 14, No. 4, pp. 123~140.

Held, Virginia. 2002. "Care and the Extension of Markets." *Hypatia* Vol. 17, No. 2, pp. 19~33.

Himmelweit, Susan. 2008. "Rethinking Care, Gender Inequality and Policies." from http://www.un.org/womenwatch/daw.

Jonakin, Jon. 2006. "Cycling between Vice and Virtue: Assessing the Informal Sector's Awkward Role under Neoliberal Reform." *Review of International Political Economy* Vol. 13, No. 2, pp. 290~312.

Kilbourne, B. S. et al. 1994. "Returns to Skill, Compensating Differentials, and Gender Bias: Effects of Occupational Characteristics on the Wages of White Women and Men." *American Journal of Sociology* vol. 100, pp. 689~719.

Lan, Pei-Chia. 2003. "Maid or Madam?: Filipina Migrant Workers and the Continuity of Domestic Labor." *Gender and Society* Vol. 17, No. 2, pp. 187~208.

Lynch, Kathleen. 2007. "Love Labour as a Distinct and Non-commodifiable Form of Care Labour." *The Sociological Review* Vol. 55, No. 3, pp. 550~570.

Pyle, Jean L.. 2006. "Globalization and the Increase in Transnational Care Work: The Flip Side." *Globalizations* Vol. 3, No. 3, pp. 297~315.

Tronto, Joan C. 2002. "The 'Nanny' Question in Feminism." *Hypatia* Vol. 17, No. 2, pp. 34~51.

7장

직종노동시장의 숙련과 보상*
건설일용직과 판매직의 사례

우명숙

1. 머리말

이 글은 건설일용직과 판매직 노동자들의 일의 보상에 관한 질적 사례 연구이다. 노동시장에서 노동자들은 자신의 일에 대한 보상을 주로 '임금'으로 받기 때문에 이 연구에서도 임금을 중심으로 일의 보상을 말하고자 한다. 무엇보다 이 글은 노동자들의 숙련을 '인정하고', 인정된 숙련을 '적정하게' 보상하는 방식을 노동시장의 행위자들이 어떻게 경험하고 수용하고 있는지에 초점을 맞추고 있다. 이것은 노동시장의 행위자들이 어떤 제도적 환경에서, 그리고 어떤 행위자들 간의 관계에서, 일의 보상에 관여하며 이를 수용하게 되는가(또는 거부하는가)에 주목해보자는 것이다.

직종노동시장에서 일의 보상이 어떻게 이루어지는가를 분석하는 본 연

---

* ≪산업노동연구≫, 제15권 제1호(2009), 59~92쪽에 게재된 글이다.

구는 기존의 경제학과 사회학의 임금결정에 관한 연구들의 성과를 토대로 하면서도 선행연구의 한계를 지적하고 있다. 국내 노동시장 선행연구들이 주로 국가 전체의 노동시장 또는 제조업의 내부노동시장에 관심을 두고 있었기 때문에(남춘호, 1995; 송호근, 1991; 이병훈·김유선, 2003; 이성균, 2003), 개별 직종 연구는 그만큼 미흡한 편이다. 따라서 직종노동시장 연구는 다양한 접근 방법과 주제로 시도될 필요가 있다. 무엇보다 일의 보상에 관한 기존 연구들이 주로 계량적 분석방법에 의존해서 임금결정을 설명하고 있어(류재우, 2007; 신경수·송일호·남승용, 2005; 이원덕, 1999; 이재열, 1993; 조우현, 1992; 황호영, 1996), 직종노동시장의 일의 보상을 이해하는 데에는 제한적일 수밖에 없다. 이는 직종노동시장의 일의 보상을 질적 연구방법을 통해 더 세밀하게 들여다볼 필요성이 크다는 점을 말해준다.

직종노동시장은 흔히 기업내부노동시장의 작동 방식과 다르다고 인식되며, 시장경쟁적 노동시장으로서의 이차노동시장과도 다르다는 평가를 받는다(정이환, 2005; Bridges and Villemez, 1991; Tolbert, 1999). 이 글에서는 직종 연결망과 관행들이 건설일용직과 판매직 노동시장의 중요한 구조(즉, 맥락)를 이루고 있다는 점에서 두 직종 노동자들이 직종노동시장의 구조 속에 놓여 있다고 본다. 그러나 이 연구는 엄밀한 이론적 개념 틀로 직종노동시장의 구성 요건을 점검하는 일에 초점을 맞추고 있지는 않다. 그보다는 일의 보상이 이루어지는 과정에서 행위자들이 직종노동시장의 어떤 규칙들을 상호 '인식'하고, '적정' 임금을 결정하기 위해서 어떻게 협상하고 있는지에 집중하고자 한다. 틸리와 틸리(Tilly and Tilly, 1998)가 지적하듯이, 더 근본적으로 내부노동시장이든 외부노동시장이든, 노동시장이 경제적 효율성의 논리로만 설명되지 않는 제도적·사회적 요인들의 영향을 받고 있다는 것은 이론적인 명제라기보다는 분명히 경험적인 분석의 대상이다. 따라서 행위자들이 어떻게 노동시장을 '경험'하고 있는지는 노동시장의 '규칙'(또는 구조)을 이해하는 데 필수적인 부분이라고 할 수 있다.

따라서 직종노동시장의 일의 보상을 이 글은 크게 두 가지 순서로 논의해 보고자 한다. 첫째, 두 직종의 직종 연결망과 관행들이 노동자의 숙련 인정과 평가와 어떤 관계를 가지고 있는가를 보고자 한다. 즉, 과연 두 직종 모두에서 숙련이라는 것이 중요한 것으로 인정되고 있는지, 그것을 평가하고 있는지, 그러한 인정과 평가가 직종 연결망의 관행들에 의존하고 있는지를 밝히는 것이다. 둘째, 숙련이 어떻게 보상으로 연계되는가를 행위자들 간의 상호작용을 통해 밝혀보고자 한다. 이것은 임금이라는 것이 행위자들이 '이 정도는 줘야 한다' 또는 '이 정도는 받아야 한다'라는, 적정한 임금이 무엇이 되어야 한다는 '합의'를 만들어내는 과정에서 결정되고 있음을 보여주고자 하는 것이다. 특정한 일에 대한 임금을 결정하는 데에는 무수한 요인이 작동하겠지만, 결국 이 연구는 적정한 임금은 어느 정도인지, 적정한 임금을 주는 기준은 무엇인지를 결정하는 데에 행위자들이 어떻게 관여하고 있는지를 그들의 인식과 태도를 통해서 재구성해보고자 한다. 즉, 일종의 직종노동시장의 '상호주의 규범'이 있는지 살펴보고자 한다.

상위 전문직종이 아닌 하위 전문직종인 건설일용직과 판매직의 두 사례는, 상위 전문직종(변호사, 의사, 회계사 등)에서 나타나는 '사회적 닫힘(social closure)'(Weeden, 2002)과 같은 현상을 발생시키는 요인을 찾기 어렵다. 가령 직종노동시장의 내부자들이 직종 고유 영역을 보호하고 직종 종사자의 자격을 엄격하게 관리하기 위해서 특정 직종단체가 행사하는 집단적 영향력을 찾기 어렵다. 또한 노동조합 등의 노동자 대표조직의 영향력도 거의 부재하다고 할 수 있다. 그럼에도 두 사례는 직종 연결망의 관행들이 중요한 역할을 하고 있다는 점에서 행위자들이 특정 상호작용의 맥락 속에 놓여 있음을 보여준다. 한편 이 글은 두 사례가 공통으로 보여주는 직종노동시장의 작동 방식과 함께, 두 사례를 비교함으로써 두 직종노동시장의 차이점에도 주목해보고자 한다. 팀별 고용관계와 이동이 주로 이루어지는 건설일용직과 개별 고용관계와 이동이 주로 이루어지는 판매직은 숙련을 평가하고 이를 보상하는 방식에 차이가 있다. 이는 직종노동시장의 구체적인 작동방식은, 그 공통점을 우리가 발견하더라도, 매우 달라질 수 있다는 사실을 말한다.

이 글에서는 먼저 임금결정에 관한 기존연구들을 검토하고, 직종노동시장 연구의 필요성과 이 연구의 관점을 논의한다. 다음에는 자료수집의 방법과 인터뷰 대상자의 인적 특성을 서술한다. 이후 건설일용직과 백화점 판매직 사례를 첫째, 숙련 인정과 평가에서 직종 연결망과 관행들의 중요성, 둘째, 숙련에 대한 보상 방식, 그리고 거기에 대한 행위자들의 인식과 태도를 중심으로 분석한다. 마지막으로 결론에서는 분석의 결과를 요약하고 이 연구가 선행 노동시장 연구와 노동시장이론에 갖는 함의를 기술한다.

2. 선행연구 검토와 연구의 관점

1) 일의 보상 선행연구: 임금결정 연구와 직종노동시장 연구

시장메커니즘에 의한 임금결정을 강조하는 주류 경제학(신고전학파이론)은 미시적 수준의 노동력 공급과 수요 사이에서 임금이 결정된다고 본다. 특정 기술 수준의 노동자에 대한 수요와 공급의 양적 변화에 따라 노동자에 대한 가격으로서의 임금은 변하며, 이런 의미에 특정 기술 수준의 노동자들은 서로 대체 가능한 '상품'으로 취급될 수 있고, 노동시장은 상품의 수요와 공급의 변동에 따른 '현장시장(spot market)'으로 볼 수 있다(조우현, 1998; Sakamoto and D. Chen, 1991; McGovern et al., 2007). 대표적인 노동시장이론의 하나인 인적자본이론도 이러한 경쟁시장모델에 근거하고 있다. 반면 경제학의 (신)제도주의학파의 분절노동시장론과 사회학의 이중노동시장론에 근거한 수많은 임금결정기제에 관한 연구들은 바로 이러한 경쟁시장 모델에 근거한 노동시장이론을 도전(또는 수정)하려 했던 연구들이다. 분절노동시장과 이중노동시장론은 바로 시장 외에 작동하는 '제도', 특히 대표적으로 '기업내부노동시장'의 형성과 그것이 임금결정에 미치는 인과관계에 주목한다. 반면 내부화되지 않은 노동시장은 '이차노동시장'으로 구분되어 내부노동시장의 법칙이 아닌 시장의 법칙이 더 완벽하게 작동하는 경쟁시장으로 규정된다(Kalleberg, Wallace and Althauser, 1981; Sakamoto and D. Chen, 1991).

한편 최근의 직종이나 직업 단위의 연구들은 내부노동시장에 적용되는 관료적 논리가 아닌 다른 방식으로 '외부'노동시장의 제도화가 진행되었다는 점을 보여준다. 직종노동시장의 연구들은 특히 프로젝트 중심의, 기업 간 인력 네트워크 등에 주목하거나(DiTomaso, 2001), 서비스산업의 팽창이 동반하는 새로운 고용관계에 나타나는 제도화의 모습에 주목한다. 이렇게 직종노동시장 연구는 바로 기업내부노동시장의 장기적 고용관계와 대립되는 새로운 고용관계, 즉 최근에 증가하고 있는 더 단기적이며 유연한 고용관계의 중요성을 제시하고 이의 작동 방식을 탐구해왔다. 연구자들이 관심을 갖는 것은 이러한 단기적이며 유연한 고용관계가 내부노동시장의 고용관계와는 달리 기업조직의 제도의 영향을 받지 않아 시장지배적이라고 할 수 있지만, 동시에 시장적 거래관계와는 다른 어떤 구조적 관계 속에서 작동하는 것은 아닌가 하는 점이다.

국내 영화노동시장에 관한 정이환의 연구(2005)는 미국 할리우드 작가 노동시장을 연구한 빌비와 빌비(Bielby and Bielby, 1999), 미국 영화산업의 고용관계를 연구한 존스(Jones, 1996), 한국 영화산업에서 배우와 감독 간의 연결망을 분석한 김우식(2004)의 연구에 이어 영화노동시장이라는 직종노동시장의 고용관계가 어떠한 제도적 규칙에 의해 작동되는가를 잘 보여준다. 여기서 정이환의 연구는 무엇보다 영화산업에 관련된 인력 중 특히 상대적으로 하위 전문직종 종사자들(기술스태프)에 주목하여 이들의 고용관계를 분석하고 있다는 점에서 이 연구에 시사하는 바가 크다. 직종노동시장의 연구를 하위 직종노동시장 고용관계의 동학을 분석하는 데까지 확대할 필요가 있음을 보여주고 있기 때문이다. 이는 영화노동시장에서뿐만 아니라 국내노동시장의 하위 전문직종에 대한 관심을 촉구하는 것이며 직종노동시장의 개념으로 하위 전문직종의 동학을 연구하는 방법론을 보여주고 있다. 정이환은 엄밀한 개념적 분석 틀로 직종노동시장의 구성요건 등을 들여다보는 것보다는 더 느슨한 의미로 내부화된 노동시장이 아닌 외부화된 노동시장에서도 일정한 제도와 구조가 존재할 수 있다는 점에 주목하고자 하며, 이 제도와 구조가 바로 숙련의 형성과 인정의 문제와 긴밀하게 연관되어 있다는 점을 제시하고 있다. 즉, 영화노동시장의 경우처럼 시장변화에 (매우) 민감한(따라서 기업내부화하기 어려운) 특정 직종이 숙련에 의존하지만 이를 평가하기 위한 공식제도가 부재한 경우 일정한 제도와 구조를 가지는 직종노동시장이 형성된다는 점을 보여준다.

숙련된 영화 기술스태프들을 고용해야 하지만, 숙련을 정확하게 평가할 공식 제도가 없고 숙련이 주로 작업 현장에서 비공식적으로 형성되며, 숙련을 표준화된 기준에 따라 평가하는 것이 쉽지 않은 경우, 이 노동시장의 행위자들은 숙련 평가와 확보에서 발생하는 불확실성을 극복하는 방법으로서 직종노동시장 내 '평판'과 인적 연결망에 의존하게 된다. 노동시장 사회자본(social capital)의 중요성을 강조하는 연구들(김용학, 2003)이 보여주듯이, 고용주나 노동자 입장에서는 결국 자신이 가장 '신뢰'할 만한 정보를 자신이 잘 아는 사람들과의 관계망 속에서 찾는 것이 중요하다. '자율적 팀'이라는 영화노동시장의 조직도 이러한 인적 관계망과 '인물평'을 통해서 형성된다. 임금이 결정되는 구체적인 과정을 분석하지 않았지만, 정이환은 영화제작에서 프로젝트형 작업, 즉 팀작업은 임금결정에도 영향을 미치고 있다고 지적한다. 개별 노동자는 자신의 개별적인 시장가격으로 임금을 받지 않고, 팀별로 일의 가격이 결정되면 개별 노동자의 가격은 팀 내에서 상당히 '자의적' 방식으로, 주로 팀의 위계서열을 유지하는 방식으로 결정된다는 것이다. 팀 내에서의 보수 분배는 외부시장 논리보다는 내부 관행에 의해 결정된다는 것이다. 따라서 경력, 작품 수도 고려되지만 대체로 팀별 서열에 따라 차등적으로 보수가 결정되는 것이다(정이환, 2005: 99).

영화노동시장이 아닌 다른 직종노동시장의 작동 방식이 영화노동시장과 동일하지는 않을 것이다. 이 글은 영화노동시장의 하위 직종처럼 시장 변화에 민감한 직종인 건설일용직과 판매직의 경우를 들어 직종노동시장에서 숙련과 보상의 문제가 어떻게 다뤄지고 있는지를 분석함으로써 직종을 중심으로 한 노동시장 연구를 확장해보고자 한다. 영화노동시장뿐만 아니라 건설일용직과 판매직의 행위자들이 놓여 있는 공통적인 상황은 숙련을 인정하고 평가하는 것이 필요하지만 공식적인 기관을 통한 인정이나 평가체계가 존재하지 않는다는 것이다. 이런 경우 노동시장의 행위자들은 어떤 기준으로 거래해야 하는가에 대한 불확실한 상황에 직면하게 되고, 불확실성을 극복하고 안정적인 상호작용을 하는 데 도움이 될 만한 가용한 자원들을 활용하게 된다. 그리고 이것이 바로 노동시장의 규칙을 형성하게 된다.

2) 연구의 관점: 건설일용직과 판매직 직종노동시장에서 숙련과 보상

(1) 고용관계와 숙련: 시장거래와 제도화의 사이에서

이 두 직종은 매우 시장경쟁적인 산업이나 기업에 속하며, 따라서 시장

변동(경기변동, 건설주문량이나 소비자 선호)에 매우 민감한 노동시장이다. 이 직종시장의 고용주들은 전반적으로 영세사업장의 고용주와 유사한 처지에 있으며, 안정적으로 일정 수의 노동자들을 계속 고용하는 것 자체가 이윤추구를 목적으로 하는 업체에는 매우 큰 부담으로 작용할 수 있다. 또한 두 직종의 경우 모두 임금이 '성과급'적 성격을 강하게 띠고 있다. 건설노동자의 임금은 하루에 할당된 작업량을 완수한 데 대한 '일당'이며, 판매직 노동자의 임금은 매출의 양에 직간접적으로 영향을 받게 된다. 두 직종의 기술은 소위 상위 전문직종의 경우와는 달리 직종의 전문성을 공식적으로 인정받지 못한다. 상위 전문직종의 특징들, 고학력 등의 높은 인적 자본, 공식 자격증(변호사, 의사, 회계사, 변리사 등의 자격증)을 건설기능공이나 판매경력사원들은 가지고 있지 않다. 대체로 이들의 학력은 낮고(고졸 이하), 이들은 특별한 공식 자격증을 가지고 있지 않다. 건설일용직의 경우 공식 자격증이 있기도 하지만 자격증을 가진 노동자들은 거의 없으며, 그 자격증 보유 여부는 거의 의미가 없다. 일반적으로 쉽게 대체노동력을 구할 수 있는 노동자들은 단기적 고용관계를 맺게 되고, 이들의 임금은 작업 성과와 작업 시간에 직결되는 경향도 강하다고 할 수 있는데(McGovern et al., 2007), 건설일용직과 판매직의 경우도 단기적이며 유연한 고용관계가 나타나고 있으며 임금은 작업 성과와 작업 시간에 상대적으로 강하게 연결되어 있다.

이렇게 두 직종의 경우 모두 '시장지배적' 고용관계의 특징이 두드러져 보이긴 하지만, 이 두 직종의 숙련 문제는 고용관계의 또 다른 측면에 영향을 미치게 된다. 이 두 직종이 당면하고 있는 숙련의 문제가 노동시장의 제도화에 영향을 미치게 되는 것이다. 건설일용직과 판매직 노동시장에서도 숙련노동자를 직종노동시장 밖으로부터 쉽게 대체하기 어렵다는 문제를 안고 있다. 영화노동자들과 마찬가지로 건설일용직 기능공과 판매직 경력사원은 현장경험을 통해서 숙련을 형성하고 숙련노동자로 '인정' 받는다. 엔지니어는 아니지만 건설현장의 기술자로서 기능공은 공식 제도를 통해서가 아니라 오랫동안의 작업경험을 통해 기술을 연마하고 그 기술을 인정받는다. 판매직의 경력사원은 오랜 판매 경험을 통해서 '감'과 '요령'을 판매 실적으로 연결시킬 수 있는 사회적 기술(social skill)을 습득하게 되고 이를 인정받는다. 이 직종의 기술 수준을 현재 사회적으로 평가되는 것보다 지나치게 과장할 필요는 없으며, 특히 판매서비스 노동을 전통적인 제조업 중심의 숙련 개념에 따라 '숙련노동'으로 보는 것을 여전히 의아하게 생각할 수도 있겠지만(김경희, 2006: 221~222), 이 직종 경력자들의 기술은 쉽게 대체되기 어렵다는 점이 이 연구에서 밝혀질 것이다. 영화기술자들과 마찬가지로 이 직종의 기술도 직종 내부에서 형성되고 있으며, 그렇기 때문에 이 직종 내부에서 이러한 기술을 가진 숙련노동자들을 '키워내야' 한다. 따라서 두 직종 모두 숙련과 전문성을 평가하고 이를 인정하며 또한 이를 보상하려는 규칙들이 존재한다.

일의 보상에서도 양적인 성과만을 가지고 노동자의 기능과 숙련을 평가하고 이를 보상하는 데에는 한계가 있다. 지나치게 성과와 보상을 일대일로 연결시키는 일은 동기저하라는 역효과를 낳기 때문이다. 건설일용직 기능공들이 '벽돌 한 장당 60원' 식의 '능률급'으로 일당을 받는 것은 매우 드물다. 판매직의 경우도 판매직원의 숙련이 바로 매출로 이어지지는 않는다는 것은 분명히 인정되고 있다. 고용주가 '매출지상주의'에 매몰되면 될수록 노동자의 서비스 질이 떨어지기 쉬우며, 이것은 오히려 전반적인 판매부실로 이어질 수 있다. 따라서 매출 그 자체의 성과 외에 고객관리나 매장 운영에 대한 경력노동자의 능력과 재량을 인정해줄 수밖에 없다. 직종노동시장의 행위자들은 이러한 관행과 규칙을 매우 잘 알고 있고, 그러한 관행에 따라 서로 간의 의중을 파악하고 일의 보상수준과 방식을 협상하고 수용하게 된다. 플릭스타인(Fligstein, 2001)의 지적대로, 고용관계를 맺는 고용주와 노동자의 관심은 안정적인 상호작용을 위한 규칙을 형성하는 것이다. 안정적인 상호작용을 위한 규칙을 형성하기 위해서 행위자들은 자신들이 가장 믿을 만하고 실제로 동원할 수 있는 자원을 활용할 수밖에 없고, 공식적인 제도나 법, 권위 있는 기관 등의 역할을 기대하기 어렵다면, 이는 행위자들이 직종노동시장 내에서 형성하고 있는 사람들과의 관계망이고 그 관계망에서 서로 공유하는 정보와 규범이다.

(2) 숙련과 보상: 행위자들의 협상

직종노동시장에서 시세는 형성되어 있는가? 시세를 둘러싼 행위자들의 협상은 어떻게 진행되는가? 특히 숙련과 보상을 연계하려는 행위자들의 시도가 시세에 어떤 영향을 미치는가? 전체적으로 노동시장의 임금은 수요와 공급의 영향을 받지만 일대일 대응의 고용관계에서는 그때그때의 수요와 공급의 변동이 아니라 '관행으로' 정해진 시세의 영향을 받는다. 개별(또는 단체) 협상은 그러한 범위에서 이루어질 수 있다. 그러나 협상은 적극적인 협상의 성격보다는 그러한 시세를 수용할 것인가 아닌가, 그러한 시세대로 임금을 줄 것인가 아닌가 하는 것을 둘러싼 정도의 협상으로 끝날 수도 있다. 하위 직종의 노동자가 협상할 수 있는 여지는 특히 적고, 고용주도 경쟁시장에서 시장변동에 매우 민감하기 때문이다. 그러나 분명 노동자와 고용주는 '적정' 임금에 대해 서로 확인하는 절차를 거치게 되며 서로 맞지 않으면 관계를 철회하게 된다.

여기서 숙련을 어떻게 보상할 것인가 하는 것이 행위자들의 협상에서 관건이 된다. 건설노동의 경우 고용주는 직종노동시장 내부 노동자와 외부 노동자에 대한 평가를 달리하거나, 숙련노동자와 미숙련노동자의 기능 차이를 관행적으로 인정하여 노동가격을 결정한다. 판매직 노동의 경우 임금결정에 판매실적에 근거한 업적 평가가 강하게 영향을 미치지만, 근속에 따른 경력을 인정하기 위해서 경력자와 비경력자를 구별하는 임금체계가 관행적으로 존재한다. 경력을 인정받은 채로 직장이동을 통해 '승진' 할 수 있는 보상체계가 또한 존재한다.

적정 임금에 대한 협상이 존재한다는 것은 노동시장의 행위자들 사이에 최소한의 '상호주의 규범(norm of reciprocity)'이 존재한다는 것을 말한다 (Streeck, 2005: 255). 사회자본 이론가들이 지적하듯이, 규범은 하나의 사회자본으로 거래의 안정성을 가능하게 하는 역할을 하게 된다(김용학, 2003). 물론 행위자들이 더 넓게 관계를 맺고 있는 사회정치적 환경의 변화에 따라 무엇이 적정한 임금이냐는 '규범'이 계속 변하게 된다는 것을 전제로 한다면 특정 상호주의의 규범을 정당화할 필요는 없다. 단, 그러한 규범을 작동시키려 하는 행위자들의 시도는 계속되고 있으며, 그것이 특정 시점의 직종노동시장에서 경력자나 숙련자의 임금을 일정한 정도 이상이나 이하가 안 되게 하는 힘을 가지고 있다고 말할 수 있다.

(3) 건설일용직과 판매직의 비교

건설일용직은 선행연구에서 프로젝트형 고용의 대표적인 직종으로 여겨졌다. 최근의 직종노동시장 연구가 '새로운' 고용관계에 주목하고 있지만 건설일용직은 프로젝트형 고용관계를 대표하는 오래된 직종이다. 반면 판매직종은 여성노동 또는 여성 비정규노동이 집중되는 직종으로서 주목을 받아왔고, 직종노동시장적 특성보다는 이차노동시장적 특성을 가진 직종으로 연구되었던 것이 특히 국내에서는 지배적이다. 선행연구에서 두 직종에 개별적으로 주목했던 여러 이유가 분명히 존재하며(박홍주, 2000; 구미현, 2002; 국가인권위원회, 2007; 심규범, 2000), 두 노동시장은 매우 다른 노동시장의 구조를 가지고 있다. 이 연구에서 두 직종을 같이 연구하는

데 의의를 둘 수 있는 두 가지 점을 지적해보고자 한다.

첫째, 건설일용직의 경우 프로젝트형 고용의 대표적인 직종이지만 문제는 외국의 건설노동자 도급조직과는 달리 우리나라의 건설노동자 도급조직이 직종별 노동공급조직으로서의 교섭력이 약하다는 것이다.[1] 따라서 팀별로 고용이 이루어진다는 것이 팀별 집단의식을 강화하거나 팀별 협상력을 강화하는 데 큰 역할을 하지 못하고 있다. 팀을 구성하는 팀반장의 역할이 매우 중요하지만, 개별 기능공들은 새로운 팀을 찾아 움직일 수 있다. 이는 기능공의 '직장이동'에 해당한다고 볼 수 있다. 그렇기 때문에 건설일용직의 경우가 개별 고용과 이동이 지배적인 판매직과 전혀 다르다고만 볼 수는 없다.

둘째, 판매직종의 경우 여성서비스노동에 대한 사회적 차별로 인해 여성노동의 숙련이 대체로 무시되어왔다는 것이 국내 판매직 노동에 대한 전반적인 연구 결과이다. 그것이 사실임에도 다른 한편으로 숙련노동자를 어떤 식으로 인정하고 평가할 것인가가 이 직종에서도 중요하다는 점에 주목할 필요가 있다. 숙련을 인정하고 평가하는 방식에 대해 관련 행위자들이 지속적으로 관여하고 있기 때문이다. 그렇다면 숙련을 인정하고 평가하는 방식에 주목해서 판매직종을 분석해볼 필요가 있다. 여성노동의

---

[1] 한국에서는 건설노동시장의 숙련노동자는 직종노동조합 등으로 역사적으로 조직화된 바가 없고, 다른 한편으로 자격증을 가진 숙련노동자를 공급하는 공식적 학교제도도 없었다. 한국에서는 일제 식민지 시대의 '도제제도'의 영향으로 건설 현장에서 도제방식으로 숙련을 형성하는 것이 관행이었던 반면에 숙련 형성을 위한 공식적 제도가 마련되지 않았던 것이다(사례 8, 기능장 인터뷰). 기능공들의 숙련을 공식적으로 인정하는 제도가 발전하지 못했던 것이 직종별 교섭력에 부정적인 영향을 미쳤음이 틀림없다. 국가별로 왜 직종별 교섭력이 다르게 나타나게 되는지는 분명히 역사적인 고찰이 필요한 부분이나 이 연구에서는 다루지 못했다.

가치를 제대로 인정받기 위해서라도 판매서비스의 숙련에 대해서 현재 행위자들이 어떤 방식으로 인식하고 대응하고 있는지를 알아볼 필요가 있는 것이다.

결국 두 직종은 하위 전문직종 연구의 일반적인 분석 틀로 같이 검토해볼 수 있는 공통점을 가지고 있다. 다른 한편 두 직종노동시장이 작동하는 방식은 분명히 다르다. 무엇보다 팀별 고용과 이동이 일어나는 건설일용직과 개별 고용과 이동이 일어나는 판매직에서는 숙련을 인정하고 평가하는 방식, 숙련과 임금을 연계하는 방식에서 부딪히는 문제가 다르며 이를 가지고 협상하는 행위자들의 태도가 다를 것이다. 무엇보다 건설 기능공의 숙련은 미숙련자와 비교해서 상대적으로 쉽게 평가할 수 있다면, 판매직의 숙련은 특정 기술 수준으로 평가하는 것이 쉽지 않다. 더욱이 건설일용직은 팀별 작업을 하기 때문에 기능공의 숙련 차이가 어느 정도 있다고 하더라도 팀별로 대체로 비슷하게 임금을 주는 경향을 보인다. 따라서 전체적으로 동일 직종(용접공, 벽돌공 등의 세부 직종)의 기능공일 경우 시세가 대체적으로 형성되어 있고, 이를 근거로 하여 협상을 하게 된다. 반면 판매직의 경우 숙련을 평가하는 것 자체가 더 복잡하고 주관적이다. 경력사원의 숙련은 판매실적과 긴밀하게 연결되어 평가받지만, 경력사원은 또한 매장을 운영하고 다른 판매직원을 관리하는 일도 맡아야 하기 때문에 개별 고용관계의 성격에 따라서 경력사원의 숙련과 전문성을 평가하는 것이 많이 달라질 수 있다. 이는 건설일용직에 비해서 시세가 형성되기가 어려우며 이를 파악하기 어렵다는 것을 말한다. 그렇다면 그만큼 개별 노동자의 숙련을 평가하고 보상하는 제도가 더욱 체계화되고 다양할 수 있다는 것을 의미한다.

3. 자료수집 방법과 자료의 성격

1) 자료수집 방법

이 연구에 쓰인 자료는 2008년 2월에서 4월에 이르기까지 심층면접을 통해 수집했다. 심층면접 대상은 건설 일용노동자 7명(기능공 5명, 조공 2명)과 건설 노무관리자 1명, 판매직 노동자 6명(대형할인마트 노동자 2명, 백화점 입점업체 노동자 4명)과 백화점 입점업체 고용주 1명이다. 보완 조사를 위해 추가 전화면접도 사례에 따라 이루어졌다.

이 연구의 심층면접자료는 직종노동시장의 임금실태조사를 위한 것은 아니다. 주요한 2차문헌들의 일부(구미현, 2002; 국가인권위원회, 2007; 심규범, 2000)는 구체적으로 이 직종 노동시장의 구조와 성격에 관한 주요한 정보들을 제공해주었다. 그러한 기존 연구들을 참조하여, 일의 보상을 둘러싼 행위자들의 경험을 구체적으로 분석하기 위해, 전문가와 전국노동조합연맹의 정책담당자 등의 자문을 통해 인터뷰 대상자를 선정했다. 대상자들은 임금결정에서 노동조합에 의한 단체협약의 영향을 받지 않는 사례들로 선정되었다. 판매직종에는 최근에 노동조합의 임금협상이 존재하는 사례들도 포함되었으나, 노동조합의 도움 없이는 판매직 경력사원의 인터뷰 성사가 거의 전적으로 연고에 의존해야 한다는 점에서 노동조합의 영향과 상관없이 일반적인 매장의 고용관계와 개별 노동자의 경험을 살펴보기 위해 포함되었다. 초기 단계에 있는 노조의 임금협상 효과와 상관없이 노조의 임금협상 이전의 경험에 대해서 주로 인터뷰가 이루어졌다. 판매직은 가능한 한 매장별 고용관계의 차이를 볼 수 있도록 대표 사례를 선정했고, 건설일용직은 다양한 세부 직종의 건설 일용노동자들을 포함했다.

인터뷰 대상자로 고용주 사례를 많이 늘려 더 입체적으로 임금결정에 관한 자료를 확보할 필요가 있었지만, 그렇게 하지 못했다. 그러나 건설일용직의 경우는 기능공과 고용주가 겹치기도 하고, 기능공들은 고용주와 인맥으로 연결되어 있다는 점에서 노동자들의 증언이 고용주의 입장을 이해하는 데 큰 도움이 되었다. 판매직의 경우도 판매사원이 고용주가 되거나 사원들을 평가하는 관리자가 되는 체계를 가지고 있어 경력사원의 증언들은 고용주의 입장을 이해하는 데 마찬가지로 큰 도움이 되었다. 따라서 이 연구의 자료로도 노동시장의 관행을 이해하는 데에는 큰 무리가 없을 것이다.

이 연구는 거의 전적으로 심층인터뷰에 근거해서 숙련평가와 일의 보상에서 나타나는 행위자들의 경험을 파악하는 것을 목표로 하고 있다. 심층면접 자료를 통해서 드러난 두 직종 노동시장의 구체적인 모습은 피면접자들의 '해석'이 반영된 것이며, 필자 또한 이 연구의 주제에 적합하게 그들의 해석을 다시 재구성하여 제공할 것이기 때문에 이것을 이론화하거나 일반화하는 데에는 큰 한계가 있다. 그러나 심층면접 자료에서 개별 사례들은 하나의 사례에 불과한 것이 아니라, 많은 사람의 일반적인 경험을 담아낼 수 있다고 볼 수 있기 때문에 객관적인 실체에 접근하는 매우 중요한 방법론적 도구가 된다.

2) 피면접자 특성

인터뷰 대상자들은 <표 7-1>에서 보여주는 인적 특성을 가지고 있다. 건설일용직 노동자 전원은 남성이며, 나이는 40대 중후반에서 60대 중반에 걸쳐 있다. 자료에 포함된 노무관리자는 건설기능공이기도 하다. 건설노동시장의 경력자인 기능공의 연령대가 대체로 높다는 사실은 이 자료도 반영하고 있다. 학력은 국졸, 중졸, 고졸로 나타나 고학력자는 없다. 하루

〈표 7-1〉 피면접자의 구성과 특성

사례	직업	연령(성), 학력, 경력	임금
1	건설일용직(조적공, 기능공)	58세(남), 국졸, 30년	일당 11~12만 원
2	건설일용직(용접공, 기능공)	55세(남), 고졸, 5년	일당 13~15만 원
3	건설일용직(전기공, 기능공)	53세(남), 중졸, 30년	일당 8만 원
4	건설일용직(형틀목공, 기능공)	48세(남), 고졸, 10년	일당 10~11만 원
5	건설일용직(철근공, 기능공)	66세(남), 중졸, 20년	일당 13만 원
6	건설일용직(조공, 일반공)	51세(남), 고졸, 10년	일당 8~9만 원
7	건설일용직(조공, 일반공)	45세(남), 중졸, 12~13년	일당 8~9만 원
8	건설노무관리자, 습식공사 기능장, 현장 소장	55세(남), 37~38년	-
9	판매직(백화점 입점업체 판매사원, 소장)	29세(남), 고졸, 동종업계 9~10년	연 2,000~2,500만 원
10	판매직(백화점 입점업체 판매사원, 매니저)	37세(여), 고졸, 12~13년	월 250~260만 원
11	판매직(백화점 입점업체 노조위원장, 매니저)	38세(여), 고졸, 15년	월 230~240만 원
12	판매직(백화점 입점업체 판매사원, 매니저)	38세(여), 고졸, 동종업계 13년	월 190만 원
13	판매직(백화점 입점업체 고용주, 점장)	36세(남), 전문대졸, 동종업계 12년 (직원 10년 점장 2년)	-
14	판매직(대형할인마트 직원, 계약직)	40세(여), 대졸, 동종업계 1년 6개월	시급 4,450원 (6.5시간 근무)
15	판매직(대형할인마트 협력업체 직원)	39세(여), 고졸, 동종업계 5~6년	연 2,000만 원 (9시간 근무)

일당은 하루 10시간을 기준으로 정해진다. 건설 일용노동자 중 기능공이 이 연구의 주요 대상자이다. 조공은 기능공과 비교를 위해서 포함되었다.

판매직 노동자는 대부분 여성이지만 남성 한 명이 포함되어 있다. 고용주는 남성이다. 자료는 판매직종에서 판매를 대부분이 여성이 담당하고 있다는 사실을 반영하고 있다. 학력은 대부분 고등학교 졸업이다. 백화점에 근무하는 노동자들은 공식적으로는 백화점 운영시간인 하루 10시간을 일한다.2) 분석에는 백화점 경력판매사원이 주요 대상자로 포함된다. 대형 할인매장 노동자는 백화점 노동자와의 비교를 위해서 포함하고 있다.

4. 직종노동시장의 숙련과 보상

1) 직종노동시장의 특징 – 유연한 고용관계와 인적 연결망

(1) 건설노동시장

건설산업은 주문에 의해서 생산이 시작된다는 것, 생산되는 '제품'을 만드는 과정, 즉 공정이 매우 복합적이라는 특징을 갖고 있다. 주문생산이라는 것은 시장의 수요에 따라 생산이 연속적이지 않고 단절될 수 있다는 것을 의미한다. 따라서 노동자 수요가 불규칙적이다. 한편 공정이 복합적이라는 것은 많은 협력업체 간의 분업이 필요하다는 것인데, 공정에 따라 순차적으로 작업이 이루어진다는 점에서 여기서도 노동자 수요가 불연속적이다. 따라서 건설산업은 기본적으로 전체 작업이 불규칙적으로 진행되고 거기에 따라서 노동자 수요가 불규칙하고 불연속적이고 불확실하다. 이러한 불확실성이 높은 건설생산시장에, 한국에서는 독특하게 중층적 하도급구조가 형성되어 있다. 이는 노동시장에도 그대로 영향을 미치게 되며 건설노동자들은 이러한 하도급구조의 어느 단계에 불규칙적으로 그리고 단기적으로 편입되어 일하게 된다. 하도급구조는 무엇보다 고용관계

---

2) 백화점 판매서비스노동자들은 백화점 운영시간에 맞춰 10시간(오전 10시~오후 8시)을 일한다. 근로기준법에 따라 8시간은 정상근무시간이며 2시간은 연장근로시간이다(그래서 연장근로수당을 받는다). 임금은 연장근로분까지 포함되어 있는 대략의 평균적인 액수이다.

를 더욱 불분명하게 만든다(방하남, 1999; 심규범, 2000).

주로 불법적인 것으로 간주되지만 관행적으로 고용주와 노동자 사이의 고용관계가 하도급구조에서 비공식적으로 형성되고 있다. 바로 '팀반장'으로 불리는(또는 '오야지', '십장', '반장', '사장', '실행소장' 등으로 불림) 비공식적(불법적일 수 있는) 고용주가 등장하고 이들이 건설노동자와 비공식적인 고용관계를 형성하게 된다(심규범, 2006; 심규범 인터뷰, 2008. 3. 21). 고용주는 숙련된 노동자를 쉽게 찾아야 하고, 노동자는 비공식적 방식이라도 숙련을 형성해서 그것을 근거로 일거리를 찾아야 한다. 바로 이런 맥락에서 가장 쉽게 동원되는 것이 바로 '인맥'이며, 팀반장은 개별 노동자의 고용에서 중요한 역할을 하게 된다. 건설공사에서 팀작업이 중요한 만큼 팀별로 팀반장이 한시적인 고용관계를 형성하게 되는 것이다.

(2) 백화점 판매직 노동시장

백화점 판매직 노동시장은 팀별 고용관계를 형성하는 건설노동시장과는 달리 개별 노동자와 고용주의 개별적인 고용관계에 근거하여 직종노동시장이 형성된다. 대체로 판매직종의 이직률이 높다는 것(2007년 현재 유통업 전체의 근속연수는 평균 2.1년, 국가인권위원회, 2007)이 판매직종의 고용불안성을 전형적으로 보여주고 있지만, 여기서는 판매직종의 경우 직장이동(주로 매장이동)이 매우 빈번히 이루어진다는 점에서 고용관계가 유연하다는 점에 주목하고자 한다.

'백화점 노동시장'은 그 자체가 매우 특이하다. 백화점 노동자는 주로 백화점 밖 동종업계로부터 일차적으로 백화점으로 들어오고, 경력사원들은 주로 백화점(타 백화점 포함) 매장 내에서 이동한다. 이 백화점 경력사원들은 주로 소위 '주부사원'으로 채워지는 백화점이나 대형할인매장의 식품부 판매사원, 또는 계산원과는 다르다. 인터뷰에 응한 대형할인매장의 식품부 판매사원 중 한 명은 할인매장의 (직접고용) 계약직으로 일하고 있고, 다른 한 명은 마트 입점업체의 정직원으로 마트에 파견된 직원이다(사례 14, 사례 15). 이 두 노동자의 급여나 고용안정성은 큰 차이를 보였으나, 그들은 마트에 '주부사원'('여사원'보다는 '주부사원')이라는 한정된 정체성과 지위를 가지고 있었다. 이들은 백화점 판매사원들에 비해서 경력관리나 직장이동에서 역동적인 모습을 보이기 어려운, 즉 사회적으로 구획화된 직종에서 일하고 있다.

백화점의 판매경력사원들은 백화점에 직접 고용되지 않고 거의 대부분 백화점 입점업체(백화점 매장에 임대관계로 들어온 업체들)의 직원으로 고용된다(구미현, 2002; 판매직 인터뷰 사례들). 그들은 백화점의 정직원이 아니기 때문에 임대매장들의 연결망 안에서 움직이게 된다. 여성이 많지만 꼭 여성만으로 제한되는 것은 아니다. 오히려 서비스시장의 확대와 함께 판매직종은 한국 사회에서 '고졸' 출신자들이 들어가 경력을 쌓아 '성공'할 수 있는 직장이라고 넓게 생각해볼 수도 있다. 따라서 구체적으로 여성에 대한 차별의 문제는 여기서는 다루지 않는다.

판매서비스 노동자들은 한 매장에서 경력을 쌓아가는 것이 아니라, 백화점 노동시장 내부, 가령 다른 브랜드 매장 간, 또는 같은 브랜드의 매장 간에 이동을 통해서 경력을 쌓아간다. 이들은 대부분 고등학교를 졸업하고 동종업계에서 일하다가 백화점에 들어오거나 또는 처음부터 백화점 매장에서 일을 시작한다. 즉, 고등학교를 졸업하고 어렸을 때부터 이 일을 시작한다. 그리고 중간에 노동시장에서 '탈퇴'하기도 하지만 대부분 중단하지 않고 경력을 쌓아간다. 백화점에서 일하기 위해서는 이미 판매와 관련된 동종업종에서의 경력이 중요하며 거기서 형성된 인맥을 통해서 백화점으로 들어오고, 백화점으로 들어온 후에는 백화점 내에서 만든 인맥을 통해서 이동을 하게 된다. 그들은 '알바'(아르바이트) 또는 수습사원

등으로 매장에서 일을 시작하여 '매니저' 급으로 승진하는 경력 사다리를 오르게 된다. 또는 직접 매장을 운영하고 모든 책임을 지는 고용주가 될 수도 있다. 승진의 방법은 매우 다양하다. '막내'부터 시작하여 경력을 쌓아 같은 브랜드 매장 내에서 '매니저'급으로 이동하거나 다른 브랜드의 '매니저'로 이동할 수도 있고, 같은 브랜드나 다른 브랜드 간 '매니저'급에서 '매니저'급으로 이동하기도 한다. 이러한 이동에는 소문을 통한 평판과 인적 연결망이 매우 큰 영향을 미치게 된다.

2) 직종노동시장의 숙련평가

(1) 건설일용직

가. 인맥, 팀별 고용과 평판

인적 유대, 인맥을 통한 연결망은 건설노동시장의 보편화된 제도이다. 심층면접을 한 모든 일용노동자는 '기능공'('기공'이라고도 함, 숙련노동자)이든 '조공'(일반공으로도 불림, 기능공을 보조하는 사람으로 용역을 통해 외부로부터 충원되는 단순노무직 노동자와 구분되는 노동자)이든 '아는 사람을 통해서' 일자리를 구하고, 여러 명과 상시적으로 연락을 취하고 있으며, 자신의 '기능'을 잘 알고 있는(잘 평가해주는) 사람, 특히 '팀반장'과의 관계를 중요하게 여긴다. 건설산업 하도급구조에서 최말단 하청업체 팀반장들은 '사장'(또는 '오야지', '시다오케 오야지', '실행소장' 등의 여러 이름으로 불린다)으로 이름을 올려 고용주로서 기능공들을 동원하기도 하고, '사장'이 아닌 팀반장들은 자기 인맥으로 관리되는 기능공들을 동원하는 역할만을 하기도 한다. 기능공들은 대부분 한두 해 정도의 기간에는 팀반장 한두 사람과 밀착된 관계를 유지하고 있다. '일을 시키는' 위치에 있는 노무관리자도 기능공들과의 인맥을 잘 활용하고 있다.

> 기능공들의 고용과 미숙련공들의 고용……. 기능공들은 대개 인맥이죠. 현장을 삼십, 제가 한 삼십 한 육, 칠 년 했어요 그러니까 이제, 인맥이 많이 이제 축적되었죠, 인맥은. 근데 이제 이미 그런 분들이, 제가 어떤 인맥을 가지고 굴릴 수 있는 사람들은 벌써 50 중반이 거의 다 넘었다는 얘기죠 ……. 서로 이제 대개 저랑 같이 일하는 사람들은, 저하고 같이 이, 삼 년 이렇게 같이 일 한 사람들이니까, 거의 인맥이라는 게 그렇게 관리가 되요. 그렇게 뭐 하루아침에 관리되는 게 아니고, 쭉 공사를 해오다 보니까. (사례 8, 노무관리자)

팀으로 꾸려 나갈 때 대부분은 '아는 사람들'로 팀이 채워진다. 그러나 이들만 공사현장에서 일하는 것은 아니다. 그래서 직종 연결망 밖에 있는 사람들은 주로 직업소개소를 통해 들어오게 된다. 주로 처음 일을 시작하는 사람들이 이러한 방식으로 들어온다. 이렇게 '외부'에서 들어온 사람들도 같이 일하다 보면 인맥을 새롭게 형성하게 된다(사례 4).

여기서 흥미로운 것은 팀반장들은 아무나 할 수 있는 것은 아니고 기능공 중 인적 유대관계에서 적극적인 역할을 할 수 있는 사람이라는 점이다. 즉, 직종노동시장에서 팀반장들은 '마당발'이 되어야 하고, 언변이 뛰어나고, 사장들이나 공사감독자인 반장들(현장소장들), 그리고 다른 팀반장들과도 관계를 잘 유지할 수 있어야 한다. 그래서 그들의 평판은 매우 중요하다. 기능공들은 그런 평판이 좋은 팀반장들을 좀 더 신뢰하고 따르게 되며 오랜 관계를 지속할 수도 있다(사례 1, 사례 5). 평판이 행위자들 사이의 신뢰를 제공하고 있다.

나. 기능공의 숙련 평가

기능공들은 모두 '일 시키는 사람'(사장) 또는 자신이 인맥을 맺고 있는 팀반장들을 자신들의 기능을 '인정'해주는 가장 중요한 사람으로 지목하고 있다.

> 그분들이(오야지) 인정을 해줘야 되니까. 일을 잘한다 못한다 그런 거를 인정을 해줘야 되니까. 그분들하고 내가 좋아야죠. …… 자기(오야지)가 옆에서 본 게 있으니까는 알죠. 누가 잘하고, 그 사람 심성이 어떻게 뭐 하는 거를 몇 년 동안 겪으니깐 잘 알죠. 신뢰가 쌓인 거죠. (사례 1, 건설기능공)

한편 기능공들은 자신의 숙련도에 대해서 주관적 상을 가지고 있었다. '얼마나 독자적으로 작업을 할 수 있는가'는 일을 시키는 사람이 평가해주는 것이기도 하지만 자신도 자부심을 가질 수 있는 것으로 평가하고 있었다. 숙련에 대한 평가가 임의적인 것이 아니라 그만큼 객관적인 기준을 가지고 있다는 것을 알 수 있다.

> 용접은 뭐냐 하면 숙련이기 때문에 잘하는 사람이 요롷게 하면 된다 하고 가르쳐줘 가고 다른 사람이 해서 그래도 되는 건 아니거든요……. 왜냐하면 이건 오랫동안 연마를 통해서 감각을 통해서 이게 손끝에서 나오기 때문에 그래서 이게 쉽지 않아요. (사례 2, 건설기능공)

기능공이냐 아니냐는 작업현장에서 일을 하는 과정에서 고용주와 노동자 사이에서 결정되며, 한번 기능공으로 인정을 받으면 바로 그 기능공의 자격으로 계속 일을 하게 된다. 기능공이 되기 위해서는 기능공의 '기능'이 '충분히' 인정될 만큼의 숙련을 가지고 있다는 직종노동시장에서의 평가와 인정을 필요로 한다. 세부 직종별로 자격증을 인정하는 기능학교가 있기도 하지만, 기능공들 대부분은 여전히 공식적 자격증이 아닌 팀반장들과 사장들의 인정이 기능공의 자격을 결정해주고 있는 것이다.

(2) 백화점 판매직

가. 인맥과 평판

인맥의 활용은 백화점 노동시장에서도 보편적으로 나타난다. 백화점에서는 "건너 건너 몇 단계만 지나면 모두 다 아는 사이"(사례 13)라고 할 정도로 백화점 내 인맥은 서로 정보를 교환하는 매우 중요한 통로이다. 건설노동시장과는 달리 팀별 고용관계가 형성되는 것은 아니기 때문에 고용관계를 형성하는 데 건설노동시장의 '팀반장'과 같은 역할을 하는 사람은 없다. 개별적으로 고용주와 노동자가 인맥에 의존해서 고용관계를 형성하게 된다. 고용주나 노동자나 모두 이러한 인맥에 전적으로 의존하고 있는 셈이다. 노동자들의 직장이동 경로를 보면, 모두 백화점의 '아는 사람'을 통해서 이동했다. 직장이동은 매우 빈번하며, 주로 자신의 경력을 쌓고 더 나은 기회를 얻기 위해 직장이동을 결정하는데, 인맥은 여기에서 결정적으로 중요한 역할을 하게 된다.

사례 9(백화점 의류매장 판매사원, 남)의 경우를 보면 직장이동이 많이 있었다. 인터뷰 내용을 재구성해보면 다음과 같다.

나는 고등학교를 졸업한 후 군대를 갔다 와서 ○○의류 할인 매장에서 근무하고 있던 친구 형의 소개로 그 할인매장에서 3년 정도 일했다. 그 매장에서 일하던 여직원(여자친구)이 같은 계열 매장이 있는 ○○백화점으로 이동했고, 그 여직원의 소개로 그 백화점 매장으로 이동했다. 거기서 2~3년 근무하다 그 백화점 옆 매장 여직원이 다른 계열 ○○백화점으로 이동했고, 그 여직원의 소개로 여직원이 이동한 그 매장으로 소개받아 이동했다. 현재까지는 그 매장에서 계속 일하고 있다.

사례 12(백화점 피혁매장 판매사원, 여)의 직장이동을 재구성해보면 다음과 같다.

나는 고등학교를 졸업하고 작은 가게에서 일하기도 하고 장사를 하기도 했다. 그러다가 13년 전 쯤에 백화점 매장에서 '그 매장의 언니'가 쉬는 동안 '매니저'급으로 아르바이트를 하게 되었다. 그 후 그 언니가 잘 말을 해줘서 '매니저'급으로 백화점 잡화매장에서 일하게 되었다. 계속해서 백화점의 '아는 사람'을 통해서 브랜드를 바꾸거나 업종을 바꿔가며 백화점에서 근무했다. 그러다가 3년 전에 백화점 ○○ 피혁매장에 근무하고 있던 친구 소개로 그 피혁매장에서 '매니저'로 일하게 되었다.

여기서 예시한 두 사례가 보여주는 것은 많은 백화점 입점업체 노동자들의 이동 유형을 보여주고 있다. 그들의 주관적 판단도 있겠지만 "모두들 그런 식으로 차를 바꿔 타고"(사례 9) 있다. 판매사원들은 이런 식으로 경력을 쌓고 매장이동을 통해 자신의 지위를 향상시키려고 한다. 직장이동에는 '더 나은 기회'인 임금 상승, 승진 기회 등이 동반되고 있다.

이렇게 노동자는 자신의 경력을 쌓기 위해서 인맥을 넓혀나가야 한다. 인맥을 넓힌다는 것은 좋은 고용주를 만날 수 있는 기회를 갖는 것이고, 그 고용주가 백화점에서 맺고 있는 인맥을 통해 자신을 알릴 수 있는 좋은 기회를 활용하는 것이다. 노동자에 대한 고용주의 평판은 노동자의 경력에 매우 중요하다. 한편 고용주에 대한 평판 자체도 매우 중요하다.

판매사원들은 자신을 노동자가 아니라 '프리랜서'라고 부를 정도로(사례 9) 노동자로서의 권리를 제대로 행사하지 못하며, 점장 등의 고용주는 매장의 정직원들('알바'가 아닌 직원들)조차도 '임시직'이라고 생각할 정도로 직원들을 마음만 먹으면 쉽게 해고할 수도 있다(사례 13). 그러나 고용주가 자기 마음대로 노동자들을 해고하는 것이 쉬운 일은 아니다. 좋은 고용주라는 '입소문'은 고용주에게도 '좋은' 직원을 구하는 데 매우 중요한 영향을 미친다. 또한 같은 사람을 계속 쓰지 않는 경우에는 고객들이 그 매장에 대해서 좋지 않은 평가를 내릴 수도 있다. 건설일용직에서 팀반장의 평판이 중요하듯이 백화점 노동시장에서는 고용주의 평판이 고용관계 형성에서 중요한 역할을 하고 있다(사례 9).

나. 숙련 평가

그렇다면 백화점 판매직의 판매에서는 어떤 기술을 요구하는가? '매출이 인격이다'라는 말이 웅변하듯이 매출을 올릴 수 있는 어떤 자질과 능력을 요구한다. 학력이나 자격증과 같은 특정 인적 자본이 상징적으로 자질을 말해주지 않는다. 동종업계에서 쌓은 경력(연륜)이 일차적으로 중요하고 직종 내 평판은 주요한 평가의 기준이 되고 있으며, 그러한 평판은 노동자들의 시장가격을 결정짓는 데 주요한 영향을 미치고 있음은 틀림없다.

처음에 뭐 보는 것은 성실성만. 그 일단은 이력서에 이제 나와 있는 경력사항을 보고요. 본 다음에 나이 그다음에 외모 그다음에 성격을 많이 파악을 하죠. 그다음에 거기 나와 있는 경력 같은 경우는, 어차피 유통이란 데는 입소문이 너무 빠르기 때문에 거기서 뭐, 잘하더라, 경력 플러스 알파죠 잘하더라, 제가 아까 말씀드린 것처럼 점장님의 그런 입담 한 번에 경력이 플러스 알파가 되고, 안 될 수가 있고. (사례 9, 백화점 판매경력사원)

담당자(본사 영업부 관리자) 간에, 브랜드·타 브랜드까지도 공유를 할 수 있게 매니저들을 자기네들이 상품화시키죠 다른 브랜드 가게 되면, 타 브랜드 사람들한테 물어보는 거죠. "저 매니저 어때?" 이런 식으로, 상품화시키는 거죠. 그쪽 영업 뛰는 분들(영업부 관리자들)은 거의 공유를 한다라고 제가 알고 있거든요. (사례 12, 백화점 판매경력사원)

노동자들의 '경력'이라는 것이 분명히 판매서비스 노동의 기술 차이를 가져오는 중요한 요소로 평가받는다. 경력이 쌓여야 매출을 늘릴 수 있는 주요한 기술을 연마하게 된다고 인정받는다. 경력사원의 경력은 그러한 자질의 향상을 보여주는 중요한 지표가 된다. 그런데 건설일용직 노동자보다는 더욱 포괄적으로 노동자의 전문성이 평가된다고 할 수 있다. 판매실적의 성과뿐만 아니라 매장을 운영하고 다른 직원들을 관리할 수 있는 전체적인 능력이 개별 노동자를 평가하는 기준이 되고 있다. 이것이 나중에 일의 보상 방식에 어떠한 영향을 미칠지 주목할 필요가 있다(사례 9).

경력사원들의 노동시장에서의 경험을 종합해보면 판매직의 경우 매장에서 오랫동안 근무하게 되면 초임자와는 다른 숙련을 획득하게 되고 이를 인정받으며, 한 매장에서 오래 근무하는 것보다 계속해서 인맥을 넓혀 기회를 만들어가는 것이 자신의 경력관리에 매우 중요하다는 점이 확인된다. 그냥 일을 잘한다고 해서 자신의 숙련을 인정받는 것이 아니라 적절하게 인맥을 활용하여 자신의 평판을 제고할 수 있는 지속적인 노력이 있어야 자신의 전문성을 확대하고 제대로 인정받을 수 있는 기회가 생긴다고 할 수 있다.

건설일용직과 백화점 판매직종 노동시장 모두에서 숙련은 경력자의 전문성을 보여주는 중요한 잣대가 되고 있으며, 직종 내 인적 연결망은 숙련자를 발굴하고 숙련을 평가하는 데 중요한 역할을 담당하고 있다.

건설일용직의 경우 팀반장이 기능공의 숙련을 인정해주고 평가하는 역할을 담당하고 있으며 그런 만큼 직종 연결망에서 팀반장의 평판이 매우 중요하다. 평판이 좋은 팀반장은 자신의 평판으로 인해 기능공의 숙련에 대한 평판을 더욱 신뢰할 만한 정보로 만들 수 있기 때문이다. 백화점 판매직 노동시장에서도 노동자는 경력을 쌓고 고용주는 숙련자를 발굴하는 데 인맥으로 매개되는 직종 연결망에 의존하고 있다. 백화점 판매직 노동시장에서도 숙련을 인정하고 평가해야 하는 문제에 행위자들이 노출되어 있다. 노동자는 경력을 쌓아 자신의 전문성에 대한 평판을 제고하여 '승진'의 기회를 기대하고 노리게 되며, 고용주는 경력자의 숙련을 인정하는 데 동의하고 업계에 통용되는 평판을 공유하며 이를 활용하여 노동자의 숙련을 평가하게 된다.

3) 숙련과 보상 – 임금 시세와 협상

(1) 건설일용직의 임금 시세와 협상

면접에 응한 기능공들과 조공들, 그리고 현장 노무관리자는 시세에 대해서 세 가지를 지적했다. 첫째는 노임단가가 대략적으로 정해져 있다는 것이다. 이것은 대한건설협회에서 조사해서 발표하는 시중 노임단가(일일 8시간 기준)의 평균치(대한건설협회, 2008)와는 다르게 실제로 현장에서 각 직종(기능공 세부 직종)별로 형성되어 있는 시세를 말한다. 가령 하루 10시간을 기준으로 해서 조적공(벽돌공)은 일당 11만 원에서 12만 원, 용접공은 기술 수준에 따라 최하 10만 원부터 20만 원 이상까지, 전기공은 8만 원, 형틀 목공(목수)은 10만 원에서 11만 원, 철근공은 13만 원, 조공은 8~9만 원으로 시세가 형성되어 있다. 둘째는 이런 시세가 형성되어 있지만 업체별(일 시키는 사람, 사장·오야지·팀반장에 따라)로 다르다고 한다. 물론

1~2만 원 정도의 차이라고 말하고 있지만, 크게는 3만 원 차이도 날 수 있으며 노임단가는 일당으로 계산하는 것이기 때문에 사실 1~2만 원의 차이도 월 급여로 또는 일 년 소득으로 계산하면 큰 차이가 난다. 셋째, 시세가 형성되어 있는 만큼 노임단가의 큰 차이를 두기 어렵기 때문에 '일 시키는 사람'은 노임단가를 맞춰 주되 노동강도를 강화하거나 좀 더 긴 시간으로 일을 시키는 방법을 동원한다는 것이다. 노임단가의 시세를 맞춰 주지만 실제로 노동자들은 그 단가에 비해서 더 많은 일을 하고 있는 셈이다. 또는 급하게 현장으로 보내거나 짧은 기간 동안만 일을 해야 하는 경우에는 노임단가가 올라가게 된다. 그렇다면 한편으로는 시세가 형성되어 있다는 것, 다른 한편으로는 시세를 중심으로 상당한 격차들이 있다는 것이 동시 진행형이다.3)

전반적인 시세에 대해서 일을 시키는 사람이나 일을 하는 사람들은 알고 있다. 따라서 고용주나 노동자 모두 '적정' 임금을 주거나 받아야 한다는 인식을 강하게 하고 있다. 다음의 노무관리자의 말도 이러한 상황

---

3) 노임단가는 우선 무엇보다 공사비, 즉 공사 도급단가가 어떻게 결정되는가의 문제이며, 결국 한국 건설산업 하도급구조와 연결되어 있다. 전반적으로 '최저낙찰제도'에 의한 하청업자 선정이 우선적으로 공사비용을 필요 이하로 낮추게 되고(사례 3), 이러한 상황에서 재하도급이 여러 단계로 이어지면 공사비에서 공사수주에 대한 '커미션' 비용이 빠지게 되며, 또한 재하청의 사장은 자신의 사업이윤을 남기기 위해 무엇보다 노무비에서 비용을 줄이게 된다(사례 9). 모두 이구동성으로 지적하는 부분이 이러한 하도급구조의 불합리성이었다. 결국 시세는 이러한 환경에서 형성되는 것인데, 일용노동자들이 건설업체에 직접 고용되어서 일을 하느냐, 아니면 특정 하도급 단계의 오야지의 일을 하게 되느냐, 몇 단계 아래로 내려온 하도급 단계에서 일을 하게 되느냐 등에 따라 노임 단가가 변동할 수 있다. 그러나 건설업체에 직접 고용된다고 해서 노임비가 크게 차이가 있지는 않다. 소위 '직영'이냐 '도급'이냐 상관없이 노임단가는 비슷하다. 다만 직영의 경우 급여가 안정적으로 노동자에게 주어진다는 점이 다르다(사례 4).

을 잘 보여주고 있다.

시장논리라는 게 그렇잖아요, 예를 들어서 나는 백 원을, 백 원짜리를 가져 왔으면 10원을 남기겠다, 20원 남기면 더 좋겠죠. 근데 20원을 남기려면 어떻게 해야 돼요? 자재비 같은 건 불변이거든요, 노무비는 가변성이 있는 거란 말이에요. 그렇다고 내가 예를 들어서 다른 사람은 10만 원 주는데 내가 9만 원 줘서 그 나머지 차익을 가져올 수가 없어요. 왜냐하면 이 현장이 라는 게 대한민국이 넓지만은, 벌써 노무비가 형성이 되는 걸 근로자들도 다 알고 있어요. 근로자들도 옛날처럼 그렇게 어수룩하지가 않기 때문에. 아 지금은 노무자들도 도급단가가 어느 정도니까, 노무비가 어느 정도 가겠구 나, 이런 감도 잡고 있고요. 또 뭐 사업주라고 그래서 그렇게 많은 이윤을 남기려고, 노무비에서 그냥 노무비를 깎아서 그렇게 하려고 그러면 사람이 안 가죠. 가겠습니까? 작업강도가 높아지든지, 노임이 떨어지든지, 아니면 작업시간이 길어져야 되는데, 그렇게 하려고 그럽니까, 어디? 요즘 인부들이 그렇게 안 하죠. (사례 8, 노무관리자)

적정 임금을 주고받기 위해서 무엇을 협상하게 되는가? 무엇보다 팀반 장이 노력할 부분이 크다. 그들이 재하청을 받는다면 재하청의 도급단가 를 올려 받아야 하며, 팀을 꾸려 기능공들과 조공들을 파견하려 한다면 이 일의 성격과 노임단가가 어느 선에서 결정되는지를 정확하게 알고 협상해야 한다. 또는 자신에게 돌아오는 몫을 어느 정도로 정할 것인가를 결정해야 하는 위치에 서 있기도 하다.

그렇다면 팀반장이 아닌 일용노동자들은 어떤 협상을 할 수 있는가? 한마디로 말하자면 마음에 맞는 팀반장과 거래를 계속 갖거나 아니면 그 거래를 중단하고 다른 팀반장과 일을 하는 것이다. 노임비도 시세에 맞게 적정히 맞춰 주고 일감도 많이 주고 일을 필요 이상으로 많이 시키지 않는 팀반장이 가장 이상적이라고 할 수 있을 것이다. 물론 마음에 맞고 안 맞고를 떠나서 일이 생기는 대로 거래를 하다 보면 거기에 따라서 같이 거래하는 팀반장이 자주 '교체'되기도 한다. 또 한 가지는 개별적으로 그 일을 할 것인가 아닌가를 결정한다는 것이다. 그러한 결정은 매우 개인적인 결정이기도 하다. 한 용접 기능공(사례 2)은 '육신이 편한 일'이자 단가가 센 고급용접일만 주로 한다고 말했다. 한 전기 기능공(사례 3)은 기능공들은 공사기간이 짧지만 그만큼 '노임단가가 센' 일만 주로 골라 간다고 말했다. 팀별로 팀반장의 협상이 있다면, 개별 기능공은 개별적으로 팀반장을 선택하거나 일을 할지 아닐지를 개별적으로 결정하기도 한다.

(2) 백화점 판매직의 임금 시세와 협상

가. 비교 시장가격

백화점 노동시장에서는 누가 정해놓은 임금의 시세는 없다. 이는 건설 일용직에서 본 것과 다르다.[4] 그런데 노동시장의 행위자들이 임금을 비교할 수 있는 기준이나 근거는 있는 것일까? 예를 들어 특정 지방소재 중견 백화점 의류 브랜드 매장의 30대 중후반 여성경력사원의 임금이 월 150만 원인데, 그 정도의 경력자에 대해서는 그 정도의 선에서 시세가 형성되는 것인가? 분명히 타고난 판매의 '귀재'들은 드물 것이고, 어느 정도 능력 이상을 갖춘 경력자를 어떤 방식으로 평가할 것인가가 시세를 형성한다고 볼 수 있을 것이다. 그 기준은 무엇인가? 한 지방소재 중견 백화점 매장

---

4) 근본적으로는 개별 노동자의 임금은 입점업체 본사, 백화점 매장 고용주, 백화점 등이 어떤 식으로 이윤을 분배하는가, 전체 이윤에서 노동비용을 어느 수준으로 책정하느냐 하는 더욱 복잡한 문제와 연결되어 있다.

사장('점장')의 인터뷰를 정리해보면 다음과 같다.

한 매장에는 경력자와 초보자, 그리고 시간제로 일하는 사람들을 섞어서 쓴다. 사람을 어떤 방식으로 쓸 것인가는 매장에서 산출되는 이윤의 크기에 달렸다. 그 이윤의 크기는 브랜드 본사와 매장 점장 사이에 체결되는 계약조건에 일차적으로 달렸다. 보통 매출량의 10~12%를 수수료로 매장 점장이 가져갈 수 있다. 매출량이 늘면 수수료가 늘 수 있다. 사장은 그 범위에서 직원을 고용해야 한다. 그 백화점 그 매장에서 얼마나 매출을 올릴 수 있느냐에는 많은 변수가 작용할 것이고 기대치 범위에서 직원을 고용해야 한다. 직원 월급을 주고 남는 돈이 점장의 몫이기 때문에 그 범위에서 결정해야 한다. 시간제로 일하는 사람들은 최저임금에 따른 시급(최저임금보다 조금 높게)에다 일한 시간을 계산해서 준다. 4,000원 곱하기 하루 10시간씩 일한 날수를 계산해서 '알바'에게 지급한다. 초보인 '막내'는 시간당으로는 알바로 일하는 사람보다 적게 계산할 수도 있고, 한 달 30일을 고려해서 100만 원에서 110만 원을 준다. 경력자는 시급을 5,000원으로 정하고 이에 30일 근무일을 곱하여 150만 원을 제시하고 사람을 쓴다. (사례 13)

사례 9는 경력자로 매장으로 들어갈 때 연봉 1,800만 원(월 급여 150만 원)을 받았다고 했고, 사례 12는 현 매장으로 이동할 때 월 급여가 전 매장에서의 120만 원에서 150만 원으로 인상되었다고 했다. 경력자 임금으로 모두 비슷한 수준이다. 물론 경력자의 '경력'에 플러스 알파가 되는 그 무엇, 그리고 그 매장의 규모와 매출량 등으로 개별 임금은 차이가 날 것이다. 그러나 법정 최저임금보다 약간 윗선에서 결정되는 '알바'나 초보자 임금보다 높은 수준에서 경력자의 임금이 결정되고 있으며, 경력 사원들 사이에서는 특정 경력자가 부당하게 낮은 임금을 받지는 않는다.

고용주와 노동자는 지속적으로 시장에서 형성되는 가격을 비교하면서 자신의 적정 임금을 확인하게 된다.

이쪽이나 이쪽이나 다 물어봤는데, 똑같다, 그러면 나 적게 받는 건 아니구나. …… 그렇기 때문에 제일 처음 책정할 때, 다른 브랜드 맞춰서, 거기에 맞추고, 경력도 맞추고 해갖고 주지. 안 그랬으면 그런 얘기(그 매장 직원만 적게 받는다는 얘기)가 많이 돌았죠. (사례 13, 점장)

나. 개별 평가와 보상 체계, 협상

건설노동시장에서는 팀별 작업이 절대적으로 중요한 만큼, 세부 직종이 같은 기능공들이 같이 작업을 하게 되면 그들은 비슷한 수준으로 보상을 받는다. 그러니까 전체적으로 기능공은 기능공이 아닌 노동자와는 다른 보상을 받지만, 기능공 사이에서는 개별 평가가 철저하게 이루어지기 어렵다는 것이다. 그러나 판매직의 경우에는 개별적인 평가에 노출되어 있다.

…… 예를 들어서 백화점에서도 바이어도 그렇고 본사에서도 좋아하는 게 매출이잖아요. "이 매니저 와서 우리가 매출이 올랐어", "이 매니저 열심히 해" 뭐 이런 기본적인 거죠. 매출이 없으면 인정을 못 받는 거고. (매출이 적으면) 저희 회사 같은 경우는 로테이션을 많이 시켜서 거의 자르죠. (사례 12, 백화점 판매경력사원)

개별 평가가 더 중요하다는 사실은 건설노동시장과는 달리 백화점 노동시장에는 일종의 '승진' 체계가 존재한다는 점에서도 확인된다. 건설 일용 노동자는 기능공이 된 이상 경력이 10년이든, 20년이든, 30년이든 크게 달라질 것이 없다. 기능공 이상의 지위 변동이 이루어지는 것이 아니기 때문이다. 다만 팀반장이 되든가 노무관리자가 될 수는 있지만, 그것이 승진의 개념으로 제도화되어 있지는 않다. 판매직 노동자는 부매니저, 매니저, 유사 직급으로의 이동을 일종의 승진으로 기대하고 이러한 것을 경험하게 된다. '소장', '매니저' 등은 매장을 실제로 운영하는 경력사원에게 붙는 타이틀이다. '소장'이나 '매니저'는 매장을 운영하지만 직원채용 등의 권한은 없고, 대신 밑의 '동생들' 또는 '후배들'을 이끌고 매장관리를 책임져야 한다. 그러나 내부노동시장의 승진과는 달리 그것이 근속연수에 따라 매장 내에서 승진이 보장되거나 특정 직책에 대한 보상이 보장되는 것과는 크게 다르다.

백화점 임대매장과 브랜드 회사 간의 관계에 따라서 승진체계도 달라진다. 본사와 사업 계약을 체결해서 매장을 운영하는 경우, 경력이 쌓인 판매사원은 그 본사와 계약을 체결할 수 있는 자격이 주어지기 때문에 매장 사장('점장')이 되는 '승진'을 경험할 수 있다. 그러나 다른 한편으로는 본사와 확실히 사업계약을 체결하고 자신이 직원을 고용하기 때문에 독립적인 '사장'이 되는 것이다. 한편 브랜드 회사와 사업 계약을 맺는 방식이 아니고, 본사가 직접 정직원을 고용해서 백화점 임대매장에 직원을 파견하는 경우에는 매장 사장을 따로 두지 않고 매니저를 주로 외부에서 영입한다. 다만 브랜드 회사가 직접 운영하는 특정 매장(예를 들어 화장품 매장)의 경우처럼 내부에 노동자들이 근속연수에 따라 직급이 없는 평사원에서 부매니저, 매니저의 순으로 직급을 다는 승진체계가 존재하기도 한다(사례 10, 11). 노동시장의 '내부화'가 존재하는 셈이다. 이 경우는 직책수당이 따로 존재할 수 있다. 매니저를 외부에서 영입하는 경우에는 따로 직책수당이 있지 않은 경우와 대비된다(사례 12). 따라서 내부승진이 '보장'되어 있는 경우에는 전체 백화점 노동시장의 연결망과의 연관성은 약하다. 그러나 한국 전체 백화점 임대매장에 대한 조사는 아니지만 선행연구(구미현,

2002)에 따르면 대부분의 백화점 임대매장의 고용관계는 내부화되어 있지 않고 경력자들을 외부에서 영입하는 경우에 해당한다.

판매직의 직장이동은 기본적으로 임금인상을 통해 자신의 숙련을 더 잘 보상받기 위한 것으로서 보편화되어 있다. 그러나 직장이동은 경우에 따라서는 직접적으로 물질적 보상이 아니라 인맥을 넓혀 더 나은 (미래의) 기회를 노린다는 노동자의 결심으로 이루어지기도 한다. 그러나 이동 시 임금이 올라가지 않는다면 이동할 필요는 별로 없다(사례 9). 이동 시에 개별 노동자들은 현 직장에서 받는 급여보다 조금씩 더 받을 수 있는 매장으로 이동하고자 하며, 매장 업주가 기대되는 사람을 영입하기 위해서 적정 가격을 제시하면 양자가 맞춰보고 이동이 이루어진다. 그러나 경력자가 되면 그 매장 내에서 승진할 수 있는 기회가 있다면 임금인상이라는 경제적 요인만으로 움직이지는 않는다(사례 9). 결국 노동자 자신의 숙련을 어떻게 보상받을 것인가에 대한 선택이 다양하게 나타날 수 있다는 것이다.

직장이동이 아닌 내부승진도 노동자의 숙련을 보상하는 방법이지만, 이는 사정에 따라 가능하기도 하고 그렇지 않기도 하다. 내부승진이 체계화된 경우를 제외하고는 내부승진이 보장된 곳은 없다. 따라서 고용주나 노동자는 서로 마음에 들지 않는다면 현재의 고용관계를 철회하는 방식을 주로 택하게 된다. 반면 내부승진이 더욱 공식화된 경우에는 외부 영입은 매우 드물고, 근속연수에 따라 부매니저, 매니저급으로 승진을 한다. 직원의 외부 영입이 제한되어 있는 만큼 개별 직무평가를 임금으로 체계적으로 연계하는 성격이 강하다. 기본급부터 성과급, 그리고 직책수당 등의 임금의 주요 구성요소들이 모두 평가에 근거한다. 본사 관리자(사실상 매니저들의 선배들)가 매달 '10분간 평가'를 하고 이에 근거해, 기본급의 인상률, 그리고 직책수당의 등급(A/B/C)과 액수가 결정되고 있어 개별 직무평가에 근거해서 임금이 결정되고 있음을 알 수 있다. 직장이동이 빈번한 사례가 아닌 만큼 경력사원들은 '매니저의 자존심을 건드리는' 회사와 지속적으로 직무평가에서 부딪히게 될 때, 결국 직장을 그만두는 선택을 하게 된다(사례 10, 11).

앞서 본 건설노동시장의 경우 팀별 작업이 중요하며 팀별 고용이 이루어지기 때문에 개별 기능공에 대한 평가가 상대적으로 그리 중요하지는 않으며, 적정 임금을 협상하는 데 팀반장이 중요한 역할을 한다. 반면 판매직의 경우는 개별 평가가 임금을 결정하는 데 중요하며 경력자들은 지속적으로 경력을 스스로 관리하여 자신의 숙련을 보상받을 수 있는 임금상승과 승진의 기회를 노리게 된다. 개별 평가가 중요하고 매장을 관리하는 능력도 경력자의 능력으로 요구되고 인정되는 만큼 직무평가를 더욱 체계화하고, 내부승진체계를 두는 '내부화'가 일부 이루어진다. 이 경우 노동자의 임금은 회사의 직무평가에 체계적으로 영향을 받게 된다.

5. 맺음말

이 글은 건설일용직과 판매직 사례를 통해 직종노동시장의 일의 보상 방식을 행위자의 상호작용을 중심으로 살펴보았다. 이 글의 목표는 직종노동시장에서 노동자들의 숙련은 어떻게 '인정'받고 있는지, 인정된 숙련을 '적정하게' 보상하는 방식은 무엇인지를 심층인터뷰를 통해서 밝혀내는 것이다. 결국 임금결정이 직종노동시장의 사회적 관계의 맥락에서 행위자들의 관여와 함께 이루어지고 있음을 보여주는 것이다. 이 연구는 선행연구가 주로 거시적이거나 제조업 중심이거나 계량분석 중심이었던 한계로 인해 직종노동시장을 세밀하게 조명하지 못했던 부분을 채워주는 데 의의를 갖고 있다.

두 직종노동시장의 분석을 통해서 하위 전문 직종노동시장의 특성을 요약해보면 다음과 같다. 결국 단기적·유연한 고용관계가 지배적인 두 직종노동시장도 시장거래에 전적으로 의존하는 것이 아니라 숙련을 평가하고 이를 보상하는 제도와 관행을 만들어내고 있다는 사실을 확인했다. 직종 연결망은 숙련자를 발굴하고 숙련을 평가하는 데 중요한 역할을 담당하고 있으며, 직종노동시장의 행위자들은 인맥을 활용하고 스스로 이를 넓혀 나가고 있었다. 하위직 전문직종으로 볼 수 있는 건설일용직과 판매직의 경우는 상위직 전문직종과 비교해볼 때, 학력이나 자격증과 같은 인적 자본이 자격조건이나 임금결정의 주요 요소로서 전혀 작동하지 않고 있다. 일에 대한 자격과 평가, 보상 등이 관행적으로 결정되고 그 규칙들은 재생산된다. 고용주와 노동자는 숙련 평가의 불확실성을 극복하고 신뢰할 만한 정보를 얻기 위해 활용 가능한 자원들을 동원하여 노동자의 숙련을 평가할 수 있는 규칙을 만들어내는 데 관여하고 이를 잘 인지하고 있었다. 그러나 그것이 일에 대해서 정당한 보상이 이루어지고 있다는 것을 말하는 것은 아니다. 주어진 한계와 동원 가능한 자원을 가지고 행위자들이 상호작용의 규칙을 만들어내고 있다는 것이다.

한편 두 직종노동시장을 비교해보면 직종별 고유한 특성과 서로 다른 차이점도 발견할 수 있다. 건설일용직 노동시장의 경우 주문생산과 하도급구조라는 산업구조의 특성상 고용관계가 전형적인 프로젝트형이며, 한국에서는 더욱이 직종별 교섭력이 절대적으로 약하다는 점에서 불안정 고용이 지배적이다. 그러나 노동자의 숙련을 쉽게 대체하기 어렵고, 외부 노동시장에서 숙련노동자를 쉽게 공급받기 어렵기 때문에 도제식 숙련형성이 이루어져 왔다(심규범, 2000). 도제식 숙련형성의 과정 자체를 이 글이 분석하지는 않았으나 중요한 것은 기능공의 숙련을 팀반장이 인정해주고 평가하는 직종 연결망의 관행들을 행위자들이 잘 활용하고 있다는 점이다. 숙련에 대한 보상은 기능공과 일반공을 구분하는 관행을 만들어 이루어지고 있으며 같은 세부 직종의 기능공은 대체적으로 비슷한 임금을 받게 된다. 기능공과 팀반장, 그리고 노무관리자들은 적정한 임금을 주거나 받아야 한다는 인식을 하고 있으며, 이를 둘러싸고 항시적으로 노임단가를 비교하고 고용관계를 형성하거나 철회하는 결정을 하고 있다. 판매직종에 비해서 팀별로 고용관계가 이루어진다는 점에서 일에 대한 보상은 일률적인 편이다. 같은 숙련자로 인정된다면 경력이나 하도급 관계의 차이가 있음에도 팀 내에서는 거의 동일한 임금을 받게 된다.

백화점 판매직 노동시장에서도 노동자는 경력을 쌓고 고용주는 숙련자를 발굴하는 데 인맥으로 매개되는 직종 연결망에 의존하고 있다. 판매서비스노동의 전문성이 폄하되고 있다고 보는 선행연구가 강조하지 못했던 부분은 백화점 판매직 노동시장에서도 숙련을 인정하고 평가해야 하는 문제에 행위자들이 노출되어 있다는 것이다. 노동자는 경력을 쌓아 자신의 전문성을 확대하여 '승진'의 기회를 기대하고 노리게 되며, 고용주는 업계의 평판을 공유하여 노동자의 숙련을 평가하게 된다. 숙련을 보상하는 문제는 건설일용직에 비해서 조금 더 복잡해지는데, 매출과 같은 직접적인 일의 성과뿐만 아니라 매장을 운영하고 다른 직원들을 관리하는 능력까지도 평가할 필요가 있기 때문이다. 따라서 더 개별적인 평가 체계가 발달하게 되며, 개별 고용관계의 특성에 따라 평가 방법이나 보상 방식이 달라진다. 따라서 건설일용직과 같이 임금의 시세는 일괄적으로 형성되기는 어려우며 행위자들도 이를 파악하기 어렵다. 그럼에도 행위자들은 시장가격을 비교하고 적정 임금을 주거나 받아야 한다는 점을 지속적으로 확인하고 있는데, 이것이 비교의 근거로 삼을 수 있는 '적정한' 시장가격을 형성하는 데 기여하고 있음을 알 수 있다.

건설일용직과 백화점 판매직 노동시장에 관한 이 글의 분석 결과는 어떤 이론적 함의를 가지고 있는가? 두 직종노동시장의 숙련에 대한 보상

연구는 넓은 의미로는 경제사회학적 관점인 시장거래의 사회관계적 속성을 보여준다고 할 수 있다. 경제사회학이 말하는 시장거래의 사회적 배태성이 완전경쟁시장모델(거기에 근접한 모델)에 근거한 경제학의 '효율성(efficiency)' 논리와 근본적인 각을 세우는 관점이라면(Fligstein, 2001), 실제 경제사회학적 연구는 시장거래의 사회적 배태성이 나타나는 다양한 경제행위를 분석해야 할 것이다. 이 연구는 직종의 숙련 인정과 보상 문제에 초점을 맞추고, 시장거래 관계에 놓여 있는 고용주와 노동자가 숙련 평가와 보상체계의 불확실성에 직면하면 어떤 가용한 자원들을 동원하고 이를 활용하는지를 살펴본 것이다. 사회자본이론에서 언급하듯이, 다른 공식적인 제도가 발달해 있지 않다면(또는 발달하기 어렵다면), 행위자들이 결국 동원할 수 있는 자원은 자신들이 관계를 맺고 있는 노동시장 내 연결망이며, 신뢰할 만한 정보는 자신이 속해 있는 연결망 내의 평판이고, 상호작용하는 행위자들은 거래의 안정화를 위한 상호주의의 규범을 만들어내려고 시도한다. 이러한 행위자들의 상호작용은 경제학적 모델의 시장 효율성을 목표로 하거나(할 수 있거나) 그러한 결과를 가져오는 것도 아니다. 이 글의 분석 결과를 직접적으로 사회자본이론과 연관시키지 않더라도 넓은 의미로 경제행위의 사회적 배태성과 연결시킬 수 있다. 결국 이 글은 구체적으로 숙련과 관련된 불확실성에 놓여 있는 경제행위자들의 거래 관계에서 나타나는 사회적 배태성을 보여주는 데 의의가 있으며, 향후 연구는 각 직종노동시장의 특성에 따라 숙련 평가의 불확실성의 문제와 내용이 달라질 수 있으며 행위자들이 동원하는 자원이나 규범이 달라질 수 있다는 점을 염두에 두어야 한다.

이 글의 한계는 직종노동시장에서 나타나는 숙련의 보상 문제를 행위자들이 어떻게 노동시장을 '경험'하고 있는가를 중심으로 재구성하는 데 그치고 있다는 것이다. 더 정밀한 이론적 명제를 검증하려는 작업이 아닌 만큼

이 글이 어떤 특정한 가설을 수용하거나 기각하는지가(가령 특정한 시장거래 법칙을 수용하는지 기각하는지가) 분명하지는 않다. 그러나 이 연구의 사회학적 접근이 결국 이론 검증이 아닌 '현실기술'이라는 한계를 가진다고 하더라도 지금까지 국내의 계량적 분석방법이나 국가단위의 노동시장 분석 등에서 파악할 수 없는, 노동시장의 사회적 관계의 속성을 밝히는 데 도움을 줄 것으로 기대한다. 앞으로 다른 다양한 접근 방법과 주제로, 그리고 더 세부적이며 구체적이고 심층적으로 두 직종노동시장, 더 나아가 다양한 우리나라의 직종노동시장을 연구하는 일은 후속 연구로 이어져야 할 것이다. 이러한 과정에서 직종노동시장(넓게는 노동시장 전체)에 대해 경제사회학적 관점에서 엄밀한 이론적 재구성이 이루어질 수 있기를 기대한다.

참고문헌

구미현. 2002. 「비정규직 여성노동자의 고용구조와 노동통제: 백화점 판매직 여성노동자를 중심으로」. 충남대학교 사회학과 박사학위논문.
국가인권위원회. 2007. 『유통업 여성비정규직 차별 및 노동권 실태조사』. 국가인권위원회 2007년 인권상황실태조사 연구용역 보고서(연구책임자 이주희·김유선·김종진·최인이·진숙경).
김경희. 2006. 「대인 서비스 노동의 특징에 관한 연구: 감정노동과 서비스노동의 물질성(materiality)을 중심으로」. ≪경제와사회≫, 제72호(겨울), 206~229쪽.
김용학. 2003. 『사회연결망 이론』. 박영사.
김우식. 2004. 「연결망을 통한 사회적 범주의 확장」. ≪한국사회학≫, 제38권(2호), 135~163쪽.
남춘호. 1995. 「제조업 노동시장의 이중구조에 대한 실증적 분석」. ≪한국사회학≫, 제29집(겨울호), 789~824쪽.
대한건설협회. 2008. 『2008년 상반기 적용 건설업 임금실태 조사 보고서(시중노임단가)』. 대한건설협회.
류재우. 2007. 「노동조합과 임금구조」. ≪노동경제논집≫, 제30권(1호), 31~53쪽.

박홍주. 2000. 「판매직 감정 노동의 재평가」. 조순경 엮음. 『노동과 페미니즘』. 이화여자대학교 출판부.
방하남. 1999. 「건설업 일용 노동시장의 구조와 과정: 고용, 임금 및 근로조건을 중심으로」. ≪한국사회학≫, 제33권(봄호), 191~225쪽.
송호근. 1991. 『한국의 노동정치와 시장』. 나남.
신경수, 송일호, 남승용. 2005. 「전문직과 사무직에서의 성별 임금격차분석」. ≪창업정보학회지≫, 제8권(2호), 1~20쪽.
심규범. 2000. 「한국 건설노동시장의 비공식성과 숙련형성의 한계」. 고려대학교 경제학과 박사학위논문.
_____. 2006. 『건설현장의 다단계 하도급구조 개선방안』. 한국건설산업연구원.
이병훈·김유선. 2003. 「노동생활의 질의 양극화에 대한 연구」. ≪경제와 사회≫, 제60호(겨울), 129~149쪽.
이성균. 2003. 「제조업체의 간접고용확대와 결정요인」. ≪경제와 사회≫, 제58호(여름), 166~192쪽.
이원덕. 1999. 「임금결정과 기업의 역할」. ≪노동경제논집≫, 제22권(2호), 61~75쪽.
이재열. 1993. 「임금의 결정기제에 관한 조직론적 연구: 제조업부문의 대규모사업장을 중심으로」. ≪한국사회학≫, 제27권, 87~116쪽.
정이환. 2005. 「한국 영화산업 노동시장의 구조적 특성」. ≪산업노동연구≫, 제11권(2호), 89~118쪽.
조우현. 1992. 「한국산업의 이중적 구조와 임금결정 메카니즘」. ≪경제학연구≫, 제40권(1호), 1~37쪽.
_____. 1998. 『노동경제학』. 법문사.
황호영. 1996. 「기업규모별 임금격차요인(賃金隔差要因)에 관한 연구」. ≪산업관계연구≫, 제6권, 391~417쪽.

Bielby, William and Denise Bielby. 1999. "Organizational Mediation of Project-Based Labor Markets: Talent Agencies and the Careers of Screenwriters." *American Sociological Review* Vol. 64, pp. 64~85.
Bridges, William and Waynes Villemez. 1991. "Employment Relations and the Labor Market: Integrating Institutional and Market Perspectives." *American Sociological Review* Vol. 56, pp. 748~764.
Jones, Candance. 1996. "Careers in Project Networks: The Case of the Film Industry." in Michael B. Arthur Denise M. Rousseau(eds.). *The Boundaryless Career*. Oxford and New York: Oxford University Press.
DiTomaso, Nancy. 2001. "The Loose Coupling of Jobs: The Subcontracting of Everyone?"

in Ivar Berg and Arne L. Kalleberg(eds.). *Sourcebook of Labor Markets*. New York·Boston·Dorerecht·London: MoscowKluwer Academic/Plenum Publishers.

Fligstein, Neil. 2001. *The Architecture of Markets An Economic Sociology of Twenty-First-Century Capitalist Societies*. Princeton and Oxford: Princeton University Press.

Kalleberg, Arne L., Michael Wallace and Robert P. Althauser. 1981. "Economic Segmentation, Worker Power, and Income Inequality." *The American Journal of Sociology* Vol. 87, No. 3, pp. 651~683.

McGovern, Patrick, Stephen Hill, Colin Mills, and Michael White. 2007. *Market, Class, and Employment*. Oxford: Oxford University Press.

Sakamoto, Arthur and Meichu D. Chen. 1991. "Inequality and Attainment in a Dual Labor Market." *American Sociological Review* Vol. 56, No. 3, pp. 295~308.

Streeck, Wolfgang. 2005. "The Sociology of Labor Markets and Trade Unions." in Neil J. Smelser and Richard Swedberg. *The Handbook of Economic Sociology* (Second Edition). New York: Russell Sage Foundation.

Tilly, Chris and Charles Tilly. 1998. *Work Under Capitalism*. Boulder Colorado: Westview Press.

Tolbert, Pamela. 1996. "Occupations, Organizations, and Boundaryless Career." in Michael B. Arthur and Denise M. Rousseau(eds.). *The Boundaryless Career*. Oxford and New York: Oxford University Press.

Weeden, Kim. 2002. "Why Do Some Occupations Pay More than Others? Social Closure and Earnings Inequality in the United States." *American Journal of Sociology* Vol. 108, No. 1, pp. 55~101.

| 결문

일의 가격은 어떻게 결정되는가

이병훈

 자본주의 노동시장체제하에서 상품으로 거래되는 노동력의 가격, 즉 임금이 어떻게 결정되는가는 그동안 현실 노사관계의 핵심쟁점으로 부각되어왔다. 개별 노동자들의 경우에는 자신과 가족의 생계를 위해 임금소득의 수준이 무엇보다 큰 관심사가 되고 있으며, 그 보상방식에 따라 하는 일에 대한 동기부여 또는 불만의 원천이 되고 있다. 다른 한편 기업 경영자의 입장에서는 사업수익의 배분 몫을 불리기 위해 인건비 지출을 줄이려 함과 동시에 양질의 노동력을 유인·잔류케 하기 위해 임금 및 복지 등의 보상 지출을 확대함으로써 임금정책에 대한 복합적인 전략을 구사하게 된다. 이처럼 임금수준의 결정을 둘러싼 노사 간의 협상은 해당 사업장 수준 분배교섭의 핵심적인 대상이 되고 있을 뿐 아니라, 노동자들 간 분배갈등의 민감한 현안으로 대두되기도 한다. 거시적으로 확장시켜보면 임금결정은 경제적 분배의 기본 원천이 되어 사회불평등의 핵심적 배경원인으로 작용함과 동시에 노동자집단 간의 격차와 차별 문제로 가시화되기도 한다(이병훈·홍석범 2008).

이처럼 임금결정(wage determination)이 노동시장과 노사관계의 핵심적 현안으로 자리 매김하고 있는 만큼 사회학·경제학 등의 관련 연구분야에서 임금결정 메커니즘의 이론화와 경험적 논증이 중요하게 다뤄지면서 다양하게 제시되어왔다. 실제, 노동경제학에서는 중심적 연구과제로서 임금결정에 대한 다양한 이론적 가설이 제시되어왔으며, 최근 사회학에서도 노동시장의 거래행위에서 임금결정에 대해 사회연결망의 배태성(embeddedness) 과 노사주체들의 협상을 중심으로 분석하려는 이론적·경험적 접근이 폭넓게 시도되고 있다. 그런데 임금결정에 대해 신고전학파의 이론적 관점이나 제도학파의 분석모형은 서로 이론화의 전제를 달리함으로써 상호 보완·접합의 필요성이나 이론적 타당성의 논증이 여전히 요구되고 있다. 또한 임금결정의 경험적인 실증연구들은 그 분석대상의 사회적 맥락에 따라, 그리고 분석자료의 차이에 의해 적잖게 상충된 결과를 드러내기도 한다. 더욱이 노동양극화로 대변되듯이 노동자집단 사이에 소득격차와 경제적 불평등이 날로 확대되는 배경에는 차별적인 임금결정의 구조화된 메커니즘이 작동하고 있다는 점에서 이에 대한 규명은 현실적인 정책함의를 갖고 있는 연구과제라 할 수 있다.

이런 연구배경에서 이 책에서는 한국적인 사회맥락 속에서 '일의 가격', 즉 임금이 과연 어떻게 결정되는지를 규명하고자 했다. 물론, 일의 가격을 결정하는 노동시장의 '보이지 않은 손'에 대해 그 실체를 규명하려는 국내의 논의가 이미 상당히 축적되어 있는 것은 사실이다. 그런데 이 책에서는 우리 노동시장의 임금결정 메커니즘을 규명하는 데 사회학과 경제학의 연구자들이 공동의 학제연구를 1년여 진행하면서 두 가지 측면에서 기존 연구와 차별화되는 새로운 연구접근을 시도했다. 첫째로, 이 책에서는 우리 노동시장의 임금결정방식에 대해 기존의 실증분석에서 상대적으로 소홀히 다뤄져 온 연구주제들을 대상으로 그 공백을 메우기 위한 경험적 분석·논증을 제시하고 있다. 구체적으로 임금체계(1장)와 소득계층별 임금격차구조(2장) 그리고 임금결정에 대한 노동자태도(3장)에 대한 실증분석이 그에 해당된다. 둘째로, 그리고 더 중요하게는 우리 노동시장의 이질적 구성을 고려하여 부문별 임금결정 메커니즘에 대한 구체적인 작동원리를 규명하는 사례연구를 수행·제시하고 있다. 실제 커(Kerr, 1954)가 지적하듯이, 현실 노동시장은 업종이나 직종 그리고 기업규모에 따라 매우 이질적 구성을 보이기 마련인데, 기존 연구에서는 신고전학파의 단일노동시장모형이나 제도학파의 내부·외부 노동시장분절론에 의거하여 임금결정 메커니즘에 대해 단순한 분석에 그치고 있다. 이러한 연구 공백을 메우기 위해 1차 노동시장으로서의 공공·민간부문(4장과 5장)과 2차(주변) 노동시장(6장) 그리고 직종부문(7장)으로 세분화하여 각 부문의 임금결정방식을 살펴보기 위한 심층적인 사례연구를 시도하는 것이 특기할 만하다. 이같이 이번 공동연구는 전반적 실태에 대한 양적 분석과 세부 부문별 질적 사례연구를 결합함으로써 우리 노동시장의 임금결정 메커니즘을 깊이 있게 독해하는 데에 일정하게 기여할 것으로 평가할 만하다.

  이 책의 각 장에서 밝히고 있는 주요 분석 결과를 종합적으로 검토해보면 다음과 같이 몇 가지 흥미로운 이론적 함의를 도출해볼 수 있다. 우선, 이미 존재하는 임금결정 메커니즘은 경로의존의 제도화된 관성(institutionalized inertia of path dependence)을 갖고 있는 것으로 밝혀지고 있다. 우리 노동시장의 임금체계 실태에 대해 상세하게 분석하고 있는 1장(윤진호·이시균·윤정향)에서는 지난 외환위기 이래 임금체계의 재편 추세에 대한 논의가 무성했음에도 불구하고 연공급이 대기업들의 1차 노동시장 중심으로 제한적으로 적용되는 '불완전성'을 띠기는 하지만 완강하게 유지되고 있음을 밝히고 있다. 실제로 현행의 연공급 임금체계는 경영계에 증가되는 인건비 부담을,

그리고 노동계에는 대기업·중소기업 간의 확대되는 임금격차를 안겨주어 직무급에로의 개편이 필요하다는 공감대를 조성하고 있다. 그럼에도 연공급 임금체계는 다수 기업에서 유지되고 있는 것이 확인되고 있다. 5장(이병훈)의 자동차산업 사례에서도 드러나듯이 유노조 기업들의 경우 단체협상이 이뤄지기는 하나 성과급 배분과 인건비 책정방침 그리고 초임수준 등이 기존 노사협약의 틀에 맞추어 관행적으로 결정되고 있다. 따라서 임금결정방식이 과거 노사주체의 선택과 협상결과로서 만들어진 경우 관성적으로 유지되고 있는 것이다(Tilly and Tilly 1998). 이같이 기존의 임금결정방식이 적잖은 문제를 안고 있음에도 제도적 경로의존성에서 쉽사리 벗어나지 못하는 배경에는 재편방향에 대한 노사 간의 입장 차이(예: 직무급 범위설정에서 경영계의 기업수준 국한 입장과 노동계의 산업 또는 사회적 수준 확대 적용)와 기득권 집단의 변화 저항 등이 작용하는 것으로 밝혀지고 있다.

둘째, 노동시장의 세부 부문별로, 산업위계별로, 그리고 소득계층별로 매우 이질적인 방식의 임금결정 메커니즘이 구조화되고 있음을 확인해볼 수 있다. 4장(신광영)에서 밝히듯 공공부문은 민간 대기업부문과 유사하게 내부노동시장이 발달되어 있지만, 그 임금결정방식에는 민간부문과 달리 정치논리와 정부 정책기조에 따라 임금결정이 이뤄지고 있다. 또한 공기업의 경우에는 공공부문에 속해 있음에도 제한적으로나마 수익논리의 경영방식이 적용됨에 따라 임금결정방식에서 공공행정기관과는 일정한 차이를 보이기도 한다. 5장에서는 자동차산업의 원·하청 도급관계를 맺고 있는 완성차 – 1·2차 협력업체 – 사내하청업체에서의 임금결정방식을 살펴본 결과, 하도급 위계구조에서 차지하는 위상에 따라 상이한 임금결정방식이 작동되고 있음을 잘 보여주고 있다. 구체적인 예로, 원청의 완성차업체에서는 시장에서의 독점적 지위를 활용하여 '탈시장화'된 방식으로, 또한 사회적 네트워크에 거의 의존치 않는 방식으로 임금결정이 이뤄지고 있는 한편, 1차 협력업체에서는 지역네트워크를, 2차 협력업체에서는 노동력 직종에 따라 전국적 또는 지역네트워크를 활용하고 있으며, 사내하청업체의 경우에는 원청의 도급계약에 의존하여 심지어 임금보상의 '동조화'현상을 보여주기도 한다. 2장(김유선)에서는 분위회귀분석 기법을 적용하여 월임금분위 집단 간에 상이하게 존재하는 노동자들의 임금격차구조를 흥미롭게 분석하고 있다. 구체적으로 상위 임금분위집단이 하위 임금분위집단에 비해 성별 임금격차가 클 뿐 아니라 교육의 수익률이 가장 현저하게 나타나는 것으로 분석된다. 반면, 정규직·비정규직의 임금격차는 상위 임금분위집단보다 하위 임금분위집단에서 더욱 두드러진 것으로 확인된다. 아울러 6장(김경희)에서도 분위회귀분석을 통해 공공부문과 민간부문의 임금격차가 상위 소득집단보다 중하위 소득집단에서 현저하게 나타나는 것으로 보여주고 있다. 또한 7장(우명숙)에서도 직종노동시장에 소속되어 있는 건설일용직과 백화점 판매사원의 경우에도 각각 팀별 또는 개별적 방식으로 임금결정이 이뤄지는 것으로 논의하고 있다. 이같이 노동시장의 다양한 부문별로 임금결정 메커니즘이 차별적인 방식으로 작동하며, 그 결과 임금격차의 표출양태가 매우 상이하게 드러나고 있는 것이다.

셋째, 노동시장의 다양한 부문(특히 2차 노동시장)에서 임금결정과정에 사회적 연결망(social network)이 중요하게 작용하고 있음이 확인된다. 5장의 자동차산업 사례연구에서는 1·2차 부품업체들에서 임금결정에 대한 노사 간의 단체협상과정에 지역적 연결망이 적극적으로 활용되고 있으며, 숙련인력의 경우에는 전국적 직종 연결망에 의거하여 노임단가가 결정되는 것으로 분석되고 있다. 6장의 돌봄노동과 7장의 직종노동시장에서 역시 인적 연고 및 온라인 정보망이 사람·일자리 구하기뿐 아니라 임금수준의 협상을 위한 주된 판단근거가 되고 있음을 밝히고 있다. 따라서, 그라노

베터(Granovetter, 1995)가 지적하듯이 사회적 연결망이 노동시장의 임금결정에 배태되고(embedded) 있음이 입증되고 있다.

넷째, 노동시장 주체들의 사회문화적 규범이나 통념이 임금결정에 중요한 영향요인으로 작용하고 있음이 드러나고 있다. 6장에서 분석되고 있는 돌봄노동이 성 역할과 가사노동에 대한 사회적 인식(돌봄노동자들과 그 서비스 대상이 공유하는) 및 감정적 보상심리 등에 의해 저임금이 정당화되고 있음이 밝혀지고 있다. 또한 3장(정이환)에서는 임금결정원칙에 대한 우리 노동자들의 태도를 분석하여 형평(업무 기여에 따른 보상)·평등(동등보상 보장)·필요(생계비연동 보상)의 순서로 그들의 지지도가 나타나는 점을 밝히고 있다. 그런데 임금결정 원칙에 대한 노동자태도는 그들의 사회의식, 보수·진보·자유주의의 이념적 성향이 매우 중요하게 영향 미치는 것으로 분석되고 있다. 또한 3장에서는 필요원칙의 임금결정에 대한 낮은 노동자들의 지지태도와 관련하여, 연공급 임금체계가 우리 노동시장에 널리 확산되어 있는 배경에 생계비 필요충족의 원리가 뒷받침된다는 알려져 있는 통념과 달리, 업무 기여의 형평원칙이나 근속기간에 따른 동등보상의 평등원칙에 대한 노동자들의 선호도가 뒷받침되는 것으로 밝히고 있다.

다섯째, 우리 노동시장에서는 노동조합이 임금결정에서 전체 노동자집단을 대표하기보다는 일부 조직노동자들의 이익을 보호하는 독점기구로 기능하고 있음이 확인되고 있다. 5장의 자동차산업에서는 완성차부터 1·2차 부품협력업체 그리고 사내하청업체에 이르기까지 모두 산별노조에 의해 조직되어 있는 만큼 임금결정의 협상과정에서 노동조합이 핵심주체로 등장·역할 하는 반면, 6장의 돌봄노동자들과 7장의 직종노동자들의 경우에는 노조가 조직화되어 있지 않은 고용관계하에서 임금결정에서 노동자들의 협상력이 상대적으로 취약하며 고용주의 자의적인 판단이나 강요가 크게 작용하고 있는 것으로 나타난다. 문제는 2장에서 보여주듯이 노조의 임금프리미엄 효과가 하위 임금분위집단보다 상위 임금분위집단에서 더욱 크게 나타나, 현재 노동조합이 고임금노동자의 기득권 조직으로 변질되고 있다는 점이다. 3장에서 역시 노동조합의 가입 여부가 형평·필요원칙의 임금결정에 대한 노동자들의 지지태도에 유의하게 작용하는 한편 평등원칙의 지지도에 별로 영향을 미치지 않는 것으로 드러나 우리 사회의 노동조합이 계급적 평등주의를 확신시키기보다는 일부 조직노동자들의 독점적인 권익대변기구로 전락하는 것으로 추론되고 있다. 따라서, 프리먼과 메도프(Freeman and Medoff, 1984)가 지적하는 노동조합의 이중성에 있어 우리나라의 노동조합들은 임금결정과정에서 집합적 이익대변(collective voice)보다는 특정집단의 독점기능을 더욱 크게 발휘하는 것으로 보인다.

이상에서 정리하듯이, 이 책에서는 사회학·경제학 연구자들의 학제연구를 통해 우리 사회에서 '일의 가격', 즉 임금의 결정 메커니즘에 내재하고 있는 여러 특성을 더욱 심층적으로 규명하고 있다. 그런데 이번의 공동연구를 통해 임금결정방식의 실체에 대한 이해를 높이는 데 나름으로 기여한 것으로 자평해볼 수 있지만, 한 꺼풀을 벗긴 그 실체에서는 여전히 미지(未知)의 숙제들을 만나게 된다. 이 책에서 다루고 있는 임금결정의 사회적 작동방식에 대한 분석을 좀 더 진전시키기 위해 이후 규명해야 할 몇 가지의 연구과제들을 제안해보기로 하자.

첫째, 일의 가격, 즉 임금이 결정되는 사회적 메커니즘을 더욱 분명하게 밝혀내기 위해서는 임금의 구조·체계·수준에 대한 상호 연계성을 규명하려는 연구시도가 필요하다. 그동안 임금에 대한 연구는 크게 임금의 구조와 체계 그리고 수준으로 구분되고 있는바, 이러한 범주 구분은 어찌 보면 임금결정방식을 탐구하는 연구자들의 편의상 구분이라 할 수 있다. 실제의 노동력 거래에서는 임금의 이러한 범주들은 노사주체들의 선호와 협상에 의해 긴밀하게 연계되어 종합적으로 일의 가격으로 발현되고 있다고 해도 과언이 아닐 것이다. 이 책의 1장과 2장에서 각각 임금체계와 임금수준을 나누어 살펴보고 있으나 이후에는 연공급이나 직무급이 임금수준이나 격차에 어떻게 상호 연계되는지를 천착하는 논증이 요망되는 것이다.

둘째, 이 책에서 살펴본 바와 같이 노동시장에서의 임금결정 메커니즘이 그 구성부문의 특성에 따라 매우 이질적으로 작동하고 있다는 점이 밝혀진 만큼, 한편으로 더 다양한 업종·직종·계층부문의 사례들로 확장하여 각 부문의 구체적인 임금결정방식에 관한 경험적 탐구를 모아나갈 필요가 있으며, 다른 한편으로는 각 부문의 이질적인 임금결정 메커니즘이 어떠한 배경에서 형성·유지되는 것인지에 관한 심층적인 인과관계의 분석이 요망된다. 구체적으로는 2장에서 밝혀낸 소득계층별 임금격차의 양상 차이를 낳은 배후 영향요인을 규명·검증하려는 추가적 분석이 요구되기도 한다. 이같이 구체적인 사례의 축적과 인과성 규명을 통해 노동시장의 임금결정원리에 대한 종합적인 이론화를 더욱 실효성 있게 진전시켜 나갈 수 있을 것이다. 아울러 5장의 자동차산업 사례연구와 6장의 돌봄노동 사례연구에서 완성차·사외협력업체·사내하청업체들 사이에, 그리고 돌봄노동에 대한 정부 지정의 공식부문과 비공식적인 민간부문 사이에 실제로 상호 영향을 미치는 것이 확인되듯이 이질적인 부문들이 임금결정 과정에서 서로 어떠한 영향을 주고받는지, 그리고 그로 인해 임금결정의 결과양태는 어떠할지에 대해 살펴보는 추가 연구가 요망된다.

셋째, 이번 공동연구에서 임금결정 메커니즘에 사회적 연결망과 제도화된 경로의존성 그리고 사회문화적 규범이 중요한 영향요인으로 작용하고 있는 것으로 확인되고 있는 만큼, 이들 영향요인이 임금결정을 둘러싼 노사주체들의 전략선택과 협상에 어떻게 개별적으로 또는 상호 복합적으로 개입·투영되는지에 대해 더욱 입체적인 분석을 시도하는 것이 추후 과제로 제언될 수 있다. 제도화된 경로의존성에 대해서는 임금결정방식의 경로 진원(path source)을 면밀하게 밝히는 것이 현행 체제의 실체 규명과 개선 대안 마련을 위해 필요한 연구과제가 아닐까 사료된다. 임금결정에 대한 사회연결망과 사회문화적 규범의 영향을 살펴봄에서도 더 구체적으로 그 영향의 경로와 작동방식에 관해 탐구하는 것이 요망된다. 특히, 이번 공동연구에서도 충분히 검토되지 못한 대기업과 공공부문에 대한 사회적 연결망과 규범의 영향을 상세하게 다루는 것이 추후 과제로 요구된다.

마지막으로, 이 책에서는 한국적 맥락하에서 작동되고 있는 임금결정 메커니즘을 판독하기 위한 다양한 경험적 연구결과를 제시하고 있는 것인데, 우리 사회의 임금결정 관행·제도가 안고 있는 문제점을 객관화하고 그 문제의 해결을 도모하기 위해 탈맥락적 고찰, 즉 다른 나라의 비교사례 연구가 활발하게 시도될 필요가 있다. 우리 노동시장의 현행 임금결정방식이 안고 있는 양극화과 차별의 재생산 그리고 경제적 비효율 등의 당면 문제를 극복하기 위한 대안 마련이 절실히 요망된다는 점에서 다른 나라의 사례 검토를 통해 유사문제의 역사적 극복과정이나 현재의 선진모델 운용방식에 대해 꼼꼼하게 따져보는 연구가 적극적으로 이뤄져야 할 것이다. 이를테면, 우리나라의 임금결정 관행에서 노조의 고임금 독점기구화와 성·고용형태별 임금차등 관행과 같은 고질적인 문제를 극복하기 위해 올바른 대안모델을 설정하고 효과적인 혁신전략을 강구하는 데에 국외 선진국의 벤치마킹 연구가 매우 유익한 시사점을 던져줄 것으로 기대되기 때문이다.

참고문헌

이병훈·홍석범. 2008. 「임금결정의 영향요인에 관한 연구」. ≪고용과 직업 연구≫, 제2권 2호, 1~22쪽.
틸리, 크리스(Chris Tilly)·찰스 틸리(Charles Tilly). 2006. 『자본주의의 노동세계(Work under Capitalism, 1998)』. 이병훈·조효래·윤정향·김종성·김정해 옮김. 도서출판 한울.

Freeman, Richard and James Medoff. 1984. *What Do Unions Do?*. New York: Basic Books.
Granovetter, Mark. 1995. *Getting a Job: a Study of Contracts and Careers*. Chicago: Chicago University Press.
Kerr, Clark. 1954. "The Balkanization of Labor Markets," in Wright Bakke, et al(eds.). *Labor Mobility and Economic Opportunity*. Cambridge, Mass.: MIT Press.

지은이(가나다순)

김경희 | 중앙대학교 사회학과 교수

위스콘신 대학교 매디슨 캠퍼스 사회학 박사
주요 저서: 『서비스사회의 구조변동』(공저), 『여성운동 새로 쓰기』(공저), 「동일가치노동에 대한 동일임금 원칙 적용의 가능성과 한계: 미국과 캐나다의 사례를 중심으로」, 「돌봄노동의 상품화를 통해 본 모성과 노동」(공저) 등
연구관심: 여성운동, 여성정책, 돌봄노동, 초국적 젠더 노동분업 등

김유선 | 한국노동사회연구소 소장

고려대학교 경제학 박사
주요저서: 『노동시장 유연화와 비정규직 고용』, 『한국 노동자의 임금실태와 임금정책』, 『위기의 노동』(공저), 『서비스사회의 구조변동』(공저) 등
연구관심: 비정규직 최저임금 등 노동시장, 노사관계, 노동운동 등

신광영 | 중앙대학교 사회학과 교수

위스콘신 대학교 매디슨 캠퍼스 사회학 박사
주요저서: 『계급과 노동운동의 사회학』, 『동아시아의 산업화와 민주화』, 『한국의 계급과 불평등』, 『세계화와 불평등』(공저), 『서비스사회의 구조변동』(공저) 등
주요관심: 불평등 구조, 고용체제의 유연화와 비정규직화, 시민사회 구조변화 등

우명숙 | 중앙대학교 중앙사회학연구소 연구원

브라운 대학교 사회학 박사
주요저서: 『한국의 복지정책 결정과정: 역사와 자료』(공저), 『한국복지국가 성격논쟁 II』(공저), 「한국여성의 경제적 지위 변화와 국가의 역할: 여성주의 국가론의 국가자율성 논의를 중심으로」, 「한국의 복지제도 발전에서 산재보험 도입의 의의: 복지제도 형성과 발전주의적 국가개입」 등
연구관심: 복지국가와 사회정책, 노동복지정책, 여성노동정책 등

윤진호 | 인하대학교 경제학부 교수

서울대학교 경제학박사
주요저서: 『비정규직과 한국 노사관계시스템 변화』(공저), 『한국의 저임금 고용: 그 결정요인과 정책과제』, "The Transformation of the Government-Led Vocational Training System in Korea" 등
연구관심: 한국의 노동시장 및 노사관계 등

이병훈 | 중앙대학교 사회학과 교수

코넬 대학교 노사관계 박사
주요저서: 『서비스사회의 구조변동』(공저), 『양극화 시대의 일하는 사람들』(공저), 「경제위기와 비정규직의 노동권」, "Labor Politics of Employment Protection Legislation for Non-regular Workers in South Korea" 등
연구관심: 노동양극화와 비정규직 노동, 노동운동의 혁신과 재활성화, 노동자의 생활세계, 노동시장의 일자리이동 등

정이환 | 서울과학기술대학교 기초교육학부 교수

서울대학교 사회학 박사
주요저서: 『현대노동시장의 정치사회학』, 『노동시장 유연화와 노동복지』(공저), 「동아시아의 노사관계와 임금불평등」 등
연구관심: 노동시장, 노사관계와 노동운동 등

한울아카데미 1226

일의 가격은 어떻게 결정되는가 I
한국의 임금결정 기제 연구

ⓒ 신광영·이병훈, 2010

지은이 | 김경희·김유선·신광영·우명숙·윤진호·이병훈·정이환
펴낸이 | 김종수
펴낸곳 | 도서출판 한울

편집책임 | 이교혜
편집 | 박근홍

초판 1쇄 발행 | 2010년 3월 17일
초판 2쇄 발행 | 2011년 10월 20일

주소 | 413-832 파주시 교하읍 문발리 507-2(본사)
      121-801 서울시 마포구 공덕동 105-90 서울빌딩 3층(서울 사무소)
전화 | 영업 02-326-0095 / 편집 031-955-0606, 02-336-6183
팩스 | 02-333-7543
홈페이지 | www.hanulbooks.co.kr
등록 | 1980년 3월 13일, 제406-2003-051호

Printed in Korea.
ISBN 978-89-460-5226-0 93320(양장)
ISBN 978-89-460-4235-3 93320(학생판)

* 책값은 겉표지에 있습니다.

> 이 저서는 2007년 정부(교육인적자원부)의 재원으로 한국학술진흥재단의 지원을 받아 수행된 연구임(KRF-2007-321-B00091).